*Von Hans Blickensdörfer*

Endstation Mexiko
Die Baskenmütze
Bonjour Marianne
Der Schacht
Die Söhne des Krieges
Salz im Kaffee
Alles wegen meiner Mutter
Wegen Mutter gehn wir in die Luft
Pallmann
Keiner weiß wie's ausgeht
Weht der Wind von Westen

Hans Blickensdörfer

# Schnee und Kohle

Roman

Schneekluth

CIP-Kurztitelaufnahme der Deutschen Bibliothek
Blickensdörfer, Hans
Schnee und Kohle: Roman/Hans Blickensdörfer
München: Schneekluth, 1986
ISBN 3-7951-0971-X

1.–3. Auflage 1986

ISBN 3-7951-0971-X


Satz: SatzStudio Pfeifer, Germering
Druck und Bindung: Mohndruck Graphische Betriebe GmbH, Gütersloh
Printed in Germany 1986

Keine Festung ist so stark,
daß Geld sie nicht einnehmen könnte.

*Cicero*

I

Sie stehen in der siebten Runde. Stehen wirklich. In der Mitte des Rings. Jeder gleich weit von seiner Ekke entfernt. Und belauern einander mit Fäusten, die sich nicht zur Tat bewegen, und Oberkörpern, die sich wiegen wie Schilf im wechselnden Wind. Provozierend untätig sieht das aus im gebündelten Licht der Tiefstrahler, und aus dem Dunkel der gefüllten Ränge geifert brüllender Unmut, der sich mischt mit schrillen Pfiffen. Wer den Europameister im Schwergewicht herausfordern will, und der Sieger dieses Kampfes wird das dürfen, muß mehr zeigen.
Das Publikum beim Boxen ist fordernder und gieriger als jedes andere. Sachverständiger sicher nicht, wenn man davon absieht, daß sich beim Niederschlag, diesem verdammten und nervenkitzelnden Höhepunkt des Kampfs, Leute mäßigen wie gehobenen Verstands auf der gleichen Ebene treffen.
Die siebte Runde. Man nennt sie die kritische, weil sie so etwas wie Halbzeit bedeutet. Ist sie vorbei, liegen die Karten meist auf dem Tisch. Man weiß oder spürt, wer gewinnen wird, aber die Buchmacher nehmen keine Wetten mehr an.
Beim Schwergewicht freilich kann ein einziger Schlag die Prognosen auf den Kopf stellen. Weil Dynamit in den Fäusten liegt und auch der geschlagen Scheinende diesen Verzweiflungsschlag aus seinem Körper, mag er noch so geschunden sein, herausholen kann.

Privileg und Anziehungskraft der schweren Männer. Sieben Runden, das sind 21 Minuten Kampf und alle drei Minuten lächerliche 60 Sekunden Pause auf dem Hocker. Mundschutz raus, Mund spülen, Gequassel des Trainers, der so tut, als ob er den anderen jetzt schnurstracks umhauen würde, wenn man ihn nur in den Ring ließe.

Dann bist du wieder allein mit dem anderen, und keiner kann dir helfen.

Aber 20 000 im Saal und Millionen an den Bildschirmen wollen dich fallen sehen oder ihn.

Und sie zahlen, weil du Profi bist.

Eigentlich hat er in dieser siebten Runde den großen Hammer bringen wollen. Er ist in seiner kurzen Laufbahn selten über sie hinausgegangen, weiß nicht einmal, ob er Härte und Ausdauer für 15 Runden aufbringen würde; mit bestechender Technik, blitzartigen Reflexen und einem sicheren Auge hat er gearbeitet, und sie sagen, daß seine Beine die schnellsten aller Schwergewichtler seien.

Aber es stimmt etwas nicht mit dem Zusammenklang der Elemente, die er in den Kampf werfen kann. Der untersetzte Bursche mit den glühenden Kohlenaugen irritiert ihn, weil er Schläge unterläuft, die Treffer bedeuten müßten, und seien es nur Wischer, die Punkte bringen, wenn sie ihn schon nicht wackeln lassen.

Einmal, in der dritten Runde, hat der andere gewakkelt. Aber er hat nicht entschlossen genug nachgesetzt, hat für die Galerie getändelt und ein paar Lachsalven seiner Fans kassiert.

Die gar nichts gebracht haben. Nur trotzig haben sie den Kerl gemacht, dessen Augen jetzt in der Mitte des Rings mit provozierender Frechheit leuchten, als wollten sie sagen: Mach doch deine Zauberkiste auf, wenn du kannst, Arschloch!

Das Schimpfwort fällt sogar, und bis in die vordersten Reihen können sie es hören. Der Italiener hat oft genug in Deutschland geboxt, um es aufzuschnappen.

Und er hat Heimrecht, weil sie in Mailand boxen.

Das ist sehr wichtig, wenn der Kampf über die volle Distanz geht. Die Punktrichter werden italienisch zählen, und wenn der Bursche nicht umfällt, gewinnt er.

Und er hat die Wendigkeit des Sizilianers. Springt aus den Seilen wie der Teufel aus dem Kasten, obwohl du geglaubt hast, ihn festgenagelt zu haben. Und dann schlägt er dir Doubletten in die Rippen, daß du erst einmal Luft holen mußt, um ihn wieder zu stellen.

So wie jetzt. Immer noch belauern sie einander in der Ringmitte, und es bleibt noch eine knappe Minute bis zum Ende dieser siebten Runde. Und wenn es so weitergeht, werden die Zeit und die Punktrichter für den Italiener arbeiten.

Er hat die Körperhaken gespürt. Sie coupieren die Luft und machen den Kopf träge, der jetzt wichtiger als Arme und Beine wird.

Also zwingt er sich zur Reaktion. Muß es einfach tun, um den Gnom wegzufegen, der ihm unheimlich wird. Muß den Kopf die Arbeit tun lassen, weil die Finte von ihm kommt und nicht von der Kraft.

An die Seile läßt er sich drängen. Nicht in die Ecke, wo es gefährlich ist, sondern in die Mitte, wo sie die größte Elastizität haben.

Dann schnellt er zurück. Es ist ein vom Rücken befohlener urplötzlicher Ausbruch nach rechts, der den anderen auf den falschen Fuß stellt. Zugleich gestattet er eine Art von Drehschlag mit der Rechten, der stärker ist als alles, was er bisher abgefeuert hat. Weil der Schub des ganzen Körpers dahintersteckt. Mit solcher Wucht schraubt sich die Faust ins Kinn des Gegners hinein, daß der hochgerissene Hand-

schuh zur Seite fällt wie ein Fächer, mit dem sich Damen Luft zufächeln.
Das Zählen des Ringrichters ist Formsache. Weit über die zehn erlaubten Sekunden hinaus liegt der Gegner am Boden, und seine Sekundanten verzichten darauf, ihn in die Ringmitte zu zerren, als der Ringrichter den Arm des Siegers hochhebt, der nun um die Europameisterschaft im Schwergewicht kämpfen wird.

## 2

Die Atmosphäre hatte keinen Atem. Sie war von der sterilen Endgültigkeit, die man bei Beerdigungen empfindet. Weder Aschenbecher noch die üblichen Erfrischungsgetränke standen auf dem hufeisenförmigen Konferenztisch. Und die Männer, deren Schneider nur für ihresgleichen arbeiteten, wagten nicht einmal, die Beine übereinanderzuschlagen; kurvenlos wie Lineale stachen die scharfen Bügelfalten von den Knien zu den Füßen hinunter. Wie Schüler saßen sie da, die nichts als devote Ehrerbietung zu bezeugen haben und verbergen müssen, was durch ihre Köpfe geht.
Sie wußten, daß der Mann, der an der Stirnseite saß in einem Rollstuhl, dessen Speichen in der tiefliegenden Abendsonne glitzerten, nie mehr die Beine übereinanderschlagen würde.
Charles Marcillac hatte sie in sein Hauptquartier gebeten, um für immer Abschied zu nehmen.
Das Penthouse lag hoch über den Champs Elysées, zwischen der Place de la Concorde und dem Triumphbogen, wo jeder Quadratmeter eine Goldgrube ist. Der Verkehrslärm, der von der berühmtesten Prachtstraße der Welt heraufbrodelte, brach sich an schalldichten Scheiben, und die leise und spröde gewordene Stimme des Mannes mit dem eingefallenen graugelben Gesicht klang verständlich wie in der friedlichen Stille eines Landhauses.
»Wir haben uns drei Monate nicht gesehen, meine

Herren, und Sie sehen, was diese drei Monate aus mir gemacht haben. Es ist aus. In dreißig Minuten kommt mein Anwalt, und ich werde Ihnen sagen, wer von Ihnen bei der Besprechung zugegen sein wird.«

Marcillac sprach vom Krebs, der ihn niedergeschmettert hatte. Von Ärzten, denen er Millionen versprach und die ihm das mit den schönsten Prognosen vergolten hatten.

Dann hatte er nicht mehr gehen dürfen, und bald würde er nicht einmal mehr im Rollstuhl sitzen.

Nur noch die Augen lebten in dem eingefallenen Gesicht, glimmende Reste eines Feuers, das das größte Imperium des Landes angeheizt hatte.

Aus dem Nichts.

Und jetzt war er auf dem Weg zurück dorthin. Sie hörten es seiner Sprache an, die in die Gosse zurückkehrte.

»Alles Lügner, sage ich euch! Geldgeile Arschlöcher, die ein lumpiges Geschäft mit der größten Geisel der Menschheit betreiben! Sagen dir, daß sie alles in den Griff kriegen, und schielen bloß auf die Kohlen, weil sie wissen, daß du sie ihnen vorne und hinten reinschieben kannst. Und auch wenn du in den Rollstuhl kommst, sagen sie dir, daß du bald wieder vögeln und Tennis spielen wirst und all den Scheiß.«

Er hatte sich aufgerichtet und die Ellenbogen auf den Tisch gekantet, und der Kopf saß tief zwischen ihnen, weil er sich weit aus dem Rollstuhl vorbeugen mußte. Rote Flecken sprangen auf die gelbliche Haut, die da, wo sie die Backenknochen umspannte, ganz dünn wurde.

Alle wußten, daß Marcillac ein homme à femmes war. Gewesen war, mußte man jetzt wohl sagen. Kein Beau, aber einer dieser Typen, die kein Wort zu sagen brauchen, um Frauen anzusprechen, weil sie Macht ausstrahlen und Widerspruch ausschalten.

Marcillac hatte bei den Männern nicht nur den üblichen Neid, sondern auch Eifersucht geweckt. Und erst vor einem Jahr hatte er seine vierte Frau geheiratet.
63 war er da gewesen, und noch immer hatte er Tennispartner besiegt, die im Club als Asse galten und seine Söhne hätten sein können.
In ihrem Alter hatte er auch noch geboxt. Einfach, weil es zu ihm paßte.
*La rage de gagner* hieß das in seiner Sprache, und *rage* war nicht zu übersetzen mit Wut, sondern mit Hunger. Siegeshunger bei jeder Herausforderung, die er annahm.
Er hätte auch Fechtunterricht nehmen können, aber er lernte Boxen, weil es mit Wucht und Dynamik seinem Naturell besser entsprach. Mehr austeilen als einstecken und beides spüren. Er hatte ein natürliches Gefühl für den rechten Schlag im rechten Moment und auch für die Finte, die den Gegner ins Leere laufen läßt und den überraschenden Schlag ins Volle präpariert.
Er bewunderte die großen Boxer, und es war eine seltsame Art von Eigenliebe dabei, weil er es gewohnt war, sich auf ihre Art seinen Weg freizuboxen. Aber jetzt war die Sackgasse gekommen.
Die dünne Hand, durch die sich blaugraue Adern wie Regenwürmer zogen, spielte mit einem Buddha aus purem Gold von der Größe eines Tennisballs, und man sah, daß sie kalt war. Er legte eine Pause ein, als wollte er den verlegenen Gesichtern die Erholung gönnen, die dem Boxer in der Ringpause zusteht.
Mit einer langsamen Kopfbewegung, die der Kragen über dem dünnen Hals nicht mitmachte, lenkte er die Augen durchs riesige Fenster auf die massigen Konturen des Triumphbogens von Napoleon, der im pastellfarbenen Abendlicht auf dem höchsten Punkt der Champs Elysées leuchtete.

»Ein Genie«, sagte er, »bin ich nie gewesen, und ich erblicke auch keines, wenn ich in die Runde schaue. Aber das ist kein Tadel, meine Herren. Genial sein ist nämlich keine Sache, die fürs Geschäft taugt.«
Der dürre Zeigefinger deutete auf zwei Gemälde, die zwischen Bücherwänden an der Wand hingen, einen van Gogh und einen Toulouse-Lautrec.
»Das waren Genies, Messieurs. Aber sie haben keine Geschäfte gemacht und waren nicht das, was wir lebenstüchtig nennen. Der eine hat sich totgesoffen, der andere ist verrückt geworden. Nein, Genies, das sind Traumtänzer, nicht von dieser Welt und deswegen auch nicht geschaffen für sie. Sie tanzen auf einem Seil und kämpfen ständig mit der Balance. Und irgendwann fallen sie, der eine früher, der andere später.«
Neue Pause. Worauf wollte er hinaus? Sie brauchten nicht lange zu warten: »Genialität ist ein verzehrendes Feuer, das sich nicht lenken läßt. Talent, ja. Das ist es, was wir brauchen. Damit ist alles erreichbar, wenn Fleiß dazukommt. Ich glaube, euch bewiesen zu haben, daß ich von beidem einen schönen Sack davon ins Geschäft eingebracht habe, und ich weiß sehr genau, wer das auch von sich behaupten kann. Und Sie wissen, daß ich auch Talente, die den Fleiß nicht mit Löffeln gefressen haben, nicht fallenließ. Aber Mittelmäßigkeit wird nicht protegiert, auch wenn mancher von dieser Sorte jetzt glauben sollte, sich durchmogeln zu können, wenn ich weg bin!«
Er wollte noch etwas anfügen, was jeder ahnen konnte, der ihn kannte, aber in diesem Augenblick meldete die Sekretärin aus dem Vorzimmer den Anwalt an. Fast zwei Drittel der Herren wurden dadurch verabschiedet, daß Marcillac einfach auf die deutete, die dableiben sollten.
Kein Wort fiel mehr. Er war ein Meister im Vermei-

den unnötiger Sentimentalitäten. Und die Herren wußten, daß sie ihren Chef nie wieder sehen würden.

In dieser Nacht übergab Charles Marcillac alle Geschäfte, die er aufgebaut hatte, seinem 35jährigen Sohn Vincent. Er behielt sich einige Einspruchsrechte vor, die der junge Mann gelassen registrierte wie Strafzettel für falsches Parken, weil ihre Bedeutungslosigkeit aus dem eingefallenen Gesicht eines ›moribond‹ sprach. Das Wort war während der Sitzung oft gefallen. Ein ›moribond‹ ist einer, den der Tod schon mit der ausgestreckten Hand am Wickel hat.

Je später der Abend geworden war, um so mehr hatte das Gesicht des alten Marcillac einer zerknüllten und vergilbten Zeitung geglichen.

Zeitungen. Sie waren ein vergleichsweise spätes Hobby für ihn geworden, ein kulturelles Alibi-Geschäft wohl zuerst für den Selfmademan, der aus dem Nichts gekommen war oder aus dem Chaos.

Denn Charles Marcillac entstammte der Kriegsgeneration. Aber nicht jener, die die schlechte Suppe auslöffelte. Nur ein paar Monate waren es, die es ihm erspart hatten, in den Krieg zu ziehen, den die Franzosen ›la drôle de guerre‹ nannten. Denn als die Deutschen im Sommer 1940 in Paris einmarschierten, wäre seine Einberufung fällig gewesen.

Schnell begriff der Zwanzigjährige, daß der Krieg viele Gesichter hat – und daß ihm das Talent gegeben war, Zufälle zu nützen.

Die Mechanikerlehre, die er dem aus dem gleichen Handwerk stammenden Vater verdankte, erwies sich, bei korrekter Handhabung, als wenig sinnvoll. Ja, sie konnte sich gar als verderblich erweisen, wenn die Deutschen, stets nach guten Fachkräften Ausschau haltend, aufmerksam wurden. Ihre Waffenschmieden mußten auf Hochtouren laufen, doch

Charles Marcillac hielt, was als durchaus patriotisch bezeichnet werden durfte, wenig davon.
Aber er kalkulierte seinen Patriotismus. Sicher war es ein Erlebnis, einen deutschen Güterzug in die Luft zu sprengen und dann in den Wäldern zu verschwinden, doch es entsprach seiner merkantilen Philosophie entschieden mehr, sein Geschick als Mechaniker zum Abmontieren deutscher Autoreifen einzusetzen, die stolze Preise auf dem Schwarzen Markt erzielten.
Er machte Geschäfte mit den Deutschen, ohne ein Kollaborateur zu sein, und er kollaborierte mit den gewinnhungrigen und schlitzohrigen normannischen Bauern in profitabler Manier, ohne Gewissensbisse zu spüren.
Und er baute vor. Es gab große Coups, die Geld in Pappschachteln einbrachten, in denen sich zwei Spanferkel transportieren ließen.
Man konnte Land dafür kaufen, aber auch Gold, und als der Krieg vorbei war, hatte er beides und einen riesigen Vorsprung vor denen, die brav geblieben waren und bei Null anfingen.
Zu Beginn der fünfziger Jahre war Charles Marcillac, der die große nationale Säuberungswelle wie ein unantastbarer Fels überstanden hatte, einer der angesehensten Geschäftsleute von Paris, und er war noch keine 35 wie sein Sohn, der jetzt im Begriff war, Frankreichs reichster Erbe zu werden.
Erst in den siebziger Jahren war Marcillac ins Pressegeschäft eingestiegen, als große Pariser Zeitungen in die roten Zahlen und gleichzeitig unter den Hammer der technischen Revolution im Druckgewerbe kamen.
Marcillac kaufte. Und er kaufte nicht nur Zeitungen, sondern auch Illustrierte. Eine Branche, die sich für unabhängig gehalten hatte, kam ins Stöhnen. Und Redakteure, die in der Kunst des Spesenmachens

größer als in der des Schreibens waren, fanden sich zu Dutzenden auf der Straße, weil Marcillac ein feines Gespür für unnütze Windmacher hatte, das ihn nie trog.

Aus den Kriegszeiten hatte er es mitgebracht, wo man bös auf die Nase fallen konnte, wenn man es nicht verstand, scharf abzuwägen, mit wem man sich einließ.

Greifbare Tatsache war, daß er mit Blättern, die man schon abgeschrieben hatte, plötzlich wieder lohnende Auflagen machte. Und da so etwas immer auf Kosten der Konkurrenz geht, hatte man mit einiger Ungeduld auf den Augenblick gewartet, in dem ihm seine schleichende Krankheit das Szepter aus der Hand schlagen würde.

## 3

Charles Marcillac hatte, nicht nur unter den Zeitungsleuten, so manchen Favoriten, den er förderte. Aber er hatte nur einen Liebling.

Er war ein wirklicher Sonderfall, und Marcillac sah in ihm mehr als ein Talent. Traumtänzerische Genialität meinte er da zu entdecken, und das war etwas, das ihn anzog und abstieß zugleich. Ihn, den Realisten, reizte es, diesen Teig von Stärken und Schwächen zu kneten.

Auch diese feuerköpfige Unkontrollierbarkeit. Antoine war Journalist, Schriftsteller und auch ein Dichter, dem die Verse wie bunte Girlanden aus der Feder flossen, wenn es, wie er es nannte, ein Tag der fröhlichen Verrichtung war.

Sie waren häufig genug gewesen, diese Tage, als der junge Antoine nach dem Krieg angefangen hatte, sein Pariser Vagabundenleben zu führen. Räumlich freilich war es eher eingeengt, denn es beschränkte sich aufs linke Ufer, wo Jean-Paul Sartre im ›Flore‹ residierte und seine existenzialistischen Jünger in den Kellern von St. Germain-des-Prés.

Aber als die Schickeria in die Keller einzog, zog sich Antoine immer häufiger in seine Bude im 6. Arrondissement zurück, um zu schreiben. Für Zeitungen zunächst, und schnell kamen Angebote von Blättern, die junges Blut mit frischem Esprit brauchten. Doch Antoine war kein Mann der täglichen Routine, war nicht in Redaktionsstuben einzubinden. Ohne

Zwang und ohne Netz wollte er arbeiten, und wenn ein Honorar zu schnell aufgefressen war, packte ihn nicht bürgerliche Panik, sondern natürliche Lust, sich ein neues zu verdienen.
Sein erstes Buch schrieb er innerhalb von vier Monaten, und es wurde ein bemerkenswerter Erfolg.
Charles Marcillac indes bemerkte es nicht. Er hatte keine Zeit für Bücher, weil er mit dem Aufbau seines Imperiums beschäftigt war.
Die Wege der beiden Männer kreuzten sich auf ganz andere Weise.
Jeder wurde auf seine Weise angezogen von einem Boxer, der Frankreich in den ersten Nachkriegsjahren mehr als jeder andere Mann faszinierte. Schlug sein Gewinn der Weltmeisterschaft im Mittelgewicht nicht Brücken zu unbeschwerten Zeiten? Und war er nicht zugleich Symbol des sich neu aufrichtenden gallischen Selbstverständnisses?
Der bei seinen Geschäften mit Fäusten und Ellenbogen arbeitende Marcillac mochte das körperlicher empfunden haben als der sensible Schöngeist Antoine, aber ihr Enthusiasmus kam aus den gleichen Wurzeln, und wenn Marcel Cerdan im rauchgeschwängerten alten Vélodrome d'Hiver boxte, fehlten Marcillac und Antoine nie.
Antoine fand hinreißende Formulierungen und Metaphern. Niemals beschrieb er den Verlauf einer Runde so, wie es die anderen machten, immer setzte er sprachliche Glanzlichter, die ungewohnte Helligkeit ausstrahlten und den Punkt trafen wie ein blitzschneller Uppercut den Solarplexus. Andere, so begann Marcillac zu fühlen, verbreiteten dagegen nur den müden Schein von Stallaternen.
Diesen Mann mußte er kennenlernen. Charles Marcillacs Drang zum Außergewöhnlichen hielt Schritt mit seiner Spontaneität.
Er schrieb Antoine einen Brief. An die Zeitung. Aus

dem höchst einfachen Grund, weil er ihn im ›Bottin‹, dem Pariser Telefonbuch, nicht finden konnte.
Antoine haßte das Telefon. Es war ihm das, was das Schrillen des Weckers dem Träumer ist. Und er haßte auch Korrespondenz. Marcillac bekam keine Antwort.
Gewohnt war der das nicht. Immerhin gehörte er zu den Leuten, denen man folgt, wenn sie mit dem kleinen Finger winken. Und den Brief hatte er mit dem ganzen Gewicht seiner rechten Hand geschrieben.
Es gab daher nur die Konsequenz, diesen hochgestochenen Skribenten zu verachten.
Bloß, er schaffte es nicht. Er kaufte sogar sein neues Buch, das mit Boxen überhaupt nichts zu tun hatte. Wie ein Feinmechaniker kam er sich vor, der zur Arbeit Boxhandschuhe anzieht.
Und wieder war er beeindruckt.
Beim nächsten Boxkampf im Vel' d'Hiv ließ er sich Antoine vorstellen.
Der erinnerte sich nicht an den Brief, entschuldigte sich aber durchaus zutreffend mit harter Arbeit. Daß er eingehende Post dadurch erledigte, daß er den Stapel vier Wochen wachsen ließ und ihn dann dem Papierkorb anvertraute, verschwieg er.
Aber später, in einem Bistro in der Rue Néatlon, wo er nach den Boxkämpfen stets ein Glas oder auch mehrere nahm, je nach der Tauglichkeit der Runde, die sich zusammenfand, redete Antoine.
Sie fanden Gefallen aneinander, und es wurde der Anfang einer Freundschaft, die auch dann nicht zerbrach, als Antoine in Depressionen fiel und seine Rendezvous mit den Drogen hatte. Das traf zusammen mit seinem größten Bucherfolg, bei dem der Verleger gewaltige Mühe hatte, die letzten hundert Seiten des Manuskripts einzutreiben. Gerade sie jedoch wurden zum Genialsten gezählt, was er geschrieben hatte.

Auch Marcillac empfand das. Um so mehr traf es ihn, den von Erfolg zu Erfolg Eilenden, daß der Freund ein Hirn, das so Ungewöhnliches leisten konnte, zu vernichten begann wie ...
Ja, wie eigentlich? Wie ein Boxer, sagte er sich schließlich, der sich in jedem zweiten Kampf umhauen läßt.
Auch in diesem Geschäft war er inzwischen zu Hause. Mehr aus Begeisterung als aus Erwerbssinn hatte er einem drängenden Manager nachgegeben, der Geld für seinen Profistall brauchte, und er war, obwohl im Hintergrund bleibend, schnell der eigentliche Boss geworden.
Charles Marcillac konnte kein Geschäft betreiben, ohne die Fäden in die Hand zu nehmen.
Aber für Antoine konnte er nichts tun. Über Marihuana war er zum Kokain gekommen, und wenn er gelegentlich arbeitete, entstand skurriler Nonsens, den er niemandem anbot, sondern in seinen immer selteneren hellen Stunden zerriß.
Als Marcillac für den Mann, der seit dreißig Jahren sein Freund war, keine Chance mehr sah, setzte er seine Macht ein. Mit Hilfe zweier seiner kräftigsten Boxer ließ er Antoine entführen.
Das war gesetzwidrig, aber es war Antoines Rettung. Denn der Menschenraub endete in einer der renommiertesten Heilanstalten des Landes, wo die Honorare des Professors horrend und die Insassen vornehm waren.
Marcillac zahlte anstandslos und beschloß, niemals auch nur den kleinen Finger ins Drogengeschäft zu stecken, das zu blühen begann wie kein anderes. Vielleicht, dachte er manchmal, hat mich Antoine vor einer riesigen Schweinerei gerettet.
Er dachte es dankbar, weil die sechsmonatige Entziehungskur erfolgreich war. Antoine entstieg ihr zwar nicht wie ein strahlender Phönix, aber die

Rückkehr aus der Dunkelheit ins Leben machte ihn froh, und er lechzte wieder nach Arbeit.
Aber Marcillac traute dem Frieden nicht. Zu gefährlich war die brodelnde Pariser Szene, waren die Freunde, zu denen sich genug falsche gesellt hatten wie immer, wenn einer ins Rampenlicht tritt, wie es Antoine geschafft hatte.
Für den Fighter Marcillac hatte die Sache im weitesten Sinn mit Boxen zu tun. Niedergekämpft mit harten und trockenen Schlägen hatte er den inneren Schweinehund in einem Kerl, dem er aus ganz realen Gründen das Recht zur Selbstzerstörung verweigert hatte.
Es war, weil er den Kampf in all seinen Formen liebte. Und weil er mit einer seltsamen Mischung von Bewunderung und Neid an diesem Antoine hing, den er gelegentlich »un con beni par dieu« nannte, ein von Gott begnadetes Arschloch. Für ihn, der sich mit Fäusten und Ellenbogen hochgearbeitet hatte und der sich herumschlug mit den skrupellosesten Geiern und Haien der Geschäftswelt, war es ein Verbrechen, Begabungen zu vernichten, die ihm fehlten. Und er verschwendete nicht den geringsten Gedanken daran, daß Antoine andere Vorstellungen von der Ausbeutung seiner Gaben haben könnte.
Er tat es um so weniger, als Antoine, wenn auch auf andere Weise, die Liebe zum Faustkampf mit ihm teilte. Was er sah, war das gnadenlose Drama, geboten von zwei einsamen Männern in dem von Seilen umspannten Viereck, aus dem kein Ausbruch möglich ist. Zum Sieg oder zur Vernichtung stellst du dich, und keiner kann dir helfen. Der Sekundant in der Ecke? Sicher, er ist da. Aber er ist da wie ein Gefängnispfarrer, der dir kein Gitter ansägen, sondern dir nur Mut oder Trost zusprechen kann.
Er weiß, daß du ohne Hilfe durch die Hölle gehen mußt, und du weißt es auch.

Ritterlichkeit? Bei den Amateuren magst du sie noch finden, wenn du einen guten Blick hast, aber wenn du's um Geld tust, ist gepfiffen auf sie.
Die Leute gieren auf das Dunkel der Niederlage, die den Triumph des Siegers heller und strahlender macht.
Boxen um Geld ist die gnadenloseste Auseinandersetzung zwischen zwei Männern. Aber Millionen träumen davon, weil sie vom Licht des Siegers träumen, der sich mit nichts anderem durchsetzt als mit brachialer Gewalt.
Urinstinkte sind's. Aber einer wie Antoine verstand es, sie zu sublimieren. Wußte um die Rolle des Kopfes, der sowohl so getroffen werden kann, daß er die Herrschaft über den Körper verliert, als auch so herrschen kann, daß er nicht erwischt wird und zum rechten Augenblick die Schläge befiehlt, die das Licht des Siegers entzünden.
Antoine liebte die Boxer, die nicht mit dem Dreschflegel, sondern mit dem Florett der Klugheit arbeiteten, aber mit der gleichen Sensibilität hing er auch am Kämpfer, der hineintaumelte ins Dunkel der Niederlage.
Marcillac hatte es begriffen. Und unterschwellig hatte er auch verstanden, daß der Mann angefallen worden war von einer für ihn, den Siegertyp, schwer faßlichen Sehnsucht nach diesem Dunkel.
Deshalb drängte es ihn zu einem Experiment. Es war ihm bewußt, daß es nicht nur eine Laune war. Auch Freundschaft war dabei.
Und er hatte das Geld und den Willen, diesen Antoine zu retten. Und das Gefühl, daß es sich lohnen würde.
Marcillac besaß ein altes Bauernhaus in der Normandie. Aber es sah nur von außen alt aus. Im letzten Kriegsjahr hatte er es einem Bauern abgeluchst, der schon senil war und vom Calvados so abgestumpft,

daß er noch an die Macht von bereits rachitischem Geld glaubte. Es bereitete dem Käufer um so weniger Skrupel, als der Bauer den Frieden gar nicht mehr erlebte.

Später hatte Marcillac für ein gediegenes rustikales Interieur gesorgt und eine Terrasse angebaut, von der aus man im hurtig vorbeiplätschernden Flüßchen die Forellen fischen konnte.

Es konnte keinen idealeren Platz für eine Nachkur von Antoine geben, und Marcillac war auch sicher, daß er ihn zum Arbeiten stimulieren würde. »Einen wundervollen Roman wirst du machen«, sagte er ihm.

Aber Antoine brauchte Bewachung. Es war unmöglich, ihn ohne Kontrolle in die Einsamkeit zu schikken.

Die Lösung hieß Pierre. Als Marcillac daraufkam, arbeitete Pierre als Rausschmeißer in einer nicht eben distinguierten Boîte des Montmartre, und Pierre fand die Abwechslung um so angenehmer, als er bäuerlicher Herkunft war und das Land und seine Luft liebte.

Freilich, es gab kein ungleicheres Tandem im Lande. Pierre, von Hause aus mäßigen Verstandes, hatte als Halbschwergewichtler so viele Schläge auf den Kopf bekommen, daß er nur noch langsam und eingleisig denken konnte. Aber wenn man diesem Kopf einfache Befehle eingab, speicherte er sie mit der Zuverlässigkeit eines Computers.

Guter Laune war er zwar immer, doch nicht darauf war sein ständiges Lächeln zurückzuführen. Sie hatten ihm den Facialisnerv der rechten Backe zerhauen, wodurch die Oberlippe nach oben gezogen wurde und ein Grinsen vortäuschte, das ihn auch dann fröhlich erscheinen ließ, wenn er es nicht war.

Und stark war er wie zu den Zeiten, in denen er im Ring gestanden hatte. Allerdings hatte er auch oft ge-

legen. Im späteren Teil seiner Karriere hatte ihn Marcillac als ›Fallobst‹ in seinen Stall genommen: Er mußte sich in einer vorher bestimmten Runde hinlegen. Die Skrupel, die Marcillac wegen dieser nicht sehr noblen Art der Selbstverteidigung gelegentlich beschlichen, besänftigte er mit anständigen Gagen, und Pierre war's zufrieden. Er erhob diese Art des Mogelns sogar fast zu einer Kunst, die gelegentlich auch renommierte Boxberichterstatter täuschte.
Das imponierte Marcillac. Als er seinen Umfaller vom Dienst aus Gründen, die er humanitär nannte, endgültig aus dem Ring nehmen mußte, ließ er ihn nicht fallen. Pierres Gnadenbrot konnte sich sehen lassen, und wenn ihn sein Spender auch manchmal einen nützlichen Idioten nannte, so erkannte er doch, daß es keinen tauglicheren Bewacher für Antoine in seiner neuen Residenz geben konnte.
Daß sie etwas Gefängnisartiges hatte, war nicht abzuleugnen. Fünf Kilometer war das Landhaus vom Dorf entfernt, und da beide Männer, aus verschiedenen Gründen, keinen Führerschein mehr hatten, stand auch kein Auto in der Garage, die einmal ein Stall gewesen war. Es gab nur ein altes Fahrrad, mit zwei Gepäckträgern, einem am Lenker und einem über dem Hinterrad. Damit hatte Pierre die Einkäufe im Dorf zu erledigen.
Antoine schätzte den ungleichen Partner und Helfer um so mehr, als ihm seine Frau schon vor der Kur weggelaufen war und mit ihr alle Ordnung. Er fühlte sich wie einer, der sich aus einem Loch herausarbeitete, das ihn zu verschlingen gedroht hatte.
Und er arbeitete. Seinen Roman hatte er mit einem Elan begonnen, der ihm Flügel verlieh.
Trotzdem bekam Antoine, als die Blätter von den klobigen Apfelbäumen der Normandie unter der wirbelnden Macht der Herbststürme fielen, den Druck der Klausur zu spüren.

Er war ein Mann der Großstadt, und die Großstadt erwacht, wenn das Land schläfrig wird. Die Abende wurden länger. Sie wurden zu lange für Gespräche mit Pierre, mit dem man sich eigentlich nur über Boxen unterhalten konnte und da vornehmlich über seine eigenen Kämpfe. Längst kannte Antoine alle; auch die, die zuviel gewesen waren.
Das Heimweh nach Paris schlich ihn zur selben Zeit an wie seinen Gönner die tückische Krankheit.
Schließlich war Antoine, der nichts von dieser Krankheit ahnte, jünger als Marcillac, und Landluft ist nicht alles, was der Mensch braucht.
Und er merkte auch, daß völlig verschiedenartige Menschen von gleichen Gedanken befallen werden können.
Pierres Blumenkohlohren röteten sich immer häufiger, und die Nüstern der von zwei gewaltigen Hökkern deformierten Nase blähten sich. Und immer länger dehnten sich die Besorgungen aus, die er mit dem alten Fahrrad im Dorf machte. Ohne zu fragen spürte Antoine, daß Pierre Ausschau nach Röcken hielt, und er brauchte nicht lange auf die Bestätigung zu warten.
»Sieh' mal, Antoine«, sagte Pierre eines Tages, »ich habe 'ne Putzfrau gefunden.«
»Putzfrau?« Antoine zog die Brauen hoch, und die Überraschung sah größer aus, als sie war.
»Nun ja, bis jetzt hab' ich's mir ja verkniffen, was zu sagen, aber du bist ein Schlamper, der alles herumliegen läßt, und ich habe so viel mit Kochen und Waschen zu tun, daß ich nicht überall im Haus rumkomme. Nicht einmal dein Bett machst du morgens!«
Das stimmte. Wenn Antoine an seine vergammelte Pariser Bude dachte, wußte er, daß er glänzend versorgt wurde.
»Du hast also schon eine?«

Pierres Oberlippe rutschte noch etwas höher als sonst, weil er nicht falsch lachen wollte, sondern richtig.
»Klar. Sie kommt morgen.«
»Alt oder jung?«
»Sagen wir, mittendrin. Aber nicht dein Fall.«
»Das«, sagte Antoine und blies Zigarettenrauch über den Tisch wie einen mißmutigen Konterschlag, »das kann ich mir denken. Willst keine Konkurrenz, was?«
Pierre zuckte mit den Schultern. »Schönheitsköniginnen gibt's keine im Dorf, und ich kenne deinen Geschmack. Höchstens die Tochter des Bürgermeister käme in Frage.«
»Wie alt?«
»Achtzehn, und ein Ärschlein wie eine Hofdame.«

Die Putzfrau hatte einen Busen von gewaltigem Format und einen Hintern, der mit ihm wetteiferte. Ihre breite bäuerliche Sprache zischte wegen eines fehlenden Schneidezahns, der sie aber nicht an einem Lachen hinderte, das fast so breit wie das von Pierre war, als er sie in den oberen Stock führte. Antoine blieb unten und versuchte, an seinem Manuskript zu arbeiten.
Aber es lief nicht. Nichts läuft, wenn die Ruhe zweier Männer von einer Frau gestört wird.
Vergeblich wartete er auf die Geräusche, die Putzfrauen machen. Dafür drang rhythmisches Knarren des alten Bettes in die Stille des Bauernhauses, das wie eine satte Kuh auf der Wiese unter den milden Strahlen der Oktobersonne lag.
Antoine lief in die Garage, in der leicht drei Autos Platz gehabt hätten. Aber nur das klapprige Fahrrad stand in einer Ecke, als Symbol gleichsam der raffinierten Überlegungskunst des alten Marcillac.
Antoine radelte ruhigen Gewissens über die holpri-

gen Straßen und fing zu pfeifen an wie die Lerche, die hoch über ihm unter den unruhigen weißen Wolken trillerte.

Im Dorf fand der alte Drahtesel mit den beiden Gepäckträgern vorne und hinten den Weg zum einzigen Bistro, der das graue Kirchlein mit einem knallroten Apéritif-Plakat anlachte.

Nur einen Schluck, dachte Antoine. Dann werde ich in die Epicerie gehen und meinen Knochenschüttler mit Wein beladen, daß die Reifen platzen.

Für einen, der aus dem Herzen von Paris kam und eine Abgeschiedenheit hinter sich hatte, die ihm unendlich vorkam, war es eine seltsame Rückkehr zum Leben.

Zum einfachen. Und gerade das war es, was ihn faszinierte. Auf einer schmierigen Filzunterlage spielten ein paar alte Bauern Karten, und auf der Theke saß eine fette weiße Katze, die mit roter Zunge Tropfen vom Tresen leckte, die dem Wirt beim Ausschenken entglitten waren. Sein gerötetes Vollmondgesicht zeigte, daß er selbst zu seinen besten Kunden gehörte, und die kräftigen behaarten Gorillaarme unter den hochgekrempelten weißen Hemdsärmeln erinnerten Antoine an Pierre.

»Sind Sie nicht der Dichter vom Haus Marcillac?«

Antoine nickte und ärgerte sich. Pierre schien bei seinen Einkäufen munter zu verkehren hier. Kein Wunder, daß er mit den paar Tropfen Wein, die er sich zu Hause einschenkte, so gut auskam.

Nach dem dritten Glas Calvados ließ Antoine eine Runde springen. Sie war preiswert genug, weil der Nachmittag noch jung war und nur die vier Alten mit den Karten dasaßen.

Die zweite Runde traf ihn wie ein Hammer, und der Wirt überlegte, ob er gesunden normannischen Geschäftssinn hinter hilfreiche Menschlichkeit stellen sollte.

»Sie sollten an den Heimweg denken, Monsieur!«
»Heimweg? Wo's mir gutgeht, bin ich zu Hause«, sagte Antoine mit schwerer Stimme. »Bring lieber noch eine Runde, aber vom Besseren. Verdammt jung, dein Calvados! Sieht aus wie Pisse und schmeckt auch so. Hat nie ein Eichenfaß gesehen. Alt und braun will ich ihn haben!«
»Kostet aber das Doppelte, Monsieur!«
»Na und, bin ich ein Landstreicher?«
Vorsorglich brachte der Wirt Antoine auch ein Schinkensandwich, das lang wie eine Flöte war. »Mit einer Unterlage«, sagte er, »geht's besser«, und ließ alten Calvados in die Gläser fließen, der die dunkle Farbe von Waldhonig hatte.
»Ich kann auch zahlen«, lallte Antoine und legte die Hand auf die Brust. Es sah aus wie eine Bezeugung tiefer Ehrlichkeit, aber es war nur ein automatischer Griff nach dem Brustbeutel.
Antoines erster Rausch seit der Drogengeschichte wurde zu einem lange nicht erlebten Glücksgefühl. Es endete erst, als Pierre die Tür aufriß.
Mit seinen Henkelarmen wühlte er sich durch die voll gewordene und lärmende Bude zu Antoines Platz, und sofort merkten die Zecher, daß er ihn am Kragen packen und hinaustragen wollte.
Sie standen wie ein Mann auf und bildeten um Antoine einen schützenden Halbkreis, den die Theke abschloß.
Und gegen fünfundzwanzig hatte Pierre noch nie gekämpft.
»Laßt mich durch, er muß sofort nach Hause!«
Jetzt lachten alle, weil sie es für einen Spaß hielten, denn Pierres Oberlippe zuckte nach oben zu einem Grinsen, dem man einfach nicht standhalten konnte. Der Ring lockerte sich, und Pierre schaffte den Vorstoß zu Antoine.
»Du gehst sofort mit!«

Antoine blickte ihn an mit den Augen des Trinkers, die blankes Unverständnis mit aufmüpfigem Trotz zu panschen verstehen.
»Patron, ein Glas für diesen Herrn! Er ist zu trocken für uns, was?«
»Hinter den Ohren oder im Hals?«
Ein dröhnendes Gelächter war die Antwort. Schwere Bauernhände schlugen auf den Tisch, daß die Gläser tanzten, und Pierre hatte seinen Calvados vor sich, ehe er etwas sagen konnte. Lange hatte der Bistro keinen solchen Abend erlebt.
Pierre war froh, als Antoine um Mitternacht unter den Tisch fiel und schnarchte.
Dann vollbrachte er sein Meisterstück. Es war unendlich mühsam, in die Pedale zu treten und den vor ihm auf der Rahmenstange sitzenden Antoine mit den Ellenbogen festzuklammern, weil Betrunkene wenig Balancegefühl haben und sich nicht den Biegungen einer holprigen Straße anpassen.

Ein halber Tag und eine halbe Nacht hatten Antoines Leben im Bauernhof verändert. »Wo man's mit Weibern treibt, darf auch gesoffen werden«, erklärte Antoine mit um so klarerer Logik, als die Putzfrau zwei- oder gar dreimal in der Woche kam. Und es muß gesagt werden, daß schöne Ordnung im Haus herrschte.
Antoine rächte sich mit Besuchen im Bistro.
Längst las er keine Zeitungen mehr und ließ auch den Fernseher kalt. Seine Nachrichten bezog er im Bistro, wenn er den Bauern mit halbem Ohr zuhörte.
Doch plötzlich wurde er hellwach. Der Nachmittag war noch nicht fortgeschritten, und weil es ein Samstag war, saßen auch jüngere Männer herum, die in den Fabriken der nahe gelegenen Stadt arbeiteten und sich mehr zu erzählen hatten als alte Männer, die auf den Feldern nicht mehr gebraucht wurden.

Die Jungen sprachen von einem Boxkampf, und es mußte ein großer sein. Sie fragten den Wirt, ob er am Abend den Fernseher auf das Bord über der Theke stellen würde, unter dem Apéritifs und Spirituosen wie Zinnsoldaten in bunten Uniformen aufgereiht waren.
»Bien sur«, sagte der Patron. »Will ja auch sehen, wie der Deutsche umfällt.«
»Der fällt nicht um!« Ein rothaariger Bursche, der am Tresen stand, krähte es so laut, daß alle hochblickten, und wie um zu zeigen, daß seine Prognose Gewicht hatte, ließ er einen sommersprossigen Bizeps am Rand des aufgekrempelten Hemds spielen. Die Diskussion schwoll an, und obwohl alle durcheinanderredeten, begriff Antoine, daß es sich um einen Schwergewichtskampf handelte, und da konnte es eigentlich nur um den Deutschen gehen, der raketenartig aus dem Nichts gestiegen war.
»Boxt Brixner?« fragte er seinen Nachbarn.
»Wer denn sonst?« Der junge Mann blickte ihn an wie einen, der gerade vom Mond gefallen ist. »Das wissen sogar die Alten dahinten.« Er deutete in die Ecke, wo die weißhaarigen Kartenspieler ihre Blätter auf den Filz droschen.
»Gegen wen?«
»Gegen wen schon, Mann! In den Küchen reden die Weiber davon! Gegen John Roberts natürlich, um die Europameisterschaft im Schwergewicht.«
»Wo?«
»Berlin.« Kopfschüttelnd wandte sich der Junge seinem Nachbarn zu: »Er weiß nichts vom Boxkampf!«
Der schüttete ein Glas Calvados in seinen Kaffee und zuckte mit den Schultern: »Ist doch der Spinner vom alten Hof draußen am Fluß.«
»Ach so«, sagte der andere. Bei Antoines großem Besäufnis im Bistro hatte er gefehlt.

Antoine trank seinen Rotwein aus und ignorierte die aufmunternd-fragenden Blicke des Wirts.
Stocknüchtern radelte er nach Hause.

Pierres Überraschung war perfekt. Kaffee mußte er kochen und viel Milch dazustellen. Das hatte es schon eine geraume Zeit nicht mehr gegeben, und er empfand eine Erleichterung, die sein Gesicht ohne die üblichen Zuckungen illuminierte.
Erst als Pierre mit der dampfenden Kaffeekanne zurückkehrte, weihte ihn Antoine ein, und er tat es mit beinahe pastoraler Feierlichkeit.
»Hoffentlich ist der Fernseher in Ordnung. Wir werden heute Abend Brixner gegen Roberts sehen. Um die Europameisterschaft!«
Es war, als ob er einem Sträfling die Ketten abgenommen hätte. Pierres Füße begannen zu tänzeln, und die Fäuste fuchtelten herum, als ob sie einen imaginären Gegner suchten.
»Das ist ein Ding, Junge! Woher weißt du das?«
»Weil ich nicht taub werde vom Trinken, sondern die Ohren aufmache!«
Das Tänzeln hörte auf, und ein rechter Haken blieb in der Luft hängen. Antoine hatte gut gekontert.
Weit wanderten seine Gedanken zurück zum unvergeßlichen Pariser Vélodrome d'Hiver, zu Cerdan, Dauthuillie, Humez und all den anderen, über die er geschrieben hatte, ganz anders als alle anderen, weil seine Optik eine andere war und auch seine Liebe zu den Faustkämpfern, diesen Einsamen, die, einem menschlichen Urtrieb folgend, Urtriebe befriedigen.
Heimweh nach dem alten Vel' d'Hiv' beschlich ihn.
Wie eine Rückkehr zur Quelle war es, aber es war eine versiegte Quelle. Aufgefressen hatte der Moloch Paris diesen alten Tempel des Sports, in dem sich le tout Paris im Innenraum beim Champagner traf und der Heuboden vibrierte vom Getrampel der

›Habitués‹, die im Rauchdunst schwarzer Zigaretten mit Rotwein und Weißbrot feierten. Abgerissen hatten sie das Vel' d'Hiv, weil es, ähnlich wie die Hallen, zu zentral und auf viel zu kostbarem Boden stand, für den Banken und andere potente Geschäftshäuser gewaltige Summen zu zahlen bereit waren.
Alles kam zurück. Auch der Essay, den er über Muhammad Ali in dessen Glanzzeit geschrieben hatte. Weltmeister im Schwergewicht ist in der Einbildungskraft der Leute der strahlende Solitär-Diamant. Er schlägt alle. Sein Titel sagt es. Wenn einer die 100 Meter unter zehn Sekunden läuft oder den Speer über hundert Meter wirft, zieht man den Hut. Aber der Weltmeister aller Klassen läßt Hüte hochfliegen, die keiner mehr zurückhaben will. Das war schon bei Jim Corbett so und bei Tunney und Dempsey. Instinktiv und ohne Abwehrmechanismus geraten Leute aller Gesellschaftsschichten in den Bannkreis einer herkulischen Ausstrahlung, weil ihnen die hochgepeitschte Brutalität der Auseinandersetzung so dumpf bewußt ist wie ihre eigene Inferiorität.
Hunderte von Millionen, dachte Antoine, werden an den Geräten sitzen, und ich hätte diesen Kampf beinahe versoffen.
Außerdem, und dazu brauchte er keine Zeitungen, hatte der Kampf, dem er entgegenfieberte, noch eine ganz außergewöhnliche Besonderheit.
Die Welt wartete seit Jahrzehnten auf einen weißen Weltmeister, und wer in der Deutschlandhalle von Berlin Europameister wurde, mußte das Recht auf einen Titelkampf gegen den Amerikaner Tiger Johnson bekommen.
Nur vage erinnerte sich Antoine, vom blitzartigen Aufstieg des Deutschen Thomas Brixner gelesen zu haben. Er fiel in die Zeit, in der die Droge in sein Leben getreten war und es wohl vernichtet hätte,

wenn der Mann nicht gewesen wäre, der ihn hierher hatte bringen lassen. Ehe die Erkennungsmelodie der Eurovision erklang, beschloß er, auch mit dem Trinken aufzuhören.

Die Atmosphäre, mit der die Deutschlandhalle geladen war, knisterte durch die Mattscheibe. Das war nicht der übliche Schwergewichtskampf, wie man ihn gewohnt war, wenn zwei Weiße im Ring standen: groß und schwer, wie das Boxgesetz es befahl, aber mit aus den Hüften quellenden Speckansätzen und mit Tempo und Repertoire, die Amerikas schwarze Muskelriesen lächeln machten.
Dem Gewinner, das sagte der Reporter schon in den ersten Sätzen, winkte ein Kampf um die Weltmeisterschaft, und auf diesen weißen Wundermann wartete auch Amerika, das genug von der Herrschaft der Schwarzen hatte.
So gesehen, war dieser Kampf ein aufsehenerregender weißer Lichtblick, auch wenn sich niemand vorstellen konnte, wer den schwarzen Tiger Johnson vom Thron stürzen sollte.
Aber das war Zukunftsmusik. Verrückt genug schon war die Vorstellung eines Erfolgs dieses 22jährigen Deutschen Thomas Brixner über den Briten John Roberts. Englands forscheste Buchmacher räumten ihm schon wegen seiner Erfahrung, seines achtbaren Schlagrepertoires und seiner gut verteilten Nehmer- und Geberqualitäten eine 10:3-Quote ein, was Pierre zu der Bemerkung veranlaßte, man hätte vielleicht ein hübsches Geld mit Brixner verdienen können, wenn man in diesem blöden Haus nicht von der Welt abgeschnitten wäre.
»Halt's Maul«, knurrte Antoine, und dann ertönte der Gong zur ersten Runde.
Und schnell saßen sie aufrecht in den Stühlen.
Der Deutsche, der gerade das Schwergewichtslimit

brachte, umschwirrte den Engländer mit dem Tempo eines Mittelgewichtlers. Statisch fast ließ er Roberts aussehen, und wenn Roberts die Halbdistanz oder gar den Infight suchte, tänzelte Brixner ihm mit spielerischer Leichtigkeit davon.
»So wendig habe ich seit dem jungen Cassius Clay keinen Schwergewichtler mehr gesehen«, staunte Antoine, und Pierre nickte.
In der dritten Runde ging es erst richtig los. Brixner, bisher fast nur florettartig mit der Führhand arbeitend und die rechte Schlaghand zurückhaltend, schoß, im Ansatz nicht erkennbar, einen Körperhaken ab, der Roberts so durchschüttelte, daß er der unmittelbar folgenden links-rechts-Kombination an den Kopf nicht ausweichen konnte. Nur mit Mühe kam er über die Runde, und der Sportpalast bebte in seinen Grundfesten.
»Wenn er«, sagte Antoine in der Pause, »das ganze Gewicht seines Körpers hinter die Schläge gelegt hätte, säße der Engländer nicht mehr auf seinem Stühlchen, verlaß dich drauf! Aber das hat auch Ali fast nie getan.«
»Roberts kann sich erholen«, meinte Pierre, der mehr als vier Runden sehen wollte.
»Vielleicht, wenn er deine gefühllose Birne hätte! Schau, wie sie rotieren in seiner Ecke. Das Ding ist gelaufen, sag ich dir!«
»Im Schwergewicht kann alles passieren.«
»Höchstens, wenn der Deutsche in einen Heumacher hineinläuft. Aber schau dir doch dieses Wegtauchen und diese Beinarbeit an!«
Sie sahen es noch bis zum Ende der fünften Runde, zusammen mit blitzschnellen Schlagkombinationen von Brixner an Kopf und Körper. Zehn Sekunden vor dem Gong flog das Handtuch aus der englischen Ecke.
Thomas Brixner hatte einen Technischen K.-o.-Sieg

errungen, ohne auch nur einen einzigen Treffer, der diesen Namen verdient hätte, eingefangen zu haben. Er stieg, trotz der unbestreitbaren Qualitäten des Titelverteidigers, aus dem Berliner Ring wie einer, der sich nur kurz aufgewärmt hat für eine ernsthaftere Aufgabe.
Sie hieß Kampf um die Weltmeisterschaft gegen Tiger Johnson, den Unwiderstehlichen, der seine Siegesrunde vorauszusagen pflegte wie einst Muhammad Ali.
Die Tür des Wartezimmers war aufgestoßen. Nie hatte das große Geschäft in der schwersten Gewichtsklasse dringender die Vitaminspritze des weißen Mannes gebraucht.
Antoine hörte nicht mehr auf das Toben der Zuschauer und die sich überschlagende Stimme des Reporters. Die alten Zeiten kamen zurück, als er noch im verräucherten und brodelnden Vel' d'Hiv' zum Platztelefon gegriffen und Worte gefunden hatte, die ihn selbst staunen ließen, wenn er sie am nächsten Tag in der Zeitung las.
In seinen Zeilen hatte die Faszination des Kampfes gebrannt.
Und jetzt kam dieses Brennen zurück. »Hast du diese Leichtigkeit und diese Pace gesehen? Und diese Souplesse, dieses Auge? In deinen besten Zeiten bist du eine Schnecke dagegen gewesen!«
Pierre servierte Kaffee, ohne zu protestieren. Erstens wußte er, daß es zwecklos war, und zweitens hatte er auch Augen im Kopf. Das Metier mochte ihren Blick in mancher Hinsicht getrübt haben, aber beim Boxen sah er klar. Du brauchst keine Brille, wenn ein Newcomer einen erfahrenen Haudegen zum Sandsack macht.
Antoine, Würfelzucker in seinen Milchkaffee verrührend, begeisterte sich weiter: »Der Bursche hat ein paar Kämpfe gemacht und ein Dutzend Sprossen

auf der Leiter übersprungen. Der macht Dinge, die du nicht lernen kannst, und da steckt mehr als Talent dahinter. Da bewegen sich nicht nur Fäuste.«
Wie sollte er Pierre, dessen einfältigem Kopf nicht einmal klargeworden war, daß ihn zu viele Schläge zerrüttet hatten, voll überzeugen von Brixner, der, wie offensichtlich kein anderer, diesen faszinierenden Zweiklang von Kopf und Fäusten zustande brachte?
Darin lag eine Logik, die ihn wütend machte, aber hingenommen werden mußte. War nicht er drauf und dran gewesen, seinen Kopf mit der Droge zu vernichten? Gegen das Gesetz.
Boxer haben das Gesetz auf ihrer Seite. Sie betreiben den einzigen Beruf, der Aggressivität mit höchster Brutalität freisetzen darf, ohne zur Verantwortung gezogen zu werden. Legalisierte Körperverletzung ist es, die mit legalem Totschlag enden kann. Wer hinuntergehauen wird in den Ringstaub, hat so wenig ein Recht zur Beschwerde wie der, der ihn in die Dunkelheit schickte, Grund zu Selbstvorwürfen hat. Halt, den Soldaten gibt es noch. Er darf nicht nur töten, er muß es sogar tun auf Befehl. Bloß, die Kriege werden rar, weil die Waffen zu perfekt geworden sind. Fäuste sind primitivere und auch ehrlichere Waffen.
Sie sind, dachte Antoine, auch ehrlicher als die Waffen anderer aggressiver Berufe, und es fiel ihm dabei nicht nur Marcillac ein. Gibt es nicht Leute, die Polizisten oder Gefängniswärter werden, weil sie da ihren Aggressionstrieb abreagieren können? Und wie steht's mit Juristen oder Journalisten? Wird da nicht einfach Angriffs- oder gar Vernichtungslust sublimiert?
Klar ist, daß die Gesellschaft nicht mit der offenen, sondern nur mit der verdeckten oder verwandelten Aggression leben kann.

Aber warum erlaubt sie das Boxen, ihre primitivste und unverhüllteste Form?
Und warum wird nicht einmal kaschiert, daß viele Menschen hinter den Kulissen des Berufsboxsports aus der Unterwelt kommen?
Antoine dachte nicht nur an das Heer der Edelhuren, die mit ihren Zuhältern die teuersten Ringplätze bevölkern. Auch an die Mafiosi der Droge dachte er, die ins Boxgeschäft eingestiegen sind.
Weil es in ihr Bild paßt. Die Illegalen der Gewalt fühlen sich angezogen von legalisierter Gewalt. Antoine versuchte, das Phänomen metaphysisch zu erfassen, suchte Wege zum Erkennen von Dingen, die unabhängig von menschlichem Denken und Wollen sind. Eine Art von Existenzphilosophie betrieb er, und er kam nicht umhin, Budd Schulberg beizustimmen, der als Schriftsteller mit seinem Roman ›Schmutziger Lorbeer‹ bemerkenswerten Ruhm erlangt hatte: »Das Boxen ist immer noch die einzige Möglichkeit für den Armen, Verlorenen, Unterdrückten – einst der Ire, der Jude, der Italiener, heute der Neger und morgen der Puertoricaner –, um vor der überfüllten Wohnung, dem zerrütteten Heim, dem Analphabetentum und den Verbrecherbanden wegzukommen, die seine wahre Familie, seine Schule werden können. Das Boxen ist der einzige Notausgang, der zu Ruhm, Reichtum und Achtbarkeit führt. Das Boxen, meine Herren, ist ein Sport, der eine funktionierende Demokratie symbolisiert.«
Schulberg war kein Posaunist der ›noble art of selfdefense‹. Ein kritischer Verteidiger des Boxens immerhin, der sich mehr anlegte mit den Veranstaltern als mit den Kämpfern.
Auch hier ging Antoine einig mit ihm. Viel zu hoch war der Prozentsatz der Boxer, die nur minimale Prozentsätze der Einnahmen erhielten, die ihre Veranstalter mit ihnen erzielten.

Auf der höchsten Plattform des Schwergewichts mochte die Gerechtigkeit größer sein. Aber auch das Risiko war größer. Nicht das der Veranstalter, sondern das der Kämpfer.
Wie konnte man unbeschadet den mörderischen Punch des amtierenden Weltmeisters Tiger Johnson überstehen? Antoine wußte es nicht. In einer ›White hope‹ konnte er nur einen weißen Verdammten sehen.
Tiger Johnson schlug wie Marciano oder Dempsey. Er hätte, wenn es verlangt worden wäre, ein Loch in eine Ziegelmauer geschlagen. Oder ein Haus abgebrochen, ohne andere Werkzeuge als seine Fäuste zu benützen. Er war mit seiner unbändigen Stärke die Verkörperung der Destruktivität des bezahlten Faustkampfs, kein Ali, der in seiner Glanzzeit das Ausweichen ebenso zur Kunst erhoben hatte wie den gezielten, aber keineswegs furchtbaren Schlag im rechten Moment.
Da glich er den Russen. Als erklärte Gegner der so ungeheuer publikumswirksamen und daher einträglichen Gnadenlosigkeit des Berufsboxens haben sie den Zweikampf im Ring als Schachspiel der Muskeln propagiert und Geschick über Wucht gestellt. Wer in drei Runden, also in neun Minuten Kampf, die meisten Treffer anbringt, wobei Technik hoch über Kraft gestellt wird, ist in der Sowjetunion der Mann des Fights, und Knollennasen und Blumenkohlohren sind dort so selten wie Niederschläge. Man boxt humaner und ist gründlicher mit den ärztlichen Untersuchungen, wenn ein Mann von den Beinen fällt.
Es ist ein Stil, der das Publikum fachmännischer und westliche Veranstalter müde lächeln macht. Es sind die großen Schläger, die die großen Einnahmen bringen, und ein schwerer Baum fällt lauter und härter als die dünne Bohnenstange.

Es sind die Kolosse, die mit ihren Fäusten das große Geld hereintrommeln, die Helden, die die Gesellschaft braucht und verbraucht. Mit legalem Hunger, so, wie es legal ist, daß sie ihren Köpfen mehr Schläge verpassen, als sie vertragen.
Antoine mußte wieder an Pierre denken, an die seltsame Art von Dunkelheit, in der er lebte, ohne sie zu spüren. Glück hatte er noch gehabt, und nicht jeder war so gut davongekommen.
Aber wen interessiert's? Und wie wäre er selbst davongekommen, ohne Marcillacs Hilfe? Die Droge ist schlimmer als Boxen. Sie erfordert keinen Mut, keine Geschicklichkeit, keine Kraft. Sie schleicht sich an, wird zur teuflischen Geliebten und saugt dich aus.
Und wen interessiert's?
Marcillac hatte es interessiert. Ausgerechnet den eiskalten Geschäftemacher, der über Leichen ging. Ihn, Antoine, hatte er aus dem Sumpf gezogen, als nur noch die Haare zu greifen waren. Dunkelheit hatte ihn längst umklammert, als ihm das Schnupfen von Kokain noch Helligkeit vorgegaukelt hatte.
Jetzt war die wahre Helligkeit zurückgekommen. Und mit ihr der Wille, gegen die Droge auch für andere zu kämpfen. Auch für arme Hunde, die aus dem Rampenlicht des Boxrings in die Dunkelheit gezerrt werden und jede Fähigkeit zum Widerstand verlieren. Da schleicht sich mit verlogener Hilfsbereitschaft die Droge an. Und zerstört die letzten Reste mit brutalerer Kraft, als es Fäuste vermögen.
Begonnen hatte es mit dem, was die Amerikaner ›The powerful leaf‹ nennen, bei den Indios und den Bergleuten der Anden, die das Colablatt nicht nur gegen den Hunger, sondern auch für eine milde Euphorie kauen, die sie sowohl die Kälte als auch die Sorgen des Überlebens vergessen läßt. Auch die Höhenkrankheit bekämpft es. »Coca-Tee«, sagt

man in Peru, »ist gut für den Magen und bekämpft Dickleibigkeit. Ja, er bildet sogar Energie.«
Antoine konnte es, was den Anfang betraf, bestätigen. Obwohl er nicht harmlosen Tee, sondern pures, durch die Raffinerie gegangenes Kokain geschnupft hatte. Dreihundert Kilo Colablätter benötigt man, um ein einziges Kilo reines Kokain zu gewinnen. Tee macht man mit einer Handvoll Blätter.
Verheerend ist die Wirkung, die dreihundert Kilo davon erzeugen. Jetzt wußte er es, und die Preise entsprachen der makabren Effizienz. Eine Blättersammlung, die man für einen Dollar erwerben kann, kostet auf den Straßen von Miami 315 Dollar, vorausgesetzt, daß sie durch die Raffinerie gegangen und zu weißem Puder geworden ist.
Antoine hatte die Konzentration des Stoffs an Körper und Geist verspürt. Und er hatte auch die Wahrheit der peruanischen Tee-Reklame anerkennen müssen: chronische Cola-Konsumenten hatten nie Übergewicht, und es mochten tatsächlich milde Stimulierungen des Geistes und ebensolche körperlicher Art im Spiele sein.
Aber dann hatte er im Sanatorium die Dünnen gesehen. Diese traurigen Bohnenstangen, die nur noch staksend gehen konnten, weil sie das ›powerful leaf‹ in höchster Konzentration genommen hatten.
Wie er. Körperlich und geistig hatte es ihn an den Rand gebracht, aber eine Sicherheitsmarge war geblieben, in die Marcillac in der ihm eigenen Weise gestoßen war.
Eine Wärme stieg in ihm empor für einen Mann, dem Eiseskälte nachgesagt wurde in der Geschäftswelt, in der er lebte. Er mußte mit ihm sprechen. In dieser Minute noch.

## 4

»Hallo?« Die Stimme klang hell, aber ein indignierter Unterton war nicht zu überhören. Es ging auf Mitternacht zu, doch Zeitgefühl war nie Antoines Stärke gewesen, und in der ländlichen Klausur war es völlig verlorengegangen.

Es war, das hörte er sofort, Pascale, Marcillacs vierte Frau, rund 30 Jahre jünger. Vielleicht auch nur 25, aber eine dieser Schönheiten, die dir den Atem nehmen und jenen Appetit geben, der keine Chance hat. Unnahbar eben.

»Sie sind es, Antoine?«

Die Stimme wurde einen Grad konzilianter, um aber sofort auf unverhohlenen Ärger zu schwenken. »Sie wollen Charles mitten in der Nacht? Sind Sie verrückt geworden?«

Irritiert kam Antoine ins Stottern: »Aber er muß doch ... er muß doch den Boxkampf gesehen haben!«

»Hat er auch. Aber im Bett, und jetzt schläft er.«

Für Antoine ergab das keinen Sinn. Ob sie sich gestritten hatten? Oder war es nur eine Frauenlaune? Wart, Hexe, dachte er, den Zahn zieh ich dir!

»Charles geht nicht mit den Hühnern ins Bett, und mit dem Fernseher schon gar nicht.«

Aber nun wurde Pascale Marcillacs Stimme bösartig schrill: »Jetzt ist es aber genug! Was erlauben Sie sich eigentlich Sie ... Sie ...«

Das Wort kam nicht, aber dafür ein Schluchzen, das Antoines Ratlosigkeit perfekt machte.

»Entschuldigen Sie, Madame, aber ich wollte wirklich nicht stören. Dann rufe ich eben morgen an.«
»Ja, wissen Sie denn nicht ... wissen Sie wirklich nicht?«
»Was sollte ich wissen?«
»Wie krank mein Mann ist! Ganz Frankreich weiß es, und Sie benehmen sich wie ein Idiot wegen eines lächerlichen Boxkampfes!«
Die Leitung war tot, und Antoines Hand, in der er den Hörer hielt, wurde feucht. Pierre schaute ihn mit ängstlichen Hundeaugen an, und seine Oberlippe zuckte.
»Ich glaube, ich habe eine Riesendummheit gemacht. Marcillac muß schwer krank sein.«
»Was hat er?«
»Keine Ahnung. Seine Frau hat mich beschimpft und aufgelegt.«
»Und jetzt?«
»Jetzt«, sagte Antoine und ging langsam hinüber zu dem schweren alten Schreibtisch, »jetzt müssen wir wissen, was los ist.«
Er entnahm einer der Schubladen ein abgegriffenes Notizbuch mit Adressen und Telefonnummern.
Aber man bekommt in Paris um Mitternacht nicht jeden, den man gerade braucht, an den Apparat.
»Probier's doch bei einer Zeitung«, sagte Pierre nach dem sechsten Versuch. Manchmal traf ihn doch noch ein Geistesblitz.
Antoine erwischte einen Nachtredakteur, mit dem er befreundet war.
»Du, Antoine? Bist du in Paris? Man hört, du schreibst irgendwo in der Bretagne ein Riesenbuch, und es soll dir gutgehen.«
»Alles Mist, Jeannot! Keine Bretagne, kein Riesenbuch, und gut geht's mir auch nicht. Also hör zu. Ich hocke in einem verfluchten Bauernhaus in der Normandie, versuche ein bißchen zu schreiben und habe

gerade von Pascale Marcillac einen vor den Kopf geknallt gekriegt, daß ich in die Knie gegangen bin.«
»Von Pascale Marcillac? Was hast du mit der zu tun?«
In zwei Minuten war der Kollege im Bild, aber er brauchte dann die zehnfache Zeit, um Antoine beizubringen, was alles geschehen war, seit ihn Marcillac aus dem Verkehr gezogen hatte.
Der Mann, mit dem er über einen Boxkampf hatte reden wollen, war ›moribond‹, ein Todgeweihter. In allen Redaktionen waren inzwischen die Nachrufe geschrieben. Journalisten schätzen es, wenn bedeutende Leute rechtzeitig ihren Tod anmelden.
»Aber noch was fällt mir ein, Antoine: Einer unserer Leute hat ein Gerücht aufgeschnappt, und wir prüfen das jetzt nach. Ist eigentlich Redaktionsgeheimnis, aber du gehörst ja dazu und bist weit vom Schuß.«
»Dann spuck's halt aus.«
»Von der Südsee ist die Rede. Karibik oder so. Kann auch Bermudas heißen oder Bahamas.«
»Dort soll er hin?«
»Ja, aber wenn du mich fragst, ist's 'ne Ente. Dem Mann hilft keiner mehr, und Geld ist eben nicht alles, da kannst du sagen, was du willst, Antoine!«
»Hab' nie das Gegenteil behauptet. Aber ich verdanke ihm viel, mußt du wissen.«
Damit war das Gespräch beendet, und Antoine nahm alle Kraft zusammen, um nicht wieder zu saufen.

Charles Marcillac in seiner letzten Runde. Jetzt erst merkte Antoine, daß der Alte immer wie ein Boxer für ihn gewesen war. Die ganze brutale Rücksichtslosigkeit des Faustkampfs war ausgebrochen bei allem, was er getan hatte. Aber auch das ganze Raffinement der Täuschungen, auf die sie hereinfielen, die Verlierer, die Gedemütigten, ja, von Toten mußte man so-

gar reden, weil der Mann über Leichen gegangen war. Nicht jeder hatte die Pleite verkraftet, in die ihn Marcillacs rüdes Geschäftsgebaren gestürzt hatte.
Ja, er hatte unglaublich viel vom Du-oder-ich-Gesetz des Ringes, von dem sich Antoine auf ganz andere Weise angezogen fühlte. Dem Schakal fühlte er sich ähnlich, der aus sicherer Entfernung den Blutgeruch einsaugt und dann auf gefahrlose Weise mahlzeitet, den Sieger preisend und die Nacht, die den Niedergeschlagenen mit seiner bösartigen Gnädigkeit umhüllt.
Boxen zog ihn an und stieß ihn ab, aber die Anziehungskraft war stärker. Und er stand zu dem Satz von Nelson Algren: »Ich kenne keinen Schriftsteller, der nicht glaubt, daß er ein Boxer sei.«
Natürlich äußert sich das sehr differenziert und oft nur unterschwellig. Jean Cocteau hat es fertiggebracht, den Faustkampf zu mißachten und den schmächtigen Negerboxer Al Brown aus Panama zu lieben. Ganz anders Jack London. Wie Hemingway und auch Norman Mailer wünschte dieser geniale Schreiber seinen Händen auch in Boxhandschuhen Kraft und Effizienz, aber es waren, wie bei den anderen, klägliche Versuche mit Allerweltswerkzeugen.
Es fiel Antoine ein, daß der von ihm geprägte Slogan von ›The white hope‹ geblieben war. Ja, er war aktueller denn je. Nie hatte sich Jack London davon abbringen lassen, daß die Weltmeisterschaft aller Klassen ein Privileg der weißen Rasse bleiben müsse.
Schnee von gestern war's. Von vorgestern. Die weiße Hoffnung gegen den schwarzen Champ aller Champs wog nicht schwerer als die Schwanenfeder auf dem Wasser.
Antoine wußte es. Wenn's um Boxen ging, verlor er die Sensibilität des Schöngeists und wurde zum Marcillac, der alles niedergemäht hatte, was sich ihm in den Weg stellte.

Und dieser Marcillac lag jetzt am Boden. Getroffen von einem dieser Schläge, nach denen du nicht mehr aufstehst. Lange vor der Zeit, die er sich ausgerechnet hatte.
Aber es war eine Niederlage, die Antoine nicht mit den Mitteln bewältigen konnte, die für geschlagene Boxer taugen. Der Alte hatte ihn aufgerichtet, als ihn die Droge schon fast vernichtet hatte. Das war für ihn Marcillac. Ein Mann, der zu den Freundschaften stand, die er geschlossen hatte.
Antoine verglich ihn gerne mit den Wasserhähnen der Lavabos, die nicht mischen. Aus dem Roten kommt stets Wärme, aus dem anderen nichts als Kälte.
Aber jetzt würde alles versiegen.

Am nächsten Morgen beim Frühstück goß Antoine keine Milch, sondern Calvados in den Kaffee. Weltschmerz packte ihn, und Regen aus bleigrauen Wolken trommelte den trostlosen Takt dazu. Und zum erstenmal keimte auch ohnmächtiger Zorn gegen Pierre in ihm auf, dessen Einfalt ein vernünftiges Gespräch verhinderte. Die Idee, einfach nach Paris zu fahren, die ihn in der Nacht zwanghaft gepackt hatte, setzte sich fest.
Pierre würde mit seiner eingleisigen Denkweise widersprechen und sich an seine Befehle halten wollen. K. o. würde er ihn schlagen und ihn dann sanft im Bett pflegen. Es gibt keine besseren Bewacher als starke Idioten, dachte Antoine.
Dann schrillte das Telefon.
Es war die Frauenstimme, die er in der Nacht gehört hatte, aber sie klang sanfter.
»Hallo, Antoine, hier ist Pascale.«
Sie sagte nicht Pascale Marcillac, und er empfand eine Erleichterung, die wohltat und ihn neugierig machte.

»Sie müssen entschuldigen, aber das sind meine Nerven gewesen heute nacht. Vergessen Sie's, es war nicht bös gemeint.«
»Ich habe mich zu entschuldigen, Madame.«
»Charles will Sie sprechen«, sagte Pascale Marcillac.
Antoine hörte ein Knacken in der Leitung, und dann kam leise und von sehr weit her die Stimme von Charles Marcillac.
»Alors, salaud, ça va?«
Es war typisch für Marcillac. Bedeutete so viel wie »Na, wie geht's, alter Zigeuner«. Und es bedeutete auch, daß er mit einem Freund sprach.
»Fröhliche Verrichtung hier«, sagte Antoine, aber es klang nicht so lustig, wie es sollte. Zuviel hatte er in der Nacht erfahren.
»Ich habe«, sagte Marcillac, und es klang wie die Andeutung eines Kicherns, »Pascale zur Schnecke gemacht.« Es war der rüde Männerton der Zeiten, in denen sie Freunde geworden waren.
»Es geht mir nicht gut, Antoine. Ich habe die Geschäfte abgegeben. Vincent ist jetzt der Patron. Aber ich freue mich für dich. Und weißt du, warum?«
»Das verstehe ich nicht, Charles.« Es kam aus einem trockenen Hals.
Wieder das Kichern. »Jetzt weiß ich, daß du richtig arbeitest, sonst würdest du Zeitungen lesen, oder?«
»Stimmt. Ich habe seit Wochen keine angerührt. Aber gestern abend ist der Fernseher gelaufen. Deshalb habe ich angerufen.«
»Ist mir doch klar, Junge! War ein Ding, was? Mit diesem Brixner sollte man den größten aller Kämpfe aufziehen, was meinst du?«
Das, dachte Antoine, werden andere machen. Es ist zu spät für dich. Laut aber sagte er: »Es wäre der Kampf des Jahrhunderts.«
Pause. Nur das Rauschen der Leitung war zu hören. Aber plötzlich kam Farbe in Marcillacs Stimme.

»Den Kampf werden wir machen, Antoine!«
Es klang wie ein befehlender Aufschrei, und Antoine sah den anderen körperlich vor sich, wie er sich in seinem Bett aufrichtete.
Es war Irrsinn, aber man mußte darauf eingehen.
»Ich bin dabei, Charles.«
»Wußte ich doch, Junge, wußte ich doch! Nimm's mir nicht übel, daß ich dich hängenließ in deinem Exil. Unheimlich viele Abwicklungen, verstehst du? Und dazu diese beschissene Krankheit und die blöden Ärzte. Aber ich boxe mich durch. Hab mich immer durchgeboxt, das weißt du.«
Aber jetzt verlor seine Stimme an Volumen. Antoine hatte nie Unterricht im Umgang mit hoffnungslosen Fällen genommen.
»Du hast mich wieder auf die Beine gebracht und wirst es selber auch schaffen.« Antoine hörte die eigene Stimme wie durch eine Wand von Watte. Was sagt man einem, dessen Nachrufe schon in den Computern aller Zeitungen gespeichert sind?
Die Stimme Marcillacs wurde noch leiser, geheimnisvoll. Es war, als ob einer beim Besteigen eines Berges stehenbleibt um zu reden, damit sein Kompagnon nicht merkt, wie ihm die Luft ausgeht.
»Ganz unter uns, Antoine. Kein Zeitungsfritze weiß, was ich dir jetzt sage, und du wirst auch vor deinem Pierre die Schnauze halten, ja?«
»Klar, Charles, du kennst mich doch.«
»Eben. Also paß auf. Es gibt auf den Bahamas einen Mann, der Krebs heilt. Oder sagen wir, er hat unglaubliche Erfolge. Nicht nur hier in Europa ist der Ofen für mich aus, sondern auch in Amerika, wo sie Milliarden für die Krebsbekämpfung ausgeben. Aber du weißt, der alte Marcillac sitzt an langen Hebeln. Amerikanische Geschäftsfreunde haben diesen Doktor ausfindig gemacht, und schon übermorgen fliege ich mit meinem Jet hin!«

Der alte Marcillac, dachte Antoine. Löst noch technische Probleme, wenn die körperlichen unlösbar sind.
»Geht ... geht Pascale mit?«
»Klar. Herbst und Winter sind die beste Zeit für die Bahamas. Angenehme Wärme, aber keine Hitze. Sie braucht Erholung. Hat viel mitgemacht in diesen letzten Wochen.«
Er sprach, wie man von einem simplen Urlaub spricht, und Antoine beschlich das Gefühl, mit einem Mann zu reden, der noch viel angeschlagener war, als er dachte, der einfach nicht mehr recht im Kopf war wie ein Boxer, der zu oft verprügelt worden war.
Und als ob er den Faden aufnähme, sagte Marcillac: »Hast du das Auge und die Reflexe dieses Brixner gesehen? Nicht ein einziges Mal hat ihn der Engländer am Kopf getroffen!«
Er hat, dachte Antoine, alles gesehen. Er spinnt nicht.
»Wir werden«, sagte Marcillac, ehe er auflegte, »darüber noch zu reden haben.«

## 5

Antoine fing an zu arbeiten. Als Gegenleistung mußte Pierre die Putzfrau abschaffen, was ihm gar nicht so schwerfiel. Sie hatte angefangen, die Herrin zu spielen.

Es kam wieder Ruhe ins Haus, und Pierre pfiff fröhlich vor sich hin, wenn er zu seinen Einkäufen ins Dorf radelte. Und er mußte jetzt alle Zeitungen mitbringen, die aufzutreiben waren.

Über Marcillac erschien nichts. Schon gar nichts von einer großen Reise.

Aber eines Abends kam der Anruf von den Bahamas, wo es gerade erst Mittag war. Der Zeitunterschied betrug sechs Stunden.

Die Verbindung war schlecht und von einem ständigen Pfeifton begleitet, doch kam Antoine die Stimme kräftiger und resoluter vor als beim letzten Gespräch. Im Bett liegt der nicht, war sein erster Gedanke, und gleich erhielt er die Bestätigung.

»Das solltest du dir ansehen, Antoine. Wir trinken Tee, Pascale und ich. Auf einer dieser Bahama-Terrassen, weißt du. Kein Glas, sondern hauchdünnes Drahtgeflecht wegen der Mücken. Trockene, angenehme Wärme, fünfundzwanzig Grad oder so, und im Meer sind's zweiundzwanzig.«

Gleich wird er sagen, daß er schwimmt, dachte Antoine, und er ging auf den Ton ein: »Hab' eigentlich eher ein Gesundheitsbulletin erwartet als einen Wetterbericht, Charles!«

Das Lachen klang gut, und er hörte, wie er es Pascale weitererzählte wie einen guten Witz.
»Nun ja, eine Brasil habe ich nicht im Maul, aber ich bin aus dem Rollstuhl raus. Ich kann gehen, verstehst du, was das heißt?«
»Ich denke schon«, sagte Antoine. »Hoffe nur, daß du dir nichts vormachst!«
»Welchen Grund hätte ich? Ich will dir sagen, was ich habe. Ein Wunderdoktor ist's. Der schafft's, Antoine! Natürlich braucht er seine Zeit. Hab ich ja auch, oder?«
»Klar«, sagte Antoine. Aber er dachte etwas ganz anderes. Nach allem, was er gehört hatte, war Zeit genau das, was Marcillac nicht hatte. Und an ein Wunder mochte er nicht glauben. Eine dieser Euphorien, die dem Unvermeidlichen vorausgehen, mußte es sein.
»Wie wär's«, sagte Marcillac, »wenn du im Januar mal rüberkämst? Ich weiß, wie scheußlich und deprimierend der Winter in der Normandie sein kann, und bis dahin habe ich ein großes Haus gekauft. Ein tolles Ding. Hat einmal dem amerikanischen Milliardär Howard Hughes gehört.«
Kopfschüttelnd legte Antoine schließlich auf. Er hatte tatsächlich den alten Marcillac mit seiner ganzen Dynamik gehört, und er fragte sich, ob solchen Leuten nicht vielleicht doch Kräfte gegeben waren, die sich der Ratio entzogen.
»Stell Kerzen auf den Tisch«, sagte er zu Pierre. »Und hol Champagner. Wir feiern, und wenn sie nur kurz sein sollte, die Rückkehr von Charles Marcillac zum Leben.«
»Es gibt keinen Champagner. Du weißt doch, daß Marcillac den ganzen Keller hat leeren lassen, ehe wir kamen.«
»Dann hol einen im Dorf.«
»Es geht auf acht, Antoine. Die Epicerie hat längst geschlossen.«

»Geh in den Bistro, du Depp! Oder muß ich's tun?«
»Ich bin ja schon unterwegs.« Der Gedanke, Antoine könnte in dieser Stimmung dort wieder ganze Runden schmeißen, beflügelte Pierre.

Bleich flackerten die Kerzen auf dem massiven Eichentisch, und als Antoine die Lampe mit den schweren schmiedeeisernen Trägern löschte, löste sich das Licht in bizarren schwarzen Fäden über ihren Köpfen auf. Pierres zerschlagenes Gesicht bekam normale Konturen und sah viel jünger aus, und es lachte, ohne zu zucken. Er begreift, was ich meine, dachte Antoine und öffnete den Champagner.
Sie tranken auf die Gesundheit von Charles Marcillac, und immer noch trommelte der Regen gegen die Scheiben.
»Es ist wie Weihnachten«, sagte Pierre.
»Hm. Weihnachten wird nicht sehr lustig sein hier. Aber was hältst du davon, wenn wir im Januar auf die Bahamas fliegen?«
»Wir beide?«
»Klar. Charles hat mich eingeladen, und ich brauche ja einen Bewacher, oder?«
Pierre grinste, und diesmal zuckte die Oberlippe mit. »Ich denke schon, daß wir's zusammen tun müßten. Könnte ja sein, daß du in Paris hängenbleibst.«
»Gut, Gorilla. Aber bis dahin werde ich arbeiten. Muß ihm ja was mitbringen, was ihm Spaß macht. Er braucht das jetzt, und ich hab den Willen dazu, verstehst du?«
»Fliegen wir im Januar wirklich?« Es war, als ob Pierres Augen mit den flackernden Kerzen um die Wette leuchteten.
»Warum nicht? Er hat mich eingeladen, und ich habe ein verdammt großes Interesse zu erfahren, was los ist mit ihm!«

Der Anruf kam noch im Dezember. Marcillac sprach vom soeben getätigten Umzug in das große Haus, direkt am Meer gelegen und mit Platz für ein halbes Regiment Besucher.
»Du mußt dir das so vorstellen: ehe Howard Hughes, du weißt ja, der stinkreiche Amerikaner, das Ding kaufte, war es ein Hotel. Er kaufte alles, bewohnte aber nur die oberste Etage, und wenn du dir ein Penthouse mit tausend Quadratmetern denkst, bekommst du eine kleine Idee. Aber erklären kann man das nicht, das muß man sehen. In der ersten Januarwoche fliegst du mit Pierre. Die Tickets sind schon bestellt.«
Es war der alte Marcillac. Idee, Knopfdruck, Ausführung. Weitere Fragen überflüssig.
Aber Antoine stellte die nach der Gesundheit.
Marcillac lachte, und es klang nicht wie das Lachen eines kranken Mannes.
»Soll ja eine Überraschung sein, Antoine! Meinst du, ich lasse euch kommen, um euch im Bett was vorzuheulen? Komme gerade vom Fischen zurück, wenn's dich interessiert. Heute gibt's Haifilet bei uns, und an so was Zartes hast du nie hingerochen, glaub's mir! Drei hab ich selber rausgeholt. Junge, natürlich, so'n knappen Meter lang, das sind die besten!«
Er lügt, dachte Antoine. Es mag Wunder geben, aber keine solchen. Makabre Späße macht er, Galgenhumor. Immerhin war in den Zeitungen von erstaunlicher Besserung seines Gesundheitszustands zu lesen gewesen. Aber nichts von seinem Aufenthaltsort. Geheim konnte bei einem Mann von seinem Format auf Dauer nichts bleiben, und es war auch klar, daß er Publikum brauchte.

Drei Tage vor Weihnachten kam ein Brief. Es war der erste, seit sie hier hausten, weil Marcillac dafür gesorgt hatte, daß die Klausur störungsfrei blieb.

Antoine nahm ihn in die Hand und sah auf den Stempel.
»Schau an«, sagte er, »er ist vom Dorf.«
»Vom Dorf?«
»Hier, schau selbst. Und mach ihn auch gleich auf. Vielleicht will deine Putzfrau Alimente!«
Pierres Oberlippe zuckte heftig, als er ein spitzes Messer aus dem Küchenschrank holte.
Und dann las Antoine, und Pierre sah ihm dabei über die Schulter.
»Chers Messieurs, Bürgermeister Georges Gosselin sowie seine Frau Lucienne und seine Tochter Désirée geben sich die Ehre, Sie am Weihnachtsabend zu einem kleinen Fest einzuladen. Denken wir doch, daß das ein wenig Abwechslung in Ihre Einsamkeit brächte. Gleichzeitig wollen wir den 19. Geburtstag von Désirée feiern, die, wie Vater und Mutter, zu den Bewunderern von Monsieur Antoine gehört. Mit der Bitte um baldige Antwort, verbleiben wir mit dem Ausdruck unserer freundschaftlichsten Gefühle. Georges Gosselin.«
»Ein schöner Brief«, sagte Pierre, der etwas länger gebraucht hatte. »Und so gebildet.«
»Nun ja. Ein bißchen geschwollen, oder? Gosselin ist übrigens ein echter normannischer Name, weißt du das?«
»Nein. Ist ja auch nicht wichtig, oder?«
»Aber du weißt, daß Normannen geiziger und filziger als Schotten sind.«
»Man sagt's.«
»Dann kannst du dir vielleicht vorstellen, wie einer erst sein muß, der da Bürgermeister wird!«
»Dann gehen wir also gar nicht hin?« Pierres zukkende Oberlippe drückte lächelndes Bedauern aus.
»Ich überleg's mir. Im Grunde können wir nichts kaputtmachen. Weihnachten mit dir ist auch blöd.«
»Siehst du!« Die Oberlippe fiel wie ein Signal der

Zufriedenheit über die Zähne. »Und außerdem lernst du seine Tochter kennen.«
Ein Problem war die Beförderung. Man konnte nicht zu zweit auf dem alten Knochenschüttler vorfahren. Aber der Bauernbürgermeister löste das Problem mit Noblesse, indem er ihnen mitteilte, daß er sie selbstverständlich mit dem Auto abholen und wieder heimbringen würde.
»Sag bloß noch mal was gegen die Normannen«, sagte Pierre und grinste.
Und es gab dann auch nichts gegen die Gastfreundschaft zu sagen. Sie waren bürgerlichen Vergnügungen dieser Art so entwöhnt, daß ihnen bei jedem neuen Gang, den die dicke Madame Gosselin mit ihrer schlanken Tochter Désirée anschleppte, Herz und Gaumen wärmer wurden. Nach den Austern und den Langusten war ein Loup de Mer gekommen, von dessen Größe und Qualität man in den besten Pariser Restaurants nur träumen konnte, und den Canard à l'Orange bedachte Pierre mit dem größten und wichtigsten Wort seines kleinen Sprachschatzes: Rekord.
Das ganze dauerte Stunden, und dem lieblichen Muscadet folgte ein feuriger Roter mit dem ganz leise angedeuteten Erdgeschmack der Bourgogne. Antoine, der bis zum Fisch einsilbig dagesessen hatte wie einer, der Gräten verschluckt hat, fing zu reden an und verlangte plötzlich ein Stück Papier. Und in der Zeit, die Pierre für zwei seiner häufigen Schlucke brauchte, schrieb er für Désirée einen Achtzeiler über die Schönheit einer blühenden Rose.
Er überlegte, wann ihm das zum letzten Mal passiert war. Vor zehn Jahren, zwanzig Jahren?
Er wußte es nicht. Wußte nur, daß das Mädchen neben ihm der aufblühenden Rose glich. Nicht völlig entfaltet noch, aber nur den Rest verbergend, den du schon spürst.

Als der Nachtisch serviert wurde, griff er unter dem Tisch nach ihrer Hand, und sie zog sie nicht zurück, und das Tischtuch war lang genug gegen Madame Gosselins alerte Augen.
Antoine bremste mit dem Champagner, aber nicht mit der Hand. Dieses Mädchen war nicht nur hübsch. Sie hatte eine Ausstrahlung, die nicht ins Dorf paßte, und ehe der Hausherr auf die Uhr blickte, die die zweite Morgenstunde anzeigte, wußte er, daß er mit Désirée schlafen würde.
Ja, er ertappte sich sogar bei dem Gedanken, die Reise auf die Bahamas zu verschieben.

Désirée rief zwischen den Jahren an. Sie fragte, ob sie am Nachmittag vorbeikommen dürfe.
»Klar«, sagte Antoine. »Ich freue mich.«
»Aber kannst du deinen Pierre nicht wegschicken?«
Beim Fest hatte sie ihn nicht geduzt. Auch beim Abschied nicht. Es kam ihm wie eine Ouvertüre zu großer Musik vor.
Umwege macht die nicht, dachte Antoine, und ehe er antworten konnte, kullerte helles Kichern in die Muschel: »Schick ihn halt in den Bistro, wenn dir nichts Besseres einfällt.«
Er lachte jetzt auch, weil Pierre aus der Küche kam, als ob er etwas zu suchen hätte. »Laß das meine Sorge sein, Désirée. Wir werden allein sein.«
»Ich habe kaum geschlafen, seit du gegangen bist.«
»Wirklich?«
Es fiel ihm nichts Gescheiteres ein, und ein »Ich auch nicht« wäre schlicht gelogen gewesen.
»Ich freue mich auf dich, Désirée.« Das stimmte, und der Wahrheit ließ er das Praktische folgen: »Wann kannst du hier sein?«
»Gegen drei Uhr, ist das recht?«
»Klar, alles wird arrangiert«, sagte Antoine und legte auf.

Pierre grinste anzüglich. »Ich hab also Ausgang.«
»Erraten. Wärst ja am liebsten in den Hörer hineingekrochen. Ist aber deine eigene Schuld, mein Lieber, hast dich ja aufgeführt wie ein Hochzeitsbitter.«

Sie kam um drei Uhr mit dem Fahrrad. Sie trug lange Kordhosen, einen gelben Anorak und dicke Wollhandschuhe. Zum erstenmal seit Wochen hatte Antoine den großen Kamin mit klobigem trockenem Birkenholz angeheizt. Désirée staunte mit großen Kinderaugen und hielt die bloßen Hände über die züngelnden Flammen.
»Ich habe nicht gewußt, daß du ein Schloßleben führst. Man sieht's dem alten Haus nicht an.«
»So hat's der Besitzer ja auch gewollt.«
Sie trat vom Kamin zurück und zog den Anorak aus.
»Darf ich? Es ist heiß bei dir wie beim Dorfschmied.«
Als sie sich in den alten Sessel mit der hohen Lehne fallen ließ, sah er ihre Brüste unter dem Pullover hüpfen.
»Es heißt, daß du eine Nachkur machst, wegen Drogen, und ...« Sie zögerte und bat um eine Zigarette.
Antoine hielt ihr das Päckchen hin und gab Feuer.
»Und daß Pierre mein Leibwächter ist? Dann weißt du auch, daß er als Boxer ein paar Kämpfe zuviel gemacht hat. Aber kein übler Bursche, glaub's mir.«
Sie lächelte, und ein Backengrübchen lächelte mit.
»Und ein gutmütiger Leibwächter, den man fortschicken kann.«
Er zündete sich auch eine Zigarette an, und sie schwiegen ein paar Züge lang. Die alte Standuhr schlug dumpf halb vier. Vielleicht, dachte Antoine, ist sie doch bloß aus Neugierde und zum Reden gekommen.
»Ist es schlimm gewesen mit der Droge? Ich meine ...«

»Du meinst, ob ich noch Entzugserscheinungen oder so was habe, stimmt's?«
»Entschuldige, ich hab's ganz allgemein gedacht. Man liest so vieles und weiß so wenig.«
»Am besten ist's, wenn man nichts weiß«, brummte er. »Aber sag mal, soll ich dir einen Vortrag über Drogen und ihre Bekämpfung halten, oder willst du vielleicht was zum Trinken? Ich bin da, aus Gründen, die du leicht begreifen wirst, nicht so ausgestattet wie dein Vater, aber es ist noch was in der Calvados-Flasche, und Wein ist auch da.«
»Einen Calvados, bitte.«
»Aber er ist alt und stark. Nichts für kleine Mädchen!«
»Siehst du. Ich habe gewußt, daß du mich nicht für voll nimmst. Ich bin neunzehn!«
»Man sieht's.« Antoine linste ungeniert zum Busen hinüber, der seine Spitzen auf den dünnen Pullover zeichnete. »Also laß mich den Calvados holen.«
Sie tranken ihn nicht. Als er aus dem Keller hochkam, lag Désirée auf dem Tigerfell am Kamin, das Marcillac von einer Safari mitgebracht hatte. Flakkernd huschte das Kaminfeuer über den nackten Körper. Die großen blauen Augen waren, als ob sie noch etwas zu verbergen hätten, geschlossen.
Es war Antoines Rückkehr zum Leben. Nie hatte er eine Frau furioser und zugleich zärtlicher besessen, und erst als der Rausch vorbei war, wurde ihm klar, daß Désirée nicht mehr viel zu lernen brauchte.
Männer erwachen wohl schneller aus einem solchen Rausch als Frauen, und dummerweise sagte er es ihr, als die alte Standuhr den Übergang des Nachmittags in den Abend verkündete.
»Ich muß auf die Bahamas, Désirée. Muß alles tun, was der Mann, der mir geholfen hat, verlangt.«
»Dann nimm mich mit.«
»Jetzt brauch ich doch einen Calvados!« Er stand auf

und schlüpfte in Hemd und Hose, ehe er zur Flasche griff. Ein Glas suchte er nicht.

»Warum ziehst du dich an?«

Er setzte die Flasche zweimal an, und es war, als ob der Apfelschnaps in der Magengrube zu lodern begänne.

»Jetzt hör mal gut zu, Désirée. Pierre wird bald zurückkommen, und dann müssen wir nicht unbedingt auf diesem Tiger liegen.«

Widerwillig und mit schmalen Augen stand sie auf. Aber ehe sie sich hinsetzte, küßte sie ihn auf die Stirn. »Ich bin glücklich, Antoine, und ich habe gewußt, daß dieser Tag kommen würde.«

»Ich auch.«

»Aber jetzt gehst du weit weg.«

»Weil ich muß.«

## 6

Wenn Antoine an Désirée dachte, kam ihm alles wie ein Märchen vor, aber er sprach mit Pierre nicht darüber. »Kein Thema für dich«, sagte er, wenn Pierre davon anfangen wollte, und in seiner einfachen Denkweise war der alte Boxer taktvoll genug, nicht zu insistieren. Von Liebe hatte er unkomplizierte Vorstellungen. Eine Art von Hahnentrieb war's, der ihn nicht belastete. Zumindest nicht im Kopf, der ja schon mehr ausgehalten hatte. Wenn er das in Betracht zog, und er hatte oft genug Gelegenheit dazu, empfand ihn Antoine eigentlich als den tauglichsten Kompagnon, den ihm Marcillac hatte aussuchen können. Sie saßen im Flugzeug nach Miami. Rund neun Stunden würde der Flug dauern, und dann kam nur noch der Flohsprung von der Südspitze Floridas hinüber nach Grand Bahama.
Pierre schlief. Er hatte die Lehne zurückgeschoben, noch ehe sie den Atlantik erreichten, und sogar die unruhige Oberlippe schlief mit, dieweil Antoine wieder einmal Neid verspürte über die einfache Art des Abschaltens eines einfachen Geistes.
Aber flog er nicht von einem Märchen ins andere? War dieser Jumbo-Jet nicht ein fliegender Teppich von Désirée zu Charles, der auf wundersame Weise ins Leben zurückgekehrt war? 10 000 Meter über dem Ozean, den flaumige weiße Wolken verdeckten, träumte er auf seine Weise neben dem schlafenden Pierre.

Im Flughafen von Miami kaufte er Blumen für Pascale. Sie würden frisch bleiben, denn es war nur noch eine halbe Stunde bis Freeport, Grand Bahama.
Gleich nachdem sie durch den Zoll waren, sah er sie winken. Und auch Charles war dabei. Das hatte er nicht erwartet, und es war ein Wahrheitsbeweis für seine Gesundheitsbulletins. Die Abendluft war nicht feucht und atmete die Milde eines Sommertags der Normandie.
Freilich, Antoine hatte Charles in den schlimmen Zeiten der Übergabe der Geschäfte nicht gesehen und fand ihn nicht so regeneriert, wie es am Telefon geklungen hatte. Zwangsläufig entging ihm, daß das Gesicht voller und die Haut straffer geworden waren und daß er auch Gewicht zugelegt hatte. Alt ist er schon geworden, dachte er. Aber dann fiel ihm ein, wie er selbst ausgesehen hatte, als sie ihn ins Sanatorium gebracht hatten.
Ein Straßenkreuzer mit Klimaanlage und schwarzem Chauffeur erwartete sie, und mit wiegender Lautlosigkeit rollten sie über die guten Straßen, die Engländer und Amerikaner gebaut hatten.
»Vor zwölf Jahren«, erklärte Marcillac, der neben dem Chauffeur saß, mit einer leichten Kopfwendung, »haben die Engländer den Bahama-Inseln ihre Selbständigkeit gegeben. Sie sind abgehauen, aber diesen dämlichen Linksverkehr haben sie zurückgelassen. Keine zehn Gäule bringen mich hier an ein Steuer.«
Antoine grinste. »Mit normannischen Radfahrern kannst du über solche Probleme nicht reden.«
»Zum Einkaufen wird's gereicht haben, und du hast einen großen Park gehabt.«
»Er ist kahl jetzt, wie gestorben.«
»Um so besser für dich, mein Junge, um so besser! Schau dir dieses Grün an, diese Blumen!« Marcillac machte eine kreisende Handbewegung, als ob er die

Farbenpracht fassen wollte, die den Highway wie ein riesiger Teppich umschloß. Hier und da schimmerte ein frisches helles Rot von Ziegeldächern durch die satte Üppigkeit der Baumkronen, die unter den letzten Strahlen der Abendsonne lange Schatten warfen. Weit hinten schien die rotgelbe Scheibe ins Meer zu tauchen.
Bahama Terraces hieß der Punkt, wo sie den Highway verließen, um in einem großen Bogen den Strand anzusteuern. Palmen und auch einstöckige kleine Villen säumten die schmale Straße, und dann bogen sie in einen großen Park ein, aus dessen Mitte der gewaltige Block eines mehr als zehnstöckigen Hauses stieg.
Marcillac hatte schon die Füße auf dem Boden, während der livrierte Chauffeur noch ums Auto sauste, um die Tür zu öffnen.
»Wir sind da, Freunde!«
»Aber ... aber das ist doch ein Hotel«, staunte Antoine.
»Hab ich dir doch alles erzählt, Junge! Howard Hughes hatte es nur wegen der obersten Etage gekauft, und dann ist ein amerikanischer Ölfritze gekommen. Aber er hat pleitegemacht, und ich hab einfach zugeschlagen, weil du auf den ganzen Bahamas nirgends schöner wohnen kannst als da oben.«
»Und alles andere steht leer?«
»Ja, warum nicht? Ich kann ja das Penthouse nicht in die Luft hängen, oder?«
Sie standen mit Pascale immer noch in der riesigen Halle, während der Chauffeur und Pierre das Gepäck hereinschafften.
»Müßte doch bei dieser Lage am Meer ein Riesengeschäft als Hotel sein.«
Marcillac nickte. »Ist's wohl auch gewesen. Hat Xanadu geheißen. Aber meinst du, ich will über einer Bienenwabe wohnen und mir zwischen lärmenden

Urlaubern ein Plätzchen am Strand suchen? Der Strand gehört natürlich auch mir. Schön eingezäunt wie der ganze Park. Kannst du dir gleich alles von oben angucken. Wir hätten nichts Besseres finden können, stimmt's, Pascale?«
Seine Frau nickte mit einem kaum angedeuteten Lächeln. »Sie glauben nicht, wie erholsam es hier ist.«
Wenn man dich ansieht, dachte Antoine, muß man es glauben. Sie trug ein buntes ärmelloses Sommerkleid, und die gebräunte Haut strahlte eine jugendliche Frische aus, die ein Affront war für das blaßgraue Gesicht ihres Mannes.

Das Penthouse war keine Wohnung, sondern ein von breiten Balkonen umgürteter Irrgarten. Das Wohnzimmer ein Saal, in dem Antoine und Pierre zunächst Luft und Sprache wegblieben. Marcillac registrierte es mit der Genugtuung des Erfolgreichen, nicht ohne beiläufig, als ob es sich um ein paar Kleinigkeiten handelte, hinzuzufügen, aus Paris seien Möbel unterwegs, die die Kahlheit (von der keine Rede sein konnte) bald beseitigen würden.
Eine pummelige schwarze Köchin, deren Rundungen Pierre so wohlgefällig aufnahm wie den Inhalt ihrer Pfannen, servierte ein leichtes und vorzügliches Abendessen, und neben Wasser und Fruchtsäften kam sogar eine Flasche Bordeaux auf den Tisch, was Antoine zu der scheinheiligen Bemerkung veranlaßte, es sei so übel nicht, nach kargen Zeiten einmal wieder wie ein richtiger Monsieur zu leben. Aber so leicht legte man den Alten nicht aufs Kreuz.
»Einen Vortrag über die Güte des Wassers der Normandie könnt ihr euch sparen, Freunde! Glaubt bloß nicht, ich nehme euch ab, daß ihr nicht mehr wißt, wie Wein schmeckt! Aber merkt euch: Auf diesen Tisch kommt nie mehr als eine Flasche, und den Bistro um die Ecke gibt's auch nicht.«

»Den«, protestierte Antoine schwach, »gab's auch in der Normandie nicht!«
»Aber im Dorf, und Durst macht Beine. Doch laßt uns einen Schluck auf unser Wiedersehen nehmen. Es hat lange nicht danach ausgesehen, glaubt's mir!«
Antoine nickte. »Ein Boxkampf hat kommen müssen, bis ich's erfuhr.«
»Ja, dieser Boxkampf. Über den müssen wir noch mehr reden, als du denkst. Aber zuerst mußt du mal wissen, wie der alte Marcillac allen seinen Nachrufschreibern eine Breitseite verpaßt hat!«
»Wenn's normal gegangen wäre«, knurrte Antoine, »hätte ich die Nachrufe gelesen.«
Der eingleisig denkende Pierre verstand nichts, und sogar Marcillac brauchte ein paar Sekunden, ehe er das umgesetzt hatte und lospolterte.
»Stimmt sogar! Du hast recht. Abgeschrieben war ich, aber wenn du mir jetzt vorwerfen willst, daß ich keinen Kurier in dein verdammtes Normandie-Nest gejagt habe, dann kannst du mich mal!«
»Charles!« Pascale Marcillac legte die Hand auf die Faust, die sich ballte. Hätte Antoine die dünne und zitternde Greisenhand gesehen gehabt, die im Herbst mit einem Wust von Verträgen Abschied vom Berufsleben und eigentlich von allem genommen hatte, er hätte gestaunt über diese Faust.
»Ach was, Pascale! Antoine ist noch ganz andere Töne gewöhnt, stimmt's?«
Er hat sein altes Feuer in den Augen, dachte Antoine und nickte. »Ich denke, du solltest lieber erzählen, wie du dich aufrappeln konntest. Was ich von deinem Zustand gehört hatte, war vernichtend.«
»Das«, sagte Marcillac mit einem Lächeln, das von den Mundwinkeln hochstieg und in den Augen Feuer fing, »kannst du laut sagen. Die Aasgeier haben keine Kreise mehr gezogen, sondern sich schon in meinen Nacken gekrallt.«

»Kann's mir denken.«
»Nein, das kannst du nicht. Du magst auch ein paar Neider haben, aber ich hab sie wie Läuse. Und eine Laus, mußt du bedenken, wird an einem Tag Großvater! Und der Mann, der es fertiggebracht hat, daß ich hier vor dir sitze, hat auch Neider. Er hat um so mehr, als er das, was er tut, eigentlich gar nicht tun darf.«
»Das verstehe ich nicht.«
Marcillac, der in seinen großen Zeiten einen mittleren Bistro austrinken konnte, ohne unter den Tisch zu fallen, nahm einen Schluck Bordeaux, der einem Spatzen gereicht hätte.
»Ich meine, er darf nicht praktizieren. Zumindest nicht in seiner Heimat. Er ist Amerikaner.«
»Aber es gibt kein anderes Land, das in der Krebsbekämpfung größere Fortschritte gemacht hat.«
»Stimmt genau, lieber Antoine. Und dieser Mann, Lawrence heißt er, ist sehr wohl ein Doktor. Aber leider keiner der Medizin, sondern der Naturwissenschaften, Biologie oder so was. Außerdem noch ein Doktor der Philosophie.«
Antoine runzelte die Stirn.
»Klingt komisch, ich weiß. Aber erstens ist Philosophie bei den Amerikanern etwas ganz anderes als bei uns, und zweitens weiß ich es bloß, weil die beiden Diplome in seinem Arbeitszimmer hängen. Übrigens neben einem Bild der Schwester von Jimmy Carter. Als der US-Präsident war, hat er sie zur Behandlung gebracht, und darüber solltest du ein wenig nachdenken.«
»Warum?«
»Nun, der Mann ist natürlich bei den Schulmedizinern nicht unumstritten, und ich bin auch gewarnt worden. Aber welche Wahl bleibt dir, wenn dich die Kapazitäten aufgeben?«
Antoine kam nicht dazu zu antworten, weil etwas

piepste. Helle Töne kamen in kurzen Abständen unter dem Tisch hervor. Pierres Blumenkohlohren lauschten wie Radarpfannen, während Antoine Marcillacs Augen suchte.
»Eine Alarmanlage wird's wohl kaum sein?«
»In gewisser Hinsicht schon.« Marcillac zog aus der rechten Hosentasche ein schwarzes Kästchen von der Größe einer Zigarettenpackung. »Es ist, wenn du so willst, meine Spritzuhr.«
»Spritzuhr?«
»Ich brauche jede Stunde eine Spritze. Zwölf am Tag.«
»Auch nachts?«
»Nein, ich darf durchschlafen.«
»Wenigstens das.«
»Da hast du recht. Auf alle Fälle muß ich jetzt meiner Spritzuhr folgen. Hab's übrigens schon zweimal gemacht, seit ihr hier seid, bin bloß diskret rausgegangen. Aber jetzt habt ihr gegessen, und ich mach's einfach am Tisch. Wir sind ja unter uns, oder?«
Er griff nach einem Ledertäschchen und entnahm ihm eine schon aufgezogene kleine Spritze. Dann krempelte er das rechte Hosenbein bis weit übers Knie hoch.
Pierre, der Boxer, der viel mehr eingesteckt hatte als kleine Stiche, wandte die Augen ab und ließ die Oberlippe hüpfen. Antoine aber sah den zerstochenen, dünn gewordenen Oberschenkel und gab nicht mehr so viel auf Marcillacs Optimismus wie noch vor ein paar Minuten.
Doch Marcillac ordnete schon wieder lachend seine Hose. »Hat die kleinen Bubis wohl ein bißchen geschockt, was? Wenn einer aus dem Grab gezogen worden ist, sieht er so was ein bißchen anders, meint ihr nicht?«
Jetzt wär ein Calvados gut, dachte Antoine. Laut aber sagte er: »Bist ein toller Bursche, Charles.«

Mehr fiel ihm nicht ein, und der andere mochte es spüren.
»Merkt euch: mit Spritzen kann ich leben, aber mit Sauertopfgesichtern nicht! Außerdem solltet ihr euch mal von Doktor Lawrence erzählen lassen, was Willen und Moral in solchen Fällen bedeuten.«
»Du hast recht«, sagte Antoine. »Hab's selber erlebt, wenn auch nicht auf die gleiche Weise.«
»Eben. Aber das mußt du natürlich auch wissen: ohne die Methoden dieses Doktors, der ja kein Arzt ist, wäre mein ganzer Wille umsonst gewesen. Er war sowieso schon gebrochen. Aber jetzt ist er größer denn je, und ihr werdet alle staunen, was man noch vom alten Marcillac hören wird. Und die Nachrufschreiber können sich den Arsch wischen mit ihrem Gewäsch!«
»Charles! Ein bißchen gesitteter könntest du trotzdem reden.«
Pascale war dieser Rückfall in die Zeiten, in denen Charles Marcillac mit festem Griff die Leiter in die Hand genommen hatte, die nach oben führte, peinlich. Aber der Mensch bleibt, was er ist.
»Mach mich nicht lachen, Pascale! Hör dir mal den Lawrence an, wenn er einen zusammenscheißt! Oder wenn er von seinen hochrangigen amerikanischen Kollegen spricht, die ihn natürlich gar nicht als Kollegen anerkennen. Aber wie viele Menschen hat er schon auf die Beine gebracht, die die Herren ›Kollegen‹ aufgegeben hatten! Hast du sie nicht erlebt, die Rollstuhlfahrer, die jetzt am Strand joggen und umherschwimmen wie Fische?«
»Ja, Charles, ich habe sie erlebt, und vor allem dich. Für mich ist ein Wunder geschehen.«
Er lachte, und es war das alte Marcillac-Lachen. »Von Wundern mag der Lawrence überhaupt nichts hören. Der schwört lieber auf seine Forschungen und seine Computer!«

»Computer? Was soll das mit Krebs zu tun haben?« Antoine runzelte skeptisch die Stirn.
»Dir allerdings«, sagte Marcillac mit dünnem Lächeln, »kann man das wohl am wenigsten erklären. Du lebst ja noch im Mittelalter und schreibst ganze Bücher mit der Hand.« Und nach einer Pause: »Mittelalter paßt wirklich gut. Was glaubst du, was sie im Mittelalter mit ihm gemacht hätten? Verbrannt hätten sie ihn auf dem Scheiterhaufen oder gerädert und gevierteilt!«
»Immerhin braucht die ärztliche Praxis Gesetze.«
»Stimmt. Und die werden sogar von Doktor Lawrence beachtet, auch auf den Bahamas, wo Gesetze nicht schwerwiegen, wie du bald merken wirst. Und immerhin hat Doktor Lawrence drei richtige Doktoren der Medizin in seinem Laboratorium angestellt, das Research-Centre heißt, zwei Bahamesen und einen Engländer.«
»Gut, und wie ist das mit den Computern? Ich kann mir von diesem Teufelszeug keine Heilkraft versprechen, obwohl behauptet wird, daß sie bald schon Gedichte machen würden.«
»Mit den Gedichten«, sagte Marcillac grinsend, »werden sie dich nicht ums Brot bringen. Das kannst nur du selbst, und du hast es ja auch schon fertiggebracht.« Die Anspielung war deutlich genug und entsprach seiner aggressiven Stimmung. »Aber ich will ehrlich sein: es geht nicht einmal in meinen Kopf, wie die Hilfe nun genau geartet ist, die der Computer in diesem speziellen Fall geben kann. Wie soll's dann ein Traumtänzer wie du begreifen?« Pierre feixte, und Antoine grinste gelassen.
»Ich kann dir freilich«, fuhr Marcillac fort, »ein paar laienhafte Erklärungen geben. Lawrence würde wahrscheinlich lachen, aber ich habe oft genug mit ihm gesprochen, um einiges zu begreifen. Du mußt dir das so vorstellen: im Grund kann er jeden Krebs

beseitigen, ihm den Garaus machen. Und andere könnten's auch. Nur wäre es sinnlos, weil der Organismus eine solche Roßkur nicht übersteht. Was also muß geschehen? Der Krebs muß so eingekreist und bekämpft werden, daß die leistungsfähigen Organe intakt bleiben und womöglich angeregt werden. Jeder Fall liegt natürlich anders, und ich kann nur von meinem reden. Sie nehmen mir jeden Morgen Blut ab, und auch die winzigsten Details der Analyse werden dem Computer eingegeben. Auf Grund von Erfahrungswerten, die er natürlich auch gespeichert hat, berechnet er, um es ganz einfach zu sagen, die Dosierung meiner Spritzen. Aber darüber kann ich überhaupt nichts sagen, weil er das Zeug, das da in riesigen Tiefkühltruhen lagert, einfach Proteine nennt. Auf ihre Zusammensetzung kommt's wohl an, und du kommst aus dem Staunen nicht heraus, wenn du Lawrence an seinem von Computern umgebenen Schreibtisch sitzen siehst. Wie ein Flugkapitän, verstehst du? Und der Computer spuckt aus, was die Spritze dann ausspuckt.«

Antoine hob die Handflächen, als ob es etwas nicht Vorhandenes abzuwiegen gäbe. »Ich verstehe alles und nichts, wenn du's genau wissen willst.«

»Aber du siehst mich vor dir sitzen, obwohl es mich nach Meinung großer Fachleute längst nicht mehr geben dürfte. Also muß Lawrence wissen, was er tut. Für mich ist er genial, und ich kann dir genug Patienten bringen, die's bestätigen.«

»Diese Sprache«, sagte Antoine, »versteh ich besser.«

»Ja, ich komme von weit her. Da wird jeder Tag zum Geschenk, auch wenn man Spritzen nimmt wie andere Leute Zigaretten.«

Am nächsten Vormittag, nachdem sie Marcillac in der Klinik Blut abgenommen hatten, machte er mit

Antoine einen Spaziergang am Strand. Sie trugen keine Schuhe, und der weiße Sand war so warm wie die leise Brise, die das Meer sanft kräuselte. Es war von einer smaragdgrünen Klarheit, wie sie Antoine noch nie gesehen hatte, und in einiger Entfernung wurde es zum gewaltigsten silbernen Spiegel.
Antoine bewunderte die Leichtigkeit, mit der Marcillac ging. Federnd fast war sein Schritt, und er wollte nicht zu dem dünnen, von Spritzen verstochenen Schenkel passen, den er gesehen hatte. Manchmal machte er kreisende Bewegungen mit den Armen, die auch dünn geworden waren, und gierig atmete er die Luft ein, die die Feuchtigkeit des heißen bahamesischen Sommers verloren hatte.
»Gute Luft«, sagte er. »Du mußt nehmen, soviel du kannst!«
Dann war über einige hundert Meter Schweigen, und Antoine ertappte sich dabei, daß er an nichts dachte.
»Setzen wir uns in den Sand«, sagte Marcillac plötzlich. »Ich bin nicht ohne Absicht allein mit dir weggegangen.«
»Hab's mir gedacht.«
»Warum?«
»Weil ich dich kenne.«
»Sagen wir, einigermaßen«, schränkte Marcillac ein. »Denn was ich dir jetzt sagen werde, haut dich um. Deshalb sitzen wir nämlich.«
Er nahm eine Handvoll Sand und ließ ihn durch die Finger rieseln.
»Was ist das?«
»Sand natürlich.«
»Ich meine es anders, Antoine. Alles, was du nicht fest anpackst, läuft dir durch die Finger. Dir ist schon mehr durchgelaufen, obwohl du klüger bist, stimmt's?«
»Kein Widerspruch. Aber was soll das bedeuten?«

Marcillac ballte die Faust, und sie umschloß einen Rest Sand. »Ich will noch einmal eine ganz große Sache in die Hand nehmen.«
»Jetzt, wo du alle Geschäfte aufgegeben hast? Du kämpfst um dein Leben, Charles, reicht dir das nicht?«
»Es ist kein Geschäft, Antoine. Wenigstens kein normales. Ich will den Weltmeisterschaftskampf Brixner–Johnson veranstalten.«
»Du spinnst!« Antoine schüttelte ungläubig den Kopf.
»Wie du weißt, hab ich immer noch eine Lizenz.«
»Aber das ist ein Jahrhundertkampf, den sich die Amerikaner nie nehmen lassen! Endlich wieder einmal Weiß gegen Schwarz in der höchsten Gewichtsklasse, ein American dream, wenn du das begreifst.«
»Und ob ich's begreife! Aber es ist auch ein Traum von Charles Marcillac, und gerade du solltest wissen, was das bedeutet.« Aus seiner aufschnellenden Faust flog Sand in die Luft.
»Den Traum kannst du dir an den Hut stecken!«
»Das«, sagte Charles Marcillac, und es schwang verächtlicher Spott mit, »werden wir sehen.« Und nach einer Pause, in der er Kringel in den Sand malte: »Du bist nämlich genau deshalb hier, wenn du's wissen willst!«
»Ich?«
»Du hörst ja. Schreiben wirst du über diesen Brixner, und du wirst anders schreiben als die anderen. Und viel! Alles, was du aus deinem Hirn rausholen kannst, von dem du wissen solltest, daß ich es gerettet habe.«
»Und mein Roman? Bin ich ein Schreibsklave, der von einer Galeere in die andere geladen wird?«
Das Lächeln, das über Marcillacs Gesicht huschte, fror ein, ehe es die Augen erreichte. »Dein Roman hat Zeit, aber ich habe keine mehr. Meinst du, ich

weiß nicht, daß dieser Doktor mit seinem ganzen Wissen und seinen Computern kein Zauberer ist? Meinst du, ich weiß nicht, daß ihm genug Leute wegsterben und daß ich nur eine Verlängerung habe, die jeden Tag verworfen werden kann von einem anderen, der mächtiger ist? Aber solange ich lebe, habe ich das Geld und die Macht, diesen Kampf zu kriegen, und es wird auch mein letzter Kampf sein, verstehst du?«
Antoine nickte. Nur zu gut verstand er es. Bei einem wie Marcillac mußte mit dem Leben auch der Kampf zurückkommen.
»Du weißt, daß du mit mir rechnen kannst, Charles. Aber wie du an die Sache rankommen willst, ist mir ein Rätsel.«
Jetzt stieg Marcillacs Lächeln wieder in die Augen. »So gefällst du mir besser. Und das andere überlaß mir. Ich habe schon Verbindungen aufgenommen, und nächste Woche fliegen wir nach Miami rüber.«
»Warum?«
»Nun, es findet ein guter Kampf statt. Mittelgewicht. Und der Veranstalter ist Jimmy O'Neill. Hat die Hand in vielen Geschäften. Auch in der Droge. Und das ist eine Sache, über die wir auch noch reden müssen.«
»Glaube ich kaum. Die ist für mich abgeschlossen.«
»Ich fürchte«, brummte Marcillac, »daß du dich da täuschst. Auf diesen Inseln kommt keiner an der Droge vorbei, und du sollst ruhig wissen, daß ich deshalb Pierre zu deinem Schutz habe mitkommen lassen.«
Das war die zweite Überraschung, die Antoine an diesem Vormittag sprachlos machte.

Marcillac, Pierre und Antoine, ein Dreieck war's gewesen, das sich nun zum Viereck erweiterte. Zum Ring eigentlich, und das war fast wie die Quadratur

des Kreises. Warum sagte man eigentlich Ring zu einem Viereck, in dem zwei Männer aufeinander einschlugen?
Er sah Pierre vor sich, diese geschundene Kreatur des Rings, der es aber gutging, weil Marcillac, dieser eiskalte Macher, ihr ein Gnadenbrot hinwarf, das ungewöhnlich in diesen Kreisen war.
Und jetzt brachte Marcillac den vierten Mann ins Spiel, schloß den Kreis, indem er den Ring gebar mit einem Unverbrauchten, mit diesem Brixner, den er genial nannte. Und Marcillac erwartete, daß ihm, Antoine, Wunderdinge über den Wundermann aus der Feder fließen würden.
Der Kranke, der auf den Bahamas wieder aufgestanden war, ging dynamischer denn je auf eines dieser Ziele los, die nur er sich setzen konnte.

Pascale Marcillac machte sich nichts aus Boxen. Erst nach der Heirat hatte sie erfahren, wie sehr sich ihr Mann damit befaßt hatte, aber sie hielt es für ein abgeschlossenes Kapitel, und sie sollte zunächst auch nichts von seinen Plänen erfahren.
Aber er legte Wert darauf, daß sie mitflog nach Miami, um ans Boxen hinzuschnuppern. Sie würde ihn dann, davon war er überzeugt, besser verstehen, wenn die Sache ins Rollen kam. Oft genug hatte er erfahren, wie entflammbar Frauen für den Kampf im Ring waren, und schließlich gab sie auch nach.
Doch dann schockte sie die rauhe Härte des Kampfes, der über die vollen zwölf Runden ging und zwei Männer aus dem Ring torkeln sah, deren Gesichter blutig und aufgedunsen waren von Schlägen, deren Brutalität über ihre Vorstellungskraft hinausging. Aber auch von der geifernden Gier des Publikums nach diesen Schlägen fühlte sie sich abgestoßen. Das hysterische Gekreische einiger Frauen hatte sich wirklich nicht überhören lassen.

»Mein Mann hätte mir das ersparen sollen.« Sie sagte es am runden Tischchen eines Straßencafés zu Pierre, der ihr Gesellschaft leistete, weil Marcillac und Antoine noch ein Gespräch mit dem Veranstalter Jimmy O'Neill hatten.

Wenn die wüßte, worum es geht, dachte Pierre, würde sie dumm gucken, und verlegen fummelte er, als ob er eine Antwort aus ihr herausquetschen könnte, an seiner zerschlagenen Nase herum.

»Sehen Sie, Madame«, brachte er schließlich mit zuckender Oberlippe heraus, »Boxen muß sein, weil es vielen Leuten Spaß macht. Ich meine, weil sie auch mal gerne draufhauen würden, aber Angst davor haben.«

Er wußte nicht, wie gut er das definiert hatte, nur war sein Pech, daß sie es nicht merkte. Pascale Marcillac verspürte keine Lust, mit einem Mann über eine Sache zu diskutieren, aus dessen Gesicht deren ganze Abscheulichkeit hervorsprang.

Sie zuckte mit den Schultern und nippte an ihrem Martini. »Lassen wir's, Pierre. Ich wundere mich nur, was Charles und Antoine mit diesem widerlichen Veranstalter, mit den geschmacklosen Ringen an den brutalen Händen, zu besprechen haben.«

Sie wird's schon noch merken, dachte Pierre und brachte es trotz der eigenwilligen Oberlippe fertig, die Zigarette im Mundwinkel wippen zu lassen.

## 7

Auf den Berufsboxer Thomas Brixner paßte keines der Klischees, die beim Publikum und in den Redaktionen zirkulieren. So ungewöhnlich war der Weg, der ihn nun zum Weltmeisterschaftskampf im Schwergewicht führte, daß Faszination und Skepsis bei Laien und Experten sich die Waage hielten. Gesicherte Erkenntnis war nur dies: Nie war ein Herausforderer des Meisters aller Klassen so urplötzlich aus dem Nichts getreten, nie hatten die Wächter des Berufsboxsports einen Frischling dieser Art gegen den Eber gestellt.

Einen Eber, dessen Unbesiegbarkeit zementiert schien. Hatte er, selbst schwarz wie Ebenholz, nicht die ganze schwere Armada niedergekeilt, imponierender noch als einst Muhammad Ali und auch grausamer, weil er dessen Trieb zum Katz- und Mausspiel verabscheute und keine Gelegenheit ausließ, um zur Sache zu kommen, die der Niederschlag war. Tiger Johnson war ein Killer. Deshalb wurde er gehaßt und vergöttert, und deshalb suchte man die Welt nach Gegnern für ihn ab. Man konnte auch Opfer sagen, weil es nur darum ging, wie lange er sie stehen ließ. Gewettet wurde nicht mehr auf seinen Sieg, sondern auf die Runde, in der er kommen mußte, und wenn es gelegentlich nur zu einem Punktsieg kam, pfiffen die Leute ihn aus, weil sie sich betrogen fühlten.

Aber Johnsons Kämpfe wurden rar. Er kam kaum

noch über zwei bis drei Schlachtungen pro Jahr hinaus, und das paßte den Veranstaltern so wenig wie ihm selbst, zumal er die üblichen Regenerierungspausen der Schwergewichtler nicht benötigte. Wer nicht über die volle Distanz geht und kaum angekratzt wird, spart Kraft und Saft, und die brachten keine Zinsen, weil sie herumlagen wie Geld in der Matratze.

So kam Thomas Brixner den Männern des großen Boxgeschäfts wie ein Deus ex machina vor, obwohl, realistisch gesehen, da ein armes Teufelchen aus dem Kasten sprang, um wieder brutal zurückgestoßen zu werden.

Elektrisierend indes war die Tatsache, daß Brixner weiß war. Weiß war in der höchsten Gewichtsklasse längst zur Fehlfarbe geworden, und was sich da nun, offenbar ohne die geringsten Komplexe, anmeldete, war mehr als ein warmer Regen für die Veranstalter.

Thomas Brixner hätte sich keinen besseren Moment aussuchen können, um Tiger Johnsons Herausforderer zu werden.

Eigenartig genug war, daß ihn weder die Expertenkommentare über die Winzigkeit seiner Chancen störten, noch daß ihn die fürstliche Börse, die er in jedem Fall erwarten durfte, zu beeindrucken schien.

Nicht daß er Geld verschmäht hätte. Aber darüber konnte man später reden. Im Grunde sah er das alles noch sehr amateurhaft, obwohl er nie Amateur gewesen war. Er hatte, ähnlich einem Hochspringer, der sich absolut sicher fühlt, diese Höhe einfach ausgelassen.

Da war er nicht der erste. Auch Bubi Scholz, sein Landsmann, hatte es so gemacht, und es gab andere Beispiele. Aber bei keinem war alles so schnell gegangen. 22 war er gerade geworden, als sie ihm die Krone des Europameisters aufsetzten.

Noch ein Jahr zuvor hatte er Basketball gespielt. Er

hatte ein gutes Gespür für den Korbwurf und die subtile Körpertäuschung und auch ein Geschick in den Händen, die eher zu empfindlich für einen Boxer schienen. Mit einer Größe von 1,88 Meter freilich war er nur Mittelmaß. Im Basketball ist man, abgesehen von diesen elastischen Ausnahmen, die wie ein nasses Stück Seife durch die Halle flutschen, mit einer Größe von unter zwei Metern fast automatisch ein Wasserträger.

Und für dieses Flutschen war Thomas Brixner nicht schmal genug. Wendig schon, aber da saßen breite Schultern, die überall aneckten, über einem muskulösen, doch vergleichsweise schweren Körper, der zum Hochwuchten viel mehr Kraft benötigte als diese hochbeinigen Störche, die kaum die Zehenspitzen vom Boden lösen mußten, um den Ball lässig ins Körbchen zu legen.

Solche Ungerechtigkeiten, die es beispielsweise im Fußball nicht gibt, konnten Thomas schon auf die Palme bringen. Besonders dann, wenn diese Dünnlinge, mit spitzen Ellenbogen arbeitend, den mächtigen Wolkenkratzer spielen wollten. Dann konnte es schon vorkommen, daß er ihre eingebildete Unantastbarkeit zusammenknicken ließ.

Einfach mit stärkeren Armen. Und eines Tages war der Skandal da.

Drei von der gegnerischen Gastmannschaft stürzten sich auf ihn, weil einer der ihren sich am Boden krümmte. Er war sozusagen in Brixners wuchtige Schulter hineingelaufen, wobei die Schuldfrage heikel war und eigentlich vom Schiedsrichter hätte geklärt werden müssen.

Aber der konnte sich, wie's im Sport manchmal geht, kein Gehör mehr verschaffen. Die Schlägerei war blitzartig im Gang und weder mit seiner Pfeife noch mit seinen bescheidenen Allerweltsarmen zu schlichten.

Und im Nu stand Brixner nicht nur gegen drei, sonder sogar gegen fünf Riesen.
Seine Mannschaftskameraden waren unschlüssig. Die einen wollten ihn zur Rettung des Sportsgeistes und natürlich auch seiner Person zurückreißen; andere wollten ihm beistehen.
Er verzichtete auf beides, und alles ging so schnell, daß niemand das Unheil verhindern konnte. Es bestand in der unerhörten Tatsache, daß alle fünf Riesen innerhalb des lächerlichen Zeitraums, in dem man sich die Nase putzt oder eine Pfeife anzündet, ihrer ganzen enormen Länge nach am Boden lagen. So präzis arbeiteten Auge, Geschicklichkeit und Schlagkraft Brixners, daß sie gar nicht dazu kamen, vereinte Kräfte gegen ihn einzusetzen.
Einen Knockout ans Kinn bekam indes nur der Kleinste von ihnen. Bei den anderen war die Distanz zu groß. Brixner schoß in atemberaubendem Tempo Serien von Geraden und Haken auf Solarplexus oder Leber, und die Riesen knickten mit ungläubigen Augen um. Ein unwirkliches Schauspiel war's, das vom Publikum jedoch mit einer Begeisterung genossen wurde, die die Halle mit ihren schönen hohen Rängen nie erlebt hatte.
Leider haben Funktionäre über solche Einlagen wider Sinn und Geist des Spiels andere Ansichten. Zunächst mußte die Partie wegen Mangels an Akteuren abgebrochen werden, und selbstverständlich wurde sie für die Heimmannschaft als verloren gewertet.
Aber das war nur der Anfang. Die Halle wurde für sechs Heimspiele gesperrt, und der Spieler Brixner war keiner mehr. Das Sportgericht des Verbandes der Korbwerfer sperrte ihn nicht nur auf Zeit, sondern lebenslänglich.
Nun ist das im Sport glücklicherweise anders als bei Haftstrafen. Erstens betreibt man in reiferem Alter keine Wettkämpfe mehr, und zweitens kann man die

Sportart wechseln, ohne seine Strafe mitzuschleifen. Der Geldschrankknacker, der umwechselt auf Autodiebstahl, kann es nicht.
Die Knockout-Siege des Thomas Brixner, so skandalös und despektierlich sie gewesen sein mochten, erwiesen sich als Glücksfall. Sogar für sein bescheidenes Heimatstädtchen, von dem plötzlich bundesweit so viel gesprochen wurde, daß im Gemeinderat der Gedanke einer kleinen Ehrung für den wackeren Selbstverteidiger aufkam. Schließlich war er zuerst angegriffen worden, und ein Anwalt war bereit, auf alle Barrikaden für ihn zu gehen, weil der Tatbestand der Notwehr auch vom pingeligsten Gericht nicht wegzuleugnen war.
Aber es kam ganz anders. In der Kleinstadt gab es einen Boxverein, der selten Siege zu verzeichnen hatte und eigentlich immer nur an Erfahrung gewann, welche sich allerdings bei einem bescheidenen Potential an Kämpfern kaum auszahlt.
Das war der große Kummer des alten Zippel. Er war in seiner Jugend ein flotter Bantamgewichtler gewesen, Amateur natürlich, aber mit so viel Talent, daß er wahrscheinlich ins Profilager übergewechselt wäre, wenn ihm der Krieg die Karriere nicht verdorben hätte. Aber von der Faszination des Faustkampfs kam er nicht los, und als er sich im Städtchen ansiedelte, wurde er Trainer des Boxklubs. Fast ehrenamtlich machte er's, denn zu verdienen ist nicht viel, wenn der Andrang des Publikums nicht stärker als die Klasse der Kämpfer ist. Für einen wie den alten Zippel, der sich fast fünfzig Jahre mit dem befaßt hatte, was manche die edle Kunst der Selbstverteidigung nannten, war's ein dorniger Job, nicht unähnlich dem des Gärtners, der eine steinige Wüste zum Blühen bringen will.
Und nun war ihm, der den Sport in seiner ganzen Vielfalt mochte, ausgerechnet beim Basketball einer

untergekommen, von dem er träumte, seit er an Burschen, die er zu richtigen Boxern machen wollte, herumhobelte.

Der alte Mann mit dem verwitterten Gesicht, dessen Augen wie Röntgenstrahlen blickten, wenn es um Boxen ging, hatte mehr gesehen als die Leute, die um ihn herum aufgesprungen waren und gebrüllt hatten. Kraft und Mut und Wut. Sicher. Aber damit legt man keine fünf Riesen um. Keiner der Burschen, denen er etwas beizubringen versuchte, hätte es gekonnt.

Männlichkeit hatte er eingesogen, die nach Cowboy roch, aber das war nicht alles. Da war natürliche Klasse vorhanden, und wenn die sich kombiniert mit ungewöhnlichen physischen Vorzügen, riecht die Trainernase den Champion.

Sie schnüffelte und witterte auch die Ausstrahlung des gut geschnittenen Gesichts mit den klaren Augen, die wie freundliche offene Fenster eines Hauses wirkten, in dem alles in Ordnung ist. Auch etwas von der unbekümmerten Fröhlichkeit amerikanischer College-Boys blitzte auf, doch zeigte die kantige Energie der Kinnpartie, daß sie nicht überfordert werden mochte.

Was hinlänglich bewiesen worden war in dem Spiel, das er jetzt nicht mehr betreiben durfte.

Zum Glück! Der alte Zippel hätte die Leute, die Brixner gesperrt hatten umarmen mögen.

Liegen mochte er in der Mitte zwischen Halbschwer- und Schwergewicht, und reizvoll war der Gedanke, ihn gleich in die höchste Klasse zu bringen. Wir haben keine Schwergewichtler von Format, sagte sich der alte Zippel, und bei einem vernünftigen Training werden ihn ein paar Pfündchen mehr nicht langsamer machen. Er war schon mitten in der Arbeit, ohne ein Wort mit Thomas Brixner gewechselt zu haben.

Schwer traf ihn deshalb die Enttäuschung. Brixner wollte nicht. Er hielt den Alten für einen Spinner. Und seinen Kopf nicht für einen Punchingball, auf den pausenlos mit Fäusten getrommelt werden darf. Und überhaupt hielt er nichts vom Boxen. Und es war falsch von dem Alten, ihm mit Geld zu kommen.

»Sehen Sie«, sagte er, »ich habe gute Chancen in meinem Beruf als Graphiker. Und ich male gerne. Kann vielleicht sogar mal was mit Bildern verdienen. Bis ich aber im Boxen zu einer lohnenden Gage komme, kann ich schon den berühmten Kampf zuviel und eine weiche Birne haben. Im Schwergewicht fliegt Dynamit. Soviel verstehe ich davon. Das ist anders, als wenn sich Leichtgewichtler streicheln!«

Aber so leicht nahm man dem alten Zippel das, was er als die Chance seines Lebens erkannt hatte, nicht aus der Hand.

»Unsere Schwergewichtler«, insistierte er, »sind plumpe Sandsäcke. Wenn du begreifen würdest, was dir die Natur ins Gepäck gelegt hat, könntest du überhaupt nicht zögern! Einer wie du steckt nicht ein, sondern teilt aus.«

Und dann peitschte er, einem Aufschrei gleich, noch ein Argument hinaus: »Außer Gewicht haben die meisten nichts anzubieten. Sie sind langsam wie Schnecken, und du solltest mir zumindest die Gelegenheit bieten, es dir zu beweisen.«

Er gebrauchte das Du, als ob Brixner schon das wäre, was sie im Sportjournalismus einen Schützling nennen.

Den störte es nicht. Aber er hatte Bücher über Boxer gelesen und wußte, daß sie sich nur selbst schützen können.

»Wie wollen Sie diesen Beweis liefern?«

Der alte Zippel spürte Boden unter den Füßen. Und den Fisch, der am Köder schnuppert.

»Sagen wir, ich gebe dir ein paar Trainingsstunden. Nur zum Spaß für dich und für mich. Verpflichtet dich zu überhaupt nichts. Und wenn du dann Lust hast, mit dem Schwergewichtler meines Klubs ein bißchen zu sparren, dann machst du dir den Jux. Passieren kann dir überhaupt nichts, dafür kriegst du mein Wort.«

So kam es zu den Trainingsstunden.

Es war nicht wenig, was der alte Zippel anzubieten hatte. Die Grundregeln von technisch sauberem Boxen und von Taktik konnte er mit bemerkenswertem pädagogischen Geschick vermitteln, und schnell merkte er, daß dieser Schüler Gräben übersprang, die viel zu breit für alle gewesen waren, mit denen er bisher zu tun gehabt hatte.

Die Finessen, die Finten? Brixner suchte und fand sie selbst, auch wenn Sandsack, Maisbirne und Schattenboxen mit dem Alten noch weit entfernt waren von der Aussagekraft des wirklichen Kampfes.

Und zu seinem eigenen Erstaunen empfand Brixner Spaß und Neugierde. Er hatte die Bedeutung blitzschneller Schlagkombinationen ebenso schnell begriffen wie die der subtilen Körpertäuschung, die eine falsche Reaktion des Gegners herausfordert. Und Zippel ließ ihn auch den im Ansatz nicht erkennbaren Schlag der Rechten üben, die ihm erschien wie eine Waffe, über die kein anderer verfügte.

Aber zunächst mußte ein Kampf her. Der Alte war aus zweierlei Gründen für strikte Geheimhaltung. Erstens konnte der Debütant in eine Falle laufen; zum anderen war er die eifersüchtige Glucke, die Selbstgeborenes verteidigt. Zunächst einmal gehörte seine Entdeckung ihm, und in seinen geheimsten Gedanken sah er Prozente am Horizont, von denen er sich einige greifen konnte. Im Boxgeschäft greifen so viele gierige und schmutzige Hände zu, daß er sich dieser Gedanken nicht schämte.

Es wurde ein Geisterkampf. Spät am Abend, vom benachbarten Kirchturm hatte es elf geschlagen, schlichen drei Männer in die Turnhalle. Der Ring war aufgebaut, und es stand sogar warmgewordenes Mineralwasser in den Ecken der Kämpfer.
Thomas Brixner hatte noch nie einen richtigen Ring betreten; der andere schon unzählige Male. Zehn Jahre war er mit seinen Dreißig schon im Geschäft, das eigentlich ein Nebengeschäft war, weil er tagsüber Möbel transportierte und an vielen Abenden jeden, der sich stellte, fingerhakelnd über den Tisch zog.
Das sind Tätigkeiten, die allemal Durst machen. Man sah seine Auswirkungen als Speckwürste über dem breiten Gummizug der bis zu den Knien reichenden roten Sporthose. Das war der Wolfbauer Toni, und er war der einzige Schwergewichtler des Klubs.
Kein As, aber auch nicht gerade Pik sieben. Es ist schon was, wenn man nach zehn Jahren Schwergewicht ein klares Auge bewahrt hat. Weitgehend mußte es allerdings die Beinarbeit ersetzen, die ihn schnaufen machte. Gegen wen er da boxen sollte, wußte er nicht. Wußte nur, daß der alte Zippel Interesse an dem Burschen hatte. Und außerdem ging der Wolfbauer Toni in die Arena wie ein alter Zirkusgaul, den nichts mehr aufregt. Deshalb wunderte er sich auch nicht über den Kampf zu nächtlicher Stunde und hinter verschlossenen Türen.
Dem Alten war's recht. Aber ganz wohl bei dem Gedanken, daß er Brixner sein Wort gegeben hatte, es könne ihm nichts passieren, war ihm auch nicht. In einem Anfall boxerischer Kühnheit hatte er beschlossen, von Wolfbauer keine Schonung für Brixner zu verlangen.
Er fungierte als Ringrichter, kam sich aber vor wie der Roulettespieler, der alles Geld auf Rot gesetzt hat. Wenn Schwarz kam, war der Traum vorbei.

Immerhin hatte er nur die drei bei den Amateuren üblichen Runden festgesetzt. Sie konnten lang werden für Brixner.
Vielleicht war's doch noch nicht die behutsame Aufbauarbeit, die er sich vorgenommen hatte. Ich kann ja, beruhigte er sich, auch nach einer Runde Schluß machen.
Auf den Gong verzichtete er. Irgend jemand hätte ihn von außen hören und sich wundern können.
Und dann wunderte sich der alte Zippel, weil's zuerst zuging wie im Kino. Einfach unernst, weil der große Dicke wie eingepflanzt in der Ringmitte stand und sich mit dem rechten Handschuh an der Nase rieb, als ob sie ihn kitzle. Brixner, der angefangen hatte zu tänzeln, blieb stehen, weil er nicht wußte, ob es losgegangen war.
Das Monstrum kam ihm vor wie ein Bär, den man anfassen und dem man vielleicht sogar einen Ring durch die Nase ziehen darf. Aber dann machte der Toni seine Linke länger und einen Schritt nach vorn. Es war also doch losgegangen.
Brixner tänzelte zurück und schob auch die Linke vor. Beide waren Normalausleger, die die Rechte am Körper behalten. Florett und Kanone nannte der alte Zippel die beiden Arme.
Sie stocherten mit ihren Floretts herum, und es war ein Sticheln und Grabschen, das dem Alten nicht paßte.
»Boxen!« schnaubte er.
Er bereute es schnell. Sein Schwergewichtler, gedrillt auf die Stimme seines Herrn und keineswegs schwerhörig, reagierte, solange er frisch war, artig auf Kommandos. Wenn Schweiß oder gar Blut floß und die Luft knapp wurde, war das anders. Aber jetzt, da er ganz Ohr war, weckte er die schlafende Rechte.
Rums war sie da. Und es steckte mehr dahinter als

die brachiale Kraft des Arms. Die zwei Zentner fünfzehn des Körpers schwangen mit und durchschlugen Brixners flüchtige Deckung. Es war ein nur leicht abgelenkter Körpertreffer in der Lebergegend.
Der alte Zippel kannte die Wucht dieser ersten Schläge seines schweren Mannes; Brixner nicht.
Es war ihm, als ob in seinem Körper die Luft stehenbliebe. Wenn ein Haken nachgekommen wäre, dachte der Trainer, säße er jetzt am Boden. Ich hätte Sparring mit Kopfschutz machen sollen.
Aber er sagte nichts. Kniff nur die wäßrigen Augen zusammen und wartete.
Für einen kurzen Augenblick spürte Brixner Leere im Hirn, und wenn er in einen Spiegel geblickt hätte, hätte er sie über die Augen huschen sehen können. Die Vorzimmertür zum K. o. stand offen.
Klammern oder auf Distanz gehen? Er entschloß sich, einen Rückzug anzudeuten, und tauchte unter dem nächsten Schlag weg. Der Blick wurde klar und sah ein herausforderndes Funkeln in Augen, die eben noch ochsenhafte Friedfertigkeit ausgestrahlt hatten. Und er hörte das Schnauben des Stiers.
Aber Brixner steckte in dieser ersten Runde nichts mehr ein. Tat, was er gelernt hatte und was ihm einfiel. Eine hübsche, wenn auch zahme Doublette an den Kopf gelang ihm, bei der der alte Zippel aus Versehen klatschte und der Dicke kurz in den Seilen hing.
Als Brixner auf dem Hocker in seiner Ecke saß, bat er den Alten, ihm den Mundschutz herauszunehmen, weil er ihn drückte. Doch der schüttelte den Kopf: »Reine Gewöhnungssache, Junge, und du wirst vielleicht noch froh drum sein! Aber mach weiter so. Arbeite am Körper, das nimmt ihm die Luft.«
Er flüsterte es ihm ins Ohr, und den Dicken ärgerte es, weil er merkte, daß er gegen zwei boxte.
Als Zippel sie mit theatralischer Geste in die zweite

Runde schickte, kam Wolfbauer schneller vom Hocker als Brixner, aber das sollte seine einzige schnellere Bewegung bleiben.
Es war, als ob er versuchte, mit tapsigen Händen eine junge Katze zu fangen. Brixner umtänzelte ihn mit einem Tempo, das ihn aussehen ließ wie einen Panzer, bei dem der Turm klemmt. Und es war nicht nur Tändelei. Zippel freute sich über die blitzartig herauszuckende Linke, die den Dicken auf Distanz hielt und ihm ärgerliche Verwunderung in die Augen trieb. Seine Beine boxten nicht mit.
Es mochte eine Minute in dieser zweiten Runde vergangen sein, als Brixner den Entschluß faßte. Vorausgegangen war ein Heumacher des Wolfbauer Toni, der jedem Publikum Lachsalven entlockt hätte, so weit war er am sich katzenhaft abduckenden Gegner vorbeigerauscht.
Der alte Zippel lachte nicht. Aber er mußte ein Jubilieren unterdrücken. Er hat, dachte er, die Geschmeidigkeit eines Bantamgewichtlers.
Und dann brauchte er gar nichts mehr zu unterdrükken. Der Schlag kam in der Ringmitte und ohne jede Vorankündigung. Er kam von der Rechten, die bisher beinahe geschlafen hatte, und aus der lächerlichen Distanz von kaum dreißig Zentimetern. Kein Körpergewicht steckte dahinter, dafür aber brachiale Dynamik und eine unnachahmliche Präzision. Die Mitte des Handschuhs traf die Mitte der Kinnspitze, und für Bruchteile einer Sekunde stand der Dicke wie ein maßlos überraschter Mann in der Ringmitte, wo kein Seil Halt bietet. Dann knickten ihm die Knie weg, und ganz langsam, wie Gangster, die im Film von Kugeln durchbohrt werden, kippte er um.
Und der alte Zippel hielt sich nicht mehr zurück. Er schrie Bravo und riß Brixner den rechten Arm hoch, wohl wissend, daß sein einziger Schwergewichtler weder Augen noch Ohren dafür hatte.

Sein bisher einziger Schwergewichtler. Jetzt hatte er einen zweiten, der der erste war.
Aber nicht für den Klub. Das wäre etwa, wie wenn Beckenbauer seine Karriere beim FC Anzing begonnen und beendet hätte. Überhaupt Beckenbauer. Es gab da recht frappierende Parallelen: Eleganz und Natürlichkeit der Bewegung, sprudelnde Quelle von Klasse, die den Plafond durchbricht, der Talent von Genialität trennt. Und zu diesen Himmelsgeschenken, wie Zippel sie nannte, kam die Physis. Wann hatte es einen gegeben, der so aussah und boxen konnte?
Der alte Zippel schlief nicht viel in der Nacht, bevor er nach München fuhr, um den Promoter Heydenreich aufzusuchen. Er sah, farbig und strahlend, das Bild des Champions direkt herausspringen von den Titelseiten der Illustrierten, begleitet von allen Sprachen, weil keiner vorbeigehen konnte an einem weißen Champ der höchsten Klasse. Im Wartezimmer der Amateure hatte der nichts zu suchen.
Dem Promoter Heydenreich hatte Zippel schon manchen Tip gegeben, und der Mann war nicht undankbar, wenn auch nicht gerade das, was man flüssig nennt. Die Geschäfte gingen mäßig und nur in den weniger attraktiven unteren Gewichtsklassen. Ausgewachsene Schwergewichtler waren so rar wie holländische Bergsteiger, und an die Zeiten, in denen man einen nationalen Meister ins internationale Rampenlicht stellte, konnten sich nur Opas erinnern.
Wie der alte Zippel zum Beispiel, dem der Promoter in seinem schäbigen Büro die Zigarrenkiste hinhielt.
»Leider nur Fehlfarben, lieber Freund. Die Klasse von früher kann ich mir nicht mehr leisten. Ist wie bei den Boxern.«
Heydenreich biß das Ende seiner Zigarre ab, spuckte es auf den Boden, und Zippel tat's ihm gleich. Es

war, wie wenn zwei Boxer in der Rundenpause Sprudel in den Napf spucken.
Blauer Rauch stieg zu den Fotos hoch, von denen die meisten schon an den Rändern gilbten, und es war, als ob er alten Glanz vernebeln wolle. Kampffotos aus großen Tagen hingen neben den immer ein bißchen lächerlich wirkenden Standfotos, bei denen der Boxer mit geölter Haarpracht nach einem Gegner greift, den es nicht gibt.
»Was ich Ihnen anzubieten habe«, sagte der alte Zippel fast feierlich, »ist keine Fehlfarbe, sondern eine Davidoff. Ein Schwergewichtler, von dem man träumt.«
»Pff.« Der dicke Heydenreich spuckte den Rauch mehr aus, als daß er ihn blies. »Hab eigentlich keine Märchenstunde, sondern etwas Vernünftiges von Ihnen erwartet. Es stimmt, daß man von guten Schwergewichtlern träumen kann, aber es gibt sie nicht!«
»Hab ich auch gedacht.« In den Winkeln der wäßrigen Äuglein zuckten die Fältchen des Spielers, der die besseren Karten hat. »Erinnern Sie sich an diesen Basketballer, der fünf Mann umgehauen hat?«
»Sicher. Stand ja in allen Zeitungen. Wie heißt er noch gleich?«
»Brixner. Thomas Brixner.«
»Richtig. Hübscher Gag gewesen, die Sache. Aber deshalb ist der Bursche doch noch kein Boxer, Zippel!«
»Doch, er ist einer.« Der alte Zippel sagte es weder zu laut noch zu leise, aber mit einer Überzeugung, die Widerspruch anmeldet.
»Beweise?«
»Hm. Er hat meinen Schwergewichtler in der zweiten Runde schlafengelegt, und es ist sein erster Kampf gewesen.«
»Den Wolfbauer?«

»Genau. Und ich weiß auch schon, was Sie jetzt sagen werden. Ein alter Gaul, werden Sie sagen, und zu fett.«
»Ganz richtig, Zippel, ganz richtig.«
»Gut, aber Erfahrung hat er, und Sie wissen, wie er schlägt und was er verträgt. Der hätte jeden normalen Neuling aus dem Ring gefegt. Aber dieser Brixner ist der geborene Boxer, und es gibt nichts Einfacheres für Sie, als das nachzuprüfen.«
Der Promoter nickte. »Auch richtig. Wann können Sie den Mann bringen?«
»Morgen früh?«
»Gut so. Machen wir Nägel mit Köpfen. Ich bin zwar nicht überzeugt von der Sache, aber ansehen kostet nichts, und ich wate im Durchschnitt, lieber Zippel, sitze längst auf keinem hohen Roß mehr.«

Am nächsten Tag saß der alte Zippel mit Thomas Brixner an der gleichen Stelle, und die optische Wirkung auf den Mann, der sein Geld damit verdiente, daß er zwei Männer aufeinander einschlagen ließ, war erstaunlich. Heydenreich, für den die Maxime galt: ›Ein Boxer ist ein Athlet, zwei Boxer sind ein Geschäft‹, sah keine Mischung von Bär und Gorilla vor sich sitzen, sondern einen ebenso athletischen wie eleganten jungen Mann, an dem alles eine Idee zu perfekt schien für das Geschäft, das er ihm vorzuschlagen hatte.
Ein guter Promoter hat Feeling. Heydenreich zog den Burschen, als müßte er seine Ausstrahlung definieren, gleichsam durch die Nasenflügel, und schon sah er die Plakate, die her mußten für diesen auf einem muskulösen Oberkörper sitzenden Kopf eines Eroberers. Kein Fotograf brauchte sich da zu verrenken, um Effekt zu erzielen.
Wenn sein Boxen, dachte er, auch nur zu fünfzig Prozent an sein Aussehen herankommt, mache ich

ihn zum Landesmeister. Ist es mehr, besiegt der die großen Schwarzen. Den Begriff Weltmeister unterdrückte er.
Dafür zuckte ein anderer Gedanke auf. Für einen winzigen Moment nur. Konnte er schwul sein? Nicht unbedingt sprachen die Kanten an Backen und Kinn dagegen. Jean Marais fiel ihm ein, dieser französische Beau, der keinen der großen Pariser Boxkämpfe versäumt hatte. Das wußte Heydenreich aus der Zeit, in der er auf dem internationalen Parkett noch eine Rolle gespielt und die Sterne des Boxens auch für ihn gestrahlt hatten.
War das ein neuer Stern?
Er biß die Spitze der Zigarre ab, ohne sie auf den Boden zu spucken, und der alte Zippel machte es ihm nach. Feierlich ist die Präsentation eines Stars, auch wenn er noch gar keiner ist.
Thomas Brixner merkte nichts davon. Zippels Tempo hatte ihn irritiert. Erst nach langem Zögern war er mitgekommen.
»Wenn Sie«, hörte er den Promoter sagen, »nur durchschnittlich boxen, können Sie Karriere machen.« Und der alte Zippel wunderte sich, daß er ihn nicht duzte wie alle anderen, die auf diesem Stuhl gesessen hatten. Der Bursche hatte eine Ausstrahlung, die sich nicht unter den Schreibtisch kehren ließ.
»Und wenn ich gar nicht will?«
Die Frage war unfaßlich. Sie traf den Promoter wie ein ansatzlos geschlagener kurzer Haken. Mit schmalen Augen nahm er den alten Zippel ins Visier.
»Ihr wollt mich wohl verarschen, he!«
»Er ... er hat sich sozusagen noch nicht entschieden.«
»Und warum sitzt er dann hier?«
Zippel wich dem Blick aus und zuckte mit den Schultern. »Vielleicht hätte ich Ihnen noch sagen sollen, daß ich ihn fast hertragen mußte.« Er lutschte am Ende seiner Zigarre, ohne zu ziehen.

»Hertragen mußte! Bei mir wird Schlange gestanden, meine Herren! Von Leuten, die nicht wissen, was sie wollen, lasse ich mir keine Zeit stehlen! Wenn der Herr von mir eine Garantie will, daß sein hübsches Näschen keine Macke abkriegt, soll er Dressman oder Eintänzer werden, und ich vermittle ihn sogar weiter. Aber bitte kein Wort mehr über Boxen!«

Doch der alte Zippel hatte sich schon wieder gefangen. Zu gut wußte er, daß der Poltermann hinter dem Schreibtisch auch ein flotter Rechner war, der das Geschäft längst gewittert hatte. Und so, wie die Geschäfte gingen, konnte er es sich gar nicht leisten, diesen Mann davonzujagen.

Heydenreich schwieg, zog Rauch ein und sah ihm nach, wie er sich in der Höhe des Raums verflüchtigte. Was er noch sah, konnten die beiden nicht ahnen. Er sah eine Halle, die zitterte unter der Erregung eines Publikums, das die Kasse gefüllt hatte und dennoch eine verschwindende Minderheit im Vergleich zu denen war, die vor dem Bildschirm saßen. Denn es war nicht mehr wie in der guten alten Zeit, in der man nur vom Rundfunk angezapft wurde. Boxen war telegen, und das ganz große Geld, an das er nie hatte hinriechen dürfen, kam vom Fernsehen.

Und unzweifelhaft war der Bursche vor ihm ein Mann fürs Fernsehen.

Wieder blies er Rauch ab und schielte mit einem Auge auf Brixner, dessen Sporthemd sich bei jeder Bewegung des Oberkörpers spannte, weil da ein Kraftwerk von Muskeln am Spielen war, das nichts mit Anabolika zu tun hatte. Wenn hinter dieser ins Auge springenden Kraft tatsächlich noch Talent stand ... Überall würde ihn der alte Zippel unterbringen.

Das weiß man, wenn man mehr als dreißig Jahre im Geschäft ist. Und deshalb kam er, mit plötzlich ganz ruhiger Stimme, zum Geschäft zurück.

»Wir haben«, sagte er, »heute Mittwoch. Ich lasse Ihnen zwei Tage zur körperlichen und moralischen Vorbereitung. Am Samstag boxen Sie hier bei mir gegen einen, sagen wir, mittelguten Schwergewichtler, und es wird kein Sparring sein, sondern ein Fight. Diese Abmachung treffen wir beide in diesem Moment vor einem Zeugen.«
Er warf einen Seitenblick auf Zippel, der nickend seine Zufriedenheit über diese Entwicklung bekundete. Ist doch klar, dachte er, daß der alte Fuchs auf dieser Spur schnüren muß.
Bloß der Gegner gefiel ihm nicht. Dieser ›mittelgute‹ Schwergewichtler aus dem Heydenreichschen Stall konnte nur Kissner sein, nicht mehr der Jüngste, aber auch noch kein alter Gaul, der das Gnadenbrot fraß. Und natürlich ein Profi mit Tricks, die ein bißchen raffinierter und auch ein bißchen stinkiger waren als die des Wolfbauer Toni.
Heydenreich hatte ja gar keinen anderen. Aber wenn Zippel jetzt etwas sagte, würde Brixner nicht boxen.
Er sagte es dem Promoter abends am Telefon, aber der zeigte keine Begeisterung. »Sie sind doch«, polterte Heydenreich los, »ganz zufrieden gewesen heute morgen, oder, und jetzt machen Sie sich in die Hose! Ich will Ihren Mann nicht gegen einen vollgefressenen Sack sehen, sondern gegen einen Boxer, verstanden!«
»Aber er hat noch keine Erfahrung. Man kann Talente auch vernichten, ohne ihnen eine Chance zu geben!«
»Das«, knurrte Heydenreich, und der alte Zippel sah die im Mundwinkel klemmende Zigarre, »das lassen Sie meine Sorge sein.« Und dann mit einer Nuance von Jovialität: »Ich will doch kein Schlachtfest, Zippel! Wenn ich merke, daß es schiefgeht, breche ich ab. Wir sind doch unter uns. Kein Mensch sieht etwas, außer uns beiden. Ein Ring, zwei Boxer, ver-

schlossene Türen. Und Ihr Mann ist zu nichts verpflichtet. Wenn er nach diesem Test nicht mag, braucht er es nur zu sagen. Das ist ein faires Angebot, und obwohl ich auch zu nichts verpflichtet bin, können Sie ihm sagen, daß ich fünf Blaue ausspucke, wenn er mir gefällt. Ist das was?«
»Hm«, machte Zippel. Und in seinen wäßrigen Äuglein kämpfte Ironie mit Ärger. Fünfhundert Mark sind wenig, wenn Nase und Selbstvertrauen kaputt sind. Geldscheine sind die Heftpflaster dieser Brüder. Laut aber sagte er: »Wäre immerhin die erste Börse, die Sie ohne richtigen Kampf ausspucken.«
»Sehen Sie, das gefällt mir schon besser.«
»Sie riskieren ja auch nichts. Bring ich eine Flasche, jagen Sie uns zum Teufel, bring ich einen Champ, machen Sie ein Geschäft, und kein kleines!«
»Genug jetzt!« Der alte Zippel war für Heydenreich eher ein nützlicher Idiot als ein Geschäftspartner. Er erklärte ihm das mit etwas höflicheren Worten und fügte hinzu: »Wenn er eine Beruhigungsspritze braucht, können Sie ihn ruhig zu Hause lassen. Dann wird er nämlich kein Champ!«

Thomas Brixner nahm die Herausforderung an. Der dicke Promoter hatte ihn mit seiner dreisten Selbstgerechtigkeit auf eigenartige Weise gereizt, und unterschwellig verspürte er einen Drang zum Angriff wie damals, als er die fünf Riesen beim Basketball umgehauen hatte.
Es war wie eine Wette mit beträchtlichem, aber nicht überdimensionalem Einsatz, und sie entsprach seiner Auffassung von Sport. Würde er auf die Nase fallen, war's eine Lebenserfahrung; würde er stehen bleiben, war's auch eine, aber ungleich erfreulicher. Aber war das möglich?
In der Nacht träumte er von einer Skiflugschanze. Sie stellten ihn ganz oben an den Anlauf und schub-

sten ihn in die Spur. Unendlich lang dauerte der Flug, bei dem er wie ein Vogel mit den Armen schlug, doch er kam unten an, ohne zu stürzen. Nie hatte er einen schöneren Traum gehabt.

Aber dieser Boxkampf war kein Traum. Am nächsten Morgen traf er sich mit dem alten Zippel.

»Ihr Boxer, dieser Wolfbauer, muß noch einmal her!«

Aber Zippel verzog den Mund und schüttelte den Kopf. »Der hat die Schnauze voll von dir. Hättest dich auch ein bißchen zurückhalten können. Dieser rechte Haken war furchtbar.«

Er rieb sich das Kinn, als ob er ihn selbst eingesteckt hätte. Aber die Augen funkelten. »Wenn du den am Samstag nochmal bringst, trinken wir Champagner!«

»Hab ich noch nie getrunken.«

»Dann wird's Zeit.« Zippel sagte nichts von Heydenreichs Börse, die für ein paar Flaschen reichen würde, sondern er legte die Hand auf diesen rechten Arm, den er für ein boxerisches Kapital von noch unübersehbarem Ausmaß hielt. Und dann fuhr er fort: »Ich hab mir alles genau überlegt, Thomas. Du brauchst tatsächlich noch einen Gegner vor diesem Kampf, und du bekommst ihn schon heute abend.«

»Wen?«

»Den Haferkamp. Er bringt zwar bloß Mittelgewicht, aber er ist der beste Techniker meines Klubs. Von dem kannst du ungemein viel lernen – bloß merk dir eins: es ist nur Sparring. Arbeiten müssen die Augen und nicht die Fäuste. Ich habe ihn schon bestellt und eingeweiht. Es wird gesparrt und nicht gefightet. Kein Schlag wird durchgezogen. So kannst du zwanzig Runden machen.«

Brixner grinste: »Jetzt brauchen Sie nur noch zu sagen, ohne zu schwitzen!«

»O nein, Freund. Die Sache kann dich leicht zwei Kilo kosten, aber er ist ja leichter als du, und er wird

deine Schnelligkeit und deine Reflexe fordern. Draufhauen kannst du am Samstag, und je schneller du bist, um so leichter findest du die Lücke bei Heydenreichs Mann. Übrigens hat der schon gegen Amis geboxt.«
»Schwarze?«
»Ja, aber keine erstklassigen. Und gewonnen hat er auch nicht. Wir werden heute abend einige Kombinationen üben.«

Thomas Brixner stand gegen den Mittelgewichtler Haferkamp 45 Minuten im Ring, und die letzten zehn davon waren ein Martyrium. Immer wieder flehten seine Augen den alten Zippel an, weil ihm war, als ob die Lungen bersten und die Beine einknicken würden, aber es kam kein Zeichen zum Aufhören. Immer neu hatte er sich aufzubauen vor einem quecksilbrigen Phantom, das Schläge im Ansatz erkannte und ihnen auswich, ehe sie unterwegs waren.
Und die Antworten kamen blitzartig. Vor allem Doubletten schlug Haferkamp mit so viel Tempo und Präzision, daß eine hübsche Ladung von Volltreffern zusammengekommen wäre, wenn die Schläge mehr Wucht hinter sich gehabt hätten. Manchmal sah es aus, als ob ein Knöchel höflich an die Tür klopfte, die mit einem Faustschlag aufgeflogen wäre. Es war schon eine Lektion. Andererseits wehrte Brixner mit natürlichem Geschick eine Menge von Angriffen ab und brachte Treffer an, die, voll durchgezogen, ein Malheur angerichtet hätten.
Manchmal unterbrach der alte Zippel den Kampf, um eine falsche Reaktion zu korrigieren oder eine Szene in der Art eines Filmregisseurs neu aufzubauen. Aus Bruchteilen von Sekunden machte er Zeitlupe, um Brixner zu zeigen, was aus dieser Situation herauszuholen gewesen wäre.

Und auch den Ringarzt spielte er. Als die beiden aus der Dusche des Vereinsheims zurückkamen, war er nicht unzufrieden mit Brixners Pulsschlag. Zwar trommelte er noch heftig genug, aber vergleichsweise ruhig für das Tempo, das Brixner gegangen war.
»Guter Test«, sagte er, als sie zu dritt im kleinen Nebenzimmer des Vereinsheims saßen, an dessen Wänden bunte Wimpel und Fotos hingen. In einer Vitrine standen ein paar silberne Pokale und ein Boxer aus Bronze in einer verkünstelt wirkenden Stellung. Er sah aus, als ob er eine Fliege fangen wollte. Vereinsheime sind auch schöne Heimstätten für Kitsch.
Brixner trank mehr Mineralwasser als sein Gegner, und der alte Zippel hatte nichts dagegen. »Dein Körper braucht jetzt Flüssigkeit, aber laß das Bier. Es macht aus Schwergewichtlern Fässer, die man leicht umschmeißen kann. Hast's ja schon gemacht mit einem dieser Sorte, aber jetzt hast du gesehen, was Beinarbeit, Auge und Tempo sind.«
»Ja, hab ich. Und ich fürchte, ich kann am Samstagabend nicht ran.« Brixner schaute, vorbei an Zippels verblüfftem Gesicht, auf den Boxer aus Bronze.
Der Alte schlug mit der Faust auf die Resopalplatte, daß die Gläser wackelten. »Und ob du rangehst! Du bist besser gewesen, als ich erwartet habe, du Dummkopf, und eine solche Chance wirst du nur über meine Leiche auslassen! Hast du nicht auch gestaunt, Willy?«
Der Mann, der 45 Minuten, wenn auch mit angezogener Handbremse, gegen Brixner gekämpft hatte, nickte. »Er begreift unheimlich schnell, und für einen Schwergewichtler geht er ein riesiges Tempo.«
»Aber ich bin wie ein leeres Faß.«
»Quatsch! Du gehst bald schlafen, und morgen sieht alles anders aus. Sogar einen Masseur schick ich dir,

und es bleibt uns ja nicht nur dieser Freitag, sondern auch noch der Samstag bis zum Abend. Und am Sonntag hat deine Karriere schon angefangen!«
»Oder ich liege im Krankenhaus.«
»Jetzt hör mal gut zu, Freundchen!« Der alte Zippel bekam schmale Augen und ließ die Zigarre im Mundwinkel wippen, wie er es bei Heydenreich gesehen hatte. »Wenn du glaubst, ich opfere meine Zeit und die meiner Boxer für einen, der alles kann, aber nicht weiß, was er will, dann kannst du mich.«
Er sieht aus wie die Karikatur eines Managers, dachte Brixner, aber er meint's ehrlich. An Geld denkt der nicht. Außerdem hat er recht. Es ist eine Herausforderung. Ich muß wissen, ob ich wirklich ein Boxer bin.
Er entschuldigte sich. Sagte, daß er boxen würde.
Dann sprach der alte Zippel. Von einem Videoband sprach er, das er morgen bekommen würde. Brixner könne dann einen Zehn-Runden-Kampf von Kissner studieren, und er werde dann interessante Parallelen sehen.
»Wieso?« fragte Brixner.
Über das faltige Gesicht huschte ein Lächeln mit einem Tupfer von Selbstgefälligkeit. »Sieh mal, der Willy ist einer, der's nicht nur in den Fäusten, sondern auch im Kopf hat. Hast du ja gemerkt, oder?«
»Und ob!«
»Und da hab ich ihm halt gesagt, er soll ein bißchen boxen wie der Kissner. Hat ihn ja oft genug gesehen. Natürlich ist er schneller. Viel schneller sogar. Und das war gut für dich. Sagen wir, er hat das, was der Kissner im Stil einer Dampfwalze tut, wie ein Sportwagen gemacht.«
»Ich versteh das nicht recht.«
Wieder grinste der Alte. »Ich denk mir was bei allem, was ich mache. Der Wolfbauer Toni hat einen gro-

ßen Ranzen und ein kleines Hirn. Genau das Richtige für den Anfang, verstehst du?« Er kicherte.
Brixner runzelte die Stirn. »Jetzt brauchen Sie bloß noch zu sagen, er hatte den Auftrag, sich hinzulegen. Ist ja nicht ganz unüblich im Boxen, oder?«
Auf Zippels Schläfe wuchs ein kleines Äderchen des Zorns. »Entweder bist du tatsächlich ein Rindvieh, oder du willst es spielen! Ich zerbreche mir den Kopf für dich, und du hast nichts anderes in deinem blöden Schädel, als alles umzuhauen, was ich aufbaue! Aufbauen, ja, das ist ein Wort. Beim Wolfbauer ging's um den Punch deiner Hände; beim Kissner geht's um die Kopfarbeit, weil du wissen mußt, was er tut, beziehungsweise, was er vorhat zu tun. Deshalb habe ich dem Willy gesagt, er soll dir die Schlagkombinationen zeigen, die Kissner am besten beherrscht. Und es war gut, daß du es nicht gewußt hast. Hättest du vorher den Film gesehen, wärst du vielleicht gar nicht angetreten. Man kann da Angst kriegen, das weiß ich. Aber wir sind den umgekehrten Weg gegangen, und ich bin jetzt ganz fest überzeugt davon, daß es der richtige war.«
Er rieb sich die Hände und zündete eine neue Zigarre an.
»Nun, und dann hat der Willy ein paar Kombinationen aus dem Repertoire von Kissner gebracht. Du hast zuerst schwach und dann immer besser reagiert. Und ich sage dir ohne jede Übertreibung, mein Lieber, daß das ein Beweis von Klasse ist. Willy hat die Finten von Kissner nachgemacht, aber sie sind viel gefährlicher gewesen, weil er schneller ist. Bei der Dampfwalze geht das am Samstag in der Zeitlupe. Der eine hat Telegramme abgeschickt, und der andere gibt Briefe auf, wenn du so willst. Morgen wirst du im Film den Unterschied sehen, und alle Angst wird zum Teufel gehen, weil du ja ein ganz anderes Tempo gehen kannst.«

Wieder rieb er sich die Hände, und Brixner kaute lustvoller an dem Steak, das die Wirtin gebracht hatte. Es lag unzweifelhaft Sinn hinter den Worten des Alten, und der Wunsch, ihn nicht zu enttäuschen, wuchs.

Er schlief in seiner Junggesellenbude bis weit in den Morgen hinein, und dann bescherte ihm der Masseur ein Wohlbehagen, das er nie gekannt hatte. Federleicht wurden Beine und Arme, und als der alte Zippel kam, um ihn zum Mittagessen abzuholen, war es wie der Gongschlag zu einem neuen Leben. Später studierten sie in Zippels Wohnung die Video-Aufzeichnung von Kissners Kampf. Der Alte machte seine Kommentare und stoppte das Band gelegentlich ab, um ihn auf die Ankündigung der Rechten aus der Halbdistanz aufmerksam zu machen.

Das war der Augenblick, in dem Kissner am gefährlichsten war, und Brixner erkannte sofort, daß er ihn bei Haferkamp schon erlebt hatte. Eine Körpertäuschung, die Gefahr von links signalisieren sollte, kombiniert mit einem Sidestep, der das Gewicht nach rechts verlagerte, um es voll hinter den Schlag der herauszuckenden Rechten zu bringen.

Auch auf Schwächen in Deckung und Beinarbeit machte ihn Zippel aufmerksam. Kissner boxte ziemlich statisch, orthodox sozusagen für einen Mann, der mehr als zwei Zentner zu bewegen hat.

»Aber merk dir: er schlägt hart und kann einstecken. Außerdem ist er austrainiert, und du bist noch nicht soweit, daß du viele Runden mit ihm gehen könntest. Du bist schneller, aber in der Kunst des Kräftesparens ist er besser, und ich denke, daß ihm Heydenreich sagen wird, er soll dich zuerst müde machen. Deshalb darfst du nicht abwarten. Schlag in jede Lücke, die du siehst. Du hast gemerkt, daß du kein Geschenk bekommen sollst, also wirst du auch nichts verschenken. Wenn wir Glück haben, machst du mit einer vollen Rechten, was du mit dem Wolfbauer gemacht hast, und nichts überzeugt einen Heydenreich mehr als ein schneller K. o. Außerdem verheimlichen wir damit alles, was dir zwangsläufig noch fehlt.«

Weiter wollte er nicht gehen. Er war ein Autodidakt der vielen Leuten so simpel erscheinenden Lehre des auf Vernichtung ausgehenden Faustkampfs. Hehre Geister nannten das die edle Kunst der Selbstverteidigung, aber der alte Zippel hatte zu viele vernichtete Gehirne erlebt, um den geistigen Veredlern einer Sache zu folgen, die in ihrer Brutalität einmalig im Sport ist.

Deshalb drückte ihn Verantwortung. Er kannte nicht nur Manager, sondern sogar Ringärzte, in deren Lexikon dieses Wort nicht vorkam. Das Risiko, das Thomas Brixner gegen einen gewiß nicht großartigen, aber ausgekochten Profi einging, legte sich schwerer auf seine schmalen Schultern, als er dem jungen Mann zu zeigen wagte, dem er Optimismus einblies.

Und trotzdem war er fasziniert von dem Gedanken, einen Champ zu machen.

Als sie in die Dämmerung hinausgingen, die dem Herbsttag die Wärme nahm und mit böigem Wind an den ersten gelben Blättern des Parks hinter dem kleinen Stadion zerrte, legte er Thomas Brixner die Hand auf die breite Schulter.

»Ich habe das verdammte Gefühl, Junge, daß es ganz schnell gehen wird bei dir.«

Thomas Brixner gewann den Kampf gegen den Profi Kissner in der dritten Runde durch K. o. Die Sensation wäre vielen Zeitungen eine dicke Schlagzeile wert gewesen, aber kein Blatt brachte sie. Der Promoter Heydenreich und der alte Zippel hatten ebenso Stillschweigen vereinbart wie die beiden Kämp

fer, deren Motive freilich höchst unterschiedlich waren. Kissner ersparte sich eine Blamage, Brixner einen Rummel, der ihn unweigerlich in eine neue Herausforderung getrieben hätte.
Er staunte, daß ihm Heydenreich nicht fünfhundert Mark mitgab, sondern einen Tausender.
Schritt für Schritt, Schlag für Schlag hatte er Zippels Rezept befolgt gegen einen Mann, der ihn mit einem langsamen Start hatte einlullen und dann zermürben wollen. »Nach drei oder vier Runden«, hatte Zippel gesagt, »bleibt dir die Luft weg, und er kann spielen mit dir. Täusch ihn, laß ihn glauben, er kann diktieren, und schlag dann zu. Du weißt ja, wie tief er die Rechte hängen läßt, wenn er sorglos ist.«
Es war ein Schlag auf die Halsschlagader, den Brixner, obwohl fast nur ein Wischer, bis in die Knie hinunter spürte und der ihn in der dritten Runde die schnelle Entscheidung suchen ließ. Schon wurde ihm das Tänzeln schwerer, und noch nicht einmal der halbe Weg war zurückgelegt. Sechs Runden hatte Heydenreich verlangt.
Die Zeit, in der er seine größere Schnelligkeit nützen konnte, begann abzulaufen. Auch an Zippels Gesicht konnte er es ablesen.
Er löste sich aus einem Infight, bei dem ihm zwei harte Körpertreffer Luft stahlen, und tänzelte rückwärts. Langsam, wie eine anfahrende Dampflok, mit pendelnden Fäusten, zog der andere nach, und unterschwellig spürte Brixner, daß er zufrieden war und die restlichen Sekunden dieser dritten Runde auslaufen lassen wollte. Ganz tief, am Gürtel fast, lag die Rechte.
Der Schlag kam so schnell, daß Kissner sie keinen Zentimeter mehr heben konnte. Zwischen Unterlippe und Kinn prallte der Handschuh auf, getrieben nicht nur vom Arm, sondern vom Schub des Körpers.

Heydenreich brauchte nicht zu zählen. Es dauerte fast eine Minute, bis sein Mann wieder auf staksigen Beinen stand.

Thomas Brixner war Berufsboxer geworden. Für den alten Zippel war er der geborene Boxer.

Aber er gab ihn Heydenreich nicht umsonst. Fünf Prozent forderte er von allen Kämpfen, die der Promoter für Brixner aushandeln würde. Leicht konnte er seine Entdeckung anderweitig unterbringen.

Er bekam zwei Prozent. Abzurechnen nach Abzug aller Unkosten. So kam's in den Vertrag, und der alte Zippel wußte, daß auch sein letztes Geschäft keines war. Bei einem flotten Rechner wie Heydenreich bedeutete das 0,2 Prozent.

Wenn er seinen gütigen Tag hatte. Trotzdem war der alte Zippel stolz. Stolz auf sein Auge und stolz auf seinen Mann. Der brauchte jetzt nur noch ein intensives Training mit Erfahrung zu paaren.

Viele haben Talent, und sie nützen es fleißig. Aber sie produzieren nicht den Funken, der Geniales entfacht. Das ist beim Boxen nicht anders als bei allem, was der Mensch tut. Es gibt bei den Männern mit den bandagierten Händen ebenso Virtuosen wie bei denen, die mit den sensibelsten aller Hände den Geigenbogen führen oder die Klaviertasten anschlagen. In ganz wenigen Fällen stehen hier wie dort die Leute in Europa nachts um zwei auf, um aus New York, via Satellit, Virtuosen zu sehen.

Thomas Brixner machte sich auf zu Taten, mit denen man Kontinente aufwecken kann.

# 8

In Freeport, Grand Bahama, gab es lange Nächte wegen Brixner. Das war nicht gut für Charles Marcillacs Gesundheitszustand. Es hatte Szenen mit seiner Frau gegeben, die mit der Heimreise drohte, aber das war nichts im Vergleich zu den Kämpfen, die sich da abspielten, wo die Bahamas ihre Szene haben. Es ist die Szene der Drogen. Und da sie enger mit dem Boxsport verknüpft ist, als viele Leute glauben, führten Marcillacs heftige Bemühungen um den Kampf des Jahrhunderts unweigerlich mitten in diese Szene.

Jim O'Neill, der Promoter aus dem den Inseln vorgelagerten Miami an Floridas Südküste, hatte ihn vorgewarnt: »Wenn du diesen Kampf wirklich willst, mußt du dich mit den Bossen des Rauschgifts verbinden, und dazu hast du dir allerdings kein schlechtes Hauptquartier gewählt.«

Das war nicht Marcillacs Absicht gewesen, und überhaupt hatte er nur vage Vorstellungen von der strategischen Bedeutung dieser Inselkette im internationalen Drogenhandel gehabt.

Schneller als sein Gesundheitszustand hatte sich das geändert. Als einer, der sich mit angeborenem Geschick in der Not der Kriegszeiten mit illegalem Handel die Basis seiner Geschäfte gelegt hatte, begriff Marcillac schnell die gewaltige Bedeutung der Bahamas als Umschlagplatz vom südamerikanischen Erzeuger zum nordamerikanischen Verbraucher.

Vornehmlich Kolumbien versorgte diesen Markt von einer gewaltigen Aufnahmekapazität.
War es Dummheit, Antoine hierherkommen zu lassen? Die Ironie war nicht zu leugnen: er hatte einen Mann von der Geißel der Droge befreit, um ihn in Versuchung zu bringen an einem Platz, wo sie dominierte wie auf keinem anderen der Welt.
Deshalb nahm er sich ihn eines Abends vor. »Du bist auf einem verdammt gefährlichen Pflaster, Antoine.«
Zu seinem Erstaunen wußte Antoine längst Bescheid. Er hatte sich gut informiert, und wiewohl ihm eigene Erfahrungen fehlten, wußte er sehr wohl um die gewichtige Vermittlerrolle der Bahamas im gefährlichsten und einträglichsten aller modernen Geschäfte.
Aber Antoine beruhigte den Freund: »Die Droge ist vorbei für mich, Charles. Ich rühre nichts mehr an, aber ich weiß, daß das Geschäft mit ihr hier zum Himmel stinkt.«
Marcillac nickte. »Und wir werden hineingezogen, weil ich den Kampf will.«
Man kann die Droge als die zweite große Blüte der Bahamas ansehen. Nur ist diese Blüte ungleich giftiger, als es die erste gewesen ist, und nicht so schnell auszureißen.
Diese erste Blüte war ein einträgliches Kavaliersdelikt gewesen. In Marcillacs Augen nicht einmal das, sondern ein legitimes Ausnützen einer strategischen Position. Sie wuchs in der Zeit der amerikanischen Prohibition. Was war einfacher, als Alkohol, vor allem den erstklassigen Rum vom benachbarten Jamaika, mit einer Armada von Schmugglerschiffen über die lächerliche Distanz von hundert Kilometern an Floridas Küste zu schaffen?
Das Geschäft war lohnend, aber ein Tante-Emma-Laden im Vergleich zum glitzernden, überdimensio-

nalen Supermarkt des Drogenhandels. Ein Liter Schnaps brachte ein paar Dollar. Tausend Liter ein paar tausend. Ein Kilo Kokain bringt ein mittleres Vermögen – von tausend Kilo ganz zu schweigen. Außerdem hatten die Bahamas in der Prohibitionszeit keine unantastbare Sonderstellung. Aus benachbarten Staaten wie Kanada und Mexiko gelangten die begehrten Flaschen noch unkomplizierter in die USA als auf dem Seeweg. Sie sprachen darüber auf der Yacht, die Marcillac einem reichen Amerikaner abgekauft hatte. »Auf den Bahamas«, hatte Marcillac zu Antoine gesagt, »brauchst du dein Schiff wie der französische Landbriefträger sein Fahrrad.«

Es war eine elegante weiße Yacht. Mehr als zwanzig Meter lang, mit Kajüte, Sonnendeck und Schlafplätzen für sechs Personen.

Sie waren nur zu dritt, Marcillac, Antoine und Pierre. Pascale war zu Hause im Xanadu geblieben. Sie glaubte, die Männer seien auf einem Fischzug. Und es war auch einer. Aber einer, bei dem die Fische größer waren als alle, die in der smaragdgrünen See von ihren Raubzügen lebten.

Nach Bimini fuhren sie. Und immer wenn Marcillac, der genug Kräfte gesammelt hatte, um Kapitän zu sein, obwohl er sich seine stündliche Spritze in den Oberschenkel jagte, den Hebel mit dem breiten Handgriff ganz nach vorn drückte, pfeilte der schlanke Bug mit gut 70 Stundenkilometern durch die weiß aufspritzende Gischt. Es war ein Tempo, das das Schiff immer wieder lupfte wie ein Flugzeug, das abheben will. Und dann knallte es mit hellem, peitschenartigem Schlag in sein Element zurück, wie der Delphin nach seinem lustvollen eleganten Bogen in der Luft. Marcillac liebte diese Raserei, deren schmale Gischtspur am Boot klebte und dann immer breiter wurde, um, am Horizont fast, in den Wellen einzuschlafen.

Dieses stampfende und zischende Vorwärts war es, das den Mann, den die Ärzte aufgegeben hatten, unterschwellig antrieb. Er hatte noch etwas vor sich. Was hinter ihm war, löste sich auf.
Nach eineinhalb Stunden, sie hatten inzwischen mehr als hundert Kilometer zurückgelegt, tauchte Bimini auf. Schlank und lang wie eine riesige behaarte Raupe auf die See gesetzt.
Die Haare waren grüne Bäume. Pechkiefern wohl, deren Holz das härteste und schwerste der Welt ist. Sie wußten auch, daß Bimini ›The fishing capital of the world‹ ist. Nirgendwo anders sind so viele Weltrekorde im Sportfischen aufgestellt worden.
Und von allen Bahama-Inseln hat Bimini die geringste Entfernung zu Florida. Nur 80 Kilometer. Die modernen Schnellboote machen das in einer Dreiviertelstunde.
Marcillac wußte es. Antoine wußte anderes. Er wußte, daß Ernest Hemingway in den Gewässern vor Bimini stundenlang und erfolgreich mit einem Blauflossen-Riesenthunfisch gekämpft hatte. Und das hatte ihn inspiriert zu seinem wohl berühmtesten Buch ›Der alte Mann und das Meer‹.
Antoine wurde hier zum Träumer wie Marcillac zuvor auf dem Meer. Als sie die Yacht im winzigen Hafen vertäut hatten, liefen sie direkt auf das ›Complete Angler Hotel‹ zu, in dem Hemingway residiert, diskutiert und gesoffen hatte. Angeln und auch Boxen waren seine Themen gewesen, und Antoine dachte, daß Marcillac auf der gleichen Wellenlänge lag.
Bloß, er konnte es nicht schreiben. Er war ein Mann der praktischen Sorte. Und er hatte einen wichtigen Termin auf Bimini.
Aber Antoine setzte sich durch. Ohne ein Glas an Hemingways Bar getrunken zu haben, war er nicht bereit, das verrückte Abenteuer fortzusetzen. »Ich muß mich einstimmen«, sagte er.

Und zum erstenmal folgte ihm Marcillac ohne Widerspruch. Er hatte, wenn es sein mußte, auch für nützliche Spinner eine sensible Antenne.
»Gut, Antoine. Wir haben unseren Zeitplan um eine gute Viertelstunde unterschritten. Laß uns sehen, wo sich der alte Hemingway seine Inspirationen geholt hat.«
Es war, als ob auf den wurmstichigen Holzwänden ein Streit zwischen Mausoleum und lebendiger Realität ausgetragen würde. Dutzende von eingerahmten Fotos zeigten Hemingway in jeder erdenklichen Pose und mit Fischen, die groß wie ein einstöckiges Haus waren. Plötzlich war Marcillac von einer Atmosphäre gefangen, in der die Zeit stehengeblieben schien. Auf einem der Fotos sah er Hemingway neben einem riesigen Fisch stehen, dessen Kopf wie die Spitze einer Rakete aussah. Er hat, dachte er, diese idiotische Raketensucht nicht mehr erlebt, und im gleichen Moment fiel ihm ein, welch eine gewaltige Abschußbahn für Drogen diese kleine Insel Bimini war.
Aber für die Sportangler, die an der Theke einen großen Disput hatten, war Bimini ein Paradies.
Antoine erinnerte das Angler-Hotel an das Gasthaus ›Admiral Bembow‹ in Robert Louis Stevensons ›Schatzinsel‹. Der einbeinige Seeräuber mit seiner gruseligen Seemannskiste kam ihm ebenso in den Sinn wie der blinde Pew, und als sie aus dem Halbdunkel wieder ins flutende Sonnenlicht traten, galoppierte seine Phantasie weiter.
Es sprang ins Auge, daß das große Drogengeschäft auf Bimini nicht kaschiert wurde wie auf Grand Bahama. Auf der Hauptstraße, um deren Schlaglöcher Mopedfahrer Slalom fuhren, begegneten sie hohlwangigen und dürren schwarzen Männern mit den unsteten, staksigen Schritten von Fixern, und viele der Weißen und Halbweißen sprachen Spanisch.

»Das sind Kolumbier«, sagte Marcillac. »Sie liefern den Schnee.«
Antoine deutete auf ein olivgrünes Boot der Hafenpolizei mit der Aufschrift ›Defense Police‹. »Unter den Augen der Polizei, oder sitzen da vielleicht Blinde drin?«
»Hm. Ich würde eher sagen, die Burschen sehen ganz klar und wissen deshalb, daß sie gar keine Chance haben. Schau doch mal genauer hin – das schlanke, lange Boot, meine ich.«
Neben dem gedrungenen Polizeiboot, das einen kleinen Turm wie ein U-Boot hatte, schaukelte ein schmales, schwertartiges Schiff, das im vorderen Teil abgedeckt war, aber keinerlei sonstige Aufbauten hatte. Rockmusik per Stereo dröhnte aus seinem Bauch ans Ufer. Drei junge Schwarze mit knalligen T-Shirts und goldenen Halsketten waren offenbar beim Verstauen von Proviant, und einer unterhielt sich mit einem Polizisten, der wie ein Operetten-Admiral an seiner Reling stand.
»Sieht nach guter Freundschaft aus.«
Marcillac grinste. »Und dabei kannst du Gift drauf nehmen, daß die Jungs heute nacht geschäftlich auslaufen. Ihr Boot ist nämlich eine sogenannte Zigarette.«
»Zigarette?«
»So nennen sie diese Dinger. Sie sind die schnellsten, die es gibt, und extra für den Schmuggel gebaut. In den Zeiten der Prohibition sind die Bahamesen noch mit Segelbooten und schweren Lasten nach Florida hinüber, aber Kokain braucht wenig Platz. In so einer Zigarette kannst du Ware für ein Riesenvermögen verstauen, und das schnellste Polizeiboot hat als lahme Ente das Nachsehen. Hat überhaupt keine Chance, weil die Zigarette einen Innen- und Außenbordmotor von unheimlicher Stärke besitzt und es bis auf hundertzwanzig Stundenkilometer bringt.

Stell dir das mal vor auf dem Meer! Wir haben es auf siebzig gebracht, und mehr schafft die Polizei auch nicht.«
»Jetzt sag bloß noch, sie laden den Stoff unter den Augen der Polizisten ein!«
»Das nicht gerade. Den übernehmen sie draußen auf dem Meer von Flugzeugen. Aber jetzt laß uns gehen. Wir werden erwartet, und unterwegs zeig ich dir was.«

Immer wieder mußten sie auf der holprigen Landstraße wild herumkurvenden Mopedfahrern ausweichen, aber da fuhren auch Lastwagen und Pkws, obwohl es eigentlich nur ein paar Kilometer Straße auf Bimini geben konnte. Vor dem Post Office, das aussah wie die verfallene Hollywood-Kulisse einer Goldgräberstadt, parkte sogar ein schwarzer Mercedes 450 SL, und der elegant gekleidete Neger, der einstieg, trug ein Brillantfeuerwerk an den Händen. Antoine feixte. »Wenn der einmal aufs Gas drückt, saust er ins Meer!«
»Noblesse oblige«, grunzte Marcillac. »Das ist ein Großer des Geschäfts – hier zeigt eben jeder, was er ist.«
Sie hatten etwa zehn Minuten zu gehen, und die niedrigen Häuser zwischen den vor sich hinrostenden Bergen von Blechbüchsen wurden grauer und trister. Es gab kleine Wäldchen, mehr aus Sträuchern und Büschen bestehend als aus Bäumen, und Marcillac mußte in einem verschwinden, weil der Apparat in der Hosentasche die Stunde der Spritze piepste. Er war gerade mit hochgekrempeltem Hosenbein am Einstechen, als ein hagerer alter Neger hinter einem Busch hervortrat.
»What are you doing here?« Die Stimme hatte einen unangenehm harschen Fistelton, und die Augen funkelten böse.

Aber als sie die Spritze sahen, wurden sie von verständnisvoller Milde. »Kommen Sie mit, ich werde Ihnen was viel Besseres geben. Wenn Sie zahlen, natürlich. Bloß hundert Dollar und reinster Stoff.«
Marcillac packte die Spritze in den Lederbeutel und schüttelte den Kopf. »Ich brauche nichts, und meine Freunde warten.« Er deutete auf die Straße, und durch die Büsche konnte der Alte Antoine und Pierre sehen.
Sofort wurde die Stimme wieder schrill. »Dann hau ab hier, motherfucker, bevor du ein Messer im Rükken hast!«
Eben noch der große Boß mit den Brillanten, dachte Marcillac, und jetzt der kleine Underdog. Alle leben sie davon. Bloß lebt der Große besser, weil er das Zeug nicht nimmt, sondern nur verteilt. Und ich bin ahnungslos in ein Reservat eingedrungen.
Er erzählte es den anderen.
»Wir hätten es nicht einmal gemerkt, wenn er dich gekillt hätte«, sagte Antoine. »Dieses Bimini fängt an, mir Angst zu machen.«
Und dann sahen sie das Flugzeug. Es lag auf der Schnauze, und nur das schräg über die Büsche ragende weiße Hinterteil war vom Weg aus zu sehen. Nur ein paar Schritte brauchten sie zu gehen.
Die kompakte, zweimotorige Maschine sah fast unbeschädigt aus, aber das Unkraut überwucherte schon die ausgeschlachteten Motorhauben, und alle Sitze waren aus dem schlanken Bauch gerissen.
»Liegt schon über ein Jahr hier«, sagte Marcillac, »und es ist nicht die einzige Maschine. Es gibt einen kleinen Flughafen, aber den benützen die Drogenflieger nicht. Sie werfen ihre Ladung nachts draußen auf dem Meer über Booten ab, und auch auf Grand Bahama. Hauptorientierungspunkt der Flieger ist Patterson Island, ein winziges Inselchen und überhaupt nicht zu verfehlen, weil es kein anderes gibt

vor der Küste. Keine zwei Kilometer davon entfernt ist langer weißer Strand einem dichten Wald vorgelagert. Da fliegen die Pakete runter wie Sterntaler.«
»Du redest wie ein Mafioso«, sagte Antoine und kletterte aus der Maschine.
Marcillac grinste. »Schon möglich. Vor allem aber gehen wir jetzt zu einem richtigen.«

Marcillac kannte den Weg. Es war sein zweiter Besuch in dem Haus, das Antoine und Pierre überraschte. Eben noch die windschiefen Häuser der Slums, Onkel Toms Hütten, auf deren hölzernen Terrassen die kleinen Drogengangster herumlungerten wie gierige Hyänen, die in der Nacht auf Beute gehen.
Und dann, wie die Edelrose im Unkraut, die weiße, burgartige Villa am Meer, das mit unwirklicher Klarheit heraufleuchtete.
Ein Butler führte sie in eine Art von Louis-XVI.-Salon, der, was den Geschmack anging, Marcillacs riesige Wohnlandschaft im Hotel Xanadu in den Schatten stellte. Auf einem großen runden Tisch, einer kostbaren Einlegearbeit, standen Erfrischungsgetränke für eine halbe Hundertschaft und daneben ein auserlesenes kaltes Buffet.
»Ich dachte«, sagte Don Gianni mit feinem Lächeln und wirkungsvoller, weil nur angedeuteter Empfangsgeste, »daß die Herren nach strapaziöser Reise einer Stärkung nicht abgeneigt sind.«
Ein bißchen gespreizt, dachte Antoine, aber es paßt. Don Gianni, wie er offenbar nur genannt wurde, mochte ein früher Sechziger sein, und die raffinierteste Perücke hätte nicht besser auf den klassischen Römerkopf gepaßt als das volle, graumelierte Haar. Gepflegt war auch, trotz der ›R‹, die er rollen ließ, sein Französisch.
In Wirklichkeit war Don Gianni Sizilianer.

»Behagt Ihnen die Air-Condition?« fragte er. »Ich kann sie kühler stellen, weil schon ein Hauch von Frühling in der Luft liegt.«
Frühling bedeutet auf den Bahamas ein Klettern des Thermometers von 25 auf 30 Grad.
Marcillac winkte ab. »Es ist sehr gut so, Don Gianni. Ein dünner alter Mann wie ich mag's warm.« Und er erzählte begeistert von den Methoden und Erfolgen seines Doktors. »Stellen Sie sich vor, ich hab das Boot ganz allein hergefahren. Als ich im Januar hier gelandet bin, habe ich keine Gabel mehr halten können!«
Don Gianni nickte. »Lawrence leistet manchmal Erstaunliches. Sie sind gut beraten gewesen.« Er ließ Kaviar auf der Zunge zergehen und spülte mit einem winzigen Schluck Champagner nach.
Pierre griff herzhafter zu und ließ keine Sehnsucht nach Normandie-Camembert aufkommen. Dann füllte er den Raum mit dem Duft des Kirschwassers, das er reichlich über seinen Ananassalat goß.
»Sie bringen sich um den Geschmack«, sagte Don Gianni nachsichtig lächelnd. »Ananas sind die schmackhaftesten Früchte, die die Bahamas hervorbringen.«
Auch Marcillac lächelte. Wenn du mit Ananas handeln würdest, dachte er, wärst du kein Don und säßest in einer stinkigen Hütte. Dann piepste es in seiner Hosentasche, und er bat um die Erlaubnis, seine Spritze anbringen zu dürfen.
Der Butler brachte Zigarren und verschwand. Nur Marcillac zündete sich keine an. Aber im Gegensatz zu Pierre, der, ohne die Hand vor den Mund zu nehmen, gähnte und selbst seiner Oberlippe Ruhe gönnte, war er hellwach.
Und es gab Grund genug dafür. Brüsk brach Don Gianni die belanglose Konversation ab und kam zur Sache.

»Ich habe an allen Fäden gezogen, Monsieur Charles, und es gibt Möglichkeiten, daß Sie den Kampf bekommen. Aber ganz einfach wird es nicht sein.«
»Wieviel?« Es war ein alter Grundsatz von Marcillac, Geschäftsgespräche mit diesem Wort abzukürzen. Und es war in den meisten Fällen das richtige. Diesmal nicht.
Leise Ironie huschte über Don Giannis graue Augen, die eine Verbindlichkeit ohne Wärme ausgestrahlt hatten.
»Sehen Sie, Charles« – er ließ das Monsieur wie versehentlich weg –, »Geld ist wichtig, aber nicht immer das Allerwichtigste.«
Er machte eine Pause und blickte dem Rauch seiner Zigarre nach, der die leicht geöffnete Terrassentür suchte. Und Antoine spitzte wie Marcillac die Ohren. Worauf wollte er hinaus? Wie war eine solche Sache zu kriegen, wenn nicht mit Geld?
Sie ließen ihm die Pause, und Don Gianni verlängerte sie durch intensives Betrachten seiner gepflegten Fingernägel, ehe er fortfuhr: »Sie bewohnen in Freeport ein herrlich gelegenes Haus, Charles.«
»Stimmt. Wollen Sie's kaufen?«
Wieder die feine Ironie in Mund- und Augenwinkeln.
»O nein. Wäre viel zu groß für mich. Was sollte ich anfangen mit den vielen leeren Stockwerken unter dem Penthouse?«
»Wenn ich recht verstehe, interessiert Sie's trotzdem?«
»In gewisser Weise, wenn Sie so wollen. Ich sagte doch, herrlich gelegen, nicht wahr?«
»Richtig, war sogar gut genug für Howard Hughes.«
»Ja, der alte Hughes.« Don Gianni blies neuen Rauch ab, aber er wich Marcillacs Augen nicht mehr aus. »Für den war das Xanadu eine Festung, wenn Sie verstehen, was ich meine.«

»Klar, er war ungewöhnlich menschenscheu, und es war ideal zum Abkapseln.«

»Sehen Sie, genau das ist der Punkt. Sie fangen an, mich zu begreifen. Auch Sie kapseln sich ab, Charles, wenn auch aus anderen Gründen. Sie brauchen Ruhe, weil Sie eine schwere Krankheit kurieren, und das wird vor allem bei prominenten Leuten respektiert, stimmt's?«

Marcillac kreuzte den Blick mit Antoine und merkte, daß der noch nicht schaltete. Er ist eben doch ein Traumtänzer, dachte er.

Don Gianni wollte eine Art Teilhaber am Haus werden, das war klar.

Kommen lassen, sagten seine Augen zu Antoine.

Und Don Gianni kam. Sprach noch einmal von der Lage des Hauses, die er nicht mehr herrlich, sondern günstig nannte, mit dem großen integrierten Strand und dem perfekt abgeschirmten Park.

»Ein Mann wie Sie, der viel Geld hat und seine Gesundheit sucht, ist über jeden Zweifel erhaben. Es gibt da ein Syndikat oder auch eine Organisation, wie Sie wollen, mit einem ganz konkreten Interesse an dem Haus. Sie könnten den Leuten ein Stockwerk zur Verfügung stellen, und ich garantiere Ihnen, daß es keinerlei Störung für Sie bedeuten würde.«

Er sprach weder von Rauschgift noch davon, daß es seine Leute waren. Es klang so beiläufig, als ob er eine Unterkunft für die Heilsarmee suche.

Jetzt roch auch Antoine den Braten. Nur Pierre, dem die Kunst des Boxens die des Schlafens mit offenen Augen hinterlassen hatte, blieb teilnahmslos.

Fuß fassen in seinem Haus wollte er also. Wenn Marcillac eine Fährte aufnahm, kombinierte er schnell. Er, der reiche Kranke, war tatsächlich über jeden Verdacht erhaben, und wenn er morgen den Premierminister der Bahamas zu Besuch bitten würde, er träfe keine Minute zu spät aus Nassau ein.

Geld ist die stärkste Droge.
Don Gianni, offenbar der Meinung, seinen Worten genug Wirkungszeit gelassen zu haben, fuhr fort, und sein Ton wurde eine Nuance geschäftsmäßiger: »Sie würden, wie ich sagte, überhaupt nicht gestört, Charles. Aber Sie können natürlich auch nein sagen. Ich werde mich hüten, Sie zu drängen. Eine Gefälligkeit für eine andere, weiter nichts.«
»Hm. Es wäre die Voraussetzung, daß ich den Zuschlag für den Kampf bekomme, oder?«
»Stimmt. Aber sagen wir, richtigerweise, lieber eine der Voraussetzungen.« Don Gianni hob die Hände wie einer, der gern alles verschenken würde, stünde es in seiner Macht, der aber zu seinem größten Leidwesen an Weisungen gebunden ist.
»Sie wissen so gut wie ich«, sagte er, »daß der Madison Square Garden genauso an dem Kampf interessiert ist wie andere amerikanische Hallen. Mit Tiger Johnson und Brixner kann man sogar in eine Freiluftarena gehen wie in den guten alten Tagen.«
»Wieviel?« Marcillac stach ihm mit seiner bewährten Waffe ins Wort.
»Nun, ich denke, mit fünfzig Millionen Dollar könnte man die Leute hinter den Kulissen befriedigen.«
Antoine hustete, als ob er seine ganze Havanna mit einem Zug inhaliert hätte, aber in Marcillacs zerknittertem Gesicht rührte sich keine Runzel. Wie ein Boxer, der sich nicht in die Seile nageln lassen will, richtete er sich auf.
»Ich soll also eine Rechnung mit einer unbekannten und einer bekannten Größe zahlen, Don Gianni. Was Sie in meinem Haus treiben oder treiben lassen wollen, ist mir, obwohl Sie es nicht präzisieren, ziemlich klar. Unklar bleibt, wieviel es Ihnen einbringt.«
»Mir?« Don Gianni sagte es mit dem entrüsteten Ge-

sicht eines Mönches, dem ein Sohn angedichtet wird, obwohl er das Kloster nie verlassen hat.

»Gut, sagen wir Ihren Hintermännern oder Auftraggebern. Ist doch völlig wurscht, oder? Tatsache ist, daß meine Person und mein Haus benützt werden sollen für Geschäfte, die ich nie gemacht habe. Ich bin kein Heiliger, Don Gianni. Hab manches krumme Ding gedreht wie jeder, der viel Geld macht. Und ich habe manchen in den finanziellen Ruin gestürzt. Man redet nicht mehr um den Brei herum, wenn man mit dem Tod so verkehrt hat wie ich. Aber das werden Sie kaum verstehen.«

»Oh, warum nicht?« Die Ironie, die mitschwang, verdarb den gekünstelten Klang von Mitgefühl.

»Ist auch egal. Mit den fünfzig Millionen bin ich einverstanden, aber nicht mit dem anderen.«

»Aber es kostet Sie keinen Cent, Charles!«

Marcillac überhörte den beschwörenden Ton nicht. Das Entscheidende war sein Haus. Verweigerte er es, würde er den Kampf auch für hundert Millionen nicht bekommen.

Die Gewißheit vertiefte sich im Gespräch. Don Gianni war festgelegt auf das Haus mit seiner günstigen strategischen Lage, das einmal Hotel Xanadu geheißen hatte und jahrelang verrottender Nutzlosigkeit preisgegeben war, ehe ein Mann einzog, der es unantastbar und damit wichtig machen konnte.

Ein Verrückter des Boxgeschäfts dazu. Mit der Chance seines Lebens, das nicht mehr lange dauern konnte.

Als sie sich verabschiedeten, war Don Gianni sicher, daß er diese sturmreife Festung nehmen würde.

Auf der Rückfahrt nach Grand Bahama erlitt Marcillac einen Schwächeanfall. Sie mußten ihn in die Kajüte legen und mit der Spritze versorgen, aber unversorgt blieb das Boot, weil keiner der beiden anderen

das Navigieren gelernt hatte. Und der Wind wurde stärker. Er zauste nicht nur an bleigrauen Wolken, sondern auch an der See, die sich mit weißen Schaumkronen bedeckte. Das Boot sackte in Täler ab und wurde wieder hochgehoben, und zu allem Überfluß wurde Pierre seekrank.
Marcillac lag mit grauem Gesicht auf einer der schmalen Betten und erklärte Antoine die Navigation, die in der Tat simpel genug war. Je weiter der Hebel über dem metallenen Halbkreis nach vorne gedrückt wurde, desto schneller wurde die Fahrt. In der Mitte war Stillstand, und drückte man nach hinten, fuhr die Yacht rückwärts. Dazu gab es ein Lenkrad wie beim Auto, das nach einer kompaßähnlich zuckenden Nadel auszurichten war. Marcillac hatte den Kurs überdies elektronisch fest eingestellt, und wenn er eingehalten wurde, wie es die Nadel anzeigte, wurde Grand Bahama mit absoluter Sicherheit angesteuert.
»Aber fahr mit halber Kraft, Antoine, weil uns das Meer sonst zu sehr beutelt. Wie lange wir brauchen, ist egal, und wenn wir in Freeport in den Kanal einfahren, bin ich wieder fit und übernehme das Kommando. Kurshalten ist ein Kinderspiel. Sogar Pierre könnte es, wenn er nicht hinauskotzen müßte, was er gesoffen hat. Also geh ran. Traumtänzer können auch einer tanzenden Nadel folgen.«
Antoine folgte ihr, und er mußte das Hemd ausziehen, weil der Regen kam. Er kam mit tropischer Heftigkeit und ekliger Kälte, weil die Dämmerung hereinbrach. Schwarz wurde das Meer, das vor Stunden in weichem, smaragdenem Grün erstrahlt war.
An die alten Seeräuber, die Bucaneers, mußte er denken. Wenn die Nacht kohlschwarz war, hatten sie am Ufer winziger Inselchen Lichter auf die Bäume gesetzt, um Segelschiffe anzulocken, die in Schwierigkeiten waren. Die Seefahrer hielten das für Posi-

tionslampen eines Schiffes, und sie bezahlten teuer für diesen Irrtum, weil sie geentert waren, ehe sie ihn erkannten.
Die modernen Seeräuber, davon hatte er auch gehört, lieferten sich Bandenkriege. Oft genug trieb eine ihrer Ladung beraubte ›Zigarette‹ im grauenden Tag herrenlos auf dem Ozean, und sie ging in den Besitz des Finders über, weil sich in der gesetzlich vorgeschriebenen Frist nie jemand fand, der das Schnellboot für sich reklamierte. Die Besatzung schon gar nicht. Sie war ertrunken oder von den Haien gefressen.
Den anderen Räubern. Marcillac träumte davon, einmal mit einem ganz großen Hai zu kämpfen.
Er ist, dachte Antoine, heute einem begegnet. Aber diesen Kampf kann er nicht gewinnen. Das ist ein Hai, der selber angelt.
Und sein Köder ist der Boxkampf des Jahrhunderts.
Mechanisch folgte er im nachlassenden Regen und im Schein der Bordbeleuchtung, die Meer und Nacht noch schwärzer machte, mit dem Steuerrad der zitternden Nadel. Und als der Wind abebbte und die See glatter wurde, empfand er, der Tänzer auf dem lohenden Vulkan dessen, was die Menschen unpraktisch nennen, mit Stolz Sinn und Ergebnis praktischer Bemühungen. Wie im Boxring fühlte er sich. Er ist in gleißendes Licht getaucht, ein auswegloses Viereck, von tiefster Dunkelheit umrahmt. Und doch gibt es einen Ausweg, den Sieg. Nie war er tiefer in die Geheimnisse des Boxens eingedrungen als in dieser Nacht.
Es gibt Dinge, die du weder am Ring noch am Schreibtisch spüren kannst.
Grand Bahama erkannte er an den Lichtern des kleinen Industriegebietes, dem beharrlichen Versuch, für die Arbeitslosigkeit auf der Insel mehr als ein Tropfen auf dem heißen Stein zu sein. Noch ist

der Fremdenverkehr mehr wert – und die Droge viel mehr.
Die Droge ist Geld, und es gibt nichts, was Geld schlagen kann.
Er stellte den Motor auf Leerlauf und stieg hinunter. Still lag das Boot auf der glatten See.
Marcillac schlief. Neben ihm Pierre, der mit offenem Mund schnarchte und nicht gebraucht wurde. Der Schlaf des Alten war leicht. Sofort richtete er sich auf, und es war, als ob die alerten Augen das Grau aus dem Gesicht jagten.
»Sind wir da, Antoine?«
»Noch zwei bis drei Kilometer, schätze ich. Aber ich kann noch bis zum Kanal weitermachen. Macht direkt Spaß, Charles.«
»Täusch dich nicht, Junge! Tagsüber siehst du die Riffe, weil sie dunkler sind als das Meer, aber wenn's zappenduster ist, mußt du dich auskennen, und im Kanal mußt du die richtige Rinne nehmen. Ich geh hoch.«
»Ich mache mir Sorgen um dich.«
»Unnötig, Antoine, vollkommen unnötig. Ich könnte das, was ich jetzt tun werde, im Schlaf machen, und wenn du's genau wissen willst, dann hab ich im Schlaf die Gewißheit gewonnen, daß mir dieser Don Gianni kein Bein stellen wird. Er ist ein Halunke, der mich bluten lassen wird, aber ich werde nicht verbluten daran.«
»Du gibst ihm dein Haus?«
»Hab ich eine andere Wahl? Natürlich weiß er, daß ich bereit bin, Geld aus dem Fenster zu schmeißen, weil ich ein ›moribond‹ bin, einer, der schon mit dem Tod gesprochen hat. Und wenn der Don einmal angeklopft hat, bleibt er nicht vor der Tür stehen. Ein Aasgeier wie der weiß Bescheid. Er kriegt mich rum, weil ich die Droge für den Kampf brauche.«
Dann steuerte Marcillac das Boot mit der Sicherheit

eines Berufslotsen durch den künstlichen Kanal zum Anlegeplatz seines provisorischen Quartiers Xanadu.

Am nächsten Vormittag saß Marcillac mit Antoine am Strand, aber eigentlich hätte er im Bett liegen müssen. Zu kurz war sein Schlaf gewesen, nicht nur wegen der späten Rückkehr, sondern auch wegen der heftigen Vorwürfe seiner Frau. »Du ruinierst dich wegen dieses verdammten Boxkampfs!«
Und dann waren die Vorhaltungen von Dr. Lawrence gekommen. »Wenn Sie so weitermachen, Monsieur Marcillac, sind unsere schönen Anfangserfolge umsonst gewesen.« Und der Arzt hatte ihm Bettruhe befohlen.
Er erzählte es Antoine, und der machte ein ernstes Gesicht. »Ich kann beide verstehen, Charles. Auch ich habe heute nacht Angst um dich gehabt.«
»Pah! Weiber- und Ärztegeschwätz! Pascale hat einen ihrer hysterischen Anfälle gehabt, und der Doktor kann mich mal!« Er spuckte in den Sand.
»Du hast schon Besseres über ihn gesagt.«
»Gut, entschuldige. Er hat natürlich im Prinzip recht, und das ist ein weiterer Grund zur Beeilung. Wir haben wirklich keine Zeit zu verlieren!«
»Soll der Kampf tatsächlich im Frühsommer steigen?«
»Natürlich, und wir gehen schon in den März. Ich muß Don Giannis Bedingungen in den nächsten Tagen annehmen.«
»Es ist glatte Erpressung!«
Marcillac griff mit beiden Händen in den Sand, als ob es etwas abzuwägen gäbe. »Sieh mal, Antoine, damit mußt du bei diesen Leuten immer rechnen. Sie sitzen am langen Hebel, weil sie wissen, daß ich den Kampf will. Mein Hebel ist kurz, so kurz wie mein Leben noch, und er kann jeden Tag brechen. Aber ich habe

viel Geld zu bieten und ein Haus, das sie interessiert. Enorm interessiert, wie du gesehen hast.«
»Allerdings.«
»Also wiegen sich die Interessen sozusagen auf.« Er bildete mit den Sandhäufchen in beiden Händen die Waage.
»Außerdem müßten die fünfzig Millionen Dollar mit den weltweiten Fernsehrechten hereinzuholen sein. Darüber habe ich schon mit Jimmy in Miami gesprochen. Er hat natürlich auch die Finger bei Don Gianni und den New Yorker Bossen drin, aber er gehört zu den anständigeren Gangstern.«
Antoine verzog das Gesicht und blickte einer schlanken weißen Yacht nach, von der das Lachen junger Leute und Musikfetzen herüberdrangen. Mit einem Heben des Kinns deutete er hin. »Das hätte man uns in unserer Jugend bieten sollen. Wir sind zu früh auf die Welt gekommen, Charles.«
»Aber wir sind, verdammt noch mal, da und werden der Welt was bieten! Ist das nichts?«
Es war nicht der Augenblick, ihn zu reizen. Antoine merkte es. Der alte Hai wollte seinen letzten Fang, und nichts würde ihn davon abhalten.
Die Bestätigung kam gleich.
»Ich mache das hier klar. Vielleicht schon morgen. Und du fliegst morgen nach Deutschland und kaufst den Brixner. Das heißt natürlich, du kaufst den Heyderlich oder Heydermann oder wie er sonst heißt. Er managt ihn, aber er ist keine internationale Klasse. Der wird nicht teuer, und wenn er teuer wird, ist es mir auch egal. Du machst ihm klar, daß er eine anständige Ablösesumme bekommt und alles nur zu seinem Vorteil sein kann, und ein paar zerquetschte Prozente kriegt er auch. Und dann gehst du nach Paris zu Berthelin.«
»Ist der nicht zu alt?« Antoine runzelte die Stirn.
»Quatsch! Es gibt keinen besseren Manager, und er

hat immer noch seine Boxschule. Er trainiert ihn besser, und du weißt, wie viele Champions durch seine Hände gegangen sind!«

Antoine nickte, aber Marcillacs Hektik war nicht nach seinem Geschmack. Nach Deutschland fliegen, gut. Aber warum schon morgen?

Er brauchte die Frage gar nicht erst zu stellen. »Es muß jetzt«, fuhr Marcillac fort, »alles wie am Schnürchen gehn.«

»Wie immer. Du ziehst, und die Marionetten tanzen.«

»Spiel nicht den Blödmann! Wir bestellen nachher dein Ticket, basta! Wenn ich grünes Licht habe, mußt du schon bei diesem drittklassigen Promoter sein. Stell dir vor, der schließt irgendeinen Vertrag ab, der uns aus dem Geschäft wirft!«

»Laß mich wenigstens vorher noch ein Bad in diesem warmen Meer nehmen.«

Marcillac grinste. »Von mir aus drei. Ich hau mir solange die Spritze rein. Wenn du einmal soweit bist wie ich, wirst du auch begreifen, was es heißt, keine Zeit verschenken zu können.«

Antoine war ein guter Schwimmer, und gute Schwimmer können denken im Wasser.

Nein, Marcillac hatte keine Zeit zu verschenken. Sein Schwächeanfall bei der stürmischen nächtlichen Überfahrt war ein unübersehbares Alarmzeichen gewesen, aber mit Sicherheit hatte Dr. Lawrence nichts davon erfahren. Und sicher wußte er auch nichts von den Plänen seines Patienten. Wußte nichts vom Mißbrauch, den der alte Fuchs mit seinen zwölf täglichen Spritzen, die so gut angeschlagen hatten, trieb. Seine Energie, das war klar, imponierte dem Arzt. Aber er konnte nicht ahnen, wie sein Patient sie vergeudete.

Ihn einweihen? Antoine verwarf den Gedanken so schnell, wie er gekommen war. Er war Marcillacs Verbündeter. Ohne ihn würde er jetzt nicht vor

Grand Bahama schwimmen, sondern von der Droge nicht nur angefressen, sondern aufgefressen sein.
Und trotzdem stellte Marcillac sein Haus der Droge zur Verfügung. Es war die Perversion des Irrealen, aber als Antoine hinauskraulte in die Zone, wo der Hai auf Raubzug geht und von wo aus er den kranken, von der Droge des Faustkampfs gepackten Mann nur noch als winziges Pünktchen ausmachte, verstand er, daß Marcillac mit dem Teufel paktieren würde für sein Ziel. Es ging um nicht mehr und um nicht weniger als um einen letzten Dienst, den er ihm erweisen mußte.
Am nächsten Tag flog er nach München.

## 9

Antoine sprach recht gut deutsch. Nicht nur ein feines Gefühl für die eigene Sprache und deren Formulierungskunst waren ihm angeboren; er hatte auch ein Ohr für das fremde Idiom, und er hatte gerade im Gymnasium mit Deutschunterricht begonnen, als die Wehrmacht in Paris einmarschiert war. Im Gegensatz zu Marcillac, der in der Besatzungszeit seine geschäftlichen Fähigkeiten entdeckt und sie auf subtile Weise mit den Interessen der Besatzer kombiniert hatte, hatte sich Antoine mit geistiger Selbstbedienung begnügt. Das hatte ihm keine materiellen, aber andere Vorteile gebracht, ohne mit Kollaboration zu tun zu haben.

Jetzt brachte es Marcillac Vorteile, der immer und überall seine Trittbretter gefunden hatte und nun auf sein letztes gesprungen war. Und er würde sich festklammern wie nie zuvor.

Antoine liebte die Halbträume des Halbschlafs. Sie ließen die Phantasie schießen, ohne ganz ins Irreale abzugleiten, und beim Dösen über den weißen Wolken, die den Atlantik verdeckten, sah er Marcillac mitten auf der Place de la Concorde auf dem Obelisk von Luxor sitzen, vollgestopft mit Napoleons Größenwahn und unter sich einen Boxring, um den sich ganz Paris wie ein gewaltiger Ameisenhaufen versammelt hatte.

Warum nicht der Rote Platz? Zehntausend Meter über dem Meer ist man nicht kleinlich. Zwischen

Kremlmauer und Basilius-Kathedrale gibt's eine alte Hinrichtungsstätte der Zaren – welch ein Schauplatz für den Kampf des Jahrhunderts! Die Ehrentribüne müßte über den porphyrenen Quadern des Lenin-Mausoleums errichtet sein, und die Genossen hätten mal was anderes als ihre ewigen Paraden von Mai und Oktober.

Der distinguierte Herr am Fensterplatz, der die ›Financial Times‹ las und nicht einmal seine teure Krawatte gelockert hatte, warf einen mißbilligenden Blick auf seinen hemdsärmeligen Nebensitzer, weil der behaglich grunzte.

Antoine begann seine Mission Spaß zu machen, und er freute sich auf Thomas Brixner und dessen Manager.

Aber der Mann, der ein Jahr nach seinem Debüt um die Weltmeisterschaft im Schwergewicht kämpfte, hieß jetzt anders. Tom Brix nannten sie ihn, und das hatten die Amerikaner gemacht. Nicht nur wegen ihres Fimmels für Abkürzungen, sondern weil Hollywoods größter Westernheld der zwanziger und dreißiger Jahre Tom Mix geheißen hatte. Die ganze Welt hatte Tom Mix bewundert, und als Kind hatte ihn Antoine mit seinem Vater im Zirkus Medrano gesehen.

Thomas Brixners Kriegsname war der beste Beweis dafür, daß Amerika bereit war, ihn zu adoptieren.

In München stieg Antoine im ›Bayerischen Hof‹ ab. »Du brauchst immer erstklassige Adressen«, hatte ihm Marcillac eingeschärft. »Spesen spielen keine Rolle. Nimm eine Suite und laß den Heidemann mit Champagner vollaufen.«

Er hatte tatsächlich Heidemann gesagt. Vielleicht, weil der auch einen Jahrhundertcoup geplant hatte.

Antoine stand unter der heißen Dusche, um Flug strapazen und Klimawechsel abzustreifen. Es lagen

noch schmutzige Schneereste an den Rändern der Münchner Straßen. Eingeseift von den Haarspitzen bis zu den Zehen stand er da, als der Anruf aus Grand Bahama kam. Es bimmelte zehnmal, ehe er, im Bademantel, abnahm. Von seinen Beinen tropfte es auf den Teppich.
»Was ist los mit dir? Grad wollte ich auflegen!« Marcillacs Stimme klang vorwurfsvoll, aber auch erleichtert.
»Du kannst sofort loslegen. Wir haben den Kampf!« Antoine stellte sich vor, wie Marcillacs Augen glühten. »Gratuliere, Charles. Verträge nach den Bedingungen von Don Gianni?«
»Logisch. Da gab's nichts mehr zu handeln. Und eine Pleite ist unmöglich, weil die Fernseh-Haie schon wie die Verrückten anbeißen. Nur du mußt jetzt noch spuren, und zwar sofort. Wenn uns der Fisch durch einen anderen Vertrag durch die Lappen geht, stehen wir da wie die Vollidioten!«
»Wenn ich Glück habe, krieg ich den Typ schon heute abend. Heydenreich heißt er übrigens.«
»Ist mir doch egal! Du nimmst ihm seinen Mann ab um jeden Preis. Um jeden Preis, hörst du?«
Antoine machte eine Pause, in der er an Marcillacs Haus dachte, an das Xanadu mit seiner günstigen Lage für den Drogenhandel.
Aber er sagte es nicht. Der Mann war gespannt wie die Sehne eines Bogens, die bei jeder weiteren Belastung reißt.
»Ich werde alles tun, was ich kann, Charles. Ruf morgen früh wieder an.«
»Warum nicht heute nacht? Hol ihn in deine Suite und entreiß ihm die Unterschrift. Um Mitternacht hörst du mich wieder. Ich hab dich nicht in Erholungsurlaub geschickt!«
Antoine unterdrückte einen Fluch. Es war zehn Uhr bahamesischer Zeit. Charles würde sich die Früh-

stücksspritze ins Bein hauen und dann wie ein Uhrwerk funktionieren.
Aber Antoine begriff auch, obwohl er todmüde war, seine Pflichten bei diesem Wettlauf mit der Zeit.
»In Ordnung, Charles. Es ist jetzt sechzehn Uhr hier und genug Zeit bis Mitternacht.«
Noch ehe er sich anzog, nahm er den Zettel mit Heydenreichs Telefonnummer, die er schon am Flughafen erkundet hatte, aus der Brieftasche.
Der Anruf war erfolgreich. Er erwischte den Boxmanager und Promoter in seinem Büro. Aber Heydenreich, der wieder an die großen Zeiten seines von tausend Imponderabilien abhängigen Metiers angeknüpft hatte, sprach von einem wichtigen Abendtermin. Und er tat es mit der Selbstsicherheit des Erfolgreichen. Wenn der Herr mit dem komischen französischen Akzent – der für ihn, der Boxerschweiß gewöhnt war, nach Parfüm und Lackaffe roch – nicht bereit war, in sein Büro zu kommen, mußte er ablehnen, leider.
Antoine roch etwas anderes. Deutschen Überheblichkeitsmief roch er, aber er verlor die Contenance nicht.
»Gut, ich bin in einer halben Stunde da.«
»Siehste wohl!« Heydenreich zischte es grinsend vor sich hin; allerdings erst nachdem er den Hörer aufgelegt hate. Es gefiel ihm, nicht mehr auf die Termine anderer eingehen zu müssen, sondern sie selbst zu machen. Zufrieden lehnte er sich in das harte rötliche englische Lederpolster seines Schaukelstuhls zurück, und er war nicht das einzige neue Möbel. Eine Eierkiste war der alte Schreibtisch gewesen gegen den massigen neuen aus Mahagoni, und auch die Besuchersessel zierten harte lederne Aufbauchungen. Er hatte sie bei einem Manager in London gesehen, als Brix Bobby Vaughan in fünf Runden erledigt hatte. Nur einmal hatte sein Mann in seinen acht Profi-

kämpfen über die volle Distanz gehen müssen, aber hoch nach Punkten gewonnen. Es war Heydenreichs größtes Jahr, seit er im Boxgeschäft war.
Antoine kam pünktlich, obwohl Büroschluß war und der Münchner Verkehr seine Stoßzeit hatte. Und er verschmähte Whisky und Zigarren von guter Qualität. Ohne Vorrede nahm er den Dicken an, der seine zwei Zentner im Schaukelstuhl wippen ließ.
»Ich bin beauftragt, Ihnen zu sagen, daß Charles Marcillac den Weltmeisterschaftskampf gekauft hat.«
Das Wippen hörte auf, gestoppt von den Wurstfingern, die sich auf die Glasplatte legten. Die Augen des Promoters wurden schmal, und alles Gönnerhafte verschwand aus ihnen. »Kleiner Witzbold, was? Der Mann ist todkrank und hat sich aus allen Geschäften zurückgezogen!«
In der Tat war Marcillac eine prominente Person, die man in ganz Europa kannte, wie man Politiker kannte.
»Das zweite«, sagte Antoine mit einem gewinnenden Lächeln, »ist beinahe richtig. Aber das erste ist total falsch. Es geht ihm bemerkenswert gut, und ich sagte Ihnen doch, daß ich in seinem Auftrag komme. Direkt von den Bahamas.«
»Das müssen Sie erst beweisen. Vor allem aber die Sache mit dem Kampf!«
»D'accord. Ich kann Sie durchaus verstehen, Herr Heydenreich. Deshalb habe ich Sie ja gebeten, in mein Hotel zu kommen. Er ruft um Mitternacht an.«
Der Manager-Promoter hob die rechte Hand von der Glasplatte hoch und wedelte mit Daumen und Zeigefinger. »Die Bahamas sind weit, mein Lieber, und woher soll ich wissen, daß er spricht?«
Antoine kratzte sich am Kinn. Das Argument hatte ebenso Sinn wie das Boxgeschäft Tücken hatte. Aber er schaltete schnell.

»Sie haben, wie ich sehe, einen Fernschreiber. Marcillac kann Ihnen sofort nach dem Telefonat alles schriftlich bestätigen.«
Wieder fuchtelten die Wurstfinger, und ein Kopfschütteln begleitete die Bewegung. »Jeder kann ein Fernschreiben aufgeben!«
»Gut, dann geht eine Kopie zur gleichen Stunde an seinen Pariser Anwalt. Maître Jasseron. Es gibt keinen berühmteren in Frankreich, wie Sie vielleicht wissen.«
Heydenreich nickte. »Das würde ich als Beweis betrachten.«
»Endlich!« Antoine angelte nach seinen Zigaretten. »Jetzt können Sie mir einen Whisky geben.«
Der Dicke holte die Flasche. Ganz überzeugt war er noch nicht, aber jetzt wollte er alles wissen, was Antoine zu bieten hatte.
Es war so viel, daß er auch ein Glas brauchte. Wichtig für Antoine war, daß noch keine Abmachungen bestanden. Klar war nur, und da machte Heydenreich keine Einwände, daß der Weltmeisterschaftskampf ein paar Nummern zu groß für ihn war. Er würde ihn nie bekommen. Aber er hatte das als eine rein amerikanische Angelegenheit betrachtet, und jetzt war plötzlich Paris im Spiel. Tatsächlich, ein Mann wie Marcillac konnte einen derartigen finanziellen Kraftakt schaffen.
»Ich werde meinen Abendtermin natürlich verschieben«, sagte Heydenreich.

Um elf war der Promoter bei Antoine, der zwei Stunden geschlafen hatte, um Zeitunterschied und Klimawechsel zu bekämpfen. Es war zu wenig, und die Dame von der Telefonzentrale mußte einen Pagen schicken, der ihn wachrüttelte. »Einen Zwanzigjährigen hätte er sich für diesen verdammten Job suchen sollen«, fluchte Antoine.

Er empfing Heydenreich im Bademantel und ließ Champagner kommen.
Der Dicke trank kräftig und ließ keinen Zweifel daran aufkommen, daß Nachschub am Platz war.
Das Telefonat kam eine Minute vor zwölf. Antoine meldete Heydenreichs Anwesenheit in seiner Suite und kassierte ein mechanisch ausgesprochenes Lob. Er konnte ungestört sagen, was er wollte, da Heydenreich kein Französisch verstand.
»Er ist aus allen Wolken gefallen, Charles, aber ich habe ihm mit Engelszungen erklärt, daß du kein Halsabschneider bist wie die Amis und er bei uns in jedem Fall mehr herausholt. Nachher will er selber mit dir reden, und so viel Deutsch bringst du ja noch zusammen, oder?«
»Klar. Du kannst ihn gleich hergeben.«
»Moment mal, Charles. Er will alles per Fernschreiber schriftlich bestätigt haben. Ich habe seine Nummer hier.«
»Meinetwegen, ich notiere.«
»Und eine Kopie muß zu Maître Jasseron nach Paris.«
»Wieso? Braucht ein Marcillac eine Legitimation?« Die Stimme bellte, daß die Muschel vibrierte.
Er ist in Form, dachte Antoine. Laut aber sagte er: »Du mußt verstehen, daß er sichergehen will. Übrigens sieht er schwerfälliger aus, als er ist.«
»Sag bloß, er will Mätzchen machen! Ich habe meinen Vertrag in der Tasche. Der Kampf findet in Paris statt, im Parc des Princes, und morgen will ich seinen Boxer unter Vertrag haben, verstanden! Du hast unbeschränkte Vollmacht und kannst großzügig mit allem sein. Bloß mit der Zeit nicht! Und jetzt gib mir den Burschen.«
Es wurde eine lange Unterhaltung, ein Dialog mit knallenden Fehlzündungen, weil Marcillac seinen bescheidenen deutschen Wortschatz in einer Weise

strapazierte, die vom Empfänger mehr als ein gutes Gehör verlangte. Immer wieder mußte Heydenreich, den Hörer ans rechte Ohr gepreßt und den Zeigefinger ins linke gebohrt, um Wiederholungen bitten, von denen er aber kaum mehr begriff, als daß sie den anderen aufregten.

»Alles klar?« fragte Antoine, als Heydenreich ihm den Hörer nach einer halben Stunde wieder übergab.

»Sagen wir die Hälfte.« Von Heydenreichs Schläfen kullerten Schweißtropfen über die geröteten dicken Backen.

»Er hat nur die Hälfte verstanden, Charles.«

»Dann erklär halt du diesem schwerfälligen Deppen den Rest! Ich bestätige ihm jetzt alles per Telex, und die Kopie geht nach Paris zu Jasseron. Morgen früh kann er da nachfragen, und dann macht ihr die Verträge. Traust du dir das zu?«

»Ich denke schon.«

»Denken, denken! Geschäfte werden nicht gedacht, sondern gemacht! Denken darfst du wieder, wenn du dein Zeug schreibst. Jetzt wird gehandelt!«

»In Ordnung. War's das für heute?« Es war ein Uhr, und Antoines Mund, der die Muschel angähnte, hatte etwas Flehendes.

»Nein, das war's nicht. Wenn du die Verträge hast, fliegst du nach Paris zu Berthelin.«

»Ich denke, ich soll Brixner aufsuchen?«

»Das hat noch ein paar Tage Zeit. Ich hab mir das überlegt. Er muß aus dem Verkehr gezogen werden und ganz unser Mann werden. Zuerst überzeugst du Berthelin, daß er ihn übernehmen muß, und dann holst du ihn ab.«

»Klingt wie eine Entführung. Und wohin?«

Zum erstenmal lachte Marcillac. Es klang wie ein selbstgefälliges Kichern.

»Dreimal darfst du raten.«

»Also nicht nach Paris.«

»Logisch. Meinst du, ich schmeiße so einen der ganzen Schickeria und der Pressemeute zum Fraß hin? Schon in München steckt er in diesem ganzen Wirbel. Den müssen wir verstecken.«
»Verstecken?«
»Du stehst wieder mal auf der Leitung, Antoine. Wo hab ich dich versteckt, als ich dich aus dem Verkehr zog? Na, wo denn?«
»Er soll in die Normandie?«
»Endlich! Ist das Bauernhaus nicht ein prächtiges Trainingslager? Erstklassig abgeschirmt, wie du zugeben wirst, und was für dich gut genug war, paßt auch für ihn, oder? Außerdem erzählt er dir in aller Ruhe sein Leben, und du schreibst große Geschichten.«
»Und was ist mit Pierre?« Ganz automatisch brachte Antoine ihn mit dem Bauernhaus in Verbindung.
»Der bleibt vorläufig hier als mein Leibwächter. Du weißt ja, daß ich seltsame Leute ins Haus bekomme. Und wenn Pierre die Zähne bleckt, hat schon mehr als einer Respekt gekriegt. Doch jetzt machen wir Schluß und reden morgen weiter. Vergiß aber nicht, daß ich nur positive Meldungen annehme!«

Nachdem Antoine am nächsten Morgen ohne besondere Schwierigkeiten mit Heydenreich klargekommen war, wollte er Thomas Brixner, der zusammen mit seiner Mutter in einem Münchner Vorort ein Haus bezogen hatte, einen Antrittsbesuch abstatten. Aber der Boxer war nicht zu erreichen, und er beschloß, den nächsten Flug nach Paris zu nehmen. Dazu war keine Nachfrage bei Marcillac nötig. Boxer waren Handelsware für ihn, und Brix würde es noch früh genug merken, daß er jetzt unter den Fittichen von Berthelin und unter der Oberhoheit Marcillacs stand.
Trotzdem fragte er, als er Heydenreich einen stattli-

chen Vorschuß-Scheck überreichte: »Wie wird er es aufnehmen?«
Der Dicke legte ihm beruhigend die Wurstfinger auf den Arm. »Das lassen Sie meine Sorge sein. Der Junge hört auf mich und ist klug genug, seinen Vorteil zu erkennen. Er hat doch nie erwartet, gegen einen farbigen Amerikaner in Europa um die Weltmeisterschaft boxen zu dürfen! Und noch etwas will ich Ihnen sagen: es arbeitet sich hervorragend mit ihm, weil er keinen Vater mehr hat.«
»Wie meinen Sie das?«
»Nun, Boxerväter werden zu Boxern, wenn's um die Kohle geht. Verstehen Sie, was ich meine?«
Antoine nickte. »Ich denke schon. Sie würden am liebsten mit der offenen Hand in der Ringecke sitzen.«
»Absolut richtig, mein Lieber«, grunzte Heydenreich. »Für die Väter sind wir Halsabschneider und Diebe, weil wir unsere Prozente verlangen, wenn wir die Herren Söhne nach oben hieven. Keiner dieser aufgeblasenen Gockel könnte seinen Sohn auch nur einen Schritt nach vorn bringen. Aber mit Müttern arbeitet sich's gut. Sie sind ein bißchen stolz und haben viel Angst. Es ist leicht, den sorgenden Vater für sie zu spielen.«
Fast zärtlich griffen die Wurstfinger nach dem auf der Glasplatte liegenden Scheck, und die Geste stand so in Widerspruch zum dröhnenden Lachen, daß sich Antoine darüber ärgerte. Er telefonierte vom Flughafen aus mit Grand Bahama, und im dritten Anlauf klappte die Direktwahl.
Marcillac war zufrieden. »Du bist tatsächlich auch für vernünftige Dinge zu gebrauchen, Antoine, und es war richtig, daß du keine Zeit für Brix vergeudet hast. Der hängt jetzt an unserer Angel, und es ist sein Glück, auch wenn er noch nichts davon weiß. Wichtig war dieser Heydenreich, und jetzt wird es ein

Kinderspiel sein, den alten Berthelin zu gewinnen. Bei dem ist Geld gar nicht so wichtig. Der brennt vor Ehrgeiz wie vor dreißig Jahren!«
»Aber wenn er mit Brix und mir nicht in die Normandie will?«
»Blödsinn! Wenn der einen Champ in die Finger kriegt, ist das wie ... wie ...« Er machte eine Denkpause, während die Leitung rauschte wie das Meer. »Na, sagen wir, wie wenn unsereiner eine Traumfrau ins Bett kriegt.«
»Hm. Da solltest du aber auch dazusagen: wie vor dreißig Jahren, oder?«
»Blödmann! Ist Pascale vielleicht keine Traumfrau?«
Ja, dachte Antoine, aber von der Sache mit dem Bett träumst du bloß noch. Deshalb brauchst du deinen Boxkampf. Und dann dachte er an Désirée.
Doch Marcillac weckte ihn schnell aus diesen Tagträumen. »Du meldest mir sofort, wenn du klargekommen bist mit Berthelin. Dann fährst du mit ihm in die Normandie, damit er sich alles ansieht. Am besten bleibt er gleich dort, und du fliegst wieder nach München und holst den Boxer.«
»In Ordnung, Charles. Wir müssen Schluß machen. Meine Maschine ist schon aufgerufen.«
Das war gelogen. Aber Flugpläne konnte der Alte schließlich nicht auch noch im Kopf haben. Antoine kam der Hörer vor wie ein Trichter, in den pausenlos ein unerträglicher Streß hineingetrommelt wurde. Er knallte ihn in die Gabel, aber das hörte Marcillac so wenig wie den Fluch, den er dabei ausstieß.

Wieder der Halbschlaf im Flugzeug. Wie Spinnenfinger griff er nach Antoine, weil seine innere Uhr noch nicht europäisch ging; aber das Hirn arbeitete am verrückten Auftrag weiter.
Brixner. Ob er schon etwas wußte von seiner ›Entführung‹? Ob er Schwierigkeiten machen würde? Er

hatte, nach allem, was geschrieben wurde, seinen eigenen Kopf. Warum sollte ein auf die Bahamas exilierter Diktator den seinen durchsetzen? Die Kohlen freilich würden stimmen. Besser als bei jedem anderen. Das war auch für Dickköpfe ein Argument.
Berthelin. Er würde mitmachen. Boxen war seine Droge. Aber ging er nicht auf die Siebzig zu? War man da nicht zu alt? Wahrscheinlich nicht. Fünfzig Jahre Erfahrung zählen. Und die Aussicht, einen Schwergewichtsweltmeister zu machen, würde ihn um zwanzig Jahre verjüngen.
Kann man den Mythos, der sich um den stärksten Mann der Welt rankt, überhaupt beschreiben?
Nehmen wir an, den Russen würde einer erwachsen, der den stärksten Amerikaner umhaut. Den Weltmeister aller Klassen. Das wäre mehr als Schmeling–Joe Louis. Der beste Kriegsersatz wär er.
Die Genossen haben keine Profis? Je nun. Aus dem Mann würden sie eben einen machen.
Aber wie steht's mit Brixner? Ist da nicht einer zu schnell groß geworden in einem Europa, wo die schweren Männer lahmen? Oh, er ist schneller als alle. Aber Tiger Johnson schlägt fürchterlich. Fast die ganze Welt will Brixners Sieg, aber wenn er ungespitzt in den Boden gehauen wird, dann lacht sie.
So ist Boxen.
Nach dieser Reflexion schlief Antoine ein, als ob er einen dieser rechten Haken erwischt hätte, die Johnsons stärkste Waffe waren.
Erst als die Maschine auf dem Rollfeld von Charles-de-Gaulle aufsetzte, wachte er auf. Und auf eigenartige, beinahe feierliche Weise freute er sich auf das Wiedersehen mit der Stadt, in der er aufgewachsen war, gelebt und gearbeitet hatte, bis sie gedroht hatte ihn aufzufressen.

Paris nahm den Sohn auf. Es streichelte ihn mit Märzwinden, die kühl waren und ihr Spiel mit unruhigen weißen Wolken trieben. Es war ein rauher, böiger Frühlingsbeginn, wenn man an die Bahamas dachte, wo sich die Natur nicht aufbäumt, sondern träge von der Wärme zur Hitze übergeht.
Zu Berthelin, dem alten Ringfuchs, dem ein Boxer nach zwei Runden nichts mehr vormachen konnte, hätte Antoine sich ohne Umwege begeben müssen, aber er jagte die hektische Fernsteuerung zum Teufel und ließ das Taxi bei den Tuilerien halten. Fast kahl noch waren die alten Bäume, zu schwache Filter für den brausenden Rundverkehr an der Place de la Concorde, hinter der sich die Champs Elysées hinaufbiegen zum Triumphbogen, dessen massige Konturen die Prachtstraße dominierten.
Antoine fröstelte unter dem dünnen Trenchcoat. Er sah Buben zu, die unter einer Fontäne ein Segelschiff schwimmen ließen, und dachte an die stürmische Überfahrt von Bimini nach Grand Bahama. An den kranken Mann und das Meer.
Er verließ den Parkweg, dessen Kiesel unter seinen Füßen knirschten, und ging über die Madeleine zu den großen Boulevards.
Hunger packte ihn, als er sich bei der Opéra nach rechts wandte, weil der Nachmittag schon angebrochen war, und zum Essen wählte er, nicht ohne Absicht, den ›Grand Zinc‹ am Montmartre. Dort nahm er sich Zeit für eine vorzügliche Mahlzeit, auf die er lange genug gewartet hatte.

Er hatte keinen weiten Weg bis zur Rue du Faubourg St. Denis. Schmalbrüstig und grau sind die Häuser hier, und immer noch riecht es, als ob die Markthallen nicht abgerissen worden wären. Aber der ungestüm tobende Märzwind zerriß den Mief, und das Krächzen, das er müden und uralten Fensterläden

entlockte, klang wie unwilliges Murren schlafender Greise.
Antoine, der mit hochgeschlagenem Mantelkragen und tief in den Taschen vergrabenen Händen dem alten Haus zustrebte, überlegte, ob er nicht doch noch anrufen sollte, entschloß sich aber dann zum Überfall. Marcillac hätte genauso gehandelt.
Die Stufen, die zum Büro Berthelins führten, von dem sie sagten, er habe noch nie eine Wette über den Ausgang eines Boxkampfs verloren, schienen Antoine krummer und ausgetretener als früher. Und als er sie unter den Schuhen spürte, kam er sich vor wie einer, der in eine falsche Rolle geschlüpft ist.
War er in den Zeiten der großen Boxkämpfe, die das Vel d'Hiv' und die anderen Pariser Arenen bersten ließen, diese Treppe nicht oft hinaufgehüpft wie ein Spatz, um einen Schwatz zu machen mit Berthelin, den sie damals schon den Alten nannten? Er hatte ihn verehrt wegen seiner Kennerschaft und seines sicheren Urteils, aber auch wegen der Liebe zu seinen Boxern. Lieber verhinderte er einen Kampf, wenn er für seinen Mann aussichtslos, aber für den Promoter aussichtsreich war.
Es gab keinen mehr im Geschäft wie ihn.
Aber er, Antoine, war ein sehr ungeeigneter Mann für Geschäfte. Er fühlte sich seltsam lausig, als das Türschloß auf sein Läuten surrte und er in die verstaubte Museums-Atmosphäre eintrat.
Im diffusen Halbdunkel des langen und hohen Gangs die alten Plakate und Fotos berühmter Champions, die man mehr ahnte als sah, dann der winzige Vorraum des geöffneten Büros, das weder stattlich noch aufgeräumt war. Es sah immer noch wie eine Conciergen-Loge aus, in der man nur den brutzelnden Topf und die Katze vermißte.
Erstaunlich schnell kam ein alter Mann, der aussah wie eine Mischung von Jean Gabin und Fernandel,

hinter dem Schreibtisch hervor und entblößte das Pferdegebiß seines Vatergesichts zu einem ungleich sympathischeren Lachen als jenem des Promoters Heydenreich. Antoine bekam auf beide Backen die Küsse, die ihm zeigten, daß er zu Hause war.
»Antoine! Laß dich anschauen!« Berthelin zog ihn ans Licht, das mit einem Vorhang kämpfte, der bestimmt keine Reinigung mehr erlebt hatte, seit sie sich zum letztenmal gesehen hatten. Und als ob er ihm das Stichwort gäbe: »Wie lange ist's her, Antoine? Fünf Jahre, zehn Jahre? Aber du siehst gut aus, Junge! Weiß nur, daß du weg warst. Marcillac hatte die Finger drin, nicht wahr?« Und ehe Antoine antworten konnte: »Alles gut überstanden?«
Er nickte. »Und wenn du schon von Marcillac redest, will ich gleich reinspringen in die Sache, wie er es täte. Er schult mich sozusagen gerade um.«
»Was soll das?« Über dem Pferdegebiß blinzelten die Gabin-Augen.
Die Zeit, dachte Antoine, ist vorbeigegangen an ihm.
»Wenn du willst, kannst du gleich mit ihm sprechen. Das heißt, wenn du mich vorher angehört hast.«
Das Pferdegebiß verschwand, und es war, wie wenn man einen Klavierdeckel schließt. »Ich denke, er ist auf den Bahamas.«
»Stimmt. Und er hat unglaubliche Fortschritte gemacht.«
»Wenn es wahr ist, was die Zeitungen schreiben, ich meine natürlich, seine eigenen, kommt er im Sommer ins Geschäft zurück.«
Antoine zündete sich eine Zigarette an, weil es beim alten Berthelin weder Zigarrenkisten noch Flaschen gab, und antwortete nach zwei Zügen: »Er kommt tatsächlich zurück, aber nicht, wie du denkst. Wenn du mir zugehört hast, machen wir einen Lockruf nach Grand Bahama, und dann kannst du mit ihm reden, so lange du willst.«

»Man kann durchwählen?«
»Natürlich. Du gibst ihm nur deine Nummer. Aber halt dich erst mal gut fest am Stuhl.«
»Einen alten Mann wie mich wirft nichts mehr um.«
»Da wär ich nicht so sicher. Also hör zu.«
Und Antoine erzählte dem alten Mann, auf alle Schnörkel verzichtend, was Marcillac ihm aufgetragen hatte.
Die Wirkung war bemerkenswert. Sie ließ das Pferdegebiß auftauchen und verschwinden, als ob er die zuckende Oberlippe von Pierre hätte, und als Antoine fertig war, starrte Berthelin ihn mit Augen an, wie man sie bei Boxern sieht in dem fatalen Moment, in dem sie an der Kinnspitze erwischt werden.
»Ich muß ... ich muß ihn anrufen!« Mehr brachte der alte Berthelin nicht heraus.
Antoine nahm ihm die Arbeit ab, und schon beim zweiten Versuch hatte er Marcillac am Apparat.
Die Stimme klang ungeduldig.
»Seit einer Ewigkeit warte ich auf dich. Wo treibst du dich herum?«
Doch es gab keinen Grund zur Rechtfertigung. »Ich sitze bei Berthelin, und er hat nicht so viel Geld wie du. Ruf bitte sofort zurück.« Er gab ihm die Nummer.
Das Gespräch kam innerhalb einer Minute zustande, und es dauerte lange. Aber schnell merkte Antoine, daß der Alte wie ein knorriger Baum im Wind stand.
Mehr als das Zugeständnis, daß er mit Antoine weiterreden werde, konnte ihm Marcillac nicht abringen.

Sie saßen, bis der Vorfrühlingstag in den Abend hineindämmerte, ohne daß der alte Berthelin den Entschluß gefaßt hätte, den Marcillac von ihm forderte. Zu viel war da eingestürmt auf einen Mann, der

eigentlich fertig war mit einer Sache, die er geliebt und für die er gelebt hatte. Instinktive Abwehr und prickelnde Faszination prallten aufeinander, ja, sie prügelten sich fast wie die Männer, die er sonst in den Ring geschickt hatte.
Aber Antoine spürte, daß die Faszination gewinnen würde.
Es konnte nicht anders sein, doch mußte er dem Alten ein bißchen mehr Zeit lassen, als der ungeduldige Marcillac einräumen wollte.
Außerdem mußten sie raus hier. Man diskutierte schon seit über zwei Stunden, und der nächste Anruf aus Grand Bahama hing in der Luft.
»Laß uns essen gehen«, sagte Antoine. »Erstens hab ich Hunger, und zweitens kenne ich Charles. Er will deine Entscheidung, aber wenn wir weg sind, juckt uns das nicht. Er kann bimmeln, so lange er will.«
Berthelin feixte. »Gute Idee, Antoine. Wir gehn um die Ecke zu Bébert. Du weißt ja, kleiner Laden und mehr Bistro als Restaurant. Aber er kocht gut, und trinken muß ich jetzt auch was. Du hast mir, weiß Gott, einen dieser Schläge versetzt, die hinuntergespült werden müssen!«
Berthelin hatte bei Bébert Haus- und Siedlungsrecht, und das wohl seit dreißig Jahren. Die Fotos der Boxer hingen seinetwegen an der Wand.
»Du bist mein Gast«, sagte Antoine. »Nicht, weil ich dich bestechen will, sondern weil Marcillac zahlt. Noch nie in meinem Leben habe ich so mit Geld rumschmeißen können.«
»Dann«, grinste Berthelin, »wollen wir den alten Gauner nicht schonen.«
Das Menü war für die kleine Kneipe stattlich, und sie aßen mit gutem Appetit. Aber wenn Antoine vom Boxen anfangen wollte, winkte der Alte ab: »Entre la poire et le fromage, mon vieux. Da spricht sich's besser.«

Also fingen sie beim Dessert an. Und Antoine bestellte Champagner, was bei Bébert seit der Zeit der großen Boxkämpfe zur Rarität geworden war. Er spürte, daß da etwas am Kochen war, aber er blieb diskret im Hintergrund, wie sich's für den guten Wirt gehört.

»Ich würde lügen, wenn mich die Sache nicht reizen würde«, fing Berthelin an, »aber sie ist ein Irrsinn, das kannst du drehen, wie du willst! Warum holt sich Marcillac seine Nervenkitzel nicht im Spielcasino wie die Ölscheichs?«

Antoine lachte. »Besser kennen solltest du ihn eigentlich schon, und jetzt, wo er den Kampf in der Tasche hat, macht er ihn, ob du mitmachst oder nicht.« Er hob sein Glas. »Darauf kannst du literweise trinken!«

Mit Händen, die für sein Metier eigentlich zu feingliedrig waren, spielte der alte Berthelin am langen Stil seines Glases. »Sieh mal, Antoine, es hat vielleicht keiner einfühlsamer über das Boxen geschrieben als du, und deshalb mag ich dich. Aber Schreiben ist eine Gnade, und Boxen ist gnadenlos. Johnson wird dieses Talent zermalmen, so wahr ich hier vor dir sitze!«

»Brix ist mehr als ein Talent.« Antoine wußte, wie er den Alten packen mußte, der die Künstler des Rings liebte und die Schläger haßte.

Aber Berthelin biß auf die Zähne, anstatt anzubeißen. »Es ist gegen alle Regeln, Antoine! Der Junge hat kaum ein Jahr Boxen hinter sich und soll gegen den härtesten aller Schläger gestellt werden, bloß weil die Welt nach einem weißen Meister aller Klassen schreit. Ihr seid hanebüchene Phantasten, du und dein Marcillac!«

»Und du bist der Mann, der das Gegenteil beweisen kann.«

Der Konter kam trocken und direkt ins Zentrum

von Berthelins Eitelkeit. Das Pferdegebiß wurde entblößt, und Glanz kam in die Augen.
»Vielleicht ... vielleicht wenn ich genug Zeit hätte.«
»Begreif doch! Marcillac hat keine Zeit, und das ist nicht das übliche Managergeschwätz. Es ist sein letzter Auftritt, wenn ...« Er brach ab und trank sein Glas aus.
»Wenn was?«
»Wenn er ihn überhaupt erlebt. Ich war vor drei Tagen noch bei ihm, und die Sache ist nicht so rosig, wie sie in den Zeitungen steht. Vielleicht ist es nur der Kampf, der ihn leben läßt!«
»Hm. Er hat sich mir gegenüber immer anständig benommen. Ihr Brüder habt mich in einen Ring gestellt, und aus einem Ring kann man nicht ausbrechen. Ich versuch's.«
Er hielt die offene Hand über den Tisch, und Antoine schlug ein.
»Ich hab's gewußt. Laß uns darauf noch eine Flasche packen. Der einzige, der die Zeit, die uns bleibt, richtig nützen kann, bist du.«
»Ich bin kein Wundermann, Antoine. Den Champion hat noch keiner im Schnellverfahren gemacht, aber ich muß es wohl probieren. Vergiß aber nicht, daß es keinen Ersatz für Erfahrung gibt, und wenn's Marcillac besser ginge, würde ich mich nie auf dieses Scheißspiel einlassen!«
Dann erzählte ihm Antoine vom geplanten Trainingslager in der Normandie, und er hatte keine Proteste abzuwehren, weil Einsprüche aus dem Lexikon des alten Berthelin gestrichen wurden, wenn er sein Wort gegeben hatte.
Dafür machten sie zum Erstaunen des Wirts Bébert zwei weitere Flaschen leer, ehe sie Arm in Arm und unter Benutzung der ganzen Breite der schmalen Straße in Berthelins Büro zurückgingen, um Charles Marcillac in Freeport, Grand Bahama, anzurufen.

Das Ferngespräch war mühsam, und das lag nicht an der nicht ganz perfekten Verbindung. Aber für Marcillac rechtfertigte das Ergebnis die Räusche der beiden Männer.

Thomas Brixner lebte, keine dreißig Autominuten vom Zentrum Münchens entfernt, mit seiner Mutter in einem Haus, das der Promoter Heydenreich ausgesucht und für gut befunden hatte. Im geräumigen Untergeschoß hatte er einen Ring fürs Sparring aufbauen lassen, den er scherzhaft Toms Büro nannte, und der nahe Wald wäre durchaus tauglich fürs Lauftraining gewesen, wenn die Karriere seines Mannes nicht so atemberaubend schnell nach oben gegangen wäre. Wenn sie nicht ins Haus eindringen konnten, lauerten ihm Reporter und Fotografen dort auf, und da nur noch knapp drei Monate bis zum Weltmeisterschaftskampf blieben, war ein gut abgesichertes Trainingslager absolut notwendig.
Es war auch schon gefunden worden. Ein Industrieller rechnete es sich zur Ehre an, sein stattliches Ferienhaus in den bayerischen Bergen zur Verfügung zu stellen, nicht ohne den Hintergedanken, ein wenig von der Sonne des Mannes einzufangen, der auf dem Weg war, der Welt populärster Sportler zu werden.
Man konnte das Wort ›Sportler‹ sogar ganz einfach durch Mann ersetzen. Weit springt der Weltmeister aller Klassen über die kleine Welt des Sports hinaus.
Aber nun war der Boxer, ohne begreifen zu können, warum, das Eigentum von Charles Marcillac geworden. Frühmorgens war Heydenreich mit dem schweren Wagen, den ihm Brixner erboxt hatte, angebraust, um die Neuigkeit zu verkünden und seinen Mann auf den Besuch eines Emissärs des Schwerreichen und Schwerkranken vorzubereiten.

Es war kein leichtes Stück Arbeit gewesen, aber Geld schlägt alles. Wie im Drogengeschäft.
Doch davon war keine Rede, und überhaupt war dem jungen Boxer noch manches unklar, als Antoine einem Taxi entstieg und läutete. Immerhin würde es ihm gefallen, daß er in Paris boxen sollte. Es nahm Tiger Johnson seinen Heimvorteil.
Daß Brix jedoch in diesem Moment Heimvorteil hatte, bekam Antoine in einer Art von Wartezimmer zu spüren. Sportzeitschriften und illustrierte Blätter lagen herum, und er fühlte sich ein bißchen wie beim Zahnarzt, als ihm die erstaunlich jung wirkende und für einen Schwergewichtler paradox zierliche Boxermutter erklärte, daß oben noch zwei Reporter abzufertigen seien.
An die dicke Mummy von Cassius Clay mußte er denken, und mit Sicherheit war auch Tiger Johnson von so einer Übermutter geboren worden.
Er wartete eine gute Stunde und füllte den Aschenbecher. Als die beiden Gecken in den Lederjacken mit dem naiven Versuch, lässige Wichtigkeit auszustrahlen, durchs Wartezimmer gingen, wußte Antoine, daß ihnen der Boxer von der Stunde 55 Minuten zuviel gegeben hatte.
Er war nicht mit allem einverstanden, was Norman Mailer über den Berufskritiker des Boxens geschrieben hatte, aber es gab unbestreitbar eine gewaltige Zahl von Heinis wie diese, die sich am Gespräch mit dem Champ aufgeilten und ihm dann ihre eigenen Worte in den Mund legten.
Antoine wußte um die Klugheit vieler Boxer, die Große des Faustkampfs geworden waren. Allerdings auch um die Nacht, die sich in Köpfe senkt, die zu oft getroffen werden.
Boxen ist gnadenlos. Da hatte der alte Berthelin recht.
Brixner. Jetzt, da er vor ihm stand, fragte sich An-

toine, ob er im Begriff war, etwas zu tun, das ihn zum Mitschuldigen machen würde.
Trotz seiner Größe kam er ihm zu leicht vor für einen Schwergewichtler. Knapp zweihundert Pfund, aber die leichten englischen, mit denen international gewogen wird. Dafür freilich keine Spur von einem Bauchansatz, den die meisten mitschleppen oder im Dampfbad verkochen. Eher eine Höhlung an dieser Stelle und alles verpackt in schiere Muskeln. Sie zeichneten sich unter dem taillierten Sporthemd ab, als ob er es gar nicht trüge.
Aber Antoine war kein Bildhauer. Das Gesicht interessierte ihn, und das zeigte keine Spuren von Boxen. Bis jetzt, dachte er, hat er nur ausgeteilt. Aber das wird sich ändern.
In den grauen, hellen Augen sah er eine eigenartige Mischung von Klugheit, Jovialität, aber auch Distanz, die eher lauernd als statisch wirkte. Kaschierte Aggressivität wohl. Das konnte eines der Geheimnisse sein, die nie gelüftet werden von Journalisten, wie er sie eben vorbeigehen sah.
Was macht so einer, wenn er von Johnson verprügelt wird? durchzuckte es ihn.
Aber als sie oben im Wohnzimmer saßen, sprach er von ganz anderen Dingen. Er mußte nicht ausholen. Brixner war von seinem Manager vorbereitet, aber nicht alles war vielleicht so gelaufen, wie es sich Marcillac in seinem bahamesischen Exil vorstellte.
Die garantierte Börse von sechs Millionen Dollar gefiel ihm. Beim augenblicklichen Kurs des Dollars ging das an die zwanzig Millionen Mark, und das hätte Heydenreich für einen Herausforderer nie herausgeholt.
Kein Feilschen also. Aber Brixner wollte den Trainer nicht wechseln. Sprach von guten Qualitäten, menschlichem Verstehen und einem traumhaften Trainingslager in den bayerischen Bergen.

Antoine kam es vor, als ob er vom Film spräche. Altes Försterhaus, junger Förster mit Tarzan-Look, blonde Schützenliesel und schwarzer Wilddieb. Deutsches Märchen mit allen Zutaten.
Und jetzt wußte er auch endlich, an wen ihn Thomas Brixner erinnerte: an den jungen Johnny Weissmüller in den ersten Tarzan-Rollen.
Aber der Gorilla Johnson wuchs neben ihm zum Wolkenkratzer.
»Es kommt«, sagte er und goß Wasser in den Whisky, den ihm Brix hingestellt hatte, »nicht auf die Romantik eines Trainingslagers an, sondern auf seine Effizienz. Und Sie müssen wissen, daß Marcillac ein Fanatiker aller Details ist, die zum Erfolg führen. Außerdem stehen Sie unter Vertrag bei ihm, und das bedeutet, daß Sie keinen seiner Beschlüsse umschmeißen können.«
Er wußte, daß es harsch klang, aber er hatte solche Ouvertüren aus Gesprächen mit dem Alten gelernt. Und die Reaktion war nicht duldsam. Im Grunde jedoch, wie Antoine schnell erfaßte, gehörte das zum Kielwasser des Erfolgs, in dem der Mann vor ihm schwamm.
»Ich bin mit meinem Trainer zufrieden, habe keinen Kampf mit ihm verloren.«
»D'accord. Aber er ist nicht gut genug für Tiger Johnson.«
»Wie wollen Sie das beweisen?«
Antoines Antwort kam in der ironischen Begleitung eines dünnen Lächelns: »Wollen Sie sich's durch Tiger Johnson beweisen lassen?«
Sofort sah er, daß er überzeugte. Boxen hat viele Gesichter. Aber Brix gab noch nicht nach. »Ich kann Englisch, aber nicht Französisch. Was soll ich mit einem französischen Trainer?«
Antoine grinste. »Überhaupt kein Problem. Er kann gut Englisch und ein bißchen Deutsch. Und über-

haupt ist viel wichtiger, was er Ihnen zeigen kann. Die Sprache der Boxkunst ist international. Und bedenken Sie, Brix, Sie haben erst ein Jahr davon hinter sich und Johnson beinahe zehn. Muß ich Ihnen vorrechnen, daß das neun Jahre mehr Erfahrung bedeutet?«

Auch das überzeugte, und er fuhr fort: »Sie müssen jede Stunde, die Ihnen in den paar Wochen bleibt, nützen, und das geht nur mit Berthelin. Er hat nicht nur Frankreichs große Champions gemacht, sondern es gibt auch keinen, der mehr von der Sache versteht. Und um ganz offen zu sein, Brix, ich mache da überhaupt nur mit, weil es Berthelin gibt. Ohne ihn würde ich keinen Cent verwetten, daß Sie auch nur drei Runden stehen.«

»Soll das vielleicht ein Garantieschein auf silbernem Tablett sein?« Unüberhörbarer Trotz schwang mit.

»Quatsch! Sie wissen genau, daß es keine Garantien gibt. Aber mit Berthelin habe ich weniger Angst um Sie. Sagen wir's mal so: Haushoher Favorit bleibt Johnson, aber in jedem Fall haben Sie nach dem Kampf ausgesorgt!«

»Hm. Wenn er mich zum Krüppel schlägt, kann ich mir das Geld an den Hut stecken.«

»Stimmt«, sagte Antoine. Und die Droge fiel ihm ein, die ihn ohne Marcillac vernichtet hätte. Früh genug würde der Junge noch erfahren, daß er mit ihrer Hilfe Marcillacs Partner geworden war. Aber das war nicht der rechte Augenblick. »Ich möchte«, fuhr er fort, »morgen mit Ihnen nach Paris fliegen.«

»Morgen schon?«

»Sagte ich Ihnen nicht, daß wir keine Stunde zu verlieren haben? Ein Gramm richtiger Vorbereitung wiegt mehr als ein Zentner Geschwätz. Wir fahren dann sofort in die Normandie, und Berthelin wird schon da sein. Und ich garantiere Ihnen, Sie werden begeistert von ihm sein.«

»Ich hätte noch einiges zu erledigen.«
Antoine schüttelte den Kopf. »Lassen Sie das Ihre Mutter und Heydenreich machen. Sie müssen sofort aus diesem Trubel hier raus, und wir werden uns genug einfallen lassen, daß Sie unbehelligt bleiben. Ein Trainingslager hier in den Bergen wäre der gleiche Taubenschlag geworden wie dieses Haus!«

Antoine fuhr nach München zurück und telefonierte mit einem Marcillac, dem nicht der leiseste Vorwurf einfiel. Der Mann, den er gern einen Traumtänzer nannte, hatte einen ungewohnten Job mit dem Tempo erledigt, das er liebte und dessen Notwendigkeit ihm jeden Tag vor Augen stand.
Logisch, daß Brix unter Verschluß mußte. Die Schickeria von München, das wußte auch Marcillac, war von penetranter Aufdringlichkeit und würde ein Trainingslager in den Bergen zum Wallfahrtsort machen. Und wer zählte die Frauen, die einen Champ mit diesem Aussehen umschwirrten.
Clay war ein Beispiel dafür gewesen. Scharenweise hatte er sie genommen und sich vor seinen Gegnern damit gebrüstet. »Hast trainiert, fetter Sack, damit du deinen schweren Arsch hochbringst, aber was bringst du sonst hoch? Sieh mich an! Während du Holz gefällt hast, hab ich gebumst, weil ich der Größte und der Schönste bin. Aber guck schnell, blöder Bär. Nach vier Runden machst du die Ochsenaugen zu!«
Oft hatte er es in Gedichtform gesagt. Seine PR-Leute waren fixe und hart arbeitende Burschen.
Aber Marcillac hatte beschlossen, gegen die Regeln zu arbeiten. Seine ›White hope‹ brauchte keine Werbung. Und Antoines Serie würde um so gieriger gelesen werden, je weniger die Medien an Brix herumknabbern konnten. Schon viel zu oft hatte ihn das

Fernsehen gierig ins Rampenlicht gezerrt, und dieser Zirkus mußte im Interesse einer vernünftigen Vorbereitung aufhören.
Das war die Art des Boxens von Charles Marcillac.

## 10

Der Tag, an dem die Welt informiert wurde, hatte auf Marcillac die Wirkung einer Droge. Jeden Morgen, wenn er in die Klinik fuhr, mußte der Chauffeur am ›Bazar‹ die größten Zeitungen der Bahamas, den ›Nassau Guardian‹ und die ›Freeport News‹, kaufen, und diesmal machten beide nicht mit der üblichen Skandalgeschichte über Drogen auf. Mit vierspaltiger Wucht verkündeten sie:
FRANZÖSISCHER MULTIMILLIONÄR HOLT BOXKAMPF DES JAHRHUNDERTS NACH PARIS. Und dann die Details. In erster Linie natürlich sein Residieren im ›Xanadu‹, das diskret mit ›gesundheitlichen Gründen‹ umschrieben wurde. Aber bei dieser Fairneß würde es nicht bleiben. Um das zu wissen, war er lange genug im Zeitungsgeschäft.
Trotzdem war es eine gewaltige Vitaminspritze für seine Eigenliebe. Dr. Lawrence sah es, noch ehe Marcillac die Tür hinter sich zugemacht hatte. Vor Dr. Lawrence lagen die beiden Zeitungen.
Marcillacs Stolz, der aus glänzenden Augen sprang, prallte auf eine gerunzelte Stirn, und die Hand des Doktors fuhr über die knalligen Überschriften, als ob sie sie wegwischen könnte.
»Was soll dieser Blödsinn, Charles?«
Zwischen den beiden fast gleichaltrigen Männern hatte sich eine Freundschaft und auch ein Zutrauen entwickelt, das diese Direktheit rechtfertigte.
Aber Marcillac war kein Mann, der mit ungelegten

Eiern hausierte, und außerdem hatte er ein Veto des Doktors befürchtet. Zu Recht, wie sich zeigte.
»Wie kannst du dir so etwas aufladen in deinem Zustand!« Lawrence wuchtete den massigen Körper hinter dem Schreibtisch hoch und ging kopfschüttelnd durch den mit Computern vollgestopften Raum. Von der Wand lächelte Jimmy Carter nebst Schwester, die hier Heilung gesucht hatte.
Marcillac wollte etwas sagen, aber der Arzt stoppte ihn mit der Hand, die sich ballte. »Ist alles Unsinn für dich, was ich rede? Habe ich dich nicht oft genug auf das verdammte Riesenglück hingewiesen, das wir gehabt haben?«
»Natürlich hast du, aber...«
»Was heißt aber? Hör lieber genau zu, was ich sage! Ich habe gesagt, ›gehabt haben‹, verstehst du? Partizip passé, mein Lieber, abgeschlossene Sache! Und wenn du so weitermachst, kannst du in einem Zinksarg zu deinem unsinnigen Boxkampf nach Paris fliegen!«
Wieder wollte Marcillac den Mund aufmachen, und wieder lief er in eine volle Breitseite hinein.
»Überhaupt Boxen! Ausgerechnet einem Wrack wie dir fällt nichts anderes als die hirnrissige Anbetung von Muskelprotzerei ein! Legaler Totschlag – als ob du keine Augen im Kopf hättest! Ich bekämpfe hier eine Geißel der Menschheit und habe gelegentlich Erfolg wie zum Beispiel bei dir, aber wie soll ich stolz drauf sein, wenn du mir in den Rücken fällst. Und ringsum diese verfluchte Drogenszene. Oder machst du die Augen zu, wenn's nicht um deine werte Gesundheit geht? Weißt du, daß ich hier die Könige der Drogen oder ihre Freunde behandle, die ich eigentlich ins Zuchthaus jagen müßte, weil sie der Menschheit mehr Schaden zufügen als die Krankheit, die ich aus dir herausjagen will?«
Wenn du wüßtest, dachte Marcillac, daß ich den

Kampf über die Könige der Drogen bekommen habe, würdest du mich aus dem Haus jagen. Aber er sagte nichts und wartete, bis Lawrence seinen Rundgang, der dem eines Tigers im Käfig glich, beendet hatte und wieder auf seinem Stuhl saß. Doch beruhigt war er noch nicht. Jetzt klopfte er mit den Knöcheln auf die Glasplatte.

»Haben sie dir dein verdammtes Blut schon abgezapft?«

Marcillac nickte. »Vor zwei Tagen hast du's noch gelobt.«

»Weil ich Grund hatte, du Narr!«

Und der dünne Mann auf dem Besuchersessel spürte wieder Boden unter den Füßen. »Wenn du ehrlich bist«, sagte er, »bist du doch nur beleidigt, weil ich dich nicht eingeweiht habe. Natürlich ist deine Hilfe das allerwichtigste gewesen. Glaubst du, das weiß ich nicht? Mit all meinem Geld kann ich dir nicht zurückgeben, was du mir gegeben hast. Aber jetzt kommt der Punkt, an dem ich dich einfach nur bitten kann, mich zu verstehen. Hast du mir nicht oft genug gesagt, der Patient müsse Moral zeigen, müsse innere Kräfte gegen die Krankheit entwickeln?«

»Richtig. Und das sage ich nicht nur zu dir.«

»Siehst du. Der Unterschied ist vielleicht, daß ich einen anderen Selbstbedienungsladen für innere Kräfte habe als die meisten deiner Patienten. Aber ohne ihn hätte ich die Moral nicht aufgebracht, die du verlangst.«

»Das«, sagte der Arzt, der mit dem Trommeln auf der Glasplatte aufgehört hatte, »klingt ein bißchen besser. Aber du hättest mich wirklich früher aufklären können.«

»Nun ja.« Marcillac widerstand der Versuchung, den Fingermarsch auf der Glasplatte fortzusetzen. »Du mußt wissen, daß die Sache an einem dünnen Faden hing. Wenn er gerissen wäre, wäre auch mein

Leben gerissen, und nicht einmal du hättest mir helfen können.«
Aber er sprach nicht von der Drogen-Mafia, die sein Haus in Freeport ergattert hatte. Wir sind, dachte er, allemal Lügner und Schauspieler wie die Boxer, die sich ihren Vorteil nur durch Täuschung des Gegners verschaffen können.
Dennoch empfand er ein Schuldgefühl, das er dem Arzt nicht anvertrauen konnte. Ein ganzes Stockwerk seines Hauses war von der Drogen-Mafia besetzt, und so, wie sich die Herren aufführten, lag die Gefahr einer quasi totalen Besetzung in der Luft. Aber davon konnte Dr. Lawrence nichts ahnen.
Vielleicht hielt Marcillac tatsächlich nur durch, weil er sich diese Aufgabe gestellt hatte. Einer wie er war nicht mit ärztlichen Tricks zu reizen oder mit der Vorstellung, er könne seine Manneskraft zurückholen. Mit der war's vorbei, und wenn er an die junge Frau dachte, die den goldenen Käfig mit diesem Mann teilte, kam ihm manches in den Sinn, das besser unausgesprochen blieb.
Wer ihm den Boxkampf nimmt, begriff Lawrence, bringt ihn um.

Es gibt viele Arten des Umbringens. Kokain gehört dazu. Es begann sich in Charles Marcillacs Riesenhaus in Mengen zu lagern, die nicht mehr nach Pfunden, sondern nach Zentnern zu messen waren.
Das war kühle Strategie der Mafiapaten. Mit feinem Gefühl für die Unantastbarkeit der schwerkranken, aber very important Person des Charles Marcillac nützten sie den Pakt in schamloser Weise aus. Nicht nur direkt unter ihm, in der vorletzten Etage des Xanadu, hatten sie sich eingenistet, sondern auch in den untersten Stockwerken. Und sie hatten ihn mit sanfter Gewalt, die in seinem ureigenen Interesse lag, bewogen, das Grundstück hermetisch abzusichern.

Das Kokain kam aus Privatvillen, in denen die Sicherheit nicht so groß war wie in der Burg des ausländischen Milliardärs, der nicht gestört werden durfte, weil er zur Heilung ins Land gekommen war. Aber der Stoff kam auch direkt aus Kolumbien, weil die Flieger, wenn die Nacht schwarz und die See rauh war, nicht mit Zigaretten-Booten arbeiten konnten, die wie Nußschalen über die Wellenberge hüpften. Ein unantastbares Depot war das richtige, und es gab keinen idealeren Platz dafür als das von Marcillac gekaufte und beherrschte Xanadu.
Direkt unter seinem Penthouse hatten sie eine Radiostation eingerichtet. Vergeblich hatte Marcillac bei Don Gianni dagegen protestiert, und er war deshalb sogar nach Bimini gefahren, weil das Telefon nicht sicher genug für so heiße Dinge war.
Aber er war abgeblitzt. Wer mit der Droge paktiert, um den Boxkampf des Jahrhunderts zu bekommen, hat keine Chance, sich gegen ihre Bosse zu wehren.
Es gab Tage, an denen sich Marcillac auf seinem Stockwerk über der Radiostation der Drogen-Bosse wie auf einem Pulverfaß fühlte, doch er verdrängte die alptraumhaften Visionen, indem er sich zu einer immer hektischeren Eile antrieb.
So, wie er die Höllenvisionen der Rauschgiftsüchtigen verdrängte, denen er zähneknirschend Zubringerdienste leistete. Und manchmal fragte er sich, ob das die Quittung für die Hilfe war, die er Antoine geleistet hatte.
Sogar seine Yacht verlangten sie, wenn die Nacht zu dunkel und zu stürmisch für gezielte Abwürfe aus den Flugzeugen war. Einige Kilometer draußen übernahmen dann ›Zigaretten‹ die mit Ölpapier geschützten Pakete, und es bedurfte verschlüsselter Anweisungen der Radiostation, damit sie nicht in ein falsches Rendezvous hineinschlitterten. Nicht selten lauerten konkurrierende Banden den kostbaren La-

dungen auf, und es gab Feuergefechte, die Boote und Menschen verschwinden ließen, ohne eine Spur zu hinterlassen.

Im Grunde war es nicht viel anders als zu den Zeiten, in denen die alten ›Buccaneers‹, die Seeräuber, den Rum nach Florida hinüberschmuggelten. Doch die Sitten waren, wie der Stoff, härter geworden.

Denn Geld schlägt alles.

Keiner wußte es besser als Marcillac. Nur hatte er die Bedeutung seines Pakts mit dem Rauschgift unterschätzt. Wenn sie mit ihren riesigen Luxuslimousinen vorfuhren, die mit Kokain vollgestopft waren, sah das aus, als gäbe er Parties für feine Leute, und so sah es auch Don Gianni, wenn er gelegentlich von Bimini herüberkam, um nach dem Rechten zu sehen.

»Einer wie du«, sagte Don Gianni, »muß standesgemäß Hof führen. Niemand denkt sich etwas dabei, und wer's tut, hält das Maul, oder er bekommt's gestopft. Unser Syndikat hat alle wichtigen Inseln im Griff.«

»Und mich«, stöhnte Marcillac.

»Dafür hast du deinen Boxkampf. Ist doch das wichtigste für dich, oder?«

Immerhin wurde Marcillac mit guten Nachrichten aus Frankreich versöhnt. Brixners Trainingslager in der Normandie war aufgeschlagen, ohne daß die Schnüffler von den Medien Wind davon bekommen hätten. Zwar würden sie ihn noch früh genug wittern, weil ein Weltereignis von dieser Spannweite nicht absolut geheim vorbereitet werden kann, aber es war von großer Wichtigkeit, daß Berthelin, der alte Fuchs, in dieser ersten Phase ungestört mit seinem Boxer arbeiten konnte. Er bestätigte es in fast täglichen Telefonaten, und auch Antoines Optimismus klang gut. Er arbeitete an seiner Serie über Brix, und

über den Fernschreiber ließ sich Marcillac Passagen vermitteln, die ihn zum Erstaunen seiner Frau jauchzen ließen. Keine Behandlung des Dr. Lawrence konnte das schaffen.
Aber wenn er nicht alle Forderungen der Mafia erfüllte, konnte sie den Kampf platzen lassen wie eine Seifenblase. Und einen Skandal auslösen, dem gegenüber alle Skandale, die sein bewegtes Geschäftsleben mit sich gebracht hatte, Bagatellen waren.
Nein, er konnte nicht mehr gegen den Strom schwimmen. Mußte sich treiben lassen von ihm, weil er ein kranker, alter und reicher Mann war.
Keiner wußte das besser als Don Gianni. Aber der Arzt wußte das alles nicht. Deshalb beschloß Marcillac, ihn einzuweihen.
Es war nicht larmoyantes Hilfesuchen, sondern logische Denkart. Einweihen einer Bezugsperson, sagte man wohl. Nicht die Frau kam da in Frage, sondern der Mensch, der ein Leben erhalten hatte, das andere Fachleute für beendet hielten.
Eines Morgens, er hatte in der Nacht von Berthelin erfahren, daß ihn die Genialität von Brix perplex mache, konnte er dem Arzt nicht mehr in die Augen sehen wie zuvor.
»Ich habe den Kampf, Lawrence, aber ich werde erpreßt.«
»Sieh an, Charles, das ist nicht gut für deine fragile Gesundheit. Aber ich habe es geahnt.«
»Du hast es geahnt?«
Dr. Lawrence nickte und ging an ein Wandschränkchen, dem er keine Arznei, sondern eine Whiskyflasche entnahm.
»Du sollst nicht trinken, Charles, aber einen Tropfen können wir uns teilen.«
Er schenkte ein wie ein Apotheker, der nach Milligramm zu messen gewohnt ist.
»Ja, ich habe es geahnt. Du magst mich, was das Bo-

xen angeht, für einen Schwachkopf halten wie die Burschen, die zuviel geboxt haben, aber ich weiß über dieses Geschäft mehr, als du denkst. Und glaubst du, ich hätte mir eingebildet, du hättest den Kampf wegen deiner blauen Augen bekommen? Sie haben ihn dir gegeben, weil du mehr geben kannst als andere. So einfach ist das. Und jetzt ziehen sie an dir herum wie an einer Marionette, stimmt's?«

Marcillac hob die Hände wie einer, der sich dem Stärkeren ergibt, und dann griffen sie beide zum Glas, auf dessen Boden ein paar braune Whiskytropfen schimmerten.

»Du hast recht. Sie haben mich in der Hand, weil sie wissen, daß ich den Kampf um keinen Preis hergebe.«

»Ein hoher Preis!«

»Jetzt«, knurrte Marcillac trotzig, »redest du wie ein Pfaffe! Glaubst du vielleicht im Ernst, daß ein Gramm weniger Kokain nach Florida käme, wenn sie mich nicht ...« Er suchte nach dem richtigen Wort, und der Arzt sprang ein.

»Sagen wir mal, nicht eingespannt hätten. Gut, Charles ich lasse das gelten. Sie suchen eben schonungslos ihre Vorteile, wo sie sich bieten. Ihr Geschäft hat tausend Gesichter. Es gibt viele Filme übers Boxen, aber es wird nie welche über die Drogen-Szene geben. Die wirkliche, meine ich.«

Marcillac hob die Schultern. »Ich kann nur hoffen, daß das Xanadu vor dem Kampf nicht auffliegt. Die Brüder benehmen sich schon wie die Hausbesitzer.«

»Ich glaube, daß ich dich da beruhigen kann.« Dr. Lawrence trank seinen Whisky aus und suchte Marcillacs Augen. »Dein Gewissen braucht ja offenbar keine Spritze. Es ist einfach die Angst, dein Kampf könnte platzen, oder?«

»Zugegeben, Lawrence. Ich habe sonst nichts mehr vor im Leben.«

Dr. Lawrence sah ein Häuflein Mensch vor sich sitzen, das noch ein einziges Mal mächtig sein wollte und bereit war, alles dafür einzusetzen. Außer dem eigenen Leben. Und dessen Wert war tief gesunken, weil er es selbst zerstörte.

»Mit deinem Gewissen«, fuhr der Doktor fort, »mußt du selber fertig werden. Aber ich kann dich beruhigen wegen der Burschen, die in deinem Haus herumgeistern. Die sind abgesichert mit Beziehungen, die in die höchsten Regierungskreise hineinreichen. Das Xanadu wird nicht auffliegen, und folglich auch dein Kampf nicht. Wir müssen nur aufpassen, daß du durchhältst, und die Aufregungen, die du dir auflädst, gefallen mir gar nicht.«

Marcillacs dünne Hände winkten ab. »Ich habe zweimal Medizin: dich und den Kampf. Damit halte ich durch.«

»Wenn du dich nicht zu sehr engagierst und andere die Arbeit machen läßt.«

»Dafür ist gesorgt.«

Marcillac sprach von den guten Jobs, die Antoine und Berthelin taten.

»Diesen Antoine hast du doch von der Droge losgebracht?«

»Genau.«

»Eigentlich verrückt, was?«

»Du meinst, weil ich jetzt selber die Droge einspanne?«

»Natürlich.«

»Sieh mal, ich hätte das auch lieber anders gemacht, aber du weißt so gut wie ich, daß sie sich in dieses Geschäft eingeschlichen hat. Ich bin nicht vorbeigekommen an ihr, und wie hätte ich es auch sollen, wenn nicht einmal die großen und reichen Vereinigten Staaten in der Lage sind, den Hundesöhnen, die sich hier auf den Bahamas eingenistet haben, das dreckige Handwerk zu legen! Die kutschieren ihre

Ladungen nach Florida wie harmlose Touristen, und du wirst mir nicht weismachen wollen, daß eine seriöse Küstenwache die Brüder nicht abfangen könnte. Geld schlägt eben alles, und Bestechung funktioniert hier wie dort. Glaubst du, man könnte nicht sehr genau die kleinen und großen Villen mit eigenen Anlegeplätzen zwischen Miami und Fort Lauderdale herausfinden, in die sich die Zigaretten hineinschleichen, um ihren Stoff abzuliefern? Man schnappt, als Alibi, ein paar Kleine und läßt die Großen laufen.«
»Man läßt«, sagte Lawrence mit einem Lächeln, das in den Mundwinkeln hängenblieb, »auch dich laufen – solange du kannst.«
Aber mit dem Thema Droge war er noch nicht fertig. Ihm, der der Geißel des Krebs den Kampf angesagt hatte, ging die Droge auf ihrem Hauptumschlagsplatz um so mehr gegen den Strich, als sie die zivilisierte Welt völlig überforderte. Mit einer für ihn unbegreiflichen Lethargie schaute man zu, wie internationale Gesetzlosigkeit zu einem Strom anschwoll, der sich in keine kontrollierbaren Bahnen mehr lenken ließ.
Amerikas Außenminister hatte gesagt, kommunistische Politik sei mit im Spiel. Aber das tat der von seinem Heimatland ins bahamesische Exil verbannte Dr. Lawrence als typisches Alibidenken ab, wenngleich es belegbar war, daß einer der größten kolumbianischen Drogenhändler durch Kubas Botschafter in Kolumbien angeworben worden war. Es war zu beweisen, daß die Gewässer des den Bahamas vorgelagerten Kuba für die Beladung von Booten zur Verfügung gestellt wurden, die den Stoff an die Küste Floridas transportierten. Es war sogar zu beweisen, daß Terroristengruppen mit leicht verdientem Drogengeld versorgt wurden.
Aber das war für Lawrence ein Nebenprodukt. Das

meiste Geld wurde auf dem internationalen Finanzmarkt gewaschen und kam im gewünschten Verhältnis den reichen Mafiosi, den wohlhabenden Zwischenhändlern und den mittel- bis unterständischen Mitläufern zugute. Ganz abgesehen von den amerikanischen Großbanken, die nirgendwo auf der Welt bessere Geschäfte machen als auf den Bahamas.

Non olet? Für Lawrence waren diese White-Collar-Geschäfte so schmutzig wie die der großen Manager des Boxens. Aber als er mit Marcillac darüber sprach, war es, als ob er ihm eine Art von Absolution erteile.

»Du mußt nur bedenken«, sagte er, »daß wir auf diesen Inseln fünfzig Krankenhäuser erstellen müßten, um die Drogensucht einigermaßen bekämpfen zu können. Aber dafür ist kein Geld da, obwohl es auf den Bahamas, wo, wie du weißt, keine Steuern erhoben werden, vielleicht mehr davon gibt als in der Schweiz. Es gibt in Freeport und in Nassau zwar keine Züricher Bahnhofstraße, aber das Geld, das dort in den Tresoren liegt, braucht sich nicht vor dem der Schweizer Gnomen zu verstecken.«

»Du redest«, warf Marcillac ein, »von fünfzig Krankenhäusern?«

»Richtig. Und zwar von fehlenden.«

»Ich habe gedacht, daß hier nur gehandelt oder weitergeleitet, aber nicht geschluckt wird.«

Dr. Lawrence lachte grimmig. »Naiver kann man's kaum sagen, Charles. Jede verbotene Frucht reizt, und es müßten lauter Übermenschen auf den Bahamas leben, wenn das Zeug an ihnen vorbeilaufen sollte. Ich kann das übrigens beweisen, weil ich's versucht habe.«

»Du?«

»Ja, als Wissenschaftler. Der erste Shoot erzeugt eine Art Wohlbefinden, für das du keine Erklärung hast, und ich muß dir gestehen, daß ich eine gewaltige

Willenskraft aufbringen mußte, um mich vor dem zweiten zu retten. Das Diabolische an der Sache fängt mit der Enttäuschung an, daß dieses erste rosarote Feeling nie mehr erreicht wird, die Sucht, es zu erzwingen, aber in einem Maße steigt, daß es alle Willenskraft vernichtet. Und der Teufelskreis umschließt Menschen jeder Herkunft. Den Armen, weil er mit dem Rausch seiner Hoffnungslosigkeit zu entrinnen sucht; den Reichen, weil ihm dieser Rausch eine moralische und geistige Leere füllt.«
»Gut«, sagte Marcillac, »das klingt plausibel, aber Kokain gilt wegen seines hohen Preises doch eher als Privileg der Reichen.«
Dr. Lawrence schüttelte den Kopf. »Du darfst keine europäischen Maßstäbe anlegen und nicht einmal amerikanische. Auf die Märkte der Inseln ist in den letzten vier, fünf Jahren so viel Stoff gekommen, daß die lokalen Preise stetig fallen. Manchmal verschenken Dealer, die gute Geschäfte gemacht haben, sogar ein paar Schüsse an arme Hunde.«
»Schönes Mitleid.«
»Kannst du wohl sagen. Es ist die Perversion des Überflusses.«
»Aber Kokain ist wenigstens nicht so gefährlich wie Heroin, oder?«
»Sag das nicht! Die Gefahren des Kokain lassen sich nicht orten. Manche sterben an lächerlich geringen Dosen; andere verkraften enorme Mengen über Jahre. Und der Stoff ist reiner und zugleich billiger geworden.«
»Reiner bedeutet gefährlicher?«
»Richtig. Früher bezahlten sie hohe Preise für schlechteren, aber auch harmloseren Stoff. Fünfzigtausend Dollar pro Kilo waren die Regel für schwache Ware. Heute bekommt man viel stärkere für fünfzehntausend, und der reine Straßenverkauf hat sich vervierfacht. Ich spreche jetzt, wohlgemerkt,

von Florida und speziell von Miami. In New York ist alles viel teurer und hier auf den Inseln viel billiger. Und bedenke: Eine Überdosis Kokain tötet so schnell, daß wir Ärzte mit Valium oder herzstärkenden Mitteln kaum eine Chance haben. Wir haben es auf einen sehr einfachen Nenner gebracht: Es ist unmöglich zu wissen, wieviel Kokain zuviel ist, bis es zu spät ist.«
»Aber es gibt erfolgreiche Entziehungskuren.« Marcillac sagte es im Ton eines Verteidigers, der Beweise vorlegen kann.
Im Nicken des Arztes steckte salbungsvolle Ironie. »Auch Krebs kann, wie du gemerkt hast, mit einigem Erfolg bekämpft werden. Und natürlich spielst du jetzt auf die Großtat an, mit der du deinen Antoine gerettet hast. Aber erstens hast du investiert, wie es nur wenige Leute können, und zweitens kennst du die Rückfallquote nicht. Sie ist grauenhaft. Ja, wenn man alles Geld, das mit der Droge verdient wird, in ihre Bekämpfung stecken könnte! Aber das ist die gleiche Utopie wie das Abrüsten zugunsten von Krankenhäusern und Altenheimen. Die Generäle der Droge, sage ich dir, sind noch mächtiger als die richtigen!«
»Der Kampf gegen die Droge ist also völlig hoffnungslos?« fragte Marcillac.
Dr. Lawrence sah ihn ernst an. »Es gäbe ein Mittel, das die ganze Dealerbande kaputtmachen würde. Aber es hat leider keine Chance.«
»Und warum nicht?«
»Weil alle Welt Sturm dagegen laufen würde. Über legalisierten Mord und all solches Zeug würde man sich ereifern, und ich gebe zu, daß sich die Sache, sagen wir mal, wahnwitzig anhört.«
»Jetzt bin ich wirklich gespannt.«
»Also hör zu. Man könnte die Droge einfach freigeben. Kein Verbot, verstehst du?«

»Ich verstehe höchstens, daß du spinnst!«
»Siehst du! Bloß, die Sache ist durchdachter, als du denkst. Wenn du deine Augen, die jetzt so dumm gucken, hier auf den Bahamas richtig arbeiten läßt, dann muß dir doch klar sein, daß sich jeder die Droge verschaffen kann. Preiswert sogar. Drüben in Miami wird's schon teurer, und der Preis steigt mit den Kosten der Reise, die das Zeug macht. Immer neue Zwischenhändler, immer neuer Aufschlag. Aber wenn du den Stoff freigibst, verliert er jeden Reiz für die Dealer und wird so stinkbillig, daß sich nicht einmal mehr die Herstellung lohnt. Und die Bahamas, um die es mir jetzt in erster Linie geht, sind kein Umschlagplatz mehr.«
Aber Marcillac konnte über die Lieblingstheorie des Arztes nur den Kopf schütteln. »Du kannst doch Gift nicht freigeben!«
»So so, kannst du nicht. Und wie steht's mit dem Tabak? Was glaubst du, wieviel Kranke mit Lungenkrebs allein hier in meine Klinik kommen, an dem nur der Tabak schuld ist! Aber darum geht's gar nicht. Wenn du die Droge freigibst, zerschlägst du das Geschäft, sage ich dir. Und die Dealer werden zappelnd und verwundert am Strand herumliegen wie Fische, die du aus dem Meer ziehst. Aber sie können sich mit ihrem Geld alles und jeden kaufen.«
»Du meinst, auch mich?«
»Exakt, Charles, ich meine auch dich. Du bist Dealer gegen deinen Willen, aber mit deinem Geld geworden. Sie nützen deinen Spleen auf ihre Weise aus, aber das brauche ich dir ja nicht zu erklären.«
»Es ist«, fauchte Marcillac, »kein Spleen. Du hast selbst gesagt, daß eine richtige Aufgabe so wichtig für mich ist wie deine Medizin!«
Dr. Lawrence sah auf die Uhr und stand auf. »Es wäre mir trotzdem lieber, wenn du dir eine andere Aufgabe ausgesucht hättest.«

## 11

In der Normandie begann das fette Gras nach dem Winter wieder zu wachsen, und in die breiten Kronen der Bäume, die die schweren Calvados-Äpfel trugen, tupften die ersten Blüten ihr zartes Rosa. Aber noch waren die Abende kühl, und der Wind, der vom Meer kam, zupfte bizarre Bilder in unruhige weiße Wolken. Dann saßen sie gerne am prasselnden Kaminfeuer in der großen Wohnstube des alten Bauernhauses, und sie war für Antoine viel heimeliger als die luxuriöse Pracht des Xanadu, in der der Heilung suchende Marcillac Fäden zog, die bis in diese Stube reichten.

Antoine fühlte sich in einer Form, die noch nie dagewesen war, seit ihn der Alte von der Droge befreit hatte, auf der er jetzt saß wie auf einem Pulverfaß, weil es der Boxkampf verlangte.

Unzweifelhaft entsprang diese Form, die mit ihrer ungewöhnlichen moralischen und körperlichen Frische einen Arbeitseifer herbeizauberte, den er verloren geglaubt hatte, der Harmonie des Trios. Der alte Berthelin sprühte vor Tatendrang, und die Triebfeder war das Phänomen Thomas Brixner.

Es gab kein anderes Wort. Jean Cocteau fiel ihm ein, der über ›Panama‹ Al Brown, den besten Bantamgewichtler aller Zeiten, einmal gesagt hatte: »Er ist dazu geboren, den richtigen Schlag anzubringen, so wie der Dichter das richtige Wort.«

In der Tat empfand Antoine Brixner, nachdem sie

schon vierzehn Tage zusammenlebten, als das Gegenteil von einem Killer. Als einen Poeten des Boxens vielmehr, der das abgegriffene Klischee von der ›noble art of self-defense‹ in einer Weise aufpolierte, die ihn faszinierte und an die Schreibmaschine zwang mit einer Macht, die er nie so intensiv gespürt hatte.
Hatte Marcillac, der nun wirklich nichts wußte von schöpferischer Tätigkeit dieser Art, auch das bedacht?
Den Boxring hatten sie in der alten Scheune aufgeschlagen, und es waren auch schon zwei Sparringspartner dagewesen. Ein halbschwerer und ein schwerer, beides renommierte Kämpfer, die neben dem Honorar ein stattliches Schweigegeld mitgenommen hatten, weil dieses Trainingslager so lange wie möglich unentdeckt bleiben sollte.
Aber lange konnte es nicht mehr dauern, bis die Medien die Nase im Wind hatten.
Vom Champ gehen Wellen aus, die wie Elektrizität wirken. Antoine tippte sie in seine Maschine hinein. Er spürte sie nachts im Bett in den Fingerspitzen, wenn Brix längst schlief und der alte Berthelin auch. Dann kam er sich vor wie der Geburtshelfer eines Wunderkindes.
Wunderbares sah er tatsächlich. Nicht im Sinne des Märchens oder der von Euphorie hochgepeitschten Phantasie. Was er sah, war im Grunde von der verblüffenden Natürlichkeit, an die man nicht glaubt, weil der Mensch allemal Fehler macht, aus denen er lernen muß, um Ziele zu erreichen.
Aber Brix machte keine Fehler.
Antoine hatte Augen im Kopf, und der alte Berthelin sah wie mit Röntgenstrahlen, wenn's ums Boxen ging. Und jedesmal, wenn er ihm eine dieser taktischen Fallen stellen wollte, in die auch der Begabte hineinpurzelt, wenn er nicht aus einem riesigen Sack

von Erfahrung schöpft, entzog sich ihr Brix mit jener unglaublichen Leichtigkeit, die sprachlos macht.
»Was«, fragte Berthelin manchmal, »soll ich ihm eigentlich noch beibringen?«
Und trotzdem war alle Logik dagegen. Tiger Johnson war einfach zu stark, um von einem vergleichsweise unerfahrenen Talent entthront werden zu können.
Berthelin sagte es Antoine, aber nicht Brix. Und dann konnte es Diskussionen geben, die weit über die 15 Runden eines Weltmeisterschaftskampfs hinausgingen.
Eines Abends – Brix lag längst in dem breiten Bett mit den Messingstäben, das zuvor dem ehemaligen Boxer Pierre gehört hatte – saßen sie vor den Flammen des Kamins, die aus altem Holz züngelten und es knistern und krachen ließen. Antoine hatte die Hemdsärmel hochgekrempelt und trug nur Strümpfe an den Füßen, Berthelin die klobigen Filzlatschen alter Bauern und eine farblos gewordene alte Wolljacke mit zu breiten Schultern. Auf dem niederen Tisch stand die dritte Flasche roten Weins, der nach Erde schmeckte, und eine Schale mit den großen Walnüssen, deren Kerne jetzt gelb und hart waren. Auch das Tigerfell lag an der alten Stelle.
Trotzdem war alles anders geworden. Wie Geschäftspartner mit einem großen Ziel, dem größten, das erreichbar war, saßen sie einander gegenüber. Jeder mit eigener Optik freilich. Berthelin, sozusagen im Ring lebend, durchkämpfte und durchlitt schon die Runden, die Brix zu gehen hatte; Antoine versenkte sich in alle Winkel der Psyche des Mannes, der die Legende von der Unbesiegbarkeit des amtierenden Weltmeisters zerstören sollte.
Denn Tiger Johnson war ein Monument. Gehauen aus dem gleichen Granit wie einst Rocky Marciano, der nie einen Kampf verloren hatte. Ungeschlagen

war er abgetreten, ja, nicht einmal ein Unentschieden war ihm je abgetrotzt worden. Aber schlug Johnson nicht noch wuchtiger, noch unbarmherziger? Wußte der Junge wirklich, auf welches Monstrum er da zulief? Eigentlich mußte er es wissen. Berthelin hatte alle verfügbaren Videobänder von Johnsons Kämpfen aufgetrieben, und es hatte im alten Bauernhaus Filmabende gegeben, bei denen der Alte und Antoine die Gänsehaut kriegten.

Nur Brix war ruhig geblieben. Die blaugrauen Augen hatten nicht gezuckt wie die der beiden Männer, die körperlichen Schmerz zu empfinden schienen, wenn Johnson das ganze Gewicht seines Muskelkraftwerks hinter den entscheidenden Schlag setzte. Wie Cassius Clay, alias Muhammad Ali, suchte er dabei nicht den Körper, sondern den Kopf, und Antoine und Berthelin waren sich einig: es war ein Wunder, daß er noch keinen getötet hatte.

Freilich, über die Spätfolgen wußte man nichts. Die mit Gehirnschäden aus dem Geschäft gezogenen Boxer verschwinden aus der Berichterstattung.

Sie starrten, beide mit den gleichen Gedanken beschäftigt, ins Feuer. Es warf flackernde Licht- und Schattenspiele auf die gelbweißen Kaminmauern und den mit braunem Holz getäfelten Plafond. Als ob es boxe mit ihnen.

»Ali«, sagte Antoine, »boxte menschlicher, wenn du den Ausdruck erlaubst.«

Zweimal zog der alte Berthelin an seiner Zigarre, ehe er antwortete. »Einverstanden, Antoine. Er war, wenn du so willst, ein Kunstliebhaber; er kam aus der Defensive. Er suchte den Kopf des Gegners, aber nie mit der wahnsinnigen Gewalt, mit der es Johnson tut. Der Schlag kam aus dem Arm und oft genug aus lächerlich kurzer Entfernung. Entscheidend war nicht die Gewalt, sondern das Überraschungsmoment.«

»Ja, im richtigen Moment das Richtige tun. Das ist das Geheimnis von Brix in einer Nußschale, oder?«

Berthelin nickte und schenkte Wein nach. »Und was mich immer wieder frappiert, ist die natürliche Leichtigkeit, mit der er es macht. Bei Schwergewichtlern geht das alles ein paar Takte langsamer, weil du den Elefanten nicht mit der Katze vergleichen kannst. Weißt du, daß er mich an Al Brown erinnert, den sie ›Panama‹ nannten?«

»Der hat doch höchstens die Hälfte gewogen!«

»Ziemlich genau. Aber es hat nie einen größeren Bantamgewichtler gegeben, und Paris hat ihm zu Füßen gelegen. Als ob es gestern gewesen wäre, erinnere ich mich an die unfaßliche Geschmeidigkeit seiner Rechten. Sie ist herausgeschnellt wie die Zunge einer Schlange, selbst aus kürzester Entfernung.«

Antoine hob sein Glas, und die Flammen ließen den Wein wie Rubin leuchten. »Trinken wir einen Schluck auf den armen Kerl. Ich habe ihn erst am Schluß seiner Karriere erlebt, als er schon krank war.«

Berthelin nickte. »Sehr krank sogar. Die Syphilis und die Drogen hatten ihn ausgelaugt, und in den Ringpausen trank er Champagner aus Wasserflaschen. In die Klinik hätte er gehört, aber mit seiner Rechten schlug er die stärksten Gegner in drei oder vier Runden. Einfach, bevor er selbst umgefallen wäre. Er spürte den Moment, verstehst du?«

»Und hatte stets eine kaputte rechte Hand.«

»Ja, sie war unheimlich fragil. Ich weiß nicht, wie oft er sie gebrochen hat, und es gab Kämpfe, in denen er ihr drei Schläge gestatten konnte. Einer mußte der richtige sein, sonst war er erledigt.«

»Und wie war das mit der Droge?«

»Oh, sie war hübsch in Mode in den besseren Kreisen, und es wird behauptet, daß ihm Jean Cocteau

den Schnee besorgt habe. Er hat ihn auch zum Homosexuellen gemacht.«
»Ich weiß. Aber als es mit dem Boxen vorbei war, hat er ihn fallenlassen wie eine heiße Kartoffel.«
»Ja, und dann ist der Krieg gekommen, und der hat nicht nur das Rauschgift weggefegt.«
»Aber er hat Marcillac hochgebracht.«
»Stimmt. Er war einer seiner größten Profiteure.«
»Und wir«, sagte Antoine das Glas hebend, »sind seine Profiteure.«

Es gab Momente, in denen sich Antoine tatsächlich hurenhaft vorkam. War Marcillac sein Chef oder sein Zuhälter? Einen Roman hatte er ihm befohlen, und jetzt befahl er ihm eine Zeitungsserie über einen Boxer, die überall in der Welt, wo die Leute lesen können, laufen sollte.
Aber man muß sein Fieber verstehen, weil man es selbst spürt.
Boxen – und daran kommen selbst Intellektuelle nicht vorbei, die dem Sport indifferent gegenüberstehen – erzeugt eine Art von animalischem Urfieber, wenn die Weltmeisterschaft aller Klassen auf dem Spiel steht.
Traum und Fieber von dieser Krone sind so alt wie die Menschheit. Aber obwohl sie die gleichen Wurzeln haben, treiben sie Blüten von außergewöhnlicher Vielfalt und Buntheit. Beim Bergmann, der während der Arbeit den Tag nicht sieht, können sie von der Bescheidenheit des Vergißmeinnichts sein, und sie können wie exotische Riesenblumen wuchern beim Generaldirektor, der sich selbst die gleißende Sonne seiner Macht gibt. Beim Weltmeister aller Klassen bekunden die Mächtigsten Anbetung vor einer Macht, die ihnen nicht gegeben ist.
Blumen sind's, die sie nicht pflücken können.
Antoine sah viele Blumen, aber die eigenen konnte er

nicht definieren. Tausend Farben hatten sie, aber es überwogen die dunklen, weil er Angst um Brix hatte. Alles war anders als bei allen Kämpfen, die er bisher gesehen hatte. Dagegen sah er Marcillacs Blumen mit kristallener Klarheit. Das gewaltigste aller Siegerbuketts waren sie, und es gehörte ihm selbst. Weil ihm Brix gehörte. Weil ihm alles gehörte, was er einmal angefaßt hatte.

Einfach, klein und einfarbig war der Strauß von Pierre. Sicher, seine Phantasie reichte aus, um die Bedeutung des begehrtesten aller Titel zu erfassen, aber man hatte ihm das Prickeln, das die ganz großen Kämpfe erzeugen, aus dem Kopf geschlagen. Mitsamt der Angst. Deswegen war er ein außergewöhnlich tauglicher Leibwächter und der einzige, der dem Kampf mit Gelassenheit entgegensah. Wenn er wütend war, nannte Marcillac sie die Gelassenheit des Idioten. Aber er entlohnte ihn ordentlich für die Kämpfe, in die er ihn nie hätte schicken dürfen. Sein Sinn für Gerechtigkeit entsprang nicht den üblichen Quellen. Antoine wurde beim Schreiben über Thomas Brixner von einer eigenartigen Faszination gepackt. Er paßte nicht ins Klischee vom aus den Slums aufgestiegenen Champion, war weder aus der Armut noch aus dem dunklen Milieu gekommen, wo das Faustrecht auch außerhalb des seilumspannten Vierecks gilt. Er war ein Herausforderer wie aus dem Bilderbuch der Weißen, die genug hatten vom bösen schwarzen Mann.

Bloß, die Sache war nicht nur reizvoll. Sie schwappte aus dem Bassin des Journalismus, in dem man sich, immer wieder am Beckenrand anschlagend, im Kreis dreht. Die Sache brauchte, ohne an Grundsätzen der Reportage zu rütteln, mehr Tiefgang.

Literarische Freiheit setzte Antoine ein, koppelte sie mit der Reportagetechnik, die er sich erarbeitet hatte, und lehnte sich, ganz unbewußt, an einen großen

Realisten wie Balzac an, den er glühend verehrte, aber auch an einen Egon Erwin Kisch, den er nicht kannte.
Und er streute Witz ein. Trockenen Witz, wie ihn die Angelsachsen lieben, die dem Boxen Regeln und Geltung verschafft haben. Marcillac hatte ihm das empfohlen. Nicht weil er über besondere sporthistorische Kenntnisse verfügt hätte, sondern weil er diese Serie in der ganzen Welt verkaufen wollte und einen feinen Instinkt auch für diese Art von Geschäften entwickelte.
Aber immer wieder fragte sich Antoine beim Schreiben, ob er so weit gehen durfte, wie es der Alte wünschte.
Schon war Thomas Brixner Weltmeister aller Klassen für ihn, und bei vernünftiger Betrachtung der Lage war das ein grandios-verrückter Optimismus, der damit zusammenhängen mußte, daß der Alte mit heftigem Starrsinn seiner letzten großen Aktion ein Scheitern verweigerte.
Vielleicht, dachte Antoine manchmal, hat ihn die Krankheit verrückt gemacht.
Aber er schrieb weiter. Zwang sich zum Glauben an die fast unbegrenzten Möglichkeiten der ›White hope‹ gegen das schwarze Monster, das jeden Griff nach der Krone der Kronen blockierte.
Die Öffentlichkeit reagierte auf dieses homerische Vorgeplänkel mit fast hysterischem Jubel, aber auch mit schrillen Pfiffen, die nicht nur von schwarzer Seite kamen. Und genau das war es, was Charles Marcillac die dürren Hände reiben ließ.
Der beste seiner Schreiber mußte das Beste herausholen im Vorfeld eines Fights, für den ›Kampf des Jahrhunderts‹ ein lächerlich ausgemergeltes Schlagwort war. War der Mensch nicht so gebaut, hatte Marcillac gefragt, daß ihn dieser körperliche Dialog zweier Boxer verschiedener Hautfarben, diese pri-

mitivste und gnadenloseste Art der Auseinandersetzung, mehr zu faszinieren vermochte als die erste Mondlandung, deren Genialität aus unzugänglichen und deshalb unverständlichen Laboratorien entsprungen war? Da fehlte die Ekstase, die dem Einfachen, Sichtbaren und Begreiflichen entspringt.

»Du mußt«, hörte er Marcillac wieder sagen, »die Frauen ansprechen. Mach diesen Bestien und Pummelchen der unreflektierten Emotion klar, was sie zum Boxer hinzieht. Zeig ihnen, daß Westernhelden mit oder ohne Colt im Vergleich zu ihm biedere Gartenzwerge sind!«

»Und John Wayne ein mickriger Korporal der Heilsarmee«, hatte Antoine grinsend ergänzt, ehe Marcillac fortfuhr mit der Hochstilisierung des weißen Helden, der erst noch einer werden mußte.

Seltsame Gefühle beschlichen Antoine aber auch bei dem Gedanken, daß Pascale Marcillac Interesse für den Boxer bekunden könnte. Dafür schien dem sonst so hellsichtigen Marcillac die Antenne zu fehlen.

Antoine fuhr die seine aus. Höher und sensibler denn je, und es machte ihm wieder und wieder Spaß zu variieren zwischen den harten und präzisen Sätzen Hemingways und der breiteren Erzählkunst des den Boxer heroisierenden Jack London.

Er fand den Ton, den die Leute fressen, und nie hatte ihn Marcillac stärker gefunden als in dieser Serie von Skizzen, die er der Welt zum Fraß hinwarf. Es gab kein Thema, das intensiver diskutiert wurde.

Eines Morgens stand Désirée vor der Tür. Es war nicht die Haustür, sondern die schwere Eisenpforte des Parks, auf der Stacheln saßen wie auf alten deutschen Pickelhauben. Seit das Trio hier hauste, war sie verschlossen, und es gab keinen anderen Eingang mehr.

Sie mußte lange warten, weil Brix erst ins obere

Stockwerk verfrachtet wurde. Im Dorf waren bisher nur Antoine gesichtet worden und Berthelin, den keiner kannte. Seine Berühmtheit war schon in der fernsehlosen Zeit verblichen und nicht aufs Land gedrungen.

Durch einen Vorhang erkannte Antoine das Mädchen, und er zögerte, ihr zu öffnen. »Es ist die Tochter des Bürgermeisters«, sagte er auf Berthelins fragenden Blick.

»Geh schon. Vielleicht ist es wichtig für uns. Brix ist ja gut versteckt.«

Aber der Frühstückstisch war noch nicht abgeräumt. Désirée sah drei Tassen und auch Teller für drei Personen.

Schon auf dem Kiesweg des Parks hatte sie Antoine angefaucht. Eine einzige Postkarte hatte er von den Bahamas geschickt, und er hatte sich nicht zurückgemeldet. Und im Dorf war er nur in der Epicerie zum Einkaufen gewesen. Nicht einmal in den Bistro hatte er reingeschaut.

Désirée war sauer, und sie zeigte es.

Sie ist noch hübscher geworden, dachte Antoine, und gleichzeitig sah auch er die dritte Tasse.

»Eine Bullenhitze habt ihr«, schnippte das Mädchen und warf die rote Wolljacke über einen Stuhl, als ob sie hier zu Hause wäre. »Ist Pierre auch da?« fragte sie und linste nach der dritten Tasse.

»Pierre«, sagte Antoine, »ist Leibwächter auf den Bahamas«, und er überlegte, wem er die dritte Tasse zuschustern könne.

Aber Désirée tat, als ob er Luft wäre, und verlangte eine Zigarette. »Dann ist das jetzt dein Wächter?« Ihre Kopfbewegung war nur angedeutet und von ironischer Geringschätzigkeit. »Ich glaube kaum, daß er dir nachrennen könnte, wenn du ins Dorf willst.«

Sie ärgerten sich beide und griffen nach Zigaretten.

Und jetzt kam sie doch auf die Tasse zurück. »Habt ihr ... habt ihr eine Frau hier?«
Damit hatten sie nicht gerechnet. War es Eifersucht, oder wußte sie etwas von Brix? Verneinend wackelten sie mit den Köpfen und bliesen Rauch ab.
»Einen Mann also.« Sie wartete die Antwort nicht ab. »Einen starken Mann? Vielleicht den stärksten der Welt?«
»Wie ... wie kommst du darauf?« fragte Antoine verblüfft. Berthelin war einfach sprachlos.
Désirée lachte, und es war ein gutes Lachen. »Was Männer doch für Kindsköpfe sein können, Antoine! Als ich erfuhr, daß du da bist, habe ich mich zuerst gewundert und dann geärgert, weil du dich nicht gemeldet hast. Und dann habe ich nachgedacht.«
»Aha, nachgedacht.« Er knurrte es wie ein Tiger, der aufwacht. »Und das Ergebnis deines Nachdenkens?«
»Ich hab mich auf die Lauer gelegt. Die schönen Hecken eures Parks sind nicht aus Beton. Und ich hab euren großen Boxer frühmorgens beim Training im Freien gesehen. Zur Strafe hätte ich eine Zeitung anrufen sollen, oder? Man liest ja genug über sein rätselhaftes Verschwinden.«
»Du hast's aber nicht getan?« Antoine hob die Hände vor den Kopf.
»Bis jetzt nicht.« Es klang wieder schnippisch.
»Soll das eine Drohung sein?«
Ein girrendes Lachen begleitete den Rauch, den sie ihm ins Gesicht blies. »Erpressung wäre besser.«
Antoine fing sich. »Du willst ihn sehen, das ist alles, oder?« Es klang fast erleichtert.
»Man wird«, sagte Désirée mit feinem Lächeln, »sehen, ob das alles ist.«
»Was soll das heißen?«
Das Lächeln verschwand, und fast geschäftsmäßig fuhr sie fort: »Ihr seid wirklich naiv, Antoine.

Glaubt, euch verstecken zu können mit einem Mann, den alle Welt sucht! Helfen will ich euch, ihr Dummköpfe! Gestern haben drei Zeitungen angerufen. Wollten wissen, wer in Marcillacs Haus ist. Mein Vater hat nichts gewußt. Er ist wirklich wie die Bauern.«
»Und du?«
»Für was hältst du mich?« Ihre spöttischen Augen schwenkten zum Tigerfell, das vor dem Kamin lag; aber das entging dem alten Berthelin, der sie gebannt anstarrte.
»Natürlich hat niemand etwas von mir erfahren, aber sie sind auf der Spur, und ihr könnt Gift drauf nehmen, daß ihr bis zum Mittag Besuch bekommt. Wollt ihr Barrikaden aufstellen und die Jagdflinten rausholen?«
»Jetzt«, stöhnte der alte Berthelin und stand auf, »brauch ich einen Calvados!«
»Bringen Sie ruhig drei Gläser«, rief ihm Désirée nach. Und zu Antoine: »Wenn du dich nicht zeigst, will ich wenigstens deinen Boxer sehen.«
»Von mir aus. Wenn es stimmt, was du sagst, ist es sowieso aus mit der Ruhe.«
»Verlaß dich drauf!«
»Es war ein herrliches Arbeiten, Désirée. Für die beiden und für mich. Fast meine ganze Exklusiv-Serie ist fertig, und sie wird ein Hit!«
»Und ich bedeute dir nichts mehr?« Der Spott war aus den großen Augen gewichen.
Berthelins Rückkehr mit der verstaubten Calvados-Flasche enthob ihn der Antwort. Er schenkte ein, und sie tranken auf das bedauerliche Ende der Einsamkeit.
»Schließlich hat es so kommen müssen«, sagte Antoine. »Die Arbeit im Camp bleibt ungestört. Wir machen Pressekonferenzen, wann wir wollen, und es gibt keine Extrawürste!«

»Doch«, sagte Désirée. »Für mich.«
»Und das heißt, bitte?«
»Das heißt ganz einfach, daß ihr ihn mir jetzt vorstellt. Oder liegt er an Ketten im Keller?«
Antoine feixte. »Du verstehst es, deinen Kopf durchzusetzen, aber bilde dir nicht ein, daß du alles kriegst, was du willst.«
Es war eine Zweideutigkeit, die Berthelin nur halb verstand.
Dann kam Antoine mit Brix die alte Holztreppe herunter, und in Désirées Augen stieg ein Leuchten, das man bei Kindern im Zirkus und in Märchenvorstellungen des Theaters beobachten kann. Erwachsene haben gewöhnlich ihre Freude dran. Aber Antoine gefiel es jetzt nicht.

## 12

Aus den Augen von Pascale Marcillac sprang Zorn. Sie saßen, hoch über dem Meer, das die Sonne in einen silbernen Spiegel verwandelte, auf der Dachterrasse des Xanadu. Weit draußen, wo sich Himmel und See vereinigten, entschwand ein weißes Passagierschiff nach Westen.

Marcillac saß, wie jeden Morgen, wenn er nach der Blutentnahme von der Klinik kam, vor einem Stoß Zeitungen. Aber diesmal ließ Pascale ihm nicht die Ruhe, die er forderte.

»Zum dritten Mal sage ich dir jetzt, daß ich dich sprechen muß!«

Verwundert blickte er über den Rand der Lesebrille, ehe er sie abnahm. »Ist was?«

»Tu nicht so, du weißt sehr gut, was ist, Charles!«

»Natürlich. Ich muß für ein paar Tage rüberfliegen. Antoine und Berthelin brauchen mich. Und Brix auch. Ganz normale Sache. Die Presse ist eingedrungen bei ihnen, und das ist mir ein bißchen zu früh. Für die große Publicity brauchen wir das richtige Timing, und meine Zeitungen müssen den anderen immer einen Schritt voraus sein. Ich hab da ein paar Tricks im Kopf, aber über dieses verdammte Telefon läßt sich nicht alles machen. Außerdem ist es gut, wenn gewisse Leute sehen, daß der alte Marcillac keine Mumie ist!«

»Du überschätzt dich, Charles, und der Arzt ist der gleichen Meinung.«

»Wer sagt das?«
»Ich habe gestern lange mit ihm gesprochen.«
»Und das sagst du erst jetzt?« Mit einer wütenden Handbewegung schob er den Zeitungsstapel zur Seite, der wie eine Mauer zwischen ihnen stand.
»Was blieb mir übrig? Den Abend hast du mit diesem Mafioso Gianni verbracht, und die halbe Nacht hast du telefoniert. Meinst du, das hilft deiner Gesundheit?«
»Ich fühle mich gut.« Es klang mehr trotzig als überzeugend. Zu tief lagen die Augen hinter den hervortretenden Backenknochen.
»Auf jeden Fall sagt Lawrence, er kann dich nicht weglassen.«
»Bah! Ärztegeschwätz. Ich kann mir meine Spritzen genauso in Paris reinhauen wie hier.«
»Und wer nimmt dir das Blut ab?«
Er schlug mit der dünnen Faust auf die Tischplatte. »Jetzt hör mal gut zu, Pascale. Seit vierzehn Tagen bekomme ich die haargleichen Serumanteile, und Lawrence spricht von einer hervorragenden Stabilisation! Was sollen drei oder vier Tage Paris daran ändern?«
»Und Reisestrapazen und Klimawechsel? Denkst du daran nicht? Die machen jungen und gesunden Leuten zu schaffen!«
»Ich fliege, weil ich fliegen muß, basta!«
Pascale Marcillac schüttelte den Kopf. »Du bleibst hier, weil du mußt. Das hab ich mit Lawrence besprochen.«
Eine weitere brüske Handbewegung wischte die Zeitungen vom Tisch, und der Wind, der vom Meer kam, ließ ein paar Blätter über die Balustrade flattern.
»Man macht Komplotte hinter meinem Rücken. Saubere Sache!«
Sie legte ihm die Hand auf die Finger, die auf den

Tisch zu trommeln begannen. »Ich kann für dich fliegen, Charles, wenn du mir genaue Anweisungen mitgibst.«
»Du willst allein nach Paris?« Die tiefliegenden Augen zogen sich zusammen.
»Warum nicht? Ich habe Einkäufe zu machen. Nach einem halben Jahr auf den Bahamas fehlt einer Frau viel.«
»Du hast doch alles hier!«
»Ja, sogar Kokain im Haus und die Mafia! Weißt du, was ich mich manchmal frage, Charles?«
»Bitte. Mich überrascht nichts mehr.«
»Ob du für deinen Boxkampf nicht auch noch zu einem Mord fähig wärst.«
»Vielleicht«, sagte Marcillac mit zynischer Kälte, »ist die Frage gar nicht unberechtigt. Wer ihn mir wegnehmen will, liegt schlecht im Rennen.«
»Ich will ja das Gegenteil, und was den Mord angeht, könnte es leicht ein Selbstmord werden. Frag Lawrence, wenn du mir nicht glaubst.«
»Gut, ich werde mit ihm sprechen. Aber nur, um ihm zu sagen, daß ich fliege.«

Dr. Lawrence hatte durchaus Grund, stolz auf die Fortschritte zu sein, die er mit seinem schwierigsten Patienten gemacht hatte. Und aus aller Welt kamen Beweise dafür, daß der Bekanntheitsgrad des Doktors sich hochrangelt an dem des Patienten. Es war eine Publicity, die er zwar nicht nötig hatte, aber nichtsdestoweniger goutierte.
Die Fachwelt, wiewohl zäh an den schulmedizinischen Methoden klebend, wurde aufmerksam auf das, was er Immuno-Augmentativ-Therapie nannte. Schließlich war hinreichend bekannt, daß einer der reichsten Männer Europas als hoffnungsloser Fall zu ihm gekommen war. Und jetzt trat er ins grellste Rampenlicht, das sich vorstellen ließ.

Natürlich war Glück dabeigewesen. Es gab kein Erfolgsrezept. Rund 60 Prozent der Patienten sprachen auf seine Methode an; das ließ sich nach einer Behandlung von ungefähr zweitausend Patienten schlüssig beweisen. Allerdings wäre eine viel höhere Erfolgsquote herausgekommen, wenn sein Research-Center für viele nicht die allerletzte Hoffnung nach sämtlichen konventionellen Therapie-Versuchen gewesen wäre.
Marcillac war ein Musterbeispiel dafür. Im Rollstuhl, außerstande, auch nur zwei Schritte zu gehen, war er angekommen, und nach den ersten Untersuchungen hatte der Arzt kaum eine Chance für ihn gesehen. Lungen-, Leber- und Knochenmetastasen sowie Aszites nach einem Adenokarzinom.
Aber nach vier Wochen waren fast alle Metastasen beseitigt, nur die Aszites noch nicht. Der Mann stand auf und ging, und manchmal mußte Lawrence lachen, wenn Marcillac in seiner laienhaft vereinfachenden Weise den Leuten von seiner Wunderkur erzählte.
Freilich, sein unglaublicher Lebenswille kam dazu, und als er ihn kombinierte mit der Aufgabe, der Welt den größten Boxkampf aller Zeiten zu liefern, machte Charles Marcillac einen jener Schritte nach vorn, die keine Medizin zu programmieren vermag. Das drang den Onkologen, die sich in aller Welt für den Fall zu interessieren begannen, längst nicht so klar ins Bewußtsein wie Dr. Lawrence. Aber keinem war auch klar, wie hektisch der Mann an den mühsam geknüpften dünnen Fäden zog. Deshalb hatte er auch mit Marcillacs Frau gesprochen. Und wegen der Freundschaft, die entstanden war und gegenseitige Achtung erzeugt hatte.
Und zusammen mit Pascale Marcillac brachte Dr. Lawrence es fertig, daß Charles auf die Reise verzichtete. Sie flog. Und für ein paar Tage oder eine

Woche würde Marcillac das riesige Penthouse des Xanadu nur mit dem ehemaligen Boxer Pierre teilen.

Pascale Marcillac stand, wie ein paar Tage zuvor Désirée, vor dem eisernen Portal des Bauernhauses in der Normandie. Es hatte sich einiges geändert. Ein halbes Dutzend Autos parkte auf der Wiese, und das größte war ein Übertragungswagen des Fernsehens – wie zum Beweis dafür, daß das alte Bauernhaus öffentlich geworden war.

In der großen Stube ging es zu wie bei einem Umzug. Beleuchter verrückten Möbel, und Reporter in Lederjacken unterstrichen ihre größere Wichtigkeit mit lautstarken Anweisungen. Einer von ihnen saugte dabei an einer kalten Gauloise.

Von Thomas Brixner sah Pascale nur den Kopf, weil sie an ihm hingen wie Trauben, und nur Antoine schien ihren Eintritt zu bemerken. Sie war froh, daß er sie ohne Umstände über die Holztreppe nach oben führte. Er hatte Pierres Putzfrau wieder mobilisiert, um ein Gästezimmer herrichten zu lassen.

»Vielleicht wollen Sie sich zuerst frischmachen«, sagte Antoine. »Im Badezimmer finden Sie alles. Ihr Gepäck holen wir später, wenn die Burschen weg sind. Wenn die merken, wer da gekommen ist, stehen Sie sofort vor der Kamera.«

Pascale hob abwehrend die Hände und ließ sich in einen Sessel fallen, der alt war und ächzte. »Um Gottes willen! Ich komme direkt vom Flughafen und sehe schrecklich aus.«

Antoine fand das nicht. Die Bahama-Bräune machte jede Retusche überflüssig.

»Gut, ich geh dann wieder runter. Seit drei Tagen haben wir diesen Zirkus, und wie das weitergehen soll, weiß ich nicht.«

»Ich soll Charles genau berichten. Wenn's zu unruhig wird, denkt er an einen Quartierwechsel.«
Der soll, dachte Antoine, lieber Bananen pflücken. Laut aber sagte er: »Wir werden schon fertig damit, Madame. Wenn der erste Ansturm vorbei ist, gehen die Türen wieder zu. Und jetzt entschuldigen Sie mich, bitte.«
Sie nahm ein Bad und ließ sich viel Zeit dazu. Trampeln und Stimmengewirr kamen von weit her wie durch einen Filter von Watte. Das alte Haus hatte solide Wände. Einen Stock tiefer sollte ein Weltmeister entstehen, und wiewohl sie nach wie vor keine Beziehung zum Boxen finden konnte, fühlte sie unterschwellig, daß es sich um eine Art von Geburtsvorgang handelte, dessen Risiken gewaltig und nicht kalkulierbar waren. Trotzdem ging's nicht simpler. Ein Mann sollte den anderen niederschlagen. Und die Tribüne war die Welt. Die Urwelt wohl.

Indes verfügten Urinstinkte, daß Pascale Marcillac auf Thomas Brixner gespannt war. Am Kamin, der ihr zuliebe angeheizt worden war, um den Übergang vom tropischen Klima in den normannischen Frühling zu mildern, saß sie am Abend dem Mann gegenüber, der hier nach allen Regeln einer Kunst, von der sie nichts verstand, für das große Ereignis präpariert werden sollte.
Er kam ihr vor wie ein großer Junge, der von zwei sehr unterschiedlichen Lehrern auf eine Schulbank gedrückt wird und die Notwendigkeit akzeptiert, ohne sie zu goutieren.
Oh, sie konnte es nicht begründen. Instinkt sagte es ihr, und er mochte im Mütterlichen wurzeln, das sie aus dem Exil mit einem kranken alten Mann mitgebracht hatte.
Aber er war anders geartet. Schon beim Abendessen hatte sie es gemerkt, das der alte Berthelin, ihre Mit-

hilfe strikt ablehnend, mit bemerkenswertem Geschick zubereitet hatte.
Es war die greifbare, urwüchsige Männlichkeit, die von Brix ausging, und es war ihr unmöglich, sich ihr zu entziehen. Kein Einfältiger wie Pierre saß vor ihr, sondern ein Mann, dessen Kopf die Zentrale war, nicht der Bizeps.
Und die Hände waren, bei aller Kraft, die sie ahnen ließen, feingliedrig. Pascale hielt etwas von Händen. Für sie verrieten sie vom Menschen mindestens so viel wie seine Augen. Die Hände von Charles Marcillac waren, als ihn die Krankheit noch nicht gepackt hate, von besitzergreifender Klobigkeit gewesen. Seine Augen? Heiß konnten sie brennen, aber ihr Hauptmerkmal war die kühle Berechnung, die sich nicht irritieren ließ. Sie hatte das bewundert und ihn für einen der wenigen Männer gehalten, die keine Maske trugen, weil sie keine nötig hatten.
Und Brix? Trug er eine?
Die Augen, in denen ein helles Grau dominierte, sprachen, so schien es ihr, die Sprache der Hände. Sie ließen Witz und Gefühl erkennen, ohne es hinauszubrüllen.
Aber kann sich ein Boxer das leisten? Sie hatte inzwischen genug gelesen darüber, um zu wissen, daß ein Boxer im Kampf lügen muß, um dem Gegner seine Absichten zu verbergen. Hemingway hatte es drüben auf Bimini geschrieben. Aber vor allem Norman Mailer. Ob sie nur boxgeile Möchtegerns waren, denen der Unterbau zu großen Köpfen fehlte?
Pascale Marcillac beschloß, alles über Thomas Brixner in Erfahrung zu bringen. Sie hätte Antoine um sein dick gewordenes Manuskript bitten können. Aber es war mehr als die übliche Neugier.
»Charles ist von Ihrer Serie begeistert«, sagte Pascale zu Antoine, »aber er meint, Sie müssen noch zulegen.«

»Es gibt mindestens fünfundzwanzig Fortsetzungen!«
»Sie werden wohl folgen müssen«, sagte Pascale, und ihr Lächeln streifte Brix. »Wir müssen ja alle tun, was er will. Sonst wäre ich nicht hier.«
»Sie ... sie bleiben länger?« fragte Berthelin mit dem Gesicht eines Mannes, den Frauen im Trainingslager stören.
Diesmal war ihr Lächeln nur angedeutet. »Eine Woche hat er mir gegeben, mehr nicht. Und sie wird angefüllt sein. Aber Sie können beruhigt sein, Berthelin, das meiste habe ich für ihn in Paris zu erledigen.«
Wieder streifte ihr Blick Thomas Brixner, und sie glaubte, in seinen Augen ein amüsiertes Zustimmen zu sehen.
»Versteht er uns eigentlich?« Pascales Frage war indirekt an den Boxer gerichtet. Ehe einer antworten konnte, sagte Brixner: »Oui, Madame.« Und er erklärte, daß er sein bescheidenes Schulfranzösisch vor allem deshalb aufgemöbelt habe, weil Berthelins Englisch gräßlich sei.
Sie lachte so schallend, daß der Alte das Pferdegebiß blanklegte. »Ihr Boxer hat Humor, Berthelin.«
»Sie können's nachlesen bei mir«, sagte Antoine. »Aber Humor kann auch hinderlich in diesem Geschäft sein. Wer ihn hat, schlägt sich nicht gern. Tiger Johnson hat keinen.«
»Deshalb schlägt er sich gern?«
»Nun ja, wenn man's ganz vereinfacht sieht, stimmt das. Aber die Sache hat, wie alles, ihre Nuancen. Entscheidend ist, daß Brix mehr Verstand und überhaupt ein unheimlich schnell reagierendes Hirn hat. Dazu Begabungen, die mich immer wieder staunen lassen.«
Pascale Marcillac wandte den Blick zu den Flammen, die jetzt dünner und bläulicher aus dem verkohlenden Holz züngelten. Und ohne den Kopf zu wen-

den, sagte sie: »Boxen kann Hirne ausbrennen. Wollen Sie zerstört sehen, was Sie da so anpreisen, Antoine?«
Für solche Sprüche, durchzuckte es den, bist du nicht hergeschickt worden, Katze! Und es ist, verdammt noch mal, nicht der Moment dafür. Berthelin hat recht. Frauen haben in einem Trainingslager nichts zu suchen. Er zündete sich eine Zigarette an, und erst nach drei Zügen fragte er: »Sehen Sie am Kopf von Brix die Spur eines Schlags?«
Ihr Blick kam vom Feuer zurück zu dem Kopf des jungen Mannes. »Ich sehe keine, aber er hat auch noch nicht gegen Tiger Johnson geboxt.«
»Er wird ihn schlagen. Deshalb sind wir hier.«
Und er verkniff es sich, hinzuzufügen, daß man gerade noch auf eine Miesmacherin ihrer Sorte gelauert habe.
»Frauen«, kam ihm Berthelin zu Hilfe, »sollten sich bei solchen Männersachen nicht einmischen.«
In sein letztes Wort mischte sich der schrille Ton der Klingel.
Draußen stand Désirée, die Tochter des Bürgermeisters. Für den alten Berthelin war eine Frau im Trainingslager wie der Teufel im Vatikan. Zwei Frauen aber waren etwas nicht mehr Vorstellbares.
Und nun stand Désirée mitten im Zimmer. Eine Rotznase, verglichen mit der ausgereiften Schönheit von Madame Marcillac, aber eine Frau dennoch, und unbedingt eine zuviel.
Désirée holte sich aus dem Schrank ein Glas und schob einen Sessel an den Kamin, als ob es nichts Selbstverständlicheres gäbe.
Pascale Marcillac zog die Brauen hoch. Sie hatte gerade mit Brix ein Gespräch über die Gefährlichkeit von Schlägen auf den Kopf beginnen wollen. Aber der Boxer war unter den beschwörenden Blicken Berthelins aufgestanden.

»Beaucoup travail demain«, sagte er in seinem lustigen Französisch.
»Er hat einen langen Tag gehabt«, fügte Berthelin hinzu und begleitete ihn zur Treppe.
Pascale Marcillac verfolgte seinen federnden Schritt aus schmalen Augen. Ein Müder geht anders, dachte sie.
Jetzt erst wurde ihr Désirée von Antoine vorgestellt. Süffisant fragte Pascale sie, ob sie immer so späte Besuche mache.
»Keineswegs, Madame. Ich bin nur zufällig mit dem Rad vorbeigekommen und war neugierig, wem das große Auto gehört.«
»Zufrieden?«
Die Ironie biß nur die beiden Männer. Désirée lachte.
»Als Madame Marcillac würde ich einen Sportwagen fahren.«
»Bißchen kindlich noch, was?«
»Ich bin neunzehn, Madame!«
Pascale stand auf. »Auch ich habe einen schweren Tag gehabt. Man schüttelt so einen langen Flug nicht einfach ab.«
Unverschämt schöne Beine hat sie, dachte Désirée. Auf der Treppe zeigte sie viel davon.
Dann verabschiedete sich auch Berthelin. Es kam so schnell, als müsse er nachprüfen, ob Pascale auch ins richtige Zimmer ging.
Und dann bekam Désirée ihre Rüge von Antoine.
»Du kannst nicht einfach hier hereinschneien, wann du willst! Daß Madame Marcillac sauer ist, wirst du ja gemerkt haben.«
»Na und? Ist sie deine Chefin?«
»Jetzt hör mal gut zu, Mädchen. Sie hat wichtige Dinge im Auftrag ihres Mannes zu erledigen. Außerdem muß er nicht zu hören kriegen, daß hier Frauen aus- und eingehen!«

Sehr beeindruckt zeigte sie sich nicht. »Wie lange bleibt sie?«
»Eine Woche, vielleicht auch weniger. Morgen muß ich übrigens nach Paris mit ihr. Wir haben eine Pressekonferenz über meine Serie.«
»Oh, wie aufregend!«
Spott und Neid rieben sich in ihrer Stimme.

## 13

Hoch über den Champs-Elysées, auf den Martini-Terrassen, fand eher ein gesellschaftliches Ereignis als eine Pressekonferenz statt. Männer aus Wirtschaft und Politik machten die Journalisten zur Minderheit, wie es auf Pressebällen üblich ist, aber die Eleganz einiger auffallend schöner Damen verdeckte nicht die Arroganz und die Verschlagenheit diverser Gesichter, die auf der ganzen Welt im Kielwasser des Berufsboxens schwimmen. Auch die Gentlemen der Droge kamen zum Rendezvous.

Pascale Marcillac überbrachte Grüße ihres Mannes, und der Applaus war ehrlich und stark, weil sich alle beschenkt fühlten vom großen Coup, den da einer gelandet hatte, der schon abgehakt war. Die Atmosphäre hatte den Touch vom Comeback eines Weltmeisters.

Dann kam man zur Sache. Der Chefredakteur von Marcillacs größter Zeitung nannte die Serie über Thomas Brixner eine unübertreffliche Meisterleistung von Antoine, ein Porträt, das mit so viel einfühlsamer Kunst noch von keinem Boxer der Welt gezeichnet worden sei. Und täglich, über sechs Wochen, eine volle Seite! Und mit einer ironisch angehauchten Verbeugung wandte er sich an die Herren des Fernsehens: »Man möge verzeihen, daß ein uraltes Medium hier mit mehr Tiefgang und Ausstrahlungskraft zu arbeiten vermag als die audiovisuelle Technik.«

Sie filmten Brixner trotzdem. Auch die erste Seite der Zeitung. Marcillac hatte das von den Bahamas aus mit einem überzeugenden Scheck an einen wichtigen Mann des Fernsehens geregelt. Man sah auf dieser ersten Seite Thomas Brixner zweimal: einmal mit Boxhandschuhen und einmal mit Schnuller. Er saß auf einem Tigerfell und lutschte. Viele mußten lachen. Auch Antoine. Aber bei ihm wußte keiner, warum.

Später schleppten alte Kollegen Antoine ins Boxerlokal von Bébert. »Das bist du Bébert einfach schuldig, Antoine. Ein solches Fest hat's noch nie gegeben bei ihm!«

Dagegen war nichts zu sagen. Für eine Stunde, dachte Antoine, muß ich schon hin. Aber es wurden drei, und er ließ den Champagner auf Marcillacs Kosten fließen, bis Bébert seinen einzigen Kellner wegschikken mußte, um Nachschub zu holen. Als er sich losriß, hinterlegte Antoine noch Kredit für weitere sechs Flaschen, und dann brauchte er für den Heimweg, wie damals, als er hier den alten Berthelin für Brix gewonnen hatte, die ganze Breite der Straße.

Zur gleichen Stunde ließ Pascale Marcillac ihren schweren Wagen auf der Nationalstraße zwischen Mantes und Evreux mit einem Tempo röhren, das Gendarmen nicht dulden. Ursprünglich hatte sie, wie Antoine, in Paris bleiben wollen, aber dann hatte sie, einer spontanen Eingebung folgend, über die sie sich keine Rechenschaft gab, ihr im ›Grillon‹ reserviertes Zimmer abbestellt und alle Termine für den nächsten Tag gestrichen. Der Abend zog sie zurück in die Normandie, und als die Straßen freier wurden, gab sie Gas, um den Zeitverlust aufzuholen, den die Staus an der Pariser Peripherie den Eiligen wie den Geduldigen auferlegen.

Ungeduldig war sie. Ungeduldig in einem Maß, daß

sie unpassend, aber auch prickelnd fand. Im Ritz hätte sie essen können mit Männern, die ihr zu Füßen gelegen hätten. Vielleicht auch mit einem nur. Mit einem, der möglicherweise Glück gehabt hätte mit dem Auslegen der Angel nach einer Frau, die von weit hergekommen war. Es war nicht nur die Distanz. Aus monatelangem Exil mit einem kranken Mann war sie ins Leben zurückgekehrt, ins prickelnde Zentrum des großen Lebens. Ein Hauch von ›le tout Paris‹ hatte sie auf den Terrassen hoch über den Champs Elysées umschmeichelt.

Licht brannte in der Wohnstube, als sie das schwere eiserne Parktor aufschloß. Die Reifen ließen den Kies des Parkwegs knirschen, aber sie fuhr langsam, um den Schlaf nicht zu stören, den sie dem Alten wünschte.

Als sie eintrat, saß Brix allein vor dem Fernseher. Er trug einen roten Trainingsanzug, und der Kamin brannte nicht. Eine Stehlampe war die einzige Lichtquelle.

»Sie? Und so spät? Sagten Sie nicht, daß Sie in Paris bleiben?«

Es klang in seinem holprigen Französisch halbwegs verständlich, und sie lachte. »Wollen wir nicht lieber Englisch reden?«

»Okay«, sagte er. »Nehmen Sie einen Drink?«

»Gerne, die Fahrt hat Durst gemacht. Und wo ist Ihr Trainer?«

»Schon seit einer Stunde im Bett. Ist nicht mehr der Jüngste, und wir haben harte Tage jetzt. Training und Presse. Paßt nicht immer zusammen.«

»Und Sie sind nicht müde?«

»Seltsamerweise heute nicht. Wollte mich noch bei einem Krimi entspannen. Was darf ich Ihnen anbieten?«

»Whisky-Soda«, sagte sie. »Aber mit viel Soda.« Immer noch standen sie halb unter der Tür, und erst

jetzt ließ sie sich in einen Sessel fallen. »Wissen Sie, warum ich nicht in Paris geblieben bin?«
Er zuckte mit den Schultern und goß viel Wasser über ein paar Tropfen Whisky.
»Es interessiert Sie auch nicht?«
Erstaunt hob er den Kopf. Die provozierende Beiläufigkeit der Frage irritierte ihn.
»Weil ich genug von den Leuten hatte, die sich ungeheuer wichtig vorkommen. Wie die Pfauen schlagen sie ihre Räder, als ob sie selbst in den Ring steigen müßten. Und jeder weiß, wie's ausgeht.«
»Wie denn?«
»Das«, sagte Pascale Marcillac und nahm einen großen Schluck, »ist unterschiedlich. Aber die meisten setzen auf Johnson.«
»Und Sie?«
»Soll ich ganz ehrlich sein?«
»Ich bitte darum.«
»Ich habe Angst um Sie. Nach allem, was ich gehört und gelesen habe, gibt es keinen härteren und erbarmungsloseren Schläger als Johnson. Sie haben weder seine Kraft noch seine Erfahrung. Ist das richtig?«
Er nickte. »Aber Boxen ist nicht Mathematik. Und der geschmeidige Muskel kann dem dicken Riesenmuskel überlegen sein. Und das Auge ist wichtig. Aber das kann Ihnen der alte Berthelin viel besser erzählen. Ich habe enorm viel bei ihm gelernt.«
Sie unterbrach ihn mit einer ungeduldigen Handbewegung. »Ich bin froh, daß er schläft! Mit Ihnen will ich sprechen. Haben Sie wirklich keine Angst?«
»Hm. Wenn sie kommt, verscheuche ich sie. Vielleicht verstehen Sie, daß ich gar keine andere Wahl habe.«
»Sie können durch den Kampf zum Krüppel werden.«
»Ich kann auch gewinnen.«
»Stimmt. Aber es spricht so ziemlich alles dagegen.«

Sie trank ihr Glas aus und wehrte nicht ab, als er nachschenkte. »Sehen Sie, Brix, ich habe auf Grand Bahama lange mit dem Arzt meines Mannes darüber gesprochen.«
»Mit Krebs hat das wohl nichts zu tun, oder?« Aggressivität schwang in seiner Stimme mit und sprang auf Pascale über.
»Sind Sie so stur oder stellen Sie sich nur so? Der Mann weiß, wovon er redet, aber vielleicht wissen Sie tatsächlich nicht, was ein Contrecoup ist!«
»Nie gehört.«
»Wollen Sie's erst erfahren, wenn's zu spät ist, wenn Sie mit der Oberlippe zucken oder schläfrig und langsam reden wie Muhammad Ali? An der Fassade hat er keinen Kratzer, aber im Hirn, und alle, die ihm zu Füßen gelegen haben, wollen heute nichts mehr von ihm wissen!«
»Aber ich will wissen, was ein Contrecoup ist.«
»Sie müssen sich das so vorstellen: Das menschliche Gehirn ist sozusagen im Rahmen des Möglichen abgesichert. Es ist eine gallertartige Masse mit einem winzigen Stück Bewegungsfreiheit, sagen wir, ein Millimeter bis zur Schädeldecke. Und nun kommt der Schlag aufs Kinn, der bei euch als die höchste Kunst gilt, etwa wie der entscheidende Stich des Toreros in den Nacken des Stiers, stimmt's?«
»Man kann's so sagen.«
»Also gut. Das gibt eine Erschütterung, die wir den Coup nennen wollen. Das Gehirn schwappt im engen Rahmen seines Spielraums nach hinten, muß aber logischerweise wieder zurückkommen. Diese Gegenbewegung ist der Contrecoup, und bei entsprechender Wucht führt er unweigerlich zu dem, was ihr K.o. nennt.«
In die grauen Augen stieg Überraschung. »Da muß eine Frau kommen, um ...«
»...um Ihnen zu sagen, was Sie so treiben oder was

man treiben kann mit Ihnen. Jeder Knockout ist eine Gehirnerschütterung, und folglich ist Boxen nichts anderes als legalisierte Körperverletzung. Und das ist noch das Mildeste, was man sagen kann! Wenn einer totgeschlagen wird, hat er Pech gehabt. Ist Ihnen schon einmal klargeworden, daß Sie's auch haben können?«
»Gefährdet ist jeder. Im Auto kommen auf jeden Fall mehr Leute um als im Ring. Sie hätten heute nacht gegen einen Baum fahren können.«
»Das ist kein Argument«, fauchte sie.
»Warum nicht? Sehen Sie, ich bin ein sehr schneller Schwergewichtler. Tempo vermindert bei uns das Risiko, im Gegensatz zum Autofahren.«
»Von mir aus! Fragen Sie sich lieber, wie viele Knockouts ein Mensch aushält. Zehn, fünfzig, hundert?«
»Weiß ich's? Mich hat noch keiner umgehauen.«
»Die Premiere ist nahe!«
»Sind Sie durch die Nacht gefahren, um mir das zu erzählen?«
Pascale Marcillac fühlte sich plötzlich lächerlich. Und auch gedemütigt. Ganz anders hatte sie mit ihm reden wollen, und nun hatte sie sich eine arrogante Frage eingefangen, die sie wütend machte. Verflogen war der prickelnde Reiz, den sie zusammen mit mütterlichen Gefühlen im Auto gespürt und der sie zu einem Tempo veranlaßt hatte, das tatsächlich an einem Baum hätte enden können.
»Ich hätte doch in Paris bleiben sollen«, sagte sie und ging die Treppe hinauf, ohne ihm die Hand zu reichen.
Aber Pascale fuhr am nächsten Tag nicht zurück. Als Antoine von seinem kleinen Pariser Hotel im Bauernhof anrief, schützte sie Migräne vor und trug ihm auf, die Termine, die sie abgemacht hatte, für sie zu erledigen.

Am späten Nachmittag kam Désirée angeradelt. Aber sie durfte nicht durch das große Eisentor. Berthelin, verärgert über Pascales Anwesenheit, überwachte es persönlich, weil zwei Frauen im Camp ohne Antoines Hilfe untragbar waren.
Désirée bat und bettelte, ehe sie ihn einen alten Geier schimpfte und mit wütenden Pedaltritten heimfuhr. Und ihr Ärger war um so heftiger, als sie Pascales Auto gesehen hatte. Mußte die nicht in Paris sein? Désirée war nicht gewillt, das Feld kampflos zu räumen. Unbedingt zu klären war die Frage, ob Männer, die Weltmeister im Schwergewicht werden wollen, in der Vorbereitungsphase aufhören, Männer zu sein.
Die Frage beschäftigte auch die Frau, die ins Haus eingedrungen war, weil sie der alte Berthelin nicht abweisen konnte.
Wie war Brix als Mann? In Deutschland, das hatte sie gelesen, hatte er die Frauen angezogen wie das Licht die Motten, aber viele mußten sich verbrannt haben, und von großen Affären war nichts bekannt. Sie wollte mit Antoine reden, der Brixners Lebensgeschichte geschrieben hatte.
Aber zunächst galt es, das Gespräch, das in der Nacht so abrupt geendet hatte, wiederaufzunehmen. Das war nicht leicht. Er machte am Morgen Footing und Gymnastik, und am Nachmittag war Sparring in der Scheune. Berthelin ließ drei Reporter hinein, aber keine Frau. Und es war zwecklos, sich beim fernen Marcillac zu beschweren. Berthelin war sein Halbgott. Das merkte sie bei jedem Gespräch mit ihrem Mann, und es kamen durchschnittlich drei Anrufe am Tag. Deshalb wußte er natürlich auch, daß sie nicht in Paris war. Aber er hatte es geschluckt wegen der Migräne und weil alles so hervorragend lief. Der glanzvolle Auftakt von Antoines Serie hatte ihn begeistert.

Berthelin wurde etwas zugänglicher, als sie sich anbot, im Dorf einzukaufen. Das gab ihr in seinen Augen einen Schimmer von Nützlichkeit. Auch in der Küche half sie am Abend. Es war mehr weibliches Kalkül als Hilfsbereitschaft, aber es stimmte den Alten friedlicher. Nein, diese Madame Marcillac würde beim gewaltigen Engagement ihres Mannes keine Gefahr für das Juwel darstellen, dem er den letzten Schliff für den größten aller Auftritte gab.

Es lief wirklich gut im Camp. Die Sparringspartner, die jetzt nicht mehr bei Nacht und Nebel eingeschleust werden mußten, wechselten einander ab, und das Repertoire der Variationsmöglichkeiten von Brixner wuchs täglich.

Berthelin fragte sich, was er mehr bewundern sollte: Brixners nie erlahmende spontane Bereitschaft oder seine Fähigkeit, ohne jede Instruktion die Stärken und Schwächen jedes Gegners im Nu zu erkennen. Er spielte mit ihnen, und sie waren immer die Überraschten, wenn sie ihn überraschen wollten. Fast zärtlich waren die Schläge, mit denen er ihnen bewies, daß sie in die Falle getappt waren und sich den Ring jetzt von unten angucken müßten, wenn es Ernst wäre.

Aber die Frau im Camp gefiel Berthelin nicht. Marcel Cerdan und Edith Piaf fielen ihm ein. In der ganzen Geschichte des Boxens hatte es keine größere und tragischere Romanze gegeben.

Es hatte auch kein so ungleiches Paar gegeben. Der ›Spatz von Paris‹ war winzig, einen Meter fünfzig wohl nur und von der Zerbrechlichkeit dünnsten Glases; er aber war Weltmeister im Mittelgewicht, ein kraftstrotzender, kantiger Gigant, und eine Ähnlichkeit mit Brix war nicht zu leugnen. Auch er hatte immer Angst gehabt, seine Sparringspartner zu hart zu treffen.

Marcel Cerdan war in Casablanca verheiratet und

hatte Kinder. New York, wo er unmittelbar nach dem Krieg so häufig boxte wie Edith Piaf sang, wurde zum Refugium und Pardies der beiden Verliebten, und wie gut erinnerte sich der alte Berthelin an die Pressekonferenz, die Cerdan einberief, als ihm die Hetzjagd der Reporter wegen seiner Liaison auf die Nerven ging. Es war zugegangen wie im Ring. Gongschlag und zur Sache. Ohne Umschweife, und bei der Prüderie des damaligen Amerika wollte das was heißen!
»Well, Gentlemen, meine Beziehung zu Edith Piaf interessiert Sie weit mehr als meine Boxerei. Kommen wir also gleich zur Sache. Ja, sie ist meine Geliebte. Und sie ist es aus dem höchst einfachen Grund, weil ich verheiratet bin. Wäre ich es nicht, würde ich sie zu meiner Frau machen. Und nun bitte ich jeden von Ihnen, der seine Frau noch nie betrogen hat, die Hand zu heben.«
Keine Hand ging hoch.
Und Cerdan: »Jetzt können Sie mir alle Fragen stellen, die Sie wollen, aber zu diesem Thema ist alles gesagt. Morgen werde ich sehen, ob Sie Gentlemen sind!«
Am nächsten Tag stand kein Wort über Edith und Marcel in den Zeitungen. Dafür erhielt Edith einen Blumenkorb, der kaum durch die Tür ihres Hotelzimmers ging, und eine Karte lag dabei: ›Grüße der Gentlemen an die meistgeliebte Frau.‹
Berthelin hatte es miterlebt. Aber es wurde ihm noch jetzt flau im Magen, wenn er sich überlegte, wie die Gentlemen reagiert hätten, wenn aufgeflogen wäre, was im Trainingscamp Loch Sheldrake vor Cerdans Weltmeisterschaftskampf gegen Tony Zale passierte.
Es war unvorstellbar. Jeder der beiden Boxer hatte in Loch Sheldrake seinen Bungalow. Der Unterschied war nur, daß Cerdan mit Edith Piaf schlief. Nacht

für Nacht. Im Kofferraum eines riesigen Straßenkreuzers hatte er sie eingeschleppt und in einem benachbarten Bungalow versteckt. Das Problem war nur, daß sie sich tagsüber nicht rühren durfte und auf die Verpflegung angewiesen war, die er ihr nachts brachte.

Freilich mußte auch der in Sachen Sex höchst konservative Berthelin zugeben, daß Cerdan dann trotz allem im Madison Square Garden einen seiner größten Kämpfe geliefert hatte und verdient Weltmeister geworden war.

Marcel Cerdan fand den Tod, als er zu einem anderen Kampf nach Amerika mußte. Er hatte schon die Schiffspassage gebucht, als ihn Edith Piaf aus New York anrief und ihn anflehte, das Flugzeug zu nehmen, weil sie es nicht mehr aushielt vor Sehnsucht.

Er flog am 28. Oktober 1949, und die Maschine stürzte über den Azoren ab.

Edith Piaf hat sich ihre Ungeduld nie verziehen. Dieser Tag war der Anfang ihrer Bekanntschaft mit der Droge gewesen, die sie ruinierte.

Berthelin verscheuchte die dunklen Gedanken. Es gab keinen vernünftigen Grund, sie aufleben zu lassen, nur weil sich eine Frau in seinem Camp eingenistet hatte. Schließlich hieß sie Pascale Marcillac.

Ein Skandal war unvorstellbar. Er würde alles schlagen, was es auf diesem Gebiet gegeben hatte.

Im übrigen gefiel ihm ihre Zurückhaltung beim gemeinsamen Abendessen. Sie richtete fast nur an ihn das Wort und begnügte sich mit ein paar belanglosen Worten an den Boxer. Er erinnerte sich, daß sie nicht viel vom Boxen hielt, und das war gut so. Allerdings verstand der alte Berthelin unendlich viel mehr von seinem Sport als von der Psyche einer Frau. Als er in den Keller ging, um eine Flasche Wein zu holen, erklärte sie Brix in beiläufig klingendem Ton, sie ginge bald auf ihr Zimmer, aber nur pro forma. Wenn der Alte schliefe, käme sie nochmals zurück.

Die Antwort war nur ein Kopfnicken, weil Berthelins schlurfende Schritte auf der Kellertreppe zu hören waren. Er trug die klobigen alten Großvater-Hausschuhe, die so gut zu ihm paßten. Es paßte auch, daß er sich sofort erhob, als Pascale die Abendnachrichten sehen wollte. Ehe er sich wieder umdrehte, hatte er ein Schlafmittel im Wein, das sich mit den ersten Worten des Fernsehmoderators auflöste. Nicht einmal Brix hatte es bemerkt.

Nach der Sendung verabschiedete sich Pascale, und der Alte schenkte ihr einen dankbaren Blick aus Augen, die schon müde wurden.

»Sie weiß, was sich gehört«, sagte er anerkennend. »Aber ich bin trotzdem froh, wenn sie wieder nach Paris fährt. Frauen passen nicht ins Camp, stimmt's?«

»Ja«, sagte Brix und schielte auf die Uhr. Es war kurz vor neun.

»Bleibst du noch lange auf?« fragte Berthelin, ohne die Hand vor den gähnenden Mund zu nehmen. Unter Männern lebte sich's ungenierter.

»'ne halbe Stunde vielleicht. Morgen ist sowieso Ruhetag, oder?«

»Selbstverständlich. Wie abgemacht. Und ich hoffe, sie hält Wort und haut früh ab.«

»Ich auch«, sagte Brix und stellte den Fernseher wieder an.

Eine Viertelstunde später war Pascale wieder unten, und ihr komplizenhaftes Lachen erstickte jede Verlegenheit. »Er schläft schon«, sagte sie.

»So schnell?«

»Das Mittel, das ich ihm in den Wein tat, ist harmlos, aber kräftig.«

Er war schon überrascht genug gewesen über die Art, wie sie die Sache eingefädelt hatte, aber jetzt verschlug es ihm die Sprache.

»Eine Frau wie Sie hab ich noch nicht erlebt.«

»Vielleicht will ich einen Mann wie Sie erleben? Gezeigt hab ich's ja nun wohl genug, oder?«

Statt einer Antwort machte er drei Schritte, hob sie aus dem Sessel und drückte sie mit einer Gewalt an sich, die ihr den Atem nahm. Aber dann öffnete sie mit einem Kuß seinen Mund, und dieser Kuß lockerte einen Druck von Armen, den sie nie gespürt hatte.

Das Tigerfell.

Auf wilde, animalische Art reizte es ihn, und wieder wurde sie durch die Kraft der Arme wie ein Spielball hochgehoben.

»Nicht hier, Brix. Ich will dich im Bett.«

Langsam senkte er die Arme, bis sie Boden unter den Füßen hatte. Und wieder diese Aufforderung der Lippen. Jetzt war er es, der nach Atem rang.

Er trug sie die Treppe hoch in ihr Zimmer. Vom Ende des Ganges her drang das Schnarchen des alten Berthelin herüber.

Das bleiche Licht des Vollmonds, das durch die Krone des alten Apfelbaumes drang, machte Pascale Marcillacs gebräunten Körper noch schöner und begehrenswerter, und wie eine Wiedergeburt empfand sie die Wellen der Begierde, die über ihnen zusammenschlugen. Das Vorspiel kam erst nachher, beim zweiten Mal, und sie zügelte es, um sein forderndes Ungestüm zu bremsen. Alles, was gewesen war, versank.

Erst als Mitternacht nahte, lösten sich ihre Körper, und nie hatten sie ein ähnliches Gefühl von so wohliger Mattigkeit verspürt.

Und mit einer Macht, die sie selbst erstaunte, kam der Wunsch, ihn zu bewahren und zu beschüt-

zen. »Ich will nicht, daß du den Kampf machst, Thomas.«
Er drehte den auf verschränkten Händen liegenden Kopf, und in die grauen Augen sprang blanke Verständnislosigkeit.
»Ja, ich habe Angst, daß dich Johnson zerstört.«
»Du weißt, daß ich den Kampf nicht nur machen muß, sondern auch machen will.«
»Wegen des Geldes? Du kannst durch mich mehr haben, als du je im Ring verdienen kannst.«
»Du willst dich trennen von Marcillac?«
»Warum nicht? Aber so, wie die Dinge liegen, wird das gar nicht nötig sein. Es geht Charles nicht so gut, wie die Zeitungen schreiben.«
Er löste die Hände unter dem Kopf und richtete den Oberkörper auf. »Weißt du überhaupt, was du da sagst?«
»Ich habe Angst um dich Thomas.«
»Ja, ich verstehe dich. Aber ich lasse mich nicht aushalten von dir, und ich habe eine Herausforderung angenommen!«
»Die dich umbringen kann. Und was habe ich dann von dir?«
Kopfschüttelnd ließ er sich aufs Kissen zurückfallen. »Ich will etwas leisten, Pascale, verstehst du? Es gibt nichts Größeres als die Weltmeisterschaft aller Klassen, und da soll ich mich vor einer Welt blamieren, die nur darauf wartet? Soll ich mich an den Rockzipfel einer Frau hängen, die Angst hat, ich könnte einen Kratzer abbekommen? Weltmeister der Feigheit und der gemeinen Berechnung würden sie mich nennen, und wenn du genug von mir hättest, würdest du mich abservieren und dir ein neues Spielzeug suchen!«
Statt einer Antwort glitten ihre Finger von den eigenen Lippen zu den seinen, und dann tiefer und tiefer.

»Du hast recht«, flüsterte sie. »Laß uns den Augenblick leben und das andere vergessen.«
Sie sahen und hörten nur sich. Merkten nicht, wie sich die Krone des alten Apfelbaums, durch die der Mond schien, ganz dicht neben dem leicht geöffneten Fenster bewegte.
Vorsichtig hangelte sich Désirée nach unten. Sie war sehr geschmeidig und trug Jeans und Turnschuhe.

Im Camp gingen die Vorbereitungen weiter. Ins letzte Drittel des Plans gingen sie schon, den der alte Berthelin aufgestellt hatte. In der Schnelligkeit der Schlagkombinationen, das stand fest für ihn, war Brix bereits Weltmeister.
Aber erstens schlug Johnson härter, und zweitens ist Schlagen nicht alles. Viel wichtiger ist es, nicht getroffen zu werden. Das hat auch mit Schnelligkeit zu tun, ist aber in erster Linie Instinktsache. Je tiefer du die Deckung sinken läßt – Clay hatte es in seiner Glanzzeit meisterhaft bewiesen –, um so subtiler müssen deine Bewegungen des Ausweichens sein. Und wenn du so schnell schalten kannst, daß aus einer solchen Bewegung der Konter entsteht, bist du ein Großer.
Deshalb setzte Berthelin auch Video-Filme von Clay aufs Programm.
»Die Leute auf den teuren Ringplätzen«, sagte er, »sehen das gar nicht.«
Boxschach nannte er diese Feinheiten. Und Feuer kam in die wäßrigen Äuglein, wenn er den Vergleich ausmalte, auf die Finte des Schachspielers verwies, die die wahre Absicht des Zugs verschleiern sollte.
»Oft ist Lügen wichtiger als Schnelligkeit und Stärke«, konnte er dann sagen.
Und Antoine nannte ihn einen Philosophen. War's

nicht im ganzen Leben so? Aber Lügen allein ist zu wenig. Du kommst nicht durch damit. Nicht lange. Er merkte es bei Désirée. Zwei- oder dreimal brachte er es abends, als sich die Reporter getrollt hatten, fertig, das Mädchen mit erfundenen Begründungen abzuwimmeln. Aber sie war von normannischer Zähigkeit, und als sie sich den Eintritt erzwungen hatte, merkte Antoine mit erstaunter Erleichterung, daß sie eigentlich gar nicht zu ihm wollte.
Auf Brix hatte sie's abgesehen.
Das merkte auch Berthelin schnell. Die Göre, das war klar, besaß nicht die Feinfühligkeit von Madame Marcillac, die begriffen hatte, daß Frauen hier nur störten, und die von Paris aus sofort nach Grand Bahama zurückgeflogen war.
Désirée himmelte Brix nicht nur an, sondern sie machte an ihrer Bluse drei Knöpfe auf, damit auch ein Blinder sah, was druntersteckte.
Aber sie hieß, verdammt noch mal, nicht Edith Piaf, und Brix war nicht Cerdan. Der alte Berthelin war wild entschlossen, sie fernzuhalten von dem Mann, den er zur Weltmeisterschaft führen wollte.
Sein Pech war, daß er nichts von Désirées Entschlossenheit wußte. Sie wollte ihren Boxer aus einer Mischung von Neid und Lust, die ihr den Schlaf raubte und ihre Phantasie lodern ließ.
Antoine kam in eine mißliche Lage, als Berthelin ein Hausverbot erwog.
»Sie hat ein paar alte Rechte«, druckste Antoine herum. »Aus der Zeit, in der ich mit Pierre allein hier war.«
»Hat er sie gebumst?« Der Alte, überzeugt davon, daß keiner aus seiner Umgebung in so tiefen Sumpf fallen könne, sah gar keine andere Alternative.
»Ich war's«, sagte Antoine und sah an ihm vorbei zum Tigerfell hinüber.
»Du?« Es klang wie das Zerdeppern eines Tellers.

Oder wie das Zerbrechen einer Männerfreundschaft. »Ich bin damals von weit hergekommen.« Trotz schwang mit. Und nach einer Pause, in der Antoine sich eine Zigarette anzündete, sagte er: »Ich bin nicht aus Holz, mußt du wissen. Und die Kleine ist die Schönste im Dorf, da gibt's nichts!«
»Von mir aus!« fauchte Berthelin. »Dann leg sie halt weiter aufs Kreuz, aber halte sie von Brix ab!«
Antoine blickte dem blauen Rauch nach, der sich am Licht der alten Stehlampe hochkringelte.
»Ich will nichts mehr wissen von ihr, ehrlich. Und die Sache ist gegenseitig, das kannst du mir glauben.«
»Tu ich ja gern. Bist ja ein viel zu alter Bock für sie! Aber jetzt fliegt sie auf Brix, und wenn wir nicht aufpassen, legt er sie ins Bett und macht uns eine lange Nase bei dem spartanischen Leben, das wir ihm aufzwingen!«
»Ich werd' mir was einfallen lassen«, sagte Antoine und stand auf.

Es war nach Mitternacht, und oben schlief Thomas Brixner schon seit zwei Stunden in einen neuen Tag hinein, der ihn dem großen Ziel einen weiteren Schritt näherbringen sollte.
Jetzt, da er nach Berthelins Meinung im technischen Bereich gerüstet war, mußte an der physischen Kondition gearbeitet werden. Nie hatte er über fünfzehn Runden gehen müssen; aber fünfzehn Runden mit Tiger Johnson waren nicht trainierbar. Eigentlich auch nicht zu erwarten. Der Weltmeister pflegte früher Feierabend zu machen. Auf Kosten des anderen. Berthelin konnte es schon nicht mehr hören und lesen. Experten und Pseudoexperten schossen sich auf seinen Mann und ihn ein, als ob sie Johnsons Fäuste im Kopf hätten.
Kondition also. Stehvermögen. Die Schlagwörter verfolgten ihn in seinen Träumen, und mit ihnen das

kleine Biest, das wie eine läufige Hündin ums Haus herumstrich.

Nur noch Brix zählte für Désirée, seit sie vom alten Apfelbaum geklettert war, der mit seinen Zweigen fast das Fenster berührte, hinter dem das Unglaubliche geschehen war.

Mit einem einzigen Wort konnte sie den Skandal der Skandale entfachen.

## 14

Es blieben noch fünf Wochen bis zum Kampf. Fünf Wochen, in die Berthelin fünf Jahre Erfahrung hineindrängen wollte. Tiger Johnson hatte noch gar kein Traingscamp bezogen. Die Zeitungen zeigten ihn beim Surfen in Florida und brachten Aussprüche von ihm, die an Clay erinnerten. Keine Gedichte, weil die ihm keiner abgenommen hätte, aber auch keine Schmeicheleien fürs Poesiealbum. Einfach dröhnende Selbstsicherheit. Einen winselnden kleinen Chorknaben würde er aus dem weißen Wundermann machen.

Nicht nur die Schwarzen glaubten es. Auch viele Weiße.

»Es ist ein Jammer«, schrieb Amerikas profiliertester Boxexperte Dan Nicholson, »daß der Veranstalter nicht warten konnte. Ein Riesentalent, das in zwei oder drei Jahren eine faire Chance gehabt hätte, wird zertrümmert werden, weil einem von Ehrgeiz und Krankheit verzehrten Mann die Zeit davonläuft.«

Es ist Stärke und Privileg von Starschreibern, daß sie Interna sowohl kennen als auch ausplaudern. Es war natürlich auch Rache dabei. Die Serie über Brix, für die Antoine Nachtschichten einlegte, weil sie verlängert werden mußte, lief auch in vielen Zeitungen der USA, die Dan Nicholsons Kolumnen druckten. So gab es einen Rummel, der dem bei Präsidentenwahlen ähnelte.

Und die heißen Geschäfte im Xanadu nahmen Formen an, die nicht nur auf der Insel, sondern auch in Miami Gesprächsstoff wurden.
Eines Tages kam Don Gianni von Bimini herüber. So eilig hatte er es, daß er nicht das Schiff, sondern das Flugzeug nahm.
»Wir müssen etwas unternehmen, Charles«, sagte er. »Dein Xanadu ist keine Festung mehr.«
»Ist das«, fauchte Marcillac, »vielleicht meine Schuld? Ihr benehmt euch in meinen vier Wänden wie eine Spedition, die Hilfsgüter in die hungernde Welt transportiert.«
»Dafür hast du deinen Boxkampf, oder nicht?«
»Für einen unverschämten Preis!«
Don Gianni winkte ab. »Es ist zu spät zum Räsonnieren, Charles. Wenn wir nichts unternehmen, platzt dein Kampf.«
Es war, als ob die in den Höhlen liegenden Augen einen Satz nach vorn machten. »Bist du verrückt geworden?«
»Ich war nie vernünftiger, mon cher! Du wirst der Welt zeigen, daß du das Xanadu zum Trainingslager deines Boxers ausgesucht hast.«
»Was?«
»Du wirst deinen Brix herholen. So einfach ist das.«
»Er steckt in der letzten Phase der Vorbereitung und hat sich an seine Umgebung gewöhnt!«
Don Gianni lächelte. »Wenn er für zwei Wochen hierherkommt, bleiben ihm immer noch zwei, um sich wieder an deine Normandie zu gewöhnen. Tiger Johnson hat noch nicht einmal richtig mit dem Training begonnen, und nichts ist leichter, als den Leuten klarzumachen, daß dein Mann auf Grand Bahama Luft und Sonne tanken will. Und alle hier werden dir dankbar sein. Ein Denkmal wirst du kriegen! Der Slogan ›It's better on the Bahamas‹ wird leuchten wie nie!«

»Ich bin kein Touristik-Manager«, brummte Marcillac. Aber Eitelkeit und Berechnung nahmen schon die Spur auf. Pressekonferenzen konnte er geben und sich direkt vom Licht seines Boxers anstrahlen lassen, denn die Reise zum Kampf nach Paris würde Lawrence sowieso nicht erlauben. Und schließlich könnte man den Geruch eines Mafia-Quartiers aus dem Xanadu vertreiben.
Mit feinem Gefühl setzte Don Gianni nach: »Selbstverständlich ziehen wir unsere Leute für die Zeit zurück. Das Xanadu wird nichts weiter als das Trainingslager eines Weltmeisters sein, und alle Welt wird von nichts anderem als von großartiger Planung reden.«
»Da ist was dran«, sagte Marcillac. »Ich leite die Sache noch heute ein.«

Im Normandie-Bauernhaus schlug der Anruf wie eine Bombe ein. Berthelin nahm ihn entgegen, da sich Brix und Antoine auf einem ausgedehnten Spaziergang befanden. Es gab keinen besseren als Antoine, um die Nervosität zu dämpfen, die bei Brix zu knistern begann.
Und nun dies! Quartierwechsel ans andere Ende der Welt und nicht einmal zwei Tage Zeit! Noch heute würde Marcillac seine Privatmaschine von Freeport nach Paris jagen, und jeder Versuch, ihn umzustimmen, war zwecklos. Und alle drei mußten reisen. Gegen diesen Befehl gab es kein Auflehnen.
Zu Berthelins Verwunderung versuchte es nicht einmal Brix. Wie eine Vergnügungsreise nahm er's hin, und Berthelin verkniff sich Bemerkungen über die störenden Einflüsse von Klimawechsel und Zeitunterschied. Es muß die Klausur sein, dachte er. Er macht das zum erstenmal mit, und vielleicht ist ein Tapetenwechsel tatsächlich kein Fehler. Außerdem kriegen wir dieses Biest Désirée vom Hals.

Aber das Biest mußte einen sechsten Sinn haben. Am Abend stand Désirée im Wohnzimmer.
Sie waren gerade am Packen.
»Was geht hier vor?« Sie tat, als ob sie Haus- und Fragerecht hätte.
Berthelin grinste. »Wir hauen ab, Mademoiselle. Haben Angst vor jungen Damen, die uns stören.«
Und zum erstenmal blieb Désirée eine Antwort schuldig. Ihre großen Augen wanderten mit blanker Verständnislosigkeit von einem zum anderen.
»Es stimmt«, sagte Antoine schließlich. »Wir fliegen morgen nach Grand Bahama.«
»Alle?«
Er nickte. »Vielleicht hast du schon gemerkt, daß wir zusammengehören.«
»Jeder große Boxer reist mit Troß«, fügte Berthelin feixend hinzu.
»Nehmt mich mit!« Es klang fordernd.
Jetzt grinste auch Brix. »Das würde Monsieur Marcillac kaum freuen.«
Sie lief rot an. Purpurne Wut schoß in das Gesicht, das so lustig lachen konnte, und sie wollten sich schon ducken vor dem unvermeidlich scheinenden Ausbruch.
Aber es kam nichts. Nur die Fäuste ballten sich, daß die Knöchel weiß wurden. Désirée zwang sich mit einer für ihre Verhältnisse übermenschlichen Anstrengung, dem Boxer nicht ins Gesicht zu sagen, wie sich Monsieur Marcillac erst freuen würde über das, was sie gesehen und gehört hatte.
Und dann wunderte sie sich selbst über die Sachlichkeit, mit der sie nach Zweck und Dauer der Reise fragte. Sie erhielt alle Auskünfte und ließ sich die kleine Beruhigung über die Tatsache, daß sie zum Abschluß der Vorbereitungen zurück sein würden, nicht anmerken.

Die Übersiedlung des Herausforderers von Tiger Johnson nach Grand Bahama machte Schlagzeilen in der Weltpresse, aber die Reporter konnten nicht zuschlagen, wie sie sich das gedacht hatten. Marcillac bekam zur Bewachung des Xanadu so viele Polizisten, wie er wollte, und wer sich das Aufgebot betrachtete, fragte sich, ob noch einer übrigblieb, um nach den Drogenschmugglern zu sehen.
Zu gewissen Stunden freilich nahm Marcillac ein Bad im Reporterheer, das wie eine Schafherde eingelassen und hinausbefördert wurde; aber seinen Boxer präsentierte er mit wirkungsvoller Sparsamkeit. Mit Antworten, die präpariert waren von Antoine und Berthelin, ließ er ihn Optimismus, Form und Gesundheit ausstrahlen, nur seine Arbeit im Ring, der in einem der ehemaligen Speisesäle des Xanadu aufgeschlagen war, bekam keiner zu sehen. Zwei farbige Sparringspartner, deren Feindschaft mit Tiger Johnson feststand, waren aus Florida eingeflogen worden, und es war sehr unwahrscheinlich, daß sie den Weltmeister mit Tips versehen würden.
Einer der Ärzte von Dr. Lawrence, der viel vom Boxen verstand, kam täglich, um Brix zu untersuchen, und er sprach von optimalen Werten, empfahl aber auch ein Drosseln des Trainings wegen der feuchten Hitze. Aktive Erholung schlug er vor, und Berthelin empfand den großen Ausflug jetzt als eine ganz vernünftige Sache. In der Normandie würde man noch einen kleinen Endspurt einlegen. Dann war alles vorbereitet zur Geburt eines Weltmeisters.
Außerdem war die andere Gefahr gebannt. Brix war bewacht wie kein anderer Boxer vor ihm, Pascale Marcillac und die dicke Köchin waren die einzigen Frauen im Haus. Berthelin gefiel das. Sogar das Meer gefiel ihm, obwohl er schon seekrank wurde, wenn er sich nur in einen Nachen auf einem Tümpel setzte. Draußen wehte eine Brise, die seinem Boxer guttat.

Vollpumpen sollte er sich damit, und Marcillacs elegante weiße Yacht war genau das richtige. Auch Antoine und Marcillac begleiteten Brix gerne, und bei langsamem Trawling holten sie prächtige Fische ein, die die schwarze Köchin zubereiten mußte. Es war, wie alle empfanden, eine sehr aktive und nützliche Erholung.

Aktivität wurde indes nicht nur von Brix verlangt. Antoine mußte seine Serie zu Ende schreiben, und eines Morgens verordnete ihm Marcillac einen kleinen Flug nach Bimini.

»Wir müssen zu Don Gianni. Er sagt, es sei dringend, und er wolle nicht auftauchen hier.«

Sie fuhren, nachdem Marcillac in aller Frühe seine tägliche Blutration bei Dr. Lawrence abgeliefert hatte, direkt zum Flugplatz.

Der alte Berthelin war unlustig an diesem Tag. Der Himmel war ihm zu blau, das Meer zu grün, die Luft zu warm und die Arbeit zu dumm. Ein Tag für die Hängematte, falls die Pressefritzen keine Barriere durchbrachen.

Aber er war kein Faulpelz, der einfach seine Sorgfaltspflichten vergaß. »Wir tun nichts heute«, sagte er zu Brix. »Du solltest aufs Meer raus. Es wird heiß werden.«

Brix legte die Zeitung neben den Liegestuhl auf der breiten Terrasse. Er trug nur eine Badehose, und mit dem muskulösen breiten Oberkörper über den schmalen Hüften, um die ihn jeder Schwergewichtler beneidete, sah er aus wie Supermann im Comic-Heft. »Der Boß ist weg, und Antoine auch.«

»Macht doch überhaupt nichts, Junge! Pierre kann das Ding kutschieren, und vielleicht fährt Pascale mit.«

Brix richtete sich auf. Wäre der Alte nicht so dösig gewesen, er hätte gemerkt, daß der Boxer plötzlich einen eigenartigen Glanz in seinen Augen hatte.

»Hast du sie gefragt?«
»Noch nicht. Vermutlich hat's Krach mit Charles gegeben. Sie wollte nicht, daß er zum Don fliegt. Hat immer Angst, daß was zu stinken anfängt.«
»Könnte ja auch sein, oder? Ihr erzählt mir nicht viel, aber diese Untermieter hier im Xanadu stinken aus allen Knopflöchern.«
Doch der alte Berthelin hatte keine Lust, sich über seine Kenntnisse auszulassen. So wenig wie der Boxer Lust hatte, über Dinge zu reden, die ihn mit Pascale Marcillac verbanden. Sie war ihm, seit er hier war, aus dem Weg gegangen.
»Ich werd' sie suchen«, sagte der Alte und ging zu einem der Telefone, die überall herumstanden. Marcillac war ein Telefonfetischist. Er brauchte es in Griffweite wie der Kettenraucher die Zigarette.
Das Xanadu war ein Labyrinth, aber nach drei Anläufen hatte Berthelin Pascale an der Strippe. »Würden Sie eine Bootsfahrt mit Brix machen? Wir haben kein Trainingsprogramm heute, und er braucht Luft und Ruhe. Am besten den ganzen Tag. Damit schlagen wir auch allen Reportern ein Schnippchen.« Er wollte hinzufügen, wie gut es ihm täte, auch einmal ausspannen zu können, aber er verkniff es sich.
»Wer steuert?« fragte Pascale praktisch. »Brix kann's wohl kaum, oder?«
»Natürlich nicht. Wozu haben wir Pierre? Er hat's doch inzwischen oft genug gemacht.«
»Einverstanden. Ich richte einen Picknick-Korb her. Sorgen Sie für Getränke.«
Der alte Berthelin rieb sich die Hände und machte sich gleich auf den Weg. Manchmal, dachte er grinsend, sind Frauen doch für etwas Vernünftiges zu gebrauchen.
Daß Pascale Marcillac, als sie ihren schmalsten Bikini aus dem Schrank holte, ähnlich über seine Nützlichkeit dachte, ahnte er nicht.

Pierre, der alte Boxer mit der Zitterlippe, liebte die Kapitänswürde auf dem breiten Ledersitz, den man über eine kleine Treppe erreichte. Die kleine Empore hatte etwas von der Majestät einer Kommandobrücke, und die in der hochsteigenden Sonne blitzenden Armaturen bezeugten Kennerschaft und Wichtigkeit des Mannes im Sessel. Genußvoll und mit einer eleganten, langgezogenen Kurve umfuhr er das Riff, wo das Wasser ganz hellgrün und keine zwei Meter tief war. Schon manch forscher Starter war dort aufgelaufen und hatte den Schiffsbauch zerschunden.

Pierre liebte das Aufschäumen der Gischt, wenn er den Motor hochpeitschte und der schlanke Bug zu zittern begann. Sicher, das war keine ›Zigarette‹ der Schmuggler, die das Wasser wie ein Tranchiermesser zerschnitt, aber auf 80 Stundenkilometer konnte er die ›Pourquoipas‹ schon hochjagen.

Marcillac hatte die Yacht, als er auf den Bahamas angekommen war und keine drei Schritte gehen konnte, einem reichen Amerikaner abgekauft und umgetauft. Ein sinnvoller Name. Er bedeutet ›Warum nicht‹.

Und Pierre tanzte, als die See in ihrer grandiosen Majestät vor ihnen lag, Slalom mit der Yacht. Eine lange, über Hunderte von Metern reichende Kielwelle, die wie silberne Scherben in der Sonne blinkte, zog er hinter sich her, und sie zeichnete die Kurven mit. Wenn er sich umdrehte, sah er die Küste zum dunkelgrünen Strich und das riesige Xanadu zwergenklein werden. Blickte er unter sich, sah er das offene Heckteil mit den weißen Lederbänken, die leicht die Gewitterregen der Bahamas ertrugen. Aber man konnte das Heck auch wie ein Cabriolet mit einem Stoffdach schließen; Mittschiff und Bug, also Salon und Schlafzimmer, hatten solide Dächer.

Im offenen Heck sah Pierre den Boxer und die Frau auf Liegen aus Schaumgummi, und auf ihren fast unbekleideten Körpern glänzte das Öl zum Schutz vor der steigenden Sonne.
Ich mache ihnen Freude, dachte Pierre. Und es fiel ihm auch ein, daß es ihm vor einem Boxkampf nie so gutgegangen war wie Brix. Aber er gehörte nicht zu den Neidischen. Zu den Unkomplizierten und Dankbaren vielmehr, deren Augen bei der Freude anderer mitleuchten.
Schmal wurden sie jedoch, als Pascale vorschlug, den Anker zu werfen und ein bißchen zu schwimmen. Er zog den Hebel auf langsame Fahrt zurück und ließ die Oberlippe zucken.
»Kommt überhaupt nicht in Frage! Wir sind längst in der Zone der Haie. Brix darf am Strand schwimmen, und nirgendwo anders!« Daß auch Pascale in Gefahr kommen könnte, war eine andere Sache, die gar nicht in seine Gedanken eindrang.
Gut, sie war die Frau von Marcillac. Aber Befehle zählten nur, wenn sie vom Alten kamen, und überhaupt hatte Pierres Frauenbild die Eingleisigkeit seiner Denkweise. Es war entstanden in der Zeit der verrauchten Boxhallen, die in tunnelartiger Dunkelheit liegen für den Mann, der im gleißenden Licht des Rings steht, einsam und verdammt zum Kampf ohne Gnade.
Und aus diesem Dunkel waren sie gekommen, die spitzen, hysterischen Schreie, die den Ohren auch dann noch weh taten, als sie halb taub geworden waren. Sensationsgierig und bös hatten sie geklungen, und auch wenn sie jubelten, war's zu schrill gewesen, um gutzutun.
Später, als Pierre dank Marcillac Rausschmeißer auf dem Montmartre geworden war, hatte sich sein Frauenbild nicht geändert. Das schummrige Halbdunkel der Etablissements war für ihn der Ring der

Weiber. Mit Reizen, die oft genug zu schwach für gleißendes Licht gewesen wären, kämpften sie um Kundschaft, und unterschwellig hatte er eine Affinität dieses Kampfes zu dem des Boxers begriffen. Zuerst die Finte und dann das Zupacken. Das Netz der Spinne zogen sie um ihre Opfer.
Oft genug hatte sich Pierre eine genommen, wie er es als Boxer getan hatte. Und immer war es brutaler Hahnentrieb gewesen, weil ihn die Boxhalle geformt und deformiert hatte.
Und jetzt war er Kapitän. Hatte nichts vor sich als den endlosen Ozean und, wenn er zurückblickte, zwei Halbnackte auf Schaumgummi, die aus der gleichen Flasche Cola tranken, in einen Himmel blinzelten, dessen Blau unbeschreiblich war, und für die er Verantwortung trug.
Und sie folgten. Wie das Boot, das er lenkte. Sie verzichteten aufs Schwimmen, weil er es so anordnete. Er nahm wieder Fahrt auf und erhöhte damit die fröhliche Fahrt seiner Gedanken.
Nach einer Weile stellte Pascale das Radio an, und die Musik gefiel Pierre. Es war kein amerikanischer, sondern ein bahamesischer Sender, der nur dudelte und keine Werbung dazwischenschaltete. Pierre zog Kurven nach dem Rhythmus der Melodie.
Brix lachte. »Mach uns nicht seekrank mit deiner Tanzerei! Der alte Berthelin würde jetzt schon alles von sich geben und die Haifische füttern.«
Aber die Musik zog keine Haifische an, sondern Delphine. Was dem Haifisch das Blut, ist dem Delphin die Musik. Der Hai riecht einen Tropfen Blut in tausend Litern Wasser; den Delphin lockt leise Musik auf tausend Meter an. Und er ist ein lustiger Geselle. Taucht stets in Gruppen auf und macht seinen wunderbar lebensfrohen Bogensprung, der ihn hoch übers Wasser hebt.
Sie stellten ihre Lehnen hoch und sahen zu. »Der

Delphin«, sagte Pascale, »ist der gescheiteste aller Fische.« Und nach einer Pause: »Und du bist der gescheiteste aller Boxer.«
»Hm.« Brix klappte die Lehne wieder zurück und verschränkte die Arme unter dem Kopf. Ganz klein machte die jetzt ganz hoch stehende Sonne seine Augen. »Ich fürchte fast, daß du sagen willst, ich soll aufhören damit. Wieder einmal. Aber laß es. Es ist zu spät.«
»Ich weiß es«, sagte sie. Dann legte sie ihm die Hand unter den Kopf. So nahe standen ihre Liegen beieinander. »Du mußt den Kampf machen, Brix. Aber kann ich was dafür, daß ich Angst habe?«
»Natürlich nicht. Aber du mußt auch wissen, daß ich kein kleiner Fisch für den Tiger bin wie das Zeug, das die Delphine da draußen schlucken.«
»Das sind auch keine Haie.«
»Und nähren sich trotzdem.« Er zog die Hände unter dem Kopf weg und stellte die Lehne wieder hoch. »Ich habe Hunger, Pascale, du nicht?«
Sie nickte. »Laß uns was essen und an was anderes denken. Pierre soll ankern.«
Brix rief hinauf zu ihm, und im nächsten Moment rasselte die Kette. Pierre war noch nie einer von denen gewesen, die Nahrung verweigern.
Sie aßen Sandwiches, die mit Schinken und Käse belegt waren, und ihr Appetit war so groß, daß sogar die Flüche über das gummihaft weiche amerikanische Brot, das die Bahamas erobert hat, ausblieben. Pierre kompensierte das mit viel weißem Rum in seiner Cola, was für einen Kapitän weder empfehlenswert noch nützlich ist, aber von niemandem beanstandet wurde.
Doch der weiße Rum war hochprozentig, und die Sonne stand hoch. Sie zogen sich in den kleinen Salon zurück, doch der Ventilator vertrieb die glasige Röte nicht aus Pierres Augen.

»Ein Nickerchen werd' ich machen«, sagte er und ging ohne weitere Umstände auf die Schlafkajüte zu. Pascale räumte die Teller und Becher aus Pappe weg, und dann sah sie den Schlüssel im Kajütenschloß.
»Schau mal, Brix.«
Seine Augen folgten ihrem Zeigefinger. Aber sie sahen nichts und kamen zurück.
»Der Schlüssel! Manchmal haben die Rumpiraten ihren Kapitän eingesperrt, weißt du das?«
»Und dann nahmen sie sich, was sie wollten.«
Er wollte sie auf die Sitzbank ziehen.
»Nicht hier, Dummkopf!« Sie machte sich frei und deutete nach draußen.
»Im Freien?«
»Natürlich! Das ist wie im Flieger. Hast du's da schon mal gemacht?«
Er schüttelte den Kopf, und es war sowohl Antwort als auch Staunen. Wie ein Kind, das spielen will, zog sie ihn hinter sich her. Das Meer war weit und leer. Nur am Horizont, wo Himmel und Wasser zusammenstießen, zog ein Frachter unter einer dünnen Rauchfahne dahin.
Er nahm sie auf den Holzplanken, die nach Salzwasser und Fisch rochen. Beim zweitenmal mußte er sich auf den Rücken legen. »So kann ich dich und das Meer sehen«, sagte Pascale mit schwerem Atem, und dann stieß sie spitze helle Schreie aus, wie die Möwen, die tief über dem Wasser kreisten.
Fast erschrocken war er über Pascales laute Leidenschaftlichkeit. Doch auch über sich staunte er. Gedanken kamen, nachdem der erste Rausch verflogen war, und sie kreisten um Marcillac, der ihn förderte, und um Johnson, der ihn umbringen wollte.
So stand es in vielen Zeitungen. Sie heizten den Kampf des schwarzen Killers gegen den weißen Außenseiter mit den dicksten und trockensten Scheiten an, die die Phantasie auflodern lassen können.

Und über ihm Pascale Marcillac. Nie hatte er eine Frau von solcher Schönheit besessen, und es fraßen sich in ihm die Skrupel über den Betrug an seinem Gönner fest, der, zum Wrack geworden, dieser Frau nichts mehr bieten konnte als sein Geld.
War er, Thomas Brixner, das Spielzeug, das sie brauchte? Und was würde geschehen, wenn das Spiel aufflog? Hier, in der Weite des Ozeans, konnte es nicht auffliegen. Aber was würde noch kommen?
Er war nicht bei der Sache wie sie. Aber gerade das schien ihr zu gefallen und sie in eine wilde Unersättlichkeit hineinzutreiben.
Als es vorbei war, schlief sie, wieder leicht bekleidet, auf dem Liegestuhl ein, und er ging, die Tür leise aufschließend, in die Kajüte, um Pierre zu wecken.

In der Villa von Don Gianni auf dem Inselchen Bimini zogen sich die Verhandlungen hin. Als rotgelber Feuerball berührte die Sonne im Westen schon fast das violettschwarz schimmernde Meer, aber noch immer dauerte der Kampf zwischen Don Gianni und Charles Marcillac an, neben dem Antoine wie ein Sekundant saß. Denn die beiden kämpften wie die alten Boxer, die noch keine Handschuhe trugen und keine Runden zählten. Schluß war erst, wenn einer kampfunfähig am Boden lag.
Auch Don Gianni hatte einen Sekundanten bei sich. Aber er war viel größer und stärker als Antoine, und er zog das Jackett nicht aus, weil er ein Halfter mit einer Pistole darunter trug.
Marcillac kämpfte gegen das Kokain, wie er es noch nie getan hatte.
Es war ein hoffnungsloser Kampf, und seine Niederlage war nur eine Frage der Zeit.
Nach dem Essen hatte ihm Don Gianni im wohltemperierten Salon, in den kein Hauch von der brütenden Mittagshitze drang, ein letztes großes Geschäft

vor dem Weltmeisterschaftskampf Johnson–Brixner vorgeschlagen.
Man konnte auch befohlen sagen. Don Giannis Vorschläge waren immer Befehle.
In drei Tagen sollten Brix, Berthelin und und Antoine mit Marcillacs Privatmaschine nach Frankreich zurückfliegen. Es war höchste Zeit für das Abschlußtraining in der Normandie. Pascale, Charles und auch Pierre würden dableiben. Trotz aller Einwände von Dr. Lawrence beabsichtigte Charles, mit den beiden am Kampftag nach Paris zu fliegen.
Aber es würde keinen Kampftag geben, wenn er sich jetzt gegen Don Giannis Wünsche stemmte.
Wäre ein Mord eine winzige Chance gewesen, Marcillac hätte ihn begangen. Denn es war Ungeheuerliches, was der Mafia-Boß von ihm verlangte: die Maschine sollte mit gewaltigen Mengen Kokain beladen werden.
Einleuchtend genug waren die Gründe. Es war ein Kinderspiel, den Stoff nach Florida hinüberzubringen. Aber nie hatte man eine große Menge auf dem Direktweg nach Paris bringen können. Da das jeden Zwischenhandel ausschaltete, würde sie mindestens das Dreifache einbringen, ganz abgesehen von der Gefahrlosigkeit. Thomas Brixner, der auf dem Weg zur Weltmeisterschaft war, riskierte keine Kontrolle, und wenn er mit zehn Überseekoffern einreiste. Zudem in Marcillacs Maschine. Don Gianni hätte es nicht ungern gesehen, wenn auch der Alte mitgeflogen wäre, aber gegen diesen verdammten Doktor war nichts auszurichten.
Doch es blieben mehr als 90 Prozent Sicherheit. Soviel wie bei einem einfachen Geschäft mit Florida. Und im allerschlimmsten Fall würde Marcillac die Geschichte ausbaden müssen. Don Giannis eingebaute Sicherungen hatten noch nie versagt.
Aber auch Marcillacs Hirn nicht, wenn's um Ge-

schäfte ging, um legale oder illegale. Der sizilianische Fallensteller hatte also seinen dicksten Trumpf bis zum Schluß im Ärmel behalten. Marcillac schäumte, und er spürte, wie es seiner Gesundheit, die keine war, schadete. Fast hätte er sogar das Piepsen in der Hosentasche überhört, das die Spritze forderte, und seine Hände zitterten, als er die Nadel in den dünnen Oberschenkel stach.

In ohnmächtigem Zorn saß Antoine daneben. Die Droge, von der ihn Marcillac befreit hatte, würde sein Reisebegleiter sein, viele Millionen Dollar wert – und überhaupt nicht kalkulierbar war der Schaden, den sie anrichten würde.

Marcillac gab seinen Widerstand auf. Er wollte nur noch wissen, wer den Stoff in Paris übernehmen würde.

»Selbstverständlich meine Leute«, sagte Don Gianni mit seinem liebenswürdigsten Lächeln, »und sie werden nicht mehr den geringsten Grund haben, deinen Kampf platzen zu lassen. Ich wußte, daß du vernünftig bist, Charles. Laß uns ein Glas Champagner drauf trinken!«

Er entnahm der großen Hausbar eine kalte und schmalhalsige Flasche Dom Perignon, und trotz seiner klobigen Hände öffnete sie sein stummer Leibwächter mit behendem Geschick. »Auf deine Gesundheit und deinen Boxer, Charles!«

Marcillac sagte nichts, trank aber sein Glas in einem Zug leer.

Don Gianni nippte nur an seinem, als wolle er zeigen, daß noch nicht alles erledigt sei. Und der Schlag kam wie ein im Ansatz nicht erkennbarer Haken.

»Allerdings müssen wir dein Haus in Frankreich benützen. Vorübergehend natürlich nur.«

»Welches Haus?« Verständnislos starrte ihn Marcillac an.

»Aber, aber, Charles! Welches denn wohl?«

»In mein Bauernhaus kommt kein Gramm eures verdammten Stoffs, merk dir das!« Rote Flecken sprangen in sein eingefallenes Gesicht.
Don Gianni zündete sich eine Havanna an und schob das Kistchen mit verbindlichem Lächeln zu Antoine hinüber. »Ist leider alles schon mit meinen Leuten besprochen, Charles. Außerdem geht's gar nicht anders. Das Gepäck muß mit dem Boxer reisen, ist doch logisch, oder? Zwei oder drei Tage später werden die Sachen abgeholt, und ihr hört und seht nichts mehr davon.«
Marcillac, der sich aufgerichtet hatte, als wolle er den Mafioso anspringen, ließ sich wieder in seinen Sessel zurückfallen. »Zuerst seid ihr im Xanadu eingedrungen, und jetzt wollt ihr mein Bauernhaus besetzen. Eine gemeinere Erpressung gibt's nicht!«
Don Gianni lächelte mit der Nachsicht, die man zornigen Kindern schenkt. »Das Trainingscamp eines Mannes, der Weltmeister werden will, ist der sicherste aller Plätze. Ein heiliger Ort fast. Und haben wir uns nicht von Anfang an Leistung und Gegenleistung versprochen?«
»Aber in einem vernünftigen Rahmen. Nicht in einem, der jede Vorstellung sprengt!«
»Phantasie ist etwas Relatives«, sagte Don Gianni sibyllinisch. Und nach einer Pause, in der sein Lächeln einfror: »Im übrigen solltest du gemerkt haben, daß ich kein hoffnungsloser Phantast bin.«
»Aber ein verdammter Erpresser!«
»Genug jetzt!« Das joviale Timbre der Stimme verwandelte sich in kalte Geschäftsmäßigkeit. »Es ist alles besprochen, was zu besprechen war, Charles. Ich habe mir dein Lamentieren lange genug angehört, und ich bin vorbereitet gewesen darauf. Aber alles hat seine Grenzen. Du hast deinen Kampf, weil du klug genug gewesen bist, meine Bedingungen anzunehmen. Sie werden dich so wenig stören wie deinen

Boxer, und jetzt solltest du auf deine Insel zurückfliegen und dich ausruhen. Es war anstrengend genug für dich. Draußen wartet mein Chauffeur.«
Im Fond der klimatisierten Limousine, die sie zum kleinen Flugplatz von Bimini brachte, stöhnte Marcillac leise, damit es der Chauffeur nicht hörte, in Antoines Ohr: »Wenn der Kampf jetzt noch platzt, bringe ich ihn um!«
Antoine nickte. »Es wäre verdienstvoll, Charles. Aber gegen diese Brüder hilft kein Jammern. Entweder wir spielen mit, oder der Kampf platzt.«
Als der Wagen die hell erleuchteten Kneipen von Bimini hinter sich hatte, bohrten sich die Scheinwerfer in ein raschelnd lebendes Dunkel. Auf Bimini bereiteten sie die Verschiffung der aus Kolumbien eingetroffenen Kokainladungen vor.
»Heute habe ich etwas Interessantes in der Zeitung gelesen«, sagte Marcillac. »Allein die Royal Bank of Canada hat im letzten Jahr fünfzehn Millionen Dollar von ihrer kleinen Zweigstelle in Bimini auf ihre Bahama-Zentrale in Nassau transferiert. Vor fünf Jahren waren es bescheidene fünfhunderttausend gewesen.«
»Wundert's dich? Der Premierminister hält die Hand drüber, und wenn er sie umdreht, fällt Geld hinein. It's better on the Bahamas. Der Slogan stimmt.«

# 15

Vier Tage später landeten Brix, Antoine und Berthelin auf dem Pariser Flughafen Charles de Gaulle. Für Passagiere und Gepäck durfte außer einer Limousine ein großer Kombiwagen aufs Vorfeld, und es gab eine improvisierte Pressekonferenz, aber keine Zollkontrolle. Die Zahl der großen Koffer war erstaunlich, doch erklärte sich das eigentlich von selbst. Ein transportables Trainingscamp wohl, nicht unähnlich einer Menagerie. Und Antoine kam sich, trotz leichtem Bauchgrimmen, vor wie ein Zirkusdirektor.

Er entspannte sich auf der kurzen Fahrt in die Normandie und genoß die weiche Milde des Sommerabends.

Zwölf Tage blieben bis zum Kampf.

Und der alte Bauernhof im großen Park erschien dem Trio wie ein schützendes Elternhaus. Brix und Berthelin wußten nichts vom Inhalt der Koffer. Antoine hatte von Privatsachen Marcillacs gesprochen, und diskret verschwanden die Männer mit dem Kombiwagen, nachdem alles im Keller verstaut war.

Don Gianni, das mußte Antoine zugeben, verfügte auch in Paris über taugliche Leute.

Für sich und Berthelin machte er, nachdem Brix in seinem Zimmer verschwunden war, eine Flasche Burgunder zur Feier der Heimkehr auf, aber der Alte, erschöpft von Reisestrapazen und Klimawechsel, bekam schon nach dem ersten Glas kleine Äuglein und zog sich auch zurück.

Antoines Strapazen indes waren von der Art gewesen, die überwach machen. Eine zweite Flasche, dachte er, wird mir Bettschwere geben, und er ging, sie zu holen.

Schön ausgerichtet stand das Dutzend Koffer mit dem heißen Inhalt neben den Weinregalen, die Marcillac inzwischen hatte auffüllen lassen. Zu einem Zeitpunkt freilich, an dem er geglaubt hatte, hier Hof halten zu können vor dem großen Kampf.

»Geld ist doch nicht alles«, sagte Antoine laut vor sich hin, nachdem er die zweite Flasche geleert hatte. Es war so still im Haus, daß man Berthelins Schnarchen hörte.

Aber plötzlich war da ein anderes Geräusch. Wie ein Kratzen an der Scheibe hörte es sich an, und Antoine dachte an eine streunende Katze.

Doch dann kam ein leises Pochen. Nicht hell, sondern dumpf, als ob es von einem Handschuh gedämpft wäre.

Er wuchtete sich von der schweren hölzernen Tischplatte hoch und ging mit nicht ganz sicheren Schritten zur Tür.

Désirée stand draußen. Aber schnell war sie drin.

»Also doch eine Katze«, brummte Antoine. Seine Überraschung hielt sich im Rahmen. »Was willst du? Es ist gleich elf, und wir haben einen langen Flug hinter uns.«

»Euch begrüßen. Und wenn du nicht betrunken wärst, würdest du einen Kuß kriegen und vielleicht mehr.«

»Hoppla! Ein Friedensangebot?«

Sie nahm Platz und zündete sich eine Zigarette an.

»Krieg ich nichts zu trinken?«

Er ging in den Keller, eine neue Flasche zu holen.

Sie darf hier nicht runter, dachte er, als er die Koffer sah.

Aber er war nicht mehr der kühl denkende Antoine.

Der Burgunder hatte seinen Scharfsinn getrübt. Schubladen und Schranktüren machte er auf.
»Was suchst du denn?« frage Désirée neugierig.
»Den Kellerschlüssel.«
»Aber da war doch nie abgeschlossen!«
»Dann wird eben jetzt zugemacht, basta!«
Doch den Schlüssel fand er nicht. »Ich muß Berthelin fragen«, sagte er und wandte sich zur Treppe.
»Spinnst du? Hörst du ihn nicht schnarchen?«
»Gut, dann morgen früh.« Er öffnete die Flasche mit dem Korkenzieher und schenkte ein. »Auf fröhliche Verrichtung, Désirée!«
Sie nippte, und er trank. Als die Flasche leer war, war ihr Glas noch halb voll. Und Antoines Kopf lag schnarchend auf der Tischplatte. Mitternacht war nahe. Brix auch. Verführerisch war der Gedanke, den schlafenden Boxer im Bett zu überraschen, aber nach kurzer Überlegung erschien ihr die Frechheit zu groß. Viel einfacher war es, ihre Neugier im Keller zu befriedigen. Warum hatte Antoine den Schlüssel gesucht?
Auf Zehenspitzen schlich sie hinunter, und die weichen Sohlen ihrer Turnschuhe machten kein Geräusch.
Zwölf große Koffer? Sie wußte genau, daß sie eher mit leichtem Gepäck abgereist waren. Aufgereiht wie Zinnsoldaten standen sie da, und alle waren gleich groß. Und unheimlich schwer. Sie brauchte zwei Hände für einen Koffer.
Und alles verschlossen. Sie fummelte an den dreistelligen Kombinationsschlössern herum. Vergeblich. Sie wollte schon aufgeben, aber in ihrer Neugier probierte sie es bei sämtlichen Koffern.
Da! Beim letzten sprang plötzlich mit leisem Klakken eines der beiden Schlösser auf. Die eine Ecke des Deckels ließ sich ein wenig anheben.
Und dann hatte sie ein Paket, das ein gutes Kilo wie-

gen mochte, in der Hand. Es war mit einer Art von wasserdichtem Wachspapier umhüllt und fest verschnürt. Um keine Zeit zu vergeuden, stach sie mit der Heugabel hinein, die sie im Keller fand.
Weißes Pulver rieselte auf den Steinboden, und sie steckte den angefeuchteten Finger hinein. Der Geschmack war undefinierbar eklig, und sie spuckte das Zeug sofort wieder aus, um nichts zu verschlukken. Aber sie hatte genug Phantasie, um zu ahnen, was das war.
Mit großen Augen setzte sich Désirée auf den Koffer. Gedämpft kam Antoines Schnarchen aus dem Wohnzimmer. Deswegen also waren sie auf die Bahamas geflogen! Und jetzt kannte sie ein zweites skandalöses Geheimnis von unfaßbarer Tragweite.
Sie stellte den Koffer wieder zu den anderen, nahm das Paket unter den Arm und schlich nach oben.

Nach einem Ruhetag verordnete der alte Berthelin seinem Boxer Geländeläufe und leichte Gymnastik, ehe er Sparringpartner holte, denen er am liebsten Samthandschuhe übergezogen hätte. Höchste Vorsicht bläute er ihnen ein. Nur noch Schlagkombinationen wurden in der alten Scheune hinter verschlossenen Türen geübt, und nur andeuten durfte Brix seine Schläge. Der Gedanke, die rechte Hand könnte auch nur die leiseste Verstauchung abbekommen, begann dem Alten den Schlaf zu rauben. Allein diese Rechte konnte Tiger Johnson fällen. In Watte hätte er sie packen mögen.
Aber nicht die Göre, die nach der Tagesarbeit ins Haus schlich und kaum noch rauszubringen war.
Doch Brix beruhigte ihn: »Natürlich macht sie mir Augen, aber nachdem ich diese ganze Schinderei mitgemacht habe, werde ich mir doch jetzt nicht noch einen Backfisch aufladen! Für Sex habe ich

Pause bis nach dem Kampf, das haben wir oft genug besprochen, oder?«
Der alte Berthelin strahlte. »So ist's richtig, Junge. Nur wer die Arbeit vom Vergnügen trennt, kann Champion werden!«
Er ahnte nicht, daß er seinem Boxer einen höchst vergnüglichen Tag auf dem Meer bereitet hatte, als ihn die Hängematte mehr als die Arbeit reizte.

Als endlich, fünf Tage vor dem Kampf und spät in der Nacht, der große Kombiwagen vorfuhr, kam Désirées Handstreich auf. Zum Glück war Antoine allein wach. Don Giannis Leute hatten vorher angerufen, und er hatte um einen späten Termin gebeten, um Brix und Berthelin im Bett zu wissen.
Sie hielten ihm den Koffer mit dem offenen Schloß unter die Nase und schleuderten ihm mit funkelnden Augen ins Gesicht, daß ein Paket fehlte.
Antoine war ratlos. Die Sache war von unfaßlicher Brisanz, und sein Gestotter war in den Augen der Männer, denen man ansah, daß sie nicht lange zu fackeln pflegten, alles andere als eine Entlastung.
»Das Zeug muß her!«
»Wer hat den Koffer geöffnet?«
Der Längste von ihnen kam so nahe, daß seine Hakennase fast Antoines Stirn berührte, und in seiner Stimme war das drohende Knurren der Bulldogge. Blitzartig zuckte seine Rechte vor und krallte sich in Antoines offenes Hemd.
»Wir müssen das Don Gianni melden, verstehst du? Und wenn sich die Sache nicht aufklärt, sind wir dran! Du wirst also sofort auspacken, oder wir machen das mit anderen Methoden!«
Es gehörte wenig Phantasie dazu, sie sich vorzustellen. Antoine zermarterte sein Gehirn. Wer konnte das gewesen sein? Brix und Berthelin schieden natürlich aus.

Wer kam noch in Frage?
Désirée! Natürlich, der neugierigen kleinen Hexe traute er auch den Coup mit dem Koffer zu. Aber wann und wie hatte sie's angestellt?
»Ich glaube, ich kann Ihnen helfen«, sagte Antoine und wunderte sich, wie leicht es ihm über die Lippen ging.
Der Lange ließ ihn los, und in die grimmige Bösartigkeit der schwarzen Augenpaare mischte sich Hoffnung.
»Wäre gut für dich«, raunzte der lange Anführer. »Wir müssen alles über die Sache wissen, alles, hörst du? Morgen abend komme ich um die gleiche Zeit, und ich rate dir, mir keine Märchen aufzutischen!«
Als sie gegangen waren, lag Antoine lange in seinem Bett wach und dachte an Désirée.

Am nächsten Tag kam Désirée schon früh, und das war nicht ihre Zeit. Antoine räumte gerade den Frühstückstisch ab, Berthelin war mit Brix und einem Sparringspartner in der Scheune.
»Späten Besuch gehabt?«
»Gibt es«, raunzte Antoine, »eigentlich etwas, was du nicht weißt?«
»Nicht viel. Ich habe, wenn du's genau wissen willst, das Auto und die drei Männer gesehen. Schwere Koffer haben sie rausgeschleppt.«
Ungeniert hatte sie Platz genommen.
Er stellte das Tablett weg und ließ sich in einen Sessel fallen.
»Jetzt hör mal gut zu, Katze. Du kannst es dir sparen, mich nach dem Inhalt der Koffer zu fragen, weil du ihn kennst. Rein zufällig natürlich nur.«
Sie entnahm den Jeans-Taschen Zigaretten und Feuerzeug und antwortete erst nach drei Zügen. »Stimmt, Antoine. Rein zufällig – als du so besoffen warst.«

Seine Lippen wurden schmal. »Du hast ein Paket geklaut!«
Sie nickte gelangweilt und schien nur Interesse für ihre Fingernägel zu haben. Sie glänzten von perlmuttfarbenem Lack.
»Wo ist es?«
»Bei mir zu Hause, natürlich.«
Antoine schnappte nach Luft. »Du bist wahnsinnig, Désirée! Wenn das auffliegt, sind wir alle erledigt, und es gibt keinen Kampf für Brix!«
Ihr Kopfschütteln ließ die langen blonden Haare schaukeln. »Niemand kann drankommen, Antoine.« Sie schaute den blauen Rauchkringeln mit einem träumerischen Blick nach.
Und zum erstenmal fiel Antoine die Größe ihrer Pupillen auf. In Bruchteilen von Sekunden verdichtete sich der Verdacht zur Gewißheit. Wer die Droge hinter sich hat, erkennt instinktiv, wenn sie sich anschleicht. »Du hast selbst Kokain genommen!«
Ihr Blick kehrte von den blauen Rauchkringeln zurück, und die Augen mit den großen Pupillen wichen ihm nicht aus.
»Ja, und du wirst lachen, es gefällt mir.«
Er starrte sie an, ohne einen klaren Gedanken fassen zu können. Wer die Droge hinter sich hat, haßt sie wie zehntausend Teufel.
»Wir gehen sofort zu deinem Vater, und ich nehme den Stoff mit!«
»Aber Antoine!« Nachsicht und Ironie mischten sich in ihr Lächeln. »Du willst alles vor dem Bürgermeister ausbreiten? Bitte schön, aber was wird aus deinem Kampf? Was wird aus Brix, Marcillac und Berthelin? Und aus dir? Weiß nicht jeder, was los war mit dir, bevor du in dieses Haus gekommen bist?«
Das wirkte. Er ließ sich wieder, als ob ihm die Beine versagten, in den Sessel fallen.

»Verfluchte Katze! Du schlägst alles, was ich bisher über Erpressung erfahren habe. Spuck aus, was du willst!«
»So gefällst du mir besser.« Sie schlug die Beine übereinander und schaute ihm voll in die Augen. Aber die Forderung paßte nicht zu dem sanften Lächeln. »Ich will Brix.«
Unterschwellig hatte er es erwartet, und nur für einen kurzen Moment bäumte er sich auf. »Du willst sagen, daß du keinen Stoff mehr nimmst und ihn zurückgibst, wenn... wenn Brix mit dir schläft?«
»Genau das. Manchmal begreifst du schnell, Antoine.« Sie lächelte ihn an wie ein Kind, das Probleme mit vernünftigen Argumenten hat. »Sieh mal, Antoine, ich kann jetzt noch von der Droge wegkommen, wenn ich will.«
Aber noch gab er sich nicht geschlagen. Vielleicht hatte sie doch kein Kokain genommen. Es konnte der ausgeklügeltste aller Tricks sein.
»Wie hast du, bitteschön, das Zeug genommen?«
Die Antwort warf ihn um. Es war die modernste Art, und jedes Wort stimmte.
»Freebasing«, sagte sie.
Und man konnte nicht erfinden, was sie sagte. Freebasing ist der letzte Schrei, und er bedeutet delikate, genußvolle Eleganz gegenüber Schnüffeln und Spritzen.
»Ja«, sagte sie, »ich weiß es von einer Freundin.«
»Wie geht es?«
Er selbst hatte es nie so gemacht. Erst im Sanatorium war er mit ›Freebasern‹ zusammengekommen.
»Oh, das ist beinahe Laboratoriumsarbeit. Das Pulver, so, wie es aus dem Paket herauskommt, wird in ein Reagenzglas geschüttet, und man gibt ein paar Gramm flüssiger Backhefe dazu. Dann wird das Ganze erhitzt, und wenn es flüssig ist, gießt man kaltes Wasser hinein, das den Stoff steinhart macht.

Man legt ihn in einen Glasbehälter, den man mit einer Silberfolie abdichtet. In die Folie sticht man zwei Löcher, eines, das Luft gibt, und eines, aus dem man saugt. Jetzt wird das Glas erhitzt und der entstehende Rauch ausgesaugt. Er erzeugt ein irres Gefühl von Wohlbefinden, aber noch etwas anderes, das mich überrascht hat: du hörst Geräusche aus ganz weiter Entfernung, die du normalerweise nicht registrierst.«
Antoine gab sich geschlagen. Er mußte Zeit gewinnen, aber jetzt wurde sie knapp. Durchs Fenster sah er Brix und Berthelin aus der Scheune kommen.
»Können wir uns heute nachmittag um fünf an den drei Pappeln treffen?«
»In Ordnung, Antoine.«
Mehr blieb nicht zu sagen, weil Berthelin schon mit bösem Blick unter der Tür stand. Brix, ein weißes Handtuch um den Hals geschlungen, unterhielt sich noch mit einem Reporter im Park.
Désirée ging mit provokant wiegenden Hüften an ihnen vorbei.

Sie hatte ihr Fahrrad schon an eine der drei Pappeln gelehnt und saß im Gras, das warm und trocken war. Ihr Haar flatterte im Wind, der die Hitze des Frühsommertags vertrieb, und am blanken Himmel trällerte eine Lerche. Sie streckte ihm die Hand hin und ließ sich hochziehen.
»Entschuldige, daß ich dich warten ließ«, sagte Antoine mit ironischer Höflichkeit. »Zu viele Journalisten. Wird Zeit, daß geboxt wird.«
Sie gingen auf einem schmalen Feldweg, an dem Kirschbäume standen, deren Früchte schon rot wurden. Aber auch Antoine sah rot. Schon nach ein paar Schritten.
»Du weißt noch nicht alles«, sagte Désirée.

Einen Augenblick war er ratlos.
Sie zog ihn weiter.
»Brix hat mit Pascale Marcillac geschlafen.«
Sein Lächeln geriet zur hilflosen Grimasse. Und dann mußte er sich ins Gras setzen. Was er hörte, war von irrer Unfaßlichkeit. Stimmte es, dann hatte sie einen zweiten Trumpf in der Hand, und es war sicher, daß er stechen würde.
Antoine fühlte ein Kribbeln in den Händen und spürte unterschwellig, daß es Mordlust war. Ein Wort von ihr genügte, um alles kaputtzumachen. Er mußte mit Brix sprechen.

In der Nacht, als Brix und Berthelin schliefen, kam der Gangster. Antoine hatte beschlossen, die Flucht nach vorn zu ergreifen.
Jawohl, er war es selbst gewesen, ganz allein. Einem alten Freund in Paris, dem er viel verdankte, hatte er das Päckchen geschenkt. Leider bankrott und unrettbar süchtig, der Junge. War das einzige, was er noch für ihn tun konnte. Und fiel eine gute Tat vielleicht ins Gewicht bei soviel Stoff?
Der Gangster überlegte scharf. »Was wissen Berthelin und Brix?«
»Nichts.« Antoine hob guten Gewissens drei Finger zum Schwur.
»Und dein Süchtiger weiß nicht, wo das Zeug herkommt?«
»Hat keine Ahnung.«
Der Gangster sah ihn mit kalten Augen an, wiegte den Kopf und zuckte dann mit den Schultern. Antoine empfand es wie den Gongschlag, der den Kampf beendet.
»Gut, ich mache keine Meldung. Ist besser für uns alle. Wir werden die Sache kaschieren, aber wehe, wenn was nachkommt! Dann kann ich für nichts garantieren!«

Antoine war erleichtert, als er draußen den Motor des Wagens anspringen hörte, mit dem der Kerl gekommen war.
Es gelang ihm nicht einzuschlafen, aber er widerstand der Versuchung zu trinken. Um halb sieben, als der alte Berthelin noch schnarchte, schlich er sich in das Zimmer des Boxers.
Brix war schon wach. Es mußte der nahende Kampf sein. Seit einigen Tagen wachte er auf, wenn die Vögel im Park zu zwitschern begannen.
»Du, Antoine? Entweder spinnt meine Uhr, oder du spinnst!«
»Leider spinnt nur eine Göre.« Antoine setzte sich auf die Bettkante. Er beschloß die Überrumpelung. Kurz nach dem Aufwachen ist der Mensch noch ohne Maske.
»Du hast mit Pascale Marcillac geschlafen.«
Die Wirkung war erstaunlich. Wie von der Schnur gezogen kam Thomas Brixners mächtiger Oberkörper hoch.
»Warum hat sie dir das gesagt?«
Der Beweis war da. Mit dem ersten Satz. Aber Antoine spürte keinen Triumph.
»Sie nicht, Brix. Aber die kleine Désirée, die ums Verrecken mit dir ins Bett will, hat da draußen vor dem Fenster gesessen.« Er deutete auf die knorrigen Äste des alten Apfelbaums.
Ehe sieben dünne Schläge von der Kirchturmuhr des Dorfs herüberwehten, hatte Brix ihm alles erzählt. Allerdings nicht, daß es sich auf einer Bootsfahrt vor Grand Bahama wiederholt hatte.
Antoines Entschluß stand fest. In den Stunden der Nacht, als er schlaflos darüber nachgegrübelt hatte, wie er Désirée zum Schweigen bringen konnte, zumindest bis der Kampf gelaufen war, hatte er sich einen Plan zurechtgelegt.
»Ich ziehe sie aus dem Verkehr, Brix. In zwei Stun-

den fahre ich mit ihr nach Paris und lasse sie verschwinden.«
Der Boxer ließ sich wieder auf das Kissen zurückfallen. »Und wenn sie plaudert?«
»Vor dem Kampf wird sie nicht können, und nachher wird mir schon was einfallen.«
»Du kannst sie nicht umbringen.«
»Natürlich nicht. Aber beispielsweise kannst du mal schlafen mit ihr. Das wird sie beruhigen. Doch jetzt muß sie weg. Ist doch klar, oder?«
»Ja, sie ist zu gefährlich. Wir müssen nicht nur an den Kampf denken, sondern auch an Marcillac. Ich Idiot habe an überhaupt nichts gedacht, aber du mußt mir glauben, daß mich Pascale überrumpelt hat, hörst du?«
»Nun ja, es wird nicht gerade weh getan haben, oder? Sie ist eine der reichsten und schönsten Frauen der Welt.«
Mit einem Satz stand Brix im Zimmer. »Was soll das Geschwätz? Meinst du, ich bin scharf auf ihr Geld?«
»Quatsch! Aber wenn ich's recht verstehe, ist sie scharf auf dich gewesen. Hat wissen wollen, wie's geht mit einem, der vielleicht Weltmeister wird.«
»Willst du mich beleidigen?«
Gereizte Aggressivität sprang Antoine an, aber er blieb ganz ruhig.
»Es ist besser, wenn du nicht von Liebe träumst, sondern begreifst, daß du einen Riesenmist gemacht hast! Marcillac steht das nicht durch, wenn er's erfährt!«
»Dann darf er's eben nicht erfahren!«
»Ganz meine Meinung. Deshalb muß die Kleine weg. Noch heute morgen.«
»Und wenn sie nicht mitgeht?«
»Sie wird«, sagte Antoine mit einem dünnen Lächeln. »Ich werde ihre Methoden anwenden.«

Er traf Désirée um neun an den drei Pappeln, wie sie es verabredet hatten. Wieder schickte sich ein warmer Sommertag an, über dem riesigen Obstgarten der Normandie zu brüten, und es war, als ob die Lerche von gestern eigens hochgestiegen wäre, um über dem Rendezvous zu trällern.

Für Umschweife war keine Zeit.

»Du mußt weg, Désirée!«

»Und wieso, bitte?« In den großen Augen mischten sich unbefangene Frechheit und Ironie, als ob sie das ganze Bauernhaus und ihre Insassen in der Tasche hätte. »Hast du mir nicht deinen Boxer versprochen?«

Antoine kratzte an seinen Bartstoppeln. Nicht einmal Zeit zum Rasieren hatte er gehabt.

»Es geht um dein Leben!«

»Ach nein! Wer will mich denn umbringen? Du vielleicht?« Helles, amüsiertes Lachen kullerte ihn an.

Er packte ihr Handgelenk mit einem Griff, der sie aufschreien ließ. »So, und jetzt wirst du mir mal zwei Minuten zuhören, und dann wird dir das Lachen vergangen sein!«

Er erzählte ihr vom Besuch des Gangsters, und es war ihr nichts Neues, weil sie im Park gelauert und sein Kommen und Gehen beobachtet hatte. Aber was dann kam, schnürte ihr den Hals zu. Antoine hatte nicht umsonst auf seinen Schlaf verzichtet und war präpariert.

Vom Messer sprach er, das ihm der Gangster an den Hals gesetzt, und wie er dann alles aus ihm herausgepreßt habe. Er, Antoine, sei kein Übermensch, aber ein Mensch immerhin, der sie schützen wolle. Ein Sicherheitsrisiko war sie für die Bande geworden, und es war klar, daß man sie entführen würde. Auf das Wort beseitigen verzichtete er noch. Wollte ihre Reaktion abwarten. Sie kam prompt und stellte ihn zufrieden. Désirée hatte Angst.

»Was soll ich tun?«
So gefiel sie ihm besser. In ein paar Sätzen entwickelte er seinen Plan und betonte, daß er nur bei sofortiger Ausführung gelingen könne. Was sie ihren Eltern erzähle, sei ihre Sache, und ein Glück sei es, daß er wieder einen Führerschein besitze. Abfahrt in einer Stunde und mit kleinem Gepäck. Und mit dem Kokain, das hoffentlich noch da sei.
Sie nickte nur stumm. Angst frißt Trotz und Frechheit mit gierigem Maul auf.

# 16

Im Bistro von Bébert, dem Boxerwirt, wurden sie schon erwartet. Antoine hatte ihn am frühen Morgen angerufen und auf sein ungewöhnliches Vorhaben vorbereitet. Details besprachen die beiden jetzt hinter der Tür, auf der ›Privé‹ stand, während Désirée verstört und fahrig an einem runden Tischchen an einem süßen Aperitif nippte. Davonlaufen würde sie nicht. Der war jede Hilfe recht. Das hatte Béberts alertes Auge mit einem Blick erfaßt.
»Ist ja irgendwie noch ein Kind«, sagte er in der winzigen, mit Pappkartons und Flaschen vollgepfropften Bude, die er sein Büro nannte.
»Aber was für eines!« brummte Antoine. Und er erzählte dem Patron, was er wissen mußte. Es war nicht alles, aber es genügte, um Bébert eine Gänsehaut zu verschaffen. Selten genug kam das vor, bei den Geschäften, die er betrieb.
Er kratzte sich am zottigen weißen Haar, das unter dem Rand der speckigen Baskenmütze herausschlüpfte.
»Weißt du was? Ich bring sie zu Loulou.«
»Zu dieser alten Kokotte?«
»Klar, Mensch! Die ist auf ihre alten Tage fromm geworden. Hat schon manches Mädchen aufgenommen, das nicht mehr weiterwußte.« Er schlug sich mit der flachen Hand auf die Stirn, als ober er nie einen besseren Einfall gehabt hätte.
»Du redest wie von einer Majorin der Heilsarmee!«

»Nun ja, ein bißchen Kostgeld wirst du schon springen lassen müssen.«
Antoine dachte an den reichen Zahlmeister Marcillac, der angezapft wurde, damit er nicht die Hörner sah, die ihm sein geliebter Boxer aufgesetzt hatte.
Dann ließ er Bébert ein Mittagessen servieren, das ihm besser schmeckte als dem verstörten Mädchen, das sich von Gangstern verfolgt glaubte und tausend Eide schwor, sich nie mehr mit erpresserischen Dingen zu befassen.
Antoine ließ sie den Schwur auf Kokain erweitern, das Päckchen hatte er ihr bereits abgenommen. Dann fuhr er sie zu Loulou, die zwischen der Place Blanche und Pigalle in einem winzigen Appartement mit sechs Katzen hauste. Nur noch ein paar Zittergreise wußten, welch flotten Namen sie sich einst auf dieser Meile gemacht hatte.
Auch ihr sagte Antoine, was sie wissen mußte, ehe er im Bewußtsein einer mit Klugheit und Sorgfalt erfüllten Pflicht hinausfuhr zur Porte de St. Cloud, wo der Parc des Princes liegt.
Fast mütterlich und mit dem Verständnis eines großen weiten Herzens hatte Loulou die Kleine und natürlich auch den handfesten Vorschuß akzeptiert. Die alte Hure ist tatsächlich fromm geworden, dachte Antoine, als er den Wagen mühsam durch die verstopften Boulevards péripheriques zu der Arena steuerte, die der Kampf des Jahrhunderts vibrieren lassen würde.

Es war nicht mehr der Prinzenpark seiner Jugend, auf dessen rosaroter Zementpiste man jedes Jahr im Juli die Ankunft der Tour de France gefeiert hatte. Seit dem Abbruch der alten Arena war die Radrennbahn verschwunden, die sich wie die Schale einer Auster zwischen Tribünen und Spielfeld gewunden hatte. Ein reines, komfortables Fußballstadion mit

50 000 überdachten Sitzplätzen war entstanden, und für den Weltmeisterschaftskampf im Schwergewicht waren auf dem Rasen zusätzliche Holztribünen errichtet worden, an denen gerade ein Bautrupp mit den letzten Hammerschlägen arbeitete. Sie umrahmten den Ring, an dem noch die Seile fehlten und der an einen Altar erinnerte. Wer nahe genug dabei sein wollte, um das Keuchen der Kämpfer zu hören und ihren Schweiß fließen zu sehen, zahlte, wenn er gute Beziehungen hatte, 500 Dollar. Aber der Schwarze Markt schluckte das Zehnfache, ohne die Nachfrage befriedigen zu können.
Der Ring hatte einen himmelblauen Kunststoffboden, und die Boxer würden rote Handschuhe tragen. Die Wetterprognose verhieß einen sonnigen Sommerabend.
Le tout Paris würde kommen. Nur Marcillac nicht. Sein letztes Telefonat war voll wütender Resignation gewesen. Strikt hatte Dr. Lawrence auch einen Zweitagestrip abgelehnt. »Du bist viel zu schwach«, hatte er gesagt, »und am liebsten würde ich dir sogar den Fernseher wegnehmen!«
Marcillac hatte das wie eine ohnmächtige Anklage durchs Telefon gekeucht, und Antoine hatte Mühe gehabt, die richtigen beruhigenden Worte zu finden.
Jetzt, als er im Prinzenpark stand und den Ring vor sich sah, war er froh über die Entwicklung. Das Mädchen war sicher untergebracht, Marcillac hatte seinen Kampf, ohne sich den Gefahren einer anstrengenden Reise auszusetzen, und Pascale konnte hier nichts durcheinanderbringen, weil sie bei ihm bleiben mußte.
Als Antoine über die Parkplätze zu seinem Auto ging, lief ihm ein alter Journalist aus den Zeiten der großen Pariser Boxkämpfe über den Weg.
»Tiens, Georges, ça va? Immer noch der alte Charmeur!«

Tatsächlich trug der Mann trotz der Wärme des Tages einen dunklen Nadelstreifenanzug mit einer roten Nelke im Revers. Nie hatte man ihn bei einem großen Kampf ohne Nelke gesehen, und immer war er gekleidet gewesen wie bei einer Theaterpremiere.
»Hast wohl Generalprobe?«
»Richtig, Antoine. Nostalgie, wenn du mich verstehst.«
»Und ob, Georges! Eine Rückkehr zur Quelle ist das, mit der keiner hat rechnen können!«
»So ist's. Fehlt eigentlich bloß Marcillac für einen dieser Streifzüge.«
»Der macht keine mehr, Georges.«
»Glaubst du?«
Antoine nickte nur.
»Aber man liest doch, es ginge ihm viel besser.«
»Man liest viel, Georges. Glaubst du, der wäre jetzt nicht hier, wenn er könnte? Sein ganzes Vermögen würde er hinschmeißen dafür.«
»Hm. Ich bin älter. Ich werde siebzig.«
»Und hast auch nie ins Glas gespuckt. Kaum zu glauben, Junge!«
»Als wir noch auf Vorschuß gesoffen haben, war's am schönsten, weißt du noch?«
»Klar!« Antoine blieb stehen. »Ich hab da 'ne Idee, Georges. Eigentlich sollte ich ja zurück zu Brix und Berthelin, aber ich kann auch in Paris bleiben, und ich hab 'ne Menge Geld von Marcillac in der Tasche. Würde für einen fröhlichen Abend reichen, wenn du Zeit hast.«
»Um auf seine eigenen Kosten einen hochleben zu lassen«, sagte Georges, »habe ich immer Zeit.«

Sie fuhren hinüber aufs linke Ufer der Seine, und die Nostalgie fuhr mit. In einer schummrigen Bar, deren Wände mit ungedeckten Schecks tapeziert waren, kamen die ersten Nachkriegsjahre mit den großen

Sechstagerennen und den noch größeren Boxkämpfen im alten Vélodrome d'Hiver zurück. Es war die Zeit, in der Antoine im ›Lipp‹, gegenüber vom Café de Flore, Ernest Hemingway kennengelernt und sich an seinen ersten Roman gewagt hatte.
»Er konnte über Boxen schreiben wie kein zweiter«, sagte Georges.
Antoine nickte. »Laß uns Whisky trinken wie er.« Er bestellte zwei Scotch und eine Zitrone, die er den Barkeeper halbieren ließ. »Nach zehn Glas stand er noch wie ein Baum.«
»Und hatte Ideen.«
»Kennst du die Geschichte vom Löwen in Harry's New York-Bar?«
»Vom Löwen?« Georges schüttelte den Kopf.
»Es gibt keine typischere von Ernest. Aber dazu brauchen wir noch Whisky.«
An den Zinc gelehnt bestellte er und fuhr fort: »Also, paß auf. Ein ehemaliger Boxer aus den Zeiten von Al Brown, auch ein leichter mit einer leichten Makke, verkehrte in Harrys Bar mit seinem zahmen Löwen. Ein gutes Tier, wirklich, und es hätte überhaupt keine Anstände gegeben, wenn er nicht ab und zu auf den Boden gekackt hätte. Leider stinkt Löwenscheiße bestialisch, und dafür war Harrys Laden zu fein. Er empfahl dem Boxer sehr höflich, sich ein Etablissement, in dem es vielleicht sowieso ein bißchen stank, auszusuchen, aber der Mann war unbelehrbar. Stubenreine Löwen, sagte er, seien noch nicht erfunden.«
Georges lachte und ließ neuen Whisky kommen. »Und warum hat Harry ihn nicht rausgeschmissen?«
»Warum? Boxer plus Löwe sind ein Tandem, das man nicht leicht am Wickel nimmt! Aber das Pech des Mannes war, daß er nur Bantamgewicht brachte. Eines Abends prallte er auf den bulligen Hemingway, der diverse Whiskys intus hatte und Löwen-

scheiße nicht mochte. Er packte den Burschen beim Kragen und hob ihn mehr durch die Tür als daß er ihn schmiß. Vielleicht war er nur wegen des Löwen so sanft, weil der ein bißchen knurrte. Und als Herrchen draußen war, nahm er ihn bei der Mähne und führte ihn mit freundlichen Worten hinaus. Friedlich trottete er Herrchen nach, und man hat das Tandem nie mehr bei Harry gesehen.«

»Gute Geschichte«, sagte Georges und lachte.

»Aber noch lange nicht alles. Sie ist nämlich der Anstoß für Ernests Roman ›In einem anderen Land‹ gewesen.«

»Soll das ein Witz sein?«

»Überhaupt nicht! An diesem Abend sagte sich Ernest: Wenn du schon anfängst, auf Löwen loszugehen, mußt du überschüssige Kraft haben. Steck sie in ein Kriegsbuch. Alle, die um dich herum sind, haben schon ihr Kriegsbuch geschrieben, und zu diesem Thema hast du weiß Gott was zu sagen!«

Antoine machte eine Pause für neuen Whisky mit Zitrone.

»Er ist mit einem Rieseneifer an die Arbeit gegangen, und weißt du, wo er die Fahnen korrigiert hat?«

»Wie sollte ich?«

»Beim Sechstagerennen im Vél' d'Hiv'! Er hat sich eine der Innenlogen am Ziel genommen und dort mit viel Champagner gearbeitet. Und wenn die Halle vibrierte, arbeitete er am besten, obwohl ihn zu Hause am Schreibtisch jede Fliege störte.«

Georges grinste. »Ich habe tausend Reportagen am Boxring gemacht, und sie sind mir alle flott von der Hand gegangen, aber im Kämmerlein, wenn mir das Gebrüll der Leute fehlte, war ich langsam und schwerfällig. Ich kann deinen Hemingway sehr gut verstehen.«

»Der Unterschied«, raunzte Antoine, »ist nur, daß der's auch im Kämmerlein konnte.«

»Das Genie kann überall alles.«
»Da ist was dran. Vielleicht hat Ernest deshalb auch im Schlafzimmer geschrieben. Er hatte immer Frauen drin, aber auch Stehpult und Schreibtisch.«
»Brauchte er nackte Weiber beim Schreiben?«
Georges bekam Glanz in die Augen und Druck auf die Zunge. Nach dem sechsten Whisky sour hob sie sich schwerer.
»Quatsch! Wenn er arbeiten wollte, flogen sie hinaus. Ich hab's auch so gehalten, weil sie unheimlich ablenken beim Schreiben, und ich will auch wieder was Vernünftiges schreiben, wenn dieser verrückte Boxkampf vorbei ist.«

Noch zweimal wechselten sie das Lokal. Endstation war, als der Morgen schon zu grauen begann, der Bistro von Bébert, dem Boxerwirt.
Und da warf es Antoine, obwohl ihn der Whisky-Konsum zur Immunität bei Überraschungen jeder Art berechtigt hätte, beinahe um.
Im Kreise der Gäste, die vorwiegend mit dem bevorstehenden Kampf befaßte Journalisten waren, thronte kein anderer als Pierre, der ehemalige Boxer mit der zuckenden Oberlippe.
Und mit einem Schlag war Antoines Rausch verflogen. Pierre war ein gewaltiges Sicherheitsrisiko. Wenn die Reporter ihre Lokomotive des Wissensdursts auf seine eingleisige Denkweise gebracht hatten, mußten sie ihn bereits ausgenommen haben wie die Sau, bevor man sie zu Wurst verarbeitet.
Während Georges staksigen Schrittes auf einen freien Stuhl zuging und fast die Sitzfläche verpaßt hätte, gab er Pierre einen Wink und deutete zur Toilette.
Pierre begriff so schnell, daß Antoine ein wenig ruhiger wurde. Besoffen war der nicht, denn die Oberlippe zuckte ganz normal.

»Was tust du hier?«
Statt einer Antwort kam eine Frage: »Eine fröhliche Nacht gehabt, was?«
Sehr untertänig klang es nicht.
»Ich habe dich was gefragt, und im übrigen bin ich stocknüchtern, du Idiot!«
»Nun aber langsam, Antoine!« Der Exboxer taxierte ihn mit Augen, die zu überlegen schienen, ob er den K.o. gleich anbringen sollte oder erst in der nächsten Runde. »Marcillac hat mich fliegen lassen, das ist alles. Hat eben Herz, der Mann, verstehst du? Wollte nicht einsehen, daß ich auf den Bahamas in die Röhre gucke wie er.«
Antoine wurde friedlicher. »Er hat dir«, sagte er leise, »hoffentlich klargemacht, daß du die Schnauze hältst über Don Gianni und alles, was im Xanadu passiert ist?«
»Logisch, Mann! Da geht nichts raus. Bin ich blöd?«
Antoine schluckte die Antwort, die ihm auf der Zunge lag, hinunter und wechselte das Thema: »Pascale ist aber nicht mitgekommen?«
»Natürlich nicht. Er braucht sie.«
»Und sie hat's auch nicht probiert? Ich meine, sie ist ihm nicht auf den Wecker gefallen wie du?«
»Nun ja, sagen wir, sie hat einen Versuch gemacht. Wäre halt gerne nach Paris. Nicht wegen des Boxens, versteht sich. Davon hält sie nichts.«
Du hast vielleicht eine Ahnung, dachte Antoine und führte Pierre wieder in die rauchige Kneipe zurück, in der die heftig diskutierenden Journalisten saßen wie in einer Nebelhöhle.

# 17

Die Sonne des Kampftages stieg in einen Pariser Himmel, dessen stählernes Blau kein Wölkchen trübte. Und selbst die Lichterstadt, diese eitelste aller Primadonnen der Weltmetropolen, ließ sich packen vom Ereignis, das die Kontinente elektrisierte und den Eskimo ebenso an den Fernseher trieb wie den Feuerländer.

Bevor Antoine in das Hotel fuhr, in dem Brix und Berthelin Quartier genommen hatten, kaufte er sich an einem Boulevardkiosk einen Stapel Zeitungen und setzte sich in ein großes Straßencafé. Mit Mühe nur fand er Platz an einem runden Tischchen, an dem zwei alte Männer einen heftigen Disput über den Kampf hatten. Es waren ein hagerer Knorriger und ein feister Runder mit jenen lustigen Äuglein, die den Besserwisser mit ihrem sanften Widerspruch ärgern.

Der Dicke reizte den dürren Feuerkopf mit der Behauptung, daß Brix durchaus gewinnen könne.

»Du liest zuviel Mist«, knurrte der andere mit einem verächtlichen Blick, der den Stapel von Antoines Zeitungen streifte. Ein grummeliges Schmatzen folgte, weil er auf Salzmandeln biß und sie mit einem Aperitif von aufreizendem Rot hinunterspülte.

Aber der Dicke schüttelte den Kopf und wischte sich bierschäumige Flocken vom Mund. »Er ist viel zu schnell für den fetten Nigger!«

»Fett? Schau mal in den Spiegel, dann weißt du, was

fett ist, mein Lieber. Alles Muskeln! Wenn dein Brix fünf Runden steht, hat er einen großen Kampf gemacht!«

»Mach mich nicht lachen, Bohnenstange! Er wird deinem Bären einen Ring durch die Nase ziehen und ihn vorführen!«

Und so kämpften sie weiter am runden Tischlein, das ihr Ring war. Es war ein Schattenboxen, das Antoine ungeheuer amüsierte, bei Sodawasser, weil er nach dem nächtlichen Streifzug Durst hatte wie ein Rollkutscher. Es gibt, dachte er, keine größere Stimulanz für Vox populi als ein großer Kampf. Wenn er ansteht, werden die größten Fußballer zu Chorknaben. Denn Boxen versteht, zumindest im Prinzip, jeder.

Als die beiden Herren gegangen waren, Arm in Arm wie zwei Kampfhähne nach dem letzten Gongschlag, fand er alles, was sie sich an die Köpfe geworfen hatten, in den Zeitungen wieder.

In Marcillacs Blättern stand die Meinung des Dikken. Fast alle anderen favorisierten Johnson, den amtierenden Weltmeister.

Es mochte, teilweise zumindest, mit der Serie zusammenhängen, die er geschrieben hatte. Konkurrenz belebt und differenziert das Pressegeschäft auf eigenartige Weise. Schließlich wurde er in Kollegenkreisen als der Mann gehandelt, der von Marcillac für Brixner gekauft war. Beim Berufsboxen auf höchstem Level ziehen auch die Schreiber Handschuhe an, die nicht aus Samt sind.

Aufmerksamer als die anderen Blätter las Antoine ›L'Équipe‹. Die älteste und größte Sportzeitung des Landes beherrschte, wie immer, die Kunst, Profiteur eines Großereignisses zu sein, ohne es sich anmerken zu lassen. Logisch, daß sie an diesem Tag eine Auflage machte, die die während der dramatischsten Hochgebirgsetappen der Tour de France noch in den Schatten stellte. Aber in der Nummer 10 der Rue du

Faubourg Montmarte, hinter der schmalbrüstigen Fassade, wo die Tour de France geboren worden war, blieb man auf dem Teppich der Sachlichkeit. Man konnte auch Fachlichkeit sagen. Der warme Regen, den man Marcillac verdankte, wurde aufgesogen von Experten, deren Gewicht anerkannter war als das der Sensationsgeier. Ihre Meinung wurde verlangt und geliefert.
Antoine konnte nicht umhin, sich dieser Meinung anzuschließen. Mit einiger Sicherheit war Tiger Johnson nicht klüger als Thomas Brixner. Aber klug genug, um keine frühe Entscheidung zu suchen, war er auf jeden Fall. Eine Abnützungskampagne hatte er im Sinn, der Brix unweigerlich unterliegen mußte, wenn er nicht vor der Hälfte der Distanz einen Überraschungscoup landete. Fünfzehn Runden waren einfach zu lang für ihn gegen dieses kraftspeiende schwarze Bollwerk.
Und schwarz war das Reizwort, an dem sich die weißen Gemüter entzündeten. Antoine hatte es in seiner Serie, die auf ungewöhnliches Aufsehen gestoßen war, gepflegt. Brixners Sympathie-Bonus, der ohnehin vorhanden war, hatte er mit raffinierten Tricks auf eine Weise ausgebaut, von der er sich jetzt, da der Tag X gekommen war, fragte, ob sie nicht überzogen gewesen war und zur Last wurde für den Mann, der bei vernünftiger Betrachtung nur Außenseiter sein konnte.
Er schob das Unbehagen, das ihm diese Frage bereitete, auf Marcillac. Aber war das ehrlich? War nicht immer wieder die Eitelkeit des Schreibers aus ihm herausgezuckt wie bei allen, die sich am Schreibtisch in den Ring hineinversetzen, als ob große Worte gleichzusetzen wären mit der gnadenlosen Unerbittlichkeit des Kampfes? Waren Schreiber nicht abgesicherte Möchtegern-Kämpfer, angefangen bei Hemingway über Mailer bis zu nüchternen und von

Poesie unbeleckten Fachjournalisten wie dem alten Georges? Besessene Fanatiker des Faustkampfs waren sie allemal, aber sie liebten und vergötterten ihn anders als Berthelin, diese tüftelnde, den Boxer liebende und ewig die Wahrheit suchende Vaterfigur.
Als Antoine von der Opéra über Richelieu-Drouot auf die großen Boulevards zuschlenderte und sich im Menschenstrom treiben ließ, spürte er fast körperlich die Qualen, die der alte Berthelin jetzt durchmachte.
Er hatte einen Besuch bei den alten Freunden von ›L'Équipe‹ vorgehabt, aber der nächtliche Streifzug mit Georges hatte den Zeitplan umgeworfen. An der Ecke der Rue du Faubourg Montmartre, da, wo sie in den Boulevard Bonne Nouvelle einmündet, einen Steinwurf von der Sportzeitung entfernt, warf er den Zeitungspacken in den Papierkorb und nahm ein Taxi, um zum Wiegen zu fahren. Es war angesetzt in einem großen Salon des Luxushotels, in dem Brix Quartier genommen hatte.
Das Wiegen ist eine feierliche und nur einem vergleichsweise kleinen Kreis geladener Gäste zugängliche Prozedur. Antoine war es freilich immer wie eine blasphemische Messe vor dem Schlachtfest vorgekommen, und nie war ihm das bewußter geworden als diesmal.
Sportliche Neugier hatte das verdrängt. Aber jetzt ging es um ›seinen‹ Boxer. Das war etwas Neues, zu dem Marcillac den Anstoß gegeben hatte. Einmal, vor dem ersten Kampf Clay-Liston – Ali trug damals noch das, was er seinen Sklavennamen nannte: Cassius Marcellus Clay –, hatte er einen Essay über die Angst des Boxers beim Wiegen geschrieben; er war beachtet und viel nachgedruckt worden. Clay hatte sich wie ein Irrer benommen. Schaum war mit den Beleidigungen, die er Sonny Liston entgegenschleuderte, aus seinem Mund gespritzt, und sie hatten ihn

auch mit 2500 Dollar Strafe nicht stumm gemacht. Der Arzt hatte einen Pulsschlag von 110 festgestellt und dies auf eine panische, sich eruptiv entladende Angst zurückgeführt. Er befürchtete sogar einen Nervenzusammenbruch, der ihn statt in den Ring ins Krankenhaus führen würde.
Cotrell und Schulberg und viele andere der großen Boxreporter hatten darüber geschrieben, und sie hatten es nicht so vordergründig wie die Sensationsfritzen getan, die nur Clays Beleidigungen zwischen eitle ›Ich-war-dabei-Gänsefüßchen‹ setzten.
Und Antoine war noch eigenwilliger gewesen. Von Selbsthypnose hatte er geschrieben, vom kochenden Topf auf heißestem Feuer, der mit dem Urschrei seinen Deckel hochfliegen läßt. »Das beruhigte ihn, als ihn keiner mehr beruhigen konnte.«
Bestätigt hatte es Ferie Pacheco, Alis Leibarzt. Das Wiegen hatte um die Mittagszeit des Kampftags stattgefunden, und als Pacheco ihn nach dem Essen in seinem Zimmer aufsuchte, registrierte der Arzt den Normalpuls von 54 Schlägen bei einem Boxer, der total entspannt und zuversichtlich wirkte. Er sprach von einem typischen Fall »selbstinduzierter Hysterie«.

Antoine hatte Brix noch nie beim Wiegen am Kampftag erlebt. Er hatte Angst und betrat die Hotelhalle, als ob er durch die Seile eines Rings klettern müßte.
Sie war ein brodelndes Babylon. Alle Weltsprachen prallten aufeinander, und auf Anhieb war zu erkennen, daß der Sonderausweis von manch sonderbarem Vogel ergattert worden war, dessen Geschäfte keiner starken Beleuchtung standhalten würden. Berufsboxen zieht diese bunten Pardiesvögel an wie das Licht die Motten. Deshalb gehen auch Kriminalbeamte zu großen Boxkämpfen. Einmal hatte Antoine

erlebt, wie sie einen Lebenslänglichen zwei Tage nach seinem Ausbruch aus dem Zuchthaus bei einem Kampf im Vélodrome d'Hiver schnappten. Auf eine eigenartige Weise hatte der Kampf im Ring für ihn seinen Kampf mit der Justiz widergespiegelt, weil Boxen sowohl rohe als auch subtile Gewalt ist.
Oft genug hatte Antoine darüber nachgedacht, aber jetzt, unter den vielleicht vierhundert Privilegierten, die in den Saal mit den schweren Teppichen und den kristallenen Lüstern drängten, spürte er nur Angst um Brix. Unendlich viel hing davon ab, wie er ein vor Elektrizität knisterndes Präludium, das er noch nie erlebt hatte, verkraftete.
Johnson war es gewöhnt, in einen Weltmeisterschaftskampf zu steigen. Und wenn du nie einen verloren hast, dann ist das, wie wenn du Perle um Perle an eine Kette reihst, die nicht reißen kann. Und er brauchte den Gegner nur anzuschauen, um seine Furcht zu spüren.
Allerdings, es gab einen Unterschied, der Weiß hieß. Antoine hatte Johnsons Rekord sehr genau studiert, und es waren verschwindend wenig Weiße vor seine Fäuste geraten. Aus dem höchst einfachen Grund, weil diese Plattform zu hoch für die weißen Schwergewichtler geworden war. Und eine richtige ›White hope‹, zu der Brix hochstilisiert worden war, hatte es überhaupt nicht gegeben.
Festgestellt hatte Antoine indes ein seltsames Phänomen, das einst auch bei Clay beobachtet worden war: Johnson war beim Ritual des Wiegens, diesem Vorzimmer des Fegfeuers, bei weißen Gegnern viel zurückhaltender, ja eher scheu als aggressiv aufgetreten. Es mochte mit schwarzem Urinstinkt zu tun haben. Aber nach dem Ballyhoo, das alles bisher Dagewesene schlug, war eher anzunehmen, daß er Brix das ganze Gewicht seiner Titelsammlung entgegenschleudern würde.

Sie kamen fast gleichzeitig, und Antoine fand es sofort bestätigt.
Unter dem ockergelben Bademantel mit den roten Paspeln trug Johnson mehrere Handtücher, die den gewaltigen Brustkorb noch breiter machten, und jeder sollte am gewollt federnden Gang spüren, warum sie ihn Tiger nannten.
Er ging auf Brix zu, als ob die erste Runde schon eingeläutet wäre.
Als er die Hand mit der seltsam weißen Innenfläche zur Begrüßung öffnete, machten die Augen nicht mit. Schmal und verkniffen blieben sie, und der Händedruck war von der Kürze eines Augenzwinkerns.
Es war einstudiert, und Berthelin hatte Brix vorgewarnt: »Er wird dich nicht mit Worten reizen, sondern wie Luft behandeln. Zeig keine Wirkung und lach ein bißchen, wenn du kannst. Das bringt dir Sympathien und macht ihn unsicher.«
Sie hatten es sogar einstudiert.
Aber jetzt, da sie sich gegenüberstanden, geriet das Lächeln zur Grimasse. Was sich da vor Brix aufbaute, war ein Riese, der ihn zum Zwerg machte, und aus der Magengrube stieg das eklige Gefühl, daß es jeder merkte. Leibhaftiger Unschlagbarkeit hatte er die Hand gegeben.
Und als ob dies zu unterstreichen wäre, drehte ihm der schwarze Mann den Rücken zu und fing mit Schattenboxen an. Er hörte mit einem rechten Haken auf, der einen Stier umgeworfen hätte.
»Reines Theater«, flüsterte Georges, der sich neben Antoine gestellt hatte. Unter seine Augen, die wieder klar und alert blickten, hatten sich die schwarzen Ringe der langen Nacht gegraben.
»Aber wirksam«, sagte Antoine. »Sieh nur, wie klein sich Brix vorkommt!«
Georges winkte ab. »Das geht vorbei. Dein Mann ist

klüger und schneller, und das kann der Tiger mit seiner Show nicht wettmachen. Die Stunde der Wahrheit kommt erst heute nacht, und ich setze auf Brix.«
»Hört sich an, als wolltest du mir Mut machen. Aber ich muß nicht in den Ring.«
»Aber du siehst so aus, Junge! Oh, ich kann dich verstehen. Jeder leidet mit seinem Mann, und wenn man so viel investiert hat wie du, ist es noch schlimmer. Du bist ein Stück von ihm geworden, Antoine.«
»Mag sein. Wenn ihn Johnson zusammenschlägt, trifft er auch mich.«
»Aber du verstehst genug vom Boxen, um dich nicht von seiner Angeberei beeindrucken zu lassen! Sag das Brix, wenn der Rummel hier vorbei ist.«
»Das kann Berthelin machen.«
»Doppelt genäht hält besser.«
»Ist gut«, sagte Antoine. »Laß uns hören, was die Waage sagt.«
Die Körpergewichte wurden in Kilo und in amerikanischen Pfunden angesagt. Brix war beinahe sechs Kilo leichter, hatte aber die gleiche Reichweite.
»Wenn er Tempo macht«, sagte Georges, »wird er ihn wie eine Plakatsäule aussehen lassen.«
Aber Antoine hörte nicht mehr hin. Er hatte genug von diesen Beruhigungspillen und schaute sich die Leute an. Viele Schwarze waren da, die am Hals Goldketten trugen und am Arm Rolex-Uhren mit Diamanten, daß das Glas glitzerte wie eine zerdepperte Autoscheibe. Mit Rolls Royce und weißem Chauffeur waren sie vorgefahren, und Antoine hätte sich nicht gewundert, wenn sie am Ufer der Seine Schnellboote des bahamesischen Drogenschmuggels festgemacht hätten.
Und dann glaubte Antoine seinen Ohren nicht zu trauen. Brix gab Worte, sehr vernehmliche Worte von sich. Sie glichen nicht dem haßerfüllten Gebrüll von Clay, aber sie hatten, nach der präfabrizierten

Show von Johnson, ein gefühlvolles Timing, das nur von Berthelin kommen konnte.
Der alte Fuchs, dachte Antoine, hat die Dinge klarer auf sich zukommen sehen als ich.
Was Brix sagte, war sparsam, kontrolliert und hatte trotzdem die Wirkung einer Bombe. Er machte den Mund auf, als die Leute, die geglaubt hatten, daß mit der Ausrufung der Gewichte alles erledigt sei, zur Diskussion über seine schlechten Chancen meinten übergehen zu können.
Was er sagte, saß: »Am liebsten würde ich Arschloch zu dir sagen, aber ich tu's nicht. Deine Vorstellung hat mich gelächert, aber du bist der Champ. Zumindest bis zwanzig Uhr dreißig heute abend. Eine halbe Stunde später wirst du verrostetes altes Eisen sein.«
Der Zeitpunkt war hervorragend gewählt, weil man nichts mehr erwartet hatte. Die Leute reckten die Köpfe und warteten auf Johnsons Antwort.
Aber es kam keine.
Bloß die Augen des Weltmeisters, die bisher zusammengekniffen an seinem Herausforderer vorbeigeguckt hatten, wurden groß. Völlig Unerwartetem fand er sich gegenüber. Und es wäre lächerlich gewesen, jetzt Haken oder Gerade durch die Luft flitzen zu lassen. Er fand seine Show gestört und reagierte mit der simpelsten Antwort, die greifbar war.
»Arschloch«, zischte es aus Zähnen, die blank wie Elfenbein waren.
Genau das sollte kommen. »Ich habe gesagt, daß ich Lust hätte, dich eines zu nennen, aber daß ich's mir verkniffen habe. Wichtige Nuance! Hast du kein Ohr dafür?«
Das war eine Sprache, mit der Tiger Johnson nichts anfangen konnte, und auch das war eingeplant. Er rollte die Augen, und an der rechten Schläfe schwoll eine Ader zum blauen Wurm an.

Neben Antoine riß sich Georges zusammen, um nicht in die Hände zu klatschen. »Homerischer geht's nicht, Mann! Der Champ ist total aus den Fugen. Puls hundertdreißig, schätze ich!«
Antoine sah ein Lächeln über Berthelins verwittertes Gesicht huschen. Nur er konnte die Idee gehabt haben, die jetzt von der Mehrzahl der Reporter hastig und dankbar aufgekritzelt wurde. Das Wiegen war ergiebiger geworden, als man es erwartet hatte. Und Brix hatte viel mehr erreicht als mit einer der gängigen, primitiven Beleidigungen.
»Eins zu null«, feixte Georges.
»Bleib auf dem Boden. Noch wird nicht gezählt!«
»Aber der Tiger hat was zu kauen, und es schmeckt ihm gar nicht.«
Tatsächlich verließ der Weltmeister den Saal, als ob er ihm zum eiskalten Bad geworden wäre.

Zur gleichen Stunde beendete das Mädchen Désirée auf dem Montmartre einen Brief, den sie mit der Adresse Charles Marcillac, Haus Xanadu, Freeport, Grand Bahama, versah. Sie bat Loulou, die Wirtin ihres nicht unkomfortablen Gefängnisses, ihn zur Post zu bringen und ihn mit Luftpost und Eilboten zu frankieren.
Loulou schloß sie in ihr Zimmer ein und erledigte den Auftrag, da sie keine Anweisung hatte, dem Mädchen den Postverkehr zu verbieten. Und die Bahamas waren weit.

# 18

Ein Stadion ist etwa ein Hektar groß, und der Hektar des Prinzenparks nahm an diesem Sommerabend die Dimension des Unwirklichen an. Er wurde, milliardenfach transplantiert auf die Bildschirme, zur Schaubühne der Welt. Die älteste Art des Kampfsports feierte im Sog modernster Technik die sensationellste aller Renaissancen, und eine prickelnde Spannung stellte die Einschaltquoten der ersten Mondlandung weit in den Schatten.
Gab es wirklich noch einen Weißen, der fähig war, Weltmeister aller Klassen zu werden?
Die Geschäfte der Buchmacher schlugen alle Rekorde. Früher, zu Zeiten der legendären Champs, als Alexander Graham Bell gerade das Telefon erfunden hatte und das Radio noch in weiter Ferne war, hatten sie mit dem Bowlerhut am Ring gearbeitet. John L. Sullivan und Jim Corbett waren die ersten umsatzträchtigen Cracks gewesen, ehe das Radio für Dempsey und Tunney das Millionenpublikum schuf.
Gone with the Wind. Auch Joe Louis und Max Schmeling. Auch Rocky Marciano und Cassius Clay. Kein Platz für Nostalgie im Prinzenpark.
Vor allem ganz vorne nicht. Da, wo man Blutspritzer fliegen sehen und Schweißtropfen riechen konnte, wo die Schwarz-Weiß-Mischung von hautnaher Brisanz war, weil Generaldirektoren neben Negerfürsten saßen, die blonde Frauen mit großen Funkel-

augen mitgebracht hatten, da hatte ein Rassismus Platz genommen, der nicht denken, sondern nur brüllend fühlen wollte.
Antoine spürte es körperlich, wie sie das Aufheizen durch die Rahmenkämpfe erwarteten. Selbst im Madison Square Garden, wo die schwarz-weißen Schlachtfeste gefeiert wurden wie nirgendwo auf der Welt, hatte er ähnliches nicht erlebt.
Und wieder stieg Angst um Brix aus der Magengrube. Er hatte Punkte gesammelt beim Wiegen. Mit übertriebenem Eigenlob hatten es Sonderausgaben von Marcillacs Blättern hinausposaunt und in die Arena gepumpt, weil es kaum einen Besucher gab, der sich nicht bei den fliegenden Händlern an den Eingängen bedient hatte.
Am Nachmittag im Hotel war ihm Brix ruhig vorgekommen. Zu ruhig. Der Arzt hatte einen normalen Puls von 52 registriert, aber woher nimmt einer das Recht, vor einem solchen Kampf normal zu sein, wenn er nicht Clay heißt? Die gespielte Ruhe eines nervösen Athleten wäre ihm lieber gewesen. Aber der Puls bewies, daß der Mann nicht log. Dabei ist die Lüge beim Boxen wichtiger als die Kraft. War Brix zu ehrlich für den Zusammenprall mit dem Stärksten von allen?
Antoine saß, wie früher so oft, in der ersten Pressereihe neben dem alten Georges, der eine ganz frische Nelke im Knopfloch hatte.
Aber diesmal war alles ganz anders. ›Sein‹ Mann boxte. Er war so blockiert, daß er fürchtete, keine Zeile schreiben zu können. Am liebsten hätte er das Telefon, das mit hämischer Erwartung vor ihm stand, aus dem Kabel gerissen und einem der Negerfürsten, die sich benahmen, als hätten sie den Prinzenpark gekauft, ins Gesicht geschmissen.
Vielleicht, dachte er, bin ich zum Rassisten geworden.

Und auch Marcillac ging ihm durch den Kopf, während die Arena sich füllte mit einem Stimmengewirr, dessen Hektik ihn irritierte. Er, der den größten aller Kämpfe in die Stadt gebracht hatte, die sein Leben war, konnte nicht dabeisein. Das mußte ihm klarmachen, daß das Leben, das er führte, keines mehr war. Aber vielleicht lebte er nur noch, weil es diesen Kampf gab. Weil er ihn gemacht hatte. Mit sündhaft viel Geld und Kokain. Es war gut, daß der Stoff aus dem Bauernhaus verschwunden war. Aber was war mit Désirée? Länger als ein paar Tage konnte er sie nicht unter Verschluß halten, und was sie wußte, war von gewaltiger Brisanz.

Ob sie noch Schnee besaß? Wer garantierte, daß sie alles zurückgegeben hatte?

Antoine stierte auf das Telefon auf dem Pressepult, als ob es ihm Auskunft geben könnte. Wenn sie noch Stoff hatte, würde sie ihn nehmen. Da gab's gar nichts anderes in ihrer Lage. Und das würde sie unberechenbar machen. Gefährlich unberechenbar.

Auf der anderen Seite des Rings, dessen himmelblauer Boden die Strahlen der tiefstehenden Abendsonne reflektierte, hatte er die Leute von Don Gianni entdeckt. Sie würden Désirée verschwinden lassen, wenn sie von ihrem Geheimnis wüßten. Aber auf bahamesische Art.

Georges stieß ihn mit dem Ellenbogen an. »Was ist los mit dir? Hosen voll? Du machst ein Gesicht, als ob dein Brix schon im Ringstaub läge.«

Das wirkte. Antoine zog den Kopf aus den Händen, die ihn gestützt hatten, und versuchte zu grinsen. »Es ist der erste Boxkampf, der mir an die Nieren geht, Georges.« Es war die reine Wahrheit.

Nur begriff Georges sie anders. »Du hast Angst, weil du ihn in deiner Serie zu groß gemacht hast, stimmt's? Angst, daß sie dich verspotten werden, die großen Experten, die keinen Centime auf deinen

Mann setzen. Irgendwie siehst du dich selbst im Ring, und das ist eine ganz natürliche Sache. Ist mir auch schon so gegangen, wenn ich das Maul zu voll genommen hatte. Man boxt allemal mit.«

»Kann sein«, sagte Antoine und war froh über die Ablenkung. Der erste Rahmenkampf wurde angesagt, und das laue Gefühl in der Magengrube wich einer fast wohltuenden Spannung, die im Rücken zu prickeln begann.

Der Kampf um die Weltmeisterschaft aller Klassen war nicht mehr aufzuhalten, und nur das zählte jetzt.

Der Ring wurde zum Nabel der Welt und zu ihrem funkelnden Brillanten. Gleißendes Scheinwerferlicht durchstieß die werdende Nacht und schuf Hallenatmosphäre in der offenen Arena. Schonungslos wird der Boxer ins Lichtbad geworfen, und er sieht die Masse nur als brüllende schwarze Wand, die ihm die Dunkelheit der Niederlage oder den hell strahlenden Triumph wünscht.

Aber sie kann ihm nicht helfen, und er darf sich nicht von ihr stören lassen. Nur der andere zählt, der ihn mit knallroten Handschuhen vernichten will.

Vernichten. Das ist das Wort. Zum Teufel mit den die noble Art der Selbstverteidigung preisenden Schöngeistern. Es gibt unter allem, was unter Sport firmiert, nichts Erbarmungsloseres als Boxen. Und die Mär vom subtilen Muskelschach mußt du vor allem dann vergessen, wenn die schwersten und stärksten Profis in den Ring steigen. Es ist die glitzernde und dröhnende Formel eins dieses Sports. Und es treibt die Sensationsgier in unkontrollierbare Höhen.

Noch drang sie wie das ferne Rauschen eines Wasserfalls in Thomas Brixners Kabine. Nur Berthelin war bei ihm. Er hatte sogar Pierre, dem ehemaligen Boxer, der von den Bahamas eingeflogen war, den

Zutritt verwehrt. Auf seine Ratschläge war gepfiffen. Und erst recht auf seine zitternde Oberlippe. Ein Kopf, auf dem man zuviel herumgetrommelt hatte, war jetzt kein Anblick für Brix.
Und dann hatte Berthelin einen Wächter vor die Tür gestellt, weil das Trommeln von Knöcheln gegen das Holz nicht aufhören wollte.
Unheimlich viele Leute kommen sich unheimlich wichtig vor, wenn es um den Titel des Weltmeisters aller Klassen geht.
Dabei saßen in den Kabinen die beiden einsamsten Männer der Welt.
Berthelin wußte, daß auch er nur Staffage war. Der einzige wirkliche Partner von Brix war die Angst. Tausendmal hatte der Alte die Einsamkeit des Boxers vor dem Kampf erlebt. Aber was heißt das! Ausgekostet hatte er sie mit dem Mann, den er zu belügen versuchte mit Behauptungen, die keinem vernünftigen Abwägen standhielten. Denn längst war alles gesagt, was zu sagen war.
Das klassische Argument: »Du gewinnst, weil du besser bist« – hier, in der Einsamkeit der Kabine, klang es abgedroschen und hohl wie das Geschwätz des Zahnarztes, der dir seinen Stuhl als Orchestersessel und den Eiterzahn als spaßigen Gesellen verkaufen will.
Auch Blumen von Verehrerinnen standen in der Kabine. Dem alten Berthelin kam es vor, als ob jemand Blumen streuen wollte, um eine Dampfwalze aufzuhalten. Aber er sagte es nicht. Auch sagte er nicht, daß er fürchtete, ein Eigentor geschossen zu haben mit dem Gag, zu dem er Brix beim Wiegen inspiriert hatte. Er hatte Johnson sprachlos und wütend gemacht. Das konnte seinen Marschplan, der zweifellos auf Abnützungstaktik hinzielte, verändern. Sicher, Brix würde nur mit größter Mühe über die volle Distanz von fünfzehn Runden gehen können, aber

bös konnte sein eigener Marschplan durch einen explosiven Blitzstart dieses Muskelungeheuers zerstört werden.
Der zweite Kampf Schmeling–Louis fiel ihm ein. Kurz vor dem Krieg war das gewesen und einer der kürzesten Kämpfe um die Weltmeisterschaft aller Klassen. Unter einem wilden, von keinem taktischen Kalkül gebremsten Schlaghagel war der Deutsche in der ersten Runde zusammengebrochen.
Wenn die Schwersten und Stärksten in den Ring steigen, steigt die Gewalt roher mit ein als bei den wuseligen Leichten. Und je roher Gewalt demonstriert wird, um so mehr fasziniert sie eine Gesellschaft, deren Überlebenschance nur darin besteht, daß sie ihren Aggressionstrieb domestiziert.
Nur der Boxer ist ausgenommen. Selbst wenn er tötet, hat er das Gesetz auf seiner Seite.
Gedanken dieser Art begleiteten den alten Berthelin auf dem Rundgang, den er mit auf dem Rücken verschränkten Armen durch eine Kabine machte, in der eine ganze Fußballmannschaft Platz gehabt hätte. Wenn der Kampf gut ausging freilich, würde sie zu klein sein und überquellen von Reportern.
Aber ›The White hope‹ konnte auch geschlagen auf der Pritsche liegen. Für diesen Fall war schon Polizei angefordert. Die Tür würde verriegelt bleiben.
Auch der Champagner des Sieges war kaltgestellt. Thomas Brixner indes wußte nichts davon, als ihm der alte Berthelin, kurz bevor sein Mann in die Arena gerufen wurde, ein Erlebnis mit Marcillac erzählte, das mit Boxen überhaupt nichts zu tun hatte. Er wollte ihm den Weg, von dem er nicht wußte, ob er zum Schafott oder zur Weltbühne führte, leichtmachen. Dann wickelte er ihm, langsam und feierlich, die Bandagen um die Hände.

Auf jeden Fall ist es ein sehr weiter Weg von der Kabine bis zur Mitte eines Fußballplatzes. Die großen Hallen mit ihren unterirdischen Labyrinthen sind gnädiger. Sie geben dem Boxer Deckung, ersparen ihm langes Spießrutenlaufen vor dem Ring, aus dem es kein Ausbrechen gibt, in dem er aber nur berührt werden darf von einem.

Jetzt sind es Tausende von Händen, die ihn berühren wollen. Wenigstens am Bademantel. Er ist aus weißer Seide, wie es Marcillac gewünscht hat. Ganz weiß soll die weiße Hoffnung in den Ring steigen.

Nur Berthelin ist bei ihm. Der Titelverteidiger kommt hinter ihm mit größerem Gefolge. Zähne blitzen in schwarzen Gesichtern, daß es aussieht, als ob Klavierdeckel auf und zu gingen.

Ganz vorne die teuren Ringplätze und die der Presse. Und Kameras, die surren, als ob Nachtfalter ums grelle Licht der Scheinwerfer schwirrten. Ihre Helligkeit schmerzt die Augen nach dem milden Licht der Kabine.

Das glatte, glänzende Leder der Boxhandschuhe. Man kann die Augen nicht wischen mit ihnen.

Berthelin nimmt das Handtuch. »In ein paar Sekunden hast du dich ans Licht gewöhnt.«

Es stimmt. Der Blick wird klar, und er bleibt in der Ecke von Johnson hängen. Hinter ihr kommt eine Grauzone und dann die große, brodelnde schwarze Wand.

Zwei Männer helfen dem großen schwarzen Muskelberg aus dem ockergelben Bademantel, und was da herausquillt, hat manchen Gegner schon vor dem ersten Schlag des Gongs erledigt.

Die Prozedur ist eindrucksvoll und einstudiert. Aber Brix bleibt dran. Er läßt die Augen nicht fliehen, weil es sowieso keine Flucht geben kann. Man kann nicht aussteigen aus diesem seilumspannten Viereck. Nur hinausgetragen werden kann man.

Johnson setzt sich nicht auf den lächerlich kleinen Hocker. Schattenboxend tänzelt er durch den Ring, haut Gerade und Haken durch die Luft, und auch das gehört zum Programm eines Mannes, dessen Unbesiegbarkeit für die überwiegende Mehrheit des Publikums feststeht.
Und dieses Programm hat Variationen. Brix weiß es vom Video. Es hat Kämpfe gegeben, vor denen Johnson den wilden Mann viel wilder gespielt hat. Mit rollenden Augen und verbalen Drohungen à la Clay. Doch er sagt nichts, blickt nicht zur anderen Ecke hinüber und beachtet, als ob das Zufall wäre, eine imaginäre Trennungslinie in der Mitte des Rings. Er bleibt in seinem Quartier, läßt Brix die andere Hälfte und tut, als ob er Luft wäre.
»Sie haben ihn beruhigt«, flüstert Berthelin. »Er wird keinen verrückten Blitzstart machen.«
Brix nickt, zum Zeichen, daß er verstanden hat, aber zum erstenmal, seit er den Ring betreten hat, fühlt er sich zu klarem, selbständigem Denken fähig.
Was Tiger Johnson da macht, beweist überhaupt nichts. Es gibt Boxer, die lethargisch auf dem Stühlchen sitzen, um dann hochzuschnellen und einen jener Bombenteppiche zu legen, denen nichts standhält.
Ein paarmal sucht er Johnsons Augen, aber sie weichen aus, und er spürt Genugtuung darüber, daß es ihn nicht irritiert.
Und dann nur noch das Ritual der Präliminarien. Der offizielle Speaker im Smoking stellt die Kämpfer mit seiner Mischung von pastoraler Feierlichkeit und marktschreierischer Verve vor und fabriziert den Ton, der im Rücken der weltweiten Galerie prickelt.
Frei wird der Ring zur ersten Runde.

Der Gongschlag. Er dröhnt laut, weil die Geräusche der Arena zu leisem Murmeln abgedämpft sind, als ob jemand einen großen Schalthebel herumgerissen hätte.
Brix kommt langsamer und geduckter aus der Ecke als Johnson. Aber der Weltmeister stürmt nicht. Hält die roten Handschuhe hoch, als wolle er dem Gegner auch jetzt die Augen noch nicht freigeben, die er zuvor verachtend abgewandt hat.
Aber er braucht sie natürlich, braucht sie zum Lügen, zum Zuschlagen und zum Decken.
Blitzt Wut in den schwarzen Pupillen?
Wenn ja, ist sie beherrscht. In der Mitte des Rings stehend, lauert Brix, ohne eine Gefühlsregung zu erkennen, auf den ersten Angriff. Kommen lassen, aber nichts einstecken. Es klingt furchtbar simpel, aber es ist wichtig, und Berthelin hätte es ihm nicht einzuschärfen brauchen. Er wird seine größere Schnelligkeit erst mal in der Defensive ausspielen.
Der mächtige Muskelberg vor ihm riecht noch nicht nach Schweiß, aber Brix weiß, daß er es, wenn es soweit ist, nicht mehr riechen wird. Alles ist frisch, als ob beide aus dem Reinigungsbad gezogen wären.
Der Muskelberg schaukelt, als ob er sich überlege, wann und wie er zur Sache kommen will. Es sind angedeutete Finten, und es sind keine Schläge, als die Linke zweimal zu Brix' Handschuhen vorzuckt.
Mehr als zwanzig Sekunden der dreiminütigen Rundenzeit gehen vorbei, als ob der Ringrichter noch bei seinen Sprüchen wäre, die sich keiner anhört.
Und immer noch steht Brix lauernd in der Ringmitte.
Von weit her kommen ein paar Pfiffe, und sie scheinen Johnson daran zu erinnern, warum er hier ist. Er versucht zwei kurze Körperschläge aus der Halbdistanz, denen Brix durch schnelles Zurückpendeln jede Wirkung nimmt.

Aber der Kampf hat begonnen.
Fast an den Seilen der neutralen Ecke steht Brix, doch als ihn der Weltmeister hineindrücken will, wird er von einem blitzschnellen Sidestep überrascht, dem, wie spielerisch, eine Links-rechts-Kombination an den Kopf folgt.
Erster Beifall. Er klingt gut und hell, weil das elegant und überhaupt nicht wie schwergewichtige Arbeit ausgesehen hat. Freilich, es sind nur Wischer, zu denen die Amerikaner Jabs sagen, und man muß schon mit anderen Kalibern kommen, um dem Tiger weh zu tun. Aber man beeindruckt ihn, und die Punktrichter müssen es werten.
Und sofort spürt Brix die moralische Wirkung. Für einen Moment hat seine Leichtfüßigkeit den Tiger zum Bären gemacht, und der hat genug solcher Prophezeiungen um die Ohren gehauen bekommen, um jetzt nicht zu reagieren.
Seine Kraft muß er dagegensetzen. Eine Kraft, die mit der Handkante Ziegelsteine spaltet.
Seine nächste Rechte ist ein reiner Kraftakt. Unheimlich wuchtig und kaum signalisiert ist sie, und Brix, der beim Tänzeln die Deckung gerne sinken läßt wie Clay, kann gerade noch die Arme hochreißen und den Kopf abdrehen. Es wird ein Querschläger, der den Hals streift und ein Malheur angerichtet hätte im Gesicht.
Johnsons Anhänger sind wieder beruhigt. Es steht 1:1.
Und beim Gongschlag wissen alle, daß der Jahrhundertkampf kein Flop werden wird.

Beide atmen vergleichsweise ruhig in ihren Ecken. Keiner ist gezeichnet, und es hat anstrengendere Auftakte im Schwergewicht gegeben.
»Du machst genau so weiter«, sagt Berthelin, als er Brix den Mundschutz herausnimmt. »Drüben sagen

sie ihm jetzt, er soll auf Abnützung ausgehen, dich langsam fertigmachen, verstehst du? Sie erzählen ihm von seiner größeren Widerstandskraft und daß du nicht hart schlagen und keine fünfzehn Runden gehen kannst. Dabei haben ihn deine beiden Jabs aussehen lassen wie einen tapsigen Grizzly. Und paß auf sein linkes Auge auf. Wenn es blinzelt, kommt die Rechte, und sie kann dir die Deckung auch auf der ganz kurzen Strecke weghauen! Geh nur in den Infight, wenn du ein Ziel siehst und Platz hinter dir hast! Du schlägst bessere Doubletten, aber sie müssen aus der Bewegung herauskommen. Wenn er dich an den Seilen festnagelt, sind die Trümpfe bei ihm. Aber du hast die besseren, vor allem, wenn er wütend wird. Und er wird wütend. Das garantier ich dir!«

Der alte Berthelin ist nicht nur ein großer Trainer, sondern auch ein bemerkenswerter Psychologe. Und er weiß, daß die Pause zwischen der ersten und der zweiten Runde dem Trainer die besten Möglichkeiten gibt. Der Boxer ist nicht mehr kalt. Er hat hingerochen an den Gegner, und die Beine sind sicherer, wenn er zum zweitenmal vom Stuhl hochkommt. Und er hört noch zu. Später, wenn er vom Kampf gezeichnet in seiner Ecke nach Luft ringt, kannst du ihm erzählen, was du willst. Er nimmt's nicht auf.

Aber auch in der Ecke von Johnson sind sie zufrieden. Er atmet ruhig, und zu den Worten seines Trainers nickt er, als wären sie das unfehlbare Rezept zum Sieg.

An Brix blickt er vorbei. Nimmt ihn erst wieder wahr, als der Gong dröhnt.

Und ist schnell bei ihm. Tänzelnd fast. Bucklig und mit den Fersen am Boden schlurft Brix aus seiner Ecke.

Beide lügen. Der Bär tanzt, und der schnellere Mann markiert Zeitlupe.

Aber schnell müssen die Fersen hoch. Und die Dekkung. Man kann nicht schlurfend ausweichen, wenn Johnson angreift. Die Wahrheit räumt auf mit den kleinen Lügen.
Die tiefe Linke des Weltmeisters streift Brix' Ellenbogen und trifft auf die Leber, aber eine blitzschnelle Rückwärtsbewegung nimmt ihr die Wucht, und noch vor den Seilen zerstört Brix den Angriff mit einem Sperrfeuer von linken Geraden, das ihn in die Ringmitte zurückbringt.
Berthelin ist ganz still, aber Brix hört Kommandos aus Johnsons Ecke, ohne sie zu verstehen. Will er auch nicht. Nur das Auge ist wichtig, und es sieht ein Muskelpaket, das sich schaukelnd duckt. Zwischen den roten Handschuhen Augen, die so schmal werden, daß das Weiß fast verschwindet.
Ist es die Vorbereitung zum Blitzangriff? Ist er in der ersten Runde nur aufgeschoben worden, um ihn in Sicherheit zu wiegen?
Aber der Ring ist kein Schachbrett.
Und da ist sie, die erste Explosion. Sie ist roh und wütend wie die Eruption eines Vulkans. Rückwärtsgehend versucht Brix sie mit der linken Geraden zu stoppen, aber der Meister ist frisch und stark und setzt so wuchtig nach, daß der Herausforderer in den Seilen hängt.
Die erste kritische Phase ist da, aber noch ist auch Brix frisch. Bloß, er kann dieser Urkraft jetzt nicht davonlaufen, und auch wegschlagen kann er sie nicht. Nur schützen kann er sich. Und das geht so, daß du die Hände vors Gesicht nimmst und die Ellenbogen an die Gürtellinie preßt. Tiefer als sie darf er nicht schlagen, obwohl das mehr mit Prüderie zu tun hat als mit Vernunft. Denn der Boxer trägt einen Tiefschutz. Nur wenn das Zeug da unten wichtiger als der Kopf ist, haben die Erfinder der Queensbury-Regeln recht.

Abgedeckt hängt Brix in den Seilen, und Arme und Fäuste schlucken das Trommelfeuer bis auf drei oder vier Schläge, die an die Rippen knallen. Einer davon nimmt ihm Luft.

Sie sagen, Johnson sei nicht intelligent. Aber er ist ein unheimlich instinktsicherer Boxer, der die Wirkung dieses Schlags spürt und sofort einen rechten Haken hochreißt zum Kinn. So wuchtig ist er, daß er den Handschuh wegfegt und sein Ziel nur um Millimeter verfehlt.

So nahe ist in diesem Augenblick das Ende des Kampfs.

Der alte Berthelin hat die Augen zugemacht, um sie im nächsten Moment euphorisch aufzureißen. Sein Boxer schnellt sich von den Seilen, taucht weg unter Fäusten, die ins Leere schlagen, und zwingt den überraschten Gegner zu einer Drehung, die ihm weh tut. Denn mit einem kaum faßlichen Tempo jagt ihm Brix eine Schlagkombination ins Gesicht, das eben noch triumphieren wollte. Oh, es sind wieder nur Jabs, die aus den Gelenken kommen, aber sie ordnen die Lage.

In Johnsons Augen steht Verwunderung über diesen blitzartigen Ausbruch, den der Kerl auch noch mit einer Attacke krönt. Und er tut bis zum Gongschlag nichts mehr, als ob er sich erst mal Rat holen müßte in seiner Ecke.

»Florett gegen Vorschlaghammer«, kritzelt Antoine in seinen Notizblock.

Und der Prinzenpark gleicht einem Kochtopf, in dem es zu sieden beginnt.

»Er wird versuchen, dich in die Ecke zu treiben«, sagt Berthelin in der Pause.

So etwas riecht der Alte. Brix ist aus der Falle nur herausgekommen, weil er in der Mitte der Seile stand, da, wo sie am meisten durchhängen. Links und rechts hat er Platz zum Ausbruch gehabt, aber

die Ecke ist ein Marterpfahl, an den du festgenagelt werden kannst.
Er sieht Johnson nicken, und seine Augen suchen Brix' Ecke. Wenn es dort geschieht, ist die Demütigung am größten.
Tatsächlich schnellt er beim Gongschlag zur dritten Runde so schnell hoch, als wolle er den Weißen gar nicht erst aus seiner Ecke kommen lassen. Er wählt die Direttissima.
Aber auf halbem Weg ist Kurswechsel. Brix huscht am Seil entlang und drückt ihn mit zwei linken Geraden in die Ringmitte. Dann ein provozierendes Tänzeln, bei dem er die Deckung fallen läßt. Es ist, als ob Clay aus dem schwarzen Himmel gestiegen wäre. Der Clay der großen Tage.
Schlag doch, du Esel. Hier, schau: Kopf, Brust, Bauch, alles frei für dich.
Es ist eine Frechheit, die lähmt. Johnson schlägt nicht, er lauert nur und riskiert auch den Infight nicht.
Keine Schläge. Leder trifft auf Leder, wuchtlos und tastend. Aber niemand pfeift. Die Galerie hat ein feines Gefühl für Fighter, die nicht zum Vergnügen bluffen.
Das Publikum riecht, was sich anbahnt. Und wer ganz vorn sitzt, riecht auch den Schweiß schon. Blut wird ihm folgen.
Zuerst aber kommt ein Heumacher von Johnson und dann eine Gerade, die den Tanz beendet. Brix muß die Hände hochreißen und antwortet. Zwei Jabs landen am Kopf des zurückweichenden Weltmeisters. Die meisten Experten räumen Brix eine knappe Führung nach Punkten ein. Aber das heißt gar nichts. Viel zu jung ist der Kampf; es brennt nur die Lunte, an der das Dynamit hängt.
Ziemlich sicher ist nur, daß die Propheten eines schnellen Endes falsch liegen.

Das sehen nicht nur die Leute im Prinzenpark. Eine Milliarde sieht zu, sieht, dank Elektronik und Satelliten zur gleichen Sekunde und sogar in Farbe, in der vierten Runde ein anderes Rot als das der Handschuhe. Ein paar Tropfen sind es, und da Boxen sehr telegen ist und die Kameras sich mit Details und Zeitlupe befassen können, sehen die Leute an den Bildschirmen mehr als die meisten in der brodelnden Arena.
Blut tropft aus einer kleinen Rißwunde unter dem linken Auge Brixners. Es ist wenig und kommt nicht weit, weil es sich mit dem Schweiß am Hals und auf der Brust zu einer bräunlichen Schmiere mischt.
Aber viele wollen mehr davon sehen.
Charles Marcillac nicht. In seinem Exil auf Grand Bahama hat er nur Pascale und Dr. Lawrence neben sich, und der Doktor hat eine große Tasche dabei, falls er helfen muß. Vielleicht muß er. Wenn Brix blutet, blutet auch sein Patient. Aber der hat nicht mehr viel zu verlieren.
Rote Flecken springen auf seine Backenknochen, und er sieht nicht, daß Pascale blaß wird. Sieht auch nicht die Skepsis in den Augen des Doktors, die nach der Tasche schielen.
Doch beim Gongschlag ist es Marcillac, der den Beruhiger spielt. »Was wollt ihr! Habt ihr am Schluß diese Kombination gesehen? Eins-zwei-drei-vier, und alles an Johnsons Kopf. Wie eine Maisbirne hat er gependelt!«
Der Doktor widerspricht nicht. Wie ein gütiger Vater, der dem Kind sein Spielzeug nicht wegnehmen will, sitzt er da.
Es hat wirklich elegant ausgesehen. Aber die Jabs sind eine Mischung von Streichlern und Stupsern gewesen, die dem Kampfgericht kaum Punkte aus der Nase ziehen. Begreift Brix nicht, daß er härter an diesen Kopf hinlangen muß?

Die Kamera greift sich seine Ecke. Berthelin arbeitet mit Stift und Fläschchen, und tatsächlich scheint die Wunde zu verschwinden wie das Blut.
Aber Johnson wird sie wieder suchen. Wird sie aufreißen, als ob die Fingernägel nicht hinter einem dikken Polster säßen, sondern scharf und frei wären. Und wenn er dazu noch das Auge trifft, wird sein Herausforderer zum Spielball. Wie die meisten vor ihm.
Für Dr. Lawrence ist Tiger Johnson wieder einmal auf der Straße des Sieges, und die ist ein ganz gefährlicher Pfad für seinen Patienten. Gewinnt Brix aber, dann ist das eine Medizin, die kein Arzt der Welt verschreiben kann.
Deshalb kreuzt Dr. Lawrence die Finger. Daumendrücken nennt man das in der Heimat des Mannes, der mit gereinigtem und anscheinend unversehrtem Gesicht in die fünfte Runde geht. Und so schnell und leichtfüßig, daß viele staunen. Psychologischer Trick?
Man wird sehen, denkt der Doktor
Aber Marcillac sieht nur und denkt gar nicht. Er kämpft mit. Weiß, daß sein Mann jetzt und keine Sekunde später das ganz große Spiel spielen muß, das Ziehen an Registern, die nur ihm zur Verfügung stehen, ihm aber ganz einfach entzogen werden können durch die rohe Kraft, die Blut geleckt hat.
Oh, es muß nicht der Ring sein. Er, Marcillac, hat viele Kämpfe dieser Art gewonnen.
Brix darf nicht länger warten. Diese ersten Blutstropfen sind ein Signal gewesen. Mißachtet er es, läuft er in eine Abnützungsschlacht, die er nie gewinnen kann. Zum geistigen und körperlichen Krüppel kann sie ihn machen.
Aber danach sieht es nicht aus. Die Beinarbeit wirkt plötzlich schneller und aggressiver, und wenn Marcillac jetzt in die Augen seiner Frau blicken würde,

sähe er darin ein Feuer, das er noch nie gesehen hat. Natürlich sieht er nur Brix. Und er sieht nicht nur ein gescheites, sondern ein unheimlich schnelles Boxen für einen Schwergewichtler.

Johnson hat überhaupt keine Zeit, an das Auge zu denken, das er zuschlagen will. Rückwärts muß er gehen. Und es kommt der Moment, wo er in seiner eigenen Ecke festgenagelt wird.

Weltmeister am Marterpfahl sehen wie die traurigsten aller Vogelscheuchen aus.

Aber das dauert nicht länger als drei, vier Sekunden, in denen er die doppelte Zahl von Schlägen mit Unterarmen und Fäusten abwehrt. Doch zwei gehen zum Kopf, weil Brix aus der kürzesten Distanz mit aller Wucht trommelt, derer er fähig ist.

Als Johnson sich befreit hat, atmet er schwer, und aus dem Mundwinkel rinnt Blut wie ein dünner roter Faden.

Brixners Wunde bleibt zu. Er hat keinen einzigen Kopftreffer in dieser zu Ende gehenden sechsten Runde eingesteckt.

Die siebte hat von jeher etwas Magisches. Sie markiert die Halbzeit, und gerade bei den Schwergewichtlern mißt man ihr vorentscheidende Bedeutung bei.

Brix hat selten über sie hinausgehen müssen. Man kennt seine Schnelligkeit, sein Auge und die Präzision seiner Schläge. Aber man kennt sein Stehvermögen nicht.

Jeden anderen als Johnson hätte er vorhin in seiner Ecke erledigt.

Marcillac erklärt es seiner Frau und dem Doktor mit Verve und Überzeugung. »Bald brauchen wir Champagner, Leute!«

Anders spricht der alte Berthelin, während er die Wunde unter dem Auge behandelt. »Du mußt ihn dir jetzt so hinstellen, daß du die Rechte einmal voll aus der Bewegung heraus bringen kannst, mit allem Dampf! Täusch' ihn nicht nur mit dem Körper, sondern auch mit den Beinen. Nimm den rechten Fuß vor, wenn du die zweite Linke bringst, dann stellst du ihn auf den falschen Fuß, und wumms! kommt die Rechte. Er ist jetzt wütend und denkt nicht mehr viel.«

Und er sieht, daß Brix noch zuhört und aufnimmt. Er ist intakt, hat allerdings noch kein ganz schweres Kaliber verdauen müssen. Seinem unorthodoxen Ausweichen und seiner Schnelligkeit verdankt er das. Johnson ist unbeweglichere Ziele gewöhnt.

Schnell, als ob jetzt alles mit einem Schlag erledigt werden müßte, kommt er sofort nach dem Gong aus seiner Ecke.

Und wieder setzt Brix die Ausweichbewegung in eine Attacke um. So unverhofft landet der aus der Drehung geschlagene Haken am Kinn, daß Johnson in der Ringmitte aufs rechte Knie geht und sich mit der rechten Hand am Boden stützt. Wütende Verwunderung steht in seinen Augen.

Der Ringrichter zählt ihn an, und bei sechs steht er wieder, als ob es sich um ein gewolltes Päuschen gehandelt hätte.

Aber er braucht die Pause wirklich. Umklammert den Gegner mit beiden Armen, um sich den Erholungseffekt des Clinchs zu sichern. Brix kann sich nicht losreißen, und es geht erst weiter, als der Ringrichter dazwischenfährt.

Was Johnson macht, ist Instinktsache. Er darf jetzt keinen neuen Kopftreffer hinnehmen, muß mit aller Kraft den nächsten Angriff einfach zusammenschlagen. Er schießt die Linke ab und läßt den rechten Schwinger blind folgen. Das trifft zwar nur Arme und Handschuhe, aber es schafft Luft, weil gewaltige Wucht dahintersteckt.

Glaub bloß nicht, du hättest mir wehgetan! liest Brix aus seinen Augen.
Und dann muß er an den Seilen volle Deckung nehmen, weil ihm der Weltmeister ein Trommelfeuer gegen den Körper jagt, als ob er gerade in die erste Runde gestiegen wäre. Schwer keuchend kann er sich befreien, aber ein Leberhaken nimmt ihm Luft, die erst in der Pause zurückkommt. Johnson hat die kritische siebte Runde auf seine Weise gemeistert.
Alles bleibt offen. Auch die Frage nach Brixners Stehvermögen. Wenn seine Schnelligkeit nachläßt, wird der Bär gewinnen.
Hat er schon Blei in den Beinen? Berthelin fragt nicht, aber er befürchtet es. Für einen Moment hat er in der siebten Runde an den Fangschuß geglaubt, aber der Muskelberg hat nur gewackelt und die Sache auf seine Weise bereinigt.
»Such nicht nur seinen Kopf«, sagt er. »Schlag jetzt tiefer, weil er keine Körperschläge erwartet und unten oft frei ist!«
Brix nickt, aber der Atem geht schwer, und der alte Berthelin weiß nicht, ob er noch aufnimmt. Diese achte Runde wird ein schwerer Gang, weil der Weltmeister, der gewackelt hat, wieder an sich glaubt.
Und er zeigt es sofort. Mit der Marciano-Philosophie kommt er aus seiner Ecke, und diese Philosophie ist die einfachste und schlimmste, die es gibt: unbarmherziger Schlagabtausch bis zum Umfallen. Technik, Schnelligkeit und Selbstvertrauen des Rivalen sind zu vernichten.
In die Seile will er ihn drängen, aber da sieht Berthelin, daß Brix in der Pause zugehört hat. Eine ansatzlos abgefeuerte Rechte landet dicht über Johnsons Gürtellinie, und wenn sie ihn nicht einknicken läßt, so hält sie doch die wütende Attacke auf.
Den Clinch bietet er sogar an, als ob er Zeit zum Überlegen bräuchte.

Der Ringrichter muß trennen.
Und die Unterbrechung scheint Johnson an etwas erinnert zu haben. Er schlägt wieder die Wunde unter Brixners linkem Auge auf, und in diesem Moment ist das eine schlimme Sache für den Herausforderer. Das Blut fließt wie aus einem Brünnlein und wird nicht mehr vom Körper aufgehalten, sondern tropft häßliche Flecken auf den himmelblauen Ringboden.
Bei solchem Blutverlust ist auch der Verlust des Selbstvertrauens nicht mehr weit.
Und Berthelin kann nicht helfen. Er, der Sparsame des Worts, der ruhig hinter der Ecke zu stehen oder zu knien pflegt, brüllt Anweisungen in den Ring, obwohl er genau weiß, daß er genausogut versuchen könnte, eine Plakatsäule zum Marschieren zu bringen.
Der Augenblick ist gekommen, in dem der Sekundant nicht mehr sekundieren kann. The point of no return. Sein Mann ist der einsamste Mann der Welt im Kampf mit dem Weltmeister aller Klassen, der Selbstvertrauen gewinnt, indem er Selbstvertrauen zerstört. Es ist die Philosophie, gegen die Rocky Marciano kein Kraut wachsen ließ.
Und auch Tiger Johnson bisher nicht. Längst kommt kein Blut mehr aus seiner Oberlippe, und das Blut seines Rivalen macht seine Augen hell.
Soll er in dieser achten Runde Schluß machen oder ihm noch eine genehmigen?

Die Frage springt in die Bildschirme. Millionen und Abermillionen sehen das Ende kommen, das Tiger Johnson gewöhnt ist. Wacker hat sich der weiße Herausforderer geschlagen, aber der Meister wird Meister bleiben.
Auf Grand Bahama kippt Charles Marcillac den Whisky, den ihm der Doktor genehmigt hat.

Und wieder schielt Lawrence nach der Tasche mit der Spritze, und wieder wird Pascale blaß.
Marcillac sieht es nicht, aber er sieht einen Riß im rechten Handschuh von Brix, weil er Boxen mit Adleraugen betrachtet. Ein kleiner, schmutzig-weißer Strich im knalligen Rot zwischen Daumen und Handballen. Es ist die Großaufnahme, die ihn zeigt. Die meisten Leute im Pariser Prinzenpark können das gar nicht erkennen.
Auch Brix nicht. Das Blut strömt aus der Wunde über dem Backenknochen, und ein einziger Wischer von Johnson kann ihm das Auge damit verkleben. Aber er kommt durch bis zum Gongschlag und geht mit Beinen, die schwerer geworden sind, in seine Ekke.
Doch Berthelin blickt nicht aufs Auge, sondern auf den Handschuh. Wie fasziniert.
Und dann gehen die hurtigen Hände zur Wunde. Eine Minute hat er Zeit, und nie ist ihre Einteilung wichtiger gewesen. Alle Tricks kennt er.
Dreißig Sekunden für die Wunde. Sie ist größer geworden, aber starke Mittel verkleben sie.
Jetzt erst ein Blick zum Handschuh und blitzartiges Handeln. Die Fingernägel beider Hände greifen in den kleinen Riß, und mit aller Kraft, die er aufbringen kann, reißt er den Handschuh auseinander.
Damit ist sein Mann kampfunfähig. Völlig überrascht eilt der Ringrichter, der den kleinen Defekt offenbar nicht erkannt hatte, in die Ecke. Aber er kann Ursache und Wirkung nicht mehr unterscheiden. Sieht nur noch die weiße Bandage unter dem aufgerissenen roten Leder.
Ein neuer Handschuh muß her, und Berthelin hat keinen Grund, sich zu beeilen. Mindestens drei zusätzliche Ruheminuten, die ein unschätzbares Kapital sind, kann er seinem Mann verschaffen.
Als der Handschuh da ist, sind drei Leute um Brix:

der Ringarzt, der sich die Wunde ansieht und sie dann freigibt für die Behandlung durch den Masseur. Dritter im Bund ist Berthelin, der Brix den neuen Handschuh mit souveräner Umständlichkeit überzieht und bindet.

Nicht viele erkennen die Kriegslist. Aber auf Grand Bahama jauchzt Marcillac: »Unbezahlbar, was der Alte da hinbiegt! In der kritischen Phase fast vier Minuten Erholung für Brix!«

Ihre Bedeutung zeigt sich schon beim Gongschlag zur neunten Runde.

In Johnsons Ecke hat man das Manöver durchschaut. Wie ein schnaubender Stier nimmt der Weltmeister den Gegner an. Und aus der mühsam beherrschten Wut wächst die lodernde Gier zur Vernichtung.

Der Hagel der Schläge ist so schnell und wuchtig, daß er Brix taumelnd zurückwirft, obwohl er fast alles mit Unterarmen und Fäusten abwehren kann. Es ist kein Boxen mehr, sondern blanker Vernichtungstrieb. Und gerade das ist es, was die Leute, und nicht nur Johnsons Anhänger, von den Sitzen reißt.

Der Champ aller Klassen beim großen Festival der Urkraft.

Der Unbesiegbare beim Beweis dessen, was zu beweisen war.

Wer soll das aushalten? Nur einer, der die Schläge kommen sieht, kann reagieren, kann dem Körper Befehle geben. Aber Brix spürt die große Dunkelheit kommen, die der andere in ihn hineintrommeln will. Er hat nicht gewußt, daß es so viel Kraft gibt, weiß nicht, woher sie der Mann nimmt, der seine Jabs weggesteckt hat, als ob sie von streichelnden Kinderhänden gekommen wären.

Viel schneller wirken Schlagkombinationen für das Auge, wenn der Getroffene zum statischen Opfer wird, zum schwerfällig pendelnden Sandsack.

Und immer noch kein Gong. Elend lang wird Brix diese neunte Runde, und seine Clinchversuche mißlingen, weil Johnsons rotierende Fäuste jede Umklammerung abwehren.
Und dann kniet er am Boden, ohne zu wissen, ob ihn ein Schlag hinuntergedrückt hat oder ob er einfach ein paar Sekunden Ruhe vor dem Ungetüm haben will, das zurückweichen muß in die neutrale Ecke, als der Ringrichter zu zählen anfängt.
Erst bei acht ist Brix wieder auf den Beinen, und Antoine schielt in seine Ecke. Die meisten Reporter tun es. Logisch und barmherzig wäre es, wenn Berthelin das Handtuch würfe.
Aber in Johnsons neue Attacke platzt der Gong. So wild ist der Angriff, daß noch zwei, drei Schläge gegen die Rippen krachen, als er schon verhallt.

Auf Grand Bahama erhält Charles Marcillac noch einen Whisky, aber auch eine Spritze. Auch Berthelin möchte Brix jetzt eine geben, aber du kannst nicht manipulieren bei einem Mann, der im gleißenden Scheinwerferlicht auf dem Präsentierteller der Welt sitzt. Immerhin ist da ein Fläschchen im Koffer, das mehr als Traubenzucker enthält. Er läßt Brix trinken, ehe der Ringarzt die Wunde unter dem Auge untersucht. Sie ist größer geworden und läßt den Glatzkopf hin und her wiegen.
»Ich kann weitermachen«, sagt Brix mit einer Stimme, die von weit herkommt.
Wieder wackelt der Glatzkopf. Aber dann hebt er die Hand zum Zeichen des Einverständnisses und klettert durch die Seile.
Die Menge jubelt und klatscht. Er soll da untergehen, wo es sich gehört – nicht sitzend auf einem Stühlchen. Standesgemäß muß das Schlachtfest des Unbesiegbaren sein.
Eine Minute ist zu kurz, um einen kaputten Mann

aufzurichten, und Berthelin kann mit keinem neuen Handschuhtrick aufwarten. Und er verkneift sich auch Ratschläge an einen Mann, dessen leere Augen zeigen, daß er nichts mehr aufnimmt. Trinken läßt er ihn noch mal, und es ist nicht das Wasser für den Spucknapf.

Dann ist die zehnte Runde da. Auf den ersten Blick ist der Kampf gar nicht so alt. Sie treffen sich in der Ringmitte, und ganz offensichtlich marschiert Johnson nach Anweisungen. Nicht wütend prügeln soll er, sondern sein Opfer zum Fangschuß stellen.

Ich hätte es nicht anders gemacht, denkt Berthelin. Es ist also doch die Abnützungsschlacht geworden. Alle Schnelligkeit ist aus Brix herausgetrommelt. Er hat versucht, seine Trümpfe auszuspielen, und sie hätten auch für jeden anderen als Johnson gereicht. Aber er schlägt kaum auf den Körper. Sucht immer den Kopf, und hinter den schnellen Jabs steckt nicht die Wucht der Körperkraft.

Und die ist jetzt verpufft. Wie soll der noch sechs Runden gegen diese Vernichtungsmaschine durchstehen? Es ist keine Beruhigung für Berthelin, daß sie nicht hochtourig in diese 10. Runde geht.

Niemand weiß, daß er vorhin tatsächlich mit dem Gedanken gespielt hat, das Handtuch zu werfen. Aber plötzlich kneift er die wäßrigen Augen zusammen, weil eigentlich gar nicht sein kann, was da in der Ringmitte vor sich geht.

Brixners Augen bekommen wieder Ausdruck, und der Körper zeigt Reflexe. Geschickt weicht er Schlägen aus, und als Johnson ihn in die Ecke treiben will, schießt die Linke ein Sperrfeuer, das den Champ stoppt. Mehr noch. Zweimal kommt sie zum Kopf durch, ohne daß ihr der Weltmeister die Kraft durch Zurückweichen nähme. Er nimmt sie voll, und nach zehn Runden muß das auch ein Johnson spüren.

Und es sind Punkte. Die Leute springen brüllend

auf, weil einer, der plötzlich wieder kommt, Urinstinkte explodieren läßt. Haß keimt auf gegen den eben noch gefeierten Schläger.
Aber Boxen fluktuiert wie die Stimmung, die es erzeugt. Johnson reagiert wie der Stier, dem sie die Banderillas aufgesetzt haben. Massige, wütende Kraft ist es, die Brix in die Seile treibt. Aber das Auge bleibt wach, und mit Armen und Fäusten blockt er unkontrollierte Schläge ab. Und zum erstenmal sieht man, daß auch Tiger Johnsons Kräfte nachlassen. Nicht nur an Präzision verliert das Trommelfeuer, sondern auch an Wucht. Und es ist, als ob der gewaltige Körper auf schweren Plattfüßen stünde.
Vielleicht wirkt der Herausforderer nur deshalb leichtfüßiger. Es ist nicht mehr das spielerisch scheinende Tänzeln der ersten Runden, aber er bringt die Fersen hoch, und die Sidesteps lassen Fäuste, die eben noch ein Ziel hatten, Löcher in die Luft hauen. Dafür nimmt Johnson drei, vier Jabs am Kopf, frech im Vorbeigehen abgefeuerte Schlenker, die ihn mehr reizen als schmerzen.
»Weiter so!« schreit Berthelin aus der Ecke.
Und sein Mann lügt weiter. Tut, als ob er kein höllisches Feuer, das die Luft coupiert, unter den Rippen spüre, und befiehlt den Beinen ein Tempo, von dem er nicht weiß, wo es herkommt.
Vielleicht gelingt es, weil er das Blei in den Füßen des Gegners spürt. Aber er spürt auch, daß er über diese Runde hinaus nicht mehr die Kraft haben wird, sich zu stellen. Wenn er noch einmal aufs Stühlchen muß, wird er den zerschundenen Körper nicht mehr hochbringen.
Alles weglügen, täuschen, in Bewegung bleiben. Und dann noch eine einzige Rechte mit aller Kraft, die er aufbringen kann.
Der killing shot.
Er ist für ihn bestimmt gewesen, aber jetzt glaubt er

daran, daß er in seinem rechten Arm steckt. Bloß, er muß raus. In der nächsten Minute. Länger dauert diese Runde nicht mehr, und die nächste schafft er nicht. Das schwarze Walzwerk wird wieder funktionieren, wenn er ihm Ruhe läßt.
Die keuchenden Lungen wollen Sauerstoff, den Mund und Nase nicht beschaffen können. Riechsalz wäre gut. Oder Berthelins Fläschchen. Aber im Ring werden nur Fäuste verabreicht.
Hinter dem linken, halbgeöffneten Handschuh wird Johnsons Auge schmal, und aus dem Unterbewußtsein steigt Alarm. Er signalisiert die Rechte, denkt ebenfalls an den killing shot. Will die Abnützungsschlacht beenden, weil sie ihn selbst fertigmacht.
Brix sieht den Schlag kommen, bevor er kommt. Klar genug ist das Auge, schnell genug der Befehl des Hirns. Er reißt den Kopf zur Seite, taucht nach rechts weg, und die hochgerissene linke Hand streift Johnsons Faust, ohne sie um einen Zentimeter ablenken zu können.
Ein fürchterlicher Schlag, hinter dem das ganze Körpergewicht steckt; aber ein Schlag ins Leere. Er wirft den massigen Körper nach vorne, und ganz winzig ist der Sekundenbruchteil, in dem Brix seine Chance erkennt. Johnson muß sich wieder aufbauen, braucht festen Stand. Im Moment hat er Orientierung und Deckung verloren.
Die Rechte. Jetzt oder nie. Aus der Drehung heraus schlägt sie ihm Brix an den Hals, und die Linke folgt, als wolle sie den Kopf wieder geradestellen wie eine Schießbudenfigur.
Dann wieder die Rechte.
Und noch eine Rechte.
Die letzte knallt ans Kinn, und sie ist der letzte Schlag des Kampfs. Eine halbe Sekunde steht Johnson noch, ehe er nach vorn fällt, langsam, wie ein schwerer Baum, den der letzte Axthieb erledigt.

Es gibt nichts zu zählen. Was der Ringrichter macht, ist rituelle Pflichtübung im infernalischsten Lärm, der je eine Arena erzittern ließ.
Vier Männer tragen den Mann, der Weltmeister aller Klassen war, aus dem Ring, und dann stürmen mehr Menschen hinein, als er fassen kann.
Berthelin kann seinem Mann die Handschuhe nicht öffnen und den weißen Bademantel nicht umhängen. In hundert Stücke ist er zerrissen, als Berthelin den neuen Weltmeister durch den Polizeikordon in die Kabine führt. Auf den Pulten der Presseplätze werden Telefone zertrampelt.

## 19

In Freeport, Grand Bahama, umarmen Charles Marcillacs dünne Arme seine Frau und seinen Arzt. In seinen Augen ist ein Leuchten, das noch keiner von ihnen gesehen hat. Es gibt Spritzen, denkt der Doktor, die die Medizin nie herstellen wird. Und er erlaubt Champagner.

Auch Berthelin hat eine Magnum-Flasche geöffnet und läßt sie wie ein übermütiger Junge spritzen. Wie einer, der einen Feuerlöscher schäumen läßt, steht er vor seinem Boxer.

Aber der liegt. Liegt auf der Massagebank, deren weißes Laken befleckt ist vom Blut, das die letzten Runden begleitet hat. Es mischt sich mit dem Champagner, den ihm Berthelin einzuflößen versucht. Blut spuckt er, und er will keinen von den Reportern sehen, die die Tür eindrücken wollen trotz der Polizisten, die sie bewachen. Nur der Arzt darf herein.

Und der macht sich nicht viel Arbeit, weil er im Ring genug gesehen hat. Schleunigst muß dieses zerschundene Bündel Mensch, das Weltmeister aller Klassen ist, in die Klinik. Es ist nicht auszuschließen, daß man ihm dort Leichtfertigkeit bei seiner Arbeit als Ringarzt vorwerfen wird. Und natürlich muß er auch Tiger Johnson einweisen. Fast drei Minuten war er bewußtlos nach dem ersten Knockout seiner Laufbahn.

Das Fernsehen muß die geplanten Interviews streichen. Selbst die Amerikaner respektieren diesen

Schutz der Intimsphäre zerschlagener Männer und bringen die Barmherzigkeit des Verzichts auf unbarmherzige Bilder auf.
Und Thomas Brixner ahnt nichts von Größe und Überschwang der Schlagzeilen, die in dieser Stunde für ihn geboren werden.

Alles war weiß. Es war der sterile Lack moderner Kliniken, der dem Besucher ein undefinierbares Unbehagen verschafft und ihn sich gleichzeitig seiner Gesundheit erfreuen läßt.
Weiß war auch das Gesicht des Mannes im Bett wie der turbanartige Eisbeutel, der es halbierte. Männer, die gerade aus dem OP-Raum geschoben werden und aus der Narkose erwachen, sehen so aus.
»Hallo, Brix«, sagte der Besucher, der seine Baskenmütze an einen Haken hängte und die rechte Hand ausstreckte, während die Linke durch zerzaustes graues Haar fuhr.
Es flutschte nicht so fröhlich heraus, wie er es gehofft hatte. Oh, er hatte solche Besuche oft genug gemacht, wenn auch nicht bei einem Weltmeister im Schwergewicht. Und es waren schlimmere Fälle dabeigewesen. Männer, die später nie mehr wurden, was sie gewesen waren. Boxen bringt das mit sich. Aber Brix durfte keinen Schaden genommen haben unter der Krone, die er sich aufgesetzt hatte. Das redete sich der alte Berthelin mit selbstgebastelter Überzeugungskraft ein.
Festgeklammert hatte er sich an sie auf der Fahrt in die Klinik. Aber als er die kalte rechte Hand spürte, von der in den Morgenzeitungen stand, sie habe Dynamit an Johnsons Kopf geschleudert, und in der sich sein Händchen verlor wie die Nuß in einem Korb, erschrak er.
Kraftlos baumelte diese Hand an einem Arm, mit dem sie nichts zu tun zu haben schien. Die Hand, die

den Weltmeister gefällt hatte, so, wie der letzte Axtschlag nach langer Vorbereitung den Baum kippen läßt. Bäume stehen nie mehr auf. Aber es ist auch schon vorgekommen, daß sie ihre Fäller unter sich begraben haben.
Daran dachte Berthelin. Aber auch daran, daß Boxer immer wieder aufstehen. Oder fast immer. Gleichwohl muß mancher, der aufsteht, aufhören.
Brix? Unausgesprochen stand die Frage in diesem sterilen weißen Zimmer, das nicht nach Karbol roch wie die alten Lazarette, in denen Berthelin früher die Männer aufzusuchen hatte, die er seine Schützlinge nannte. Aber trotzdem roch es nach Krankenhaus, und der Mann, dessen Name in der Weltpresse heute größer und fetter als jeder andere stand, paßte hinein. Es gab gar keinen anderen Platz für ihn. Sein Körper, dessen war der alte Berthelin sicher, würde den Kampf verkraften. Aber was der Körper verkraftet, ist noch längst nicht von der Psyche verdaut. Oft genug hatte er bei Faustkämpfern den Seelendoktor spielen müssen, wenn die Ärzte längst ihr grünes Licht gegeben hatten. Weil es noch ein anderes Licht gibt, das dem Boxer leuchtet. Es ist das Licht der Angst. Niemand sieht es, außer dem Mann, der im Ring steht, und es hat viele Phasen. Zum Beispiel das häßliche, lähmende Blitzen, das den Schlag ankündigt, dem du nicht ausweichen kannst.
Brix hatte viele von diesen Schlägen genommen, und er, Berthelin, hatte sie alle kommen sehen aus den plötzlich unnatürlich weiß blitzenden Augen des schwarzen Mannes, und körperlich hatte er gespürt, wie sich Haß und Triumph in dem Sekundenbruchteil, der dem Schlag vorausging, in diesen Blitz mischten.
Und es war, als ob der Mann im weißen Bett, dessen Hand wie ein verlorengegangener Handschuh über die Kante baumelte, seine Gedanken erriete.

Unbequem saß Berthelin auf dem Stuhl, den er ans Bett gerückt hatte.
»Er hat mich umbringen wollen.«
Es klang spröd, aber bestimmt, und der alte Mann wußte, daß mit Widerspruch kein vernünftiges Gespräch in Gang kommen konnte.
In Stunden wie dieser mußte man anders reden mit einem, der zwei Dinge getan hatte, die an sich unvereinbar schienen: Auf der höchsten aller Leitern war er sowohl hinauf- als auch hinuntergefallen.
Und nun sag mal was zu so einem!
Brix kam ihm zuvor.
»Ich hör' auf. Was hat es mit Sport zu tun, wenn dich einer umbringen will und es auch noch darf mit höchstringrichterlicher Genehmigung! Und komm mir bloß nicht mit dem Gewäsch, daß unsere frustrierte Gesellschaft sich an diesem Gladiatorentum aufgeilen muß! Ich habe drei Rippen gebrochen, und die sogenannten inneren Befunde werden noch ausgewertet. Meine Leber, von der ich bis jetzt nicht wußte, daß sie existiert, schmerzt höllisch, und von meinem Hirn wollen wir gar nicht reden. Hast du gesehen, was er draufgetrommelt hat?«
»Natürlich hab ich's gesehen! Bin ja nicht blind. Und deshalb habe ich auch gesehen, daß es phantastisch funktioniert hat. Dein Kopf ist neunzig Prozent seiner Schläge ausgewichen. Was sage ich, fünfundneunzig!«
»Du solltest wissen, daß ein Treffer von diesem Ungetüm reichen kann!«
»Wofür?«
»Zum blöd werden. Wer garantiert mir, daß ich's nicht bin?«
»Ich«, sagte der alte Berthelin, und zum erstenmal, seit er das weißgelackte Zimmer betreten hatte, stieg Heiterkeit von den Mundwinkeln in die wäßrigen Augen. »Wer so redet wie du, ist nicht blöd, Brix.

Ich will dir mal was sagen: Du hast einen Körper, der schmerzt, und eine Rübe, die brummt. Aber Geburten tun weh, und du hast ein Weltereignis geboren. In zehn Runden bist du Herkules und Atlas in einem geworden, einer, der das Unmögliche vollbracht hat, und du Idiot liegst im Bett und jammerst wie ein Waschweib, dem man die Seife geklaut hat. Und zehn Millionen hast du mitgenommen. In Dollar!«
Er sagte es so laut, daß sie das Klopfen an der Tür überhörten. Antoine und Pierre hatten sich trotz des Widerstands einer kleinen, weißbehaubten Schwester Eintritt verschafft. Pierre hatte sie einfach in die Höhe gehoben und strampeln lassen. Und sein Grinsen war so breit, daß es das Zucken der Oberlippe stoppte.
»Mann, Brix, ich habe Tausende von Runden gesehen, aber was du in der zehnten gemacht hast, war noch nie da! Du warst leer wie ein ausgesoffenes Faß und hast ihn umgehauen wie ... wie ...«
Pierre ersetzte die Worte, die er nicht fand, mit den Fäusten, als ob sie auf eine Maisbirne trommelten, und schnaubte dreimal »wumm« dazu.
»Mit ›wumm‹ hätte er's wohl kaum geschafft«, sagte Antoine grinsend, »aber wenn du meinst, daß ein Toter auferstanden ist, um einen anderen umzuhauen, hast du recht.«
»Amen«, sagte Brix. »Und dann hat sich der Tote wieder hingelegt. Mir ist, als ob er mir jeden Knochen gebrochen und mein Blut gesoffen hätte. Keiner von euch kann sich das vorstellen!«
Pierre schüttelte den Kopf, und die Oberlippe zuckte. »Sag das nicht! Ich bin oft genug in einem Krankenhaus aufgewacht und kann da mitreden. Am zweiten Tag hab ich die Schwester gebumst, und am dritten war ich draußen!«
»Leider«, sagte Antoine, »hat's oberhalb der Gürtellinie nicht so gut geklappt.«

Der alte Berthelin fuhr wie ein Ringrichter dazwischen. »Dies ist nicht der Moment für blöde Witze, Leute! Seht ihr nicht, daß er Ruhe braucht? Mit drei Tagen ist da nichts zu machen!«
Antoine nickte. »Er hat mehr nehmen müssen als in all seinen Kämpfen zusammen. Was sagen die Ärzte?« Fragend ging sein Blick zu Berthelin.
»Sie haben noch nicht alle Ergebnisse. Wenn's bei den drei gebrochenen Rippen bleibt , sauf ich drei Tage lang Champagner!«
»Aber nicht ohne uns!« Pierre versuchte ein Schmunzeln, aber die Oberlippe war nicht zu bändigen.
Dann ging die Tür auf, und die kleine Schwester mit dem weißen Häubchen unterbrach die Unterhaltung: »Telefon aus Grand Bahama.«
»Du bleibst hier«, sagte Berthelin zu Pierre und ging mit Antoine hinaus. Er hatte Brix kein Telefon im Zimmer gestattet, und der hatte auch keines gewollt.
Es war nicht einfach, Marcillac klarzumachen, daß er den Weltmeister nicht sprechen konnte. Er tobte und drohte, aber Berthelin blieb hart. »Bevor ich nicht alle Untersuchungsergebnisse habe, kriegt er keinen Apparat aufs Zimmer, und ich lasse ihn nicht durch die halbe Klinik tragen, damit er sich dein Geschwätz anhört!«
Es waren ungewohnte Töne für Marcillac, doch er lenkte ein. »Gut, aber dann will ich von dir alles wissen. Alles, hörst du? Und möglichst auch von Antoine.«
»Er steht neben mir«, sagte Berthelin.
Es wurde ein sehr langes Gespräch. Am anderen Ende des Korridors schlief der neue Weltmeister aller Klassen ein, während Pierre, trotz heftiger Proteste der kleinen Schwester mit dem weißen Häubchen, die Luft mit Zigaretten verpestete.

Im Xanadu von Freeport erlebte Charles Marcillac das, was er seinen vierten Frühling nannte. Beinahe fassungslos stand Doktor Lawrence diesem Aufblühen gegenüber, und Pascale Marcillac machte sich mit dem Gedanken auf die Rückkehr in ein gemeinsames Schlafzimmer vertraut. Um so ungetrübter war die Euphorie, als die Meldungen aus der Pariser Klinik täglich munterer und nun auch von Thomas Brixner selbst gesprochen wurden.
Das Hirn war, trotz aller Schläge, die es geschüttelt hatten, in Ordnung, und außer den Rippenbrüchen waren keine inneren Verletzungen entdeckt worden. Auch seinen Entschluß, das Boxen aufzugeben, hatte der Weltmeister revidiert. Er war bereit, seinen Titel zu verteidigen.
Und der alte Berthelin war fertig mit einer Sache, über die er mit keinem Menschen gesprochen hatte. Nicht einmal mit Antoine. Doping hatte er Brix in der kritischen Phase des Kampfes verabreicht, und es waren nicht die harmlosen Hausmittelchen gewesen, die jeder Masseur im Köfferchen hat. Auch ein paar Milligramm Kokain waren dabeigewesen.
Die Gefahr hatte ihn zittern lassen. Leicht konnte der Schuß bei einem Gegner wie Johnson nach hinten losgehen, bei einem, der ungeheure Kräfte in die Abnützungsschlacht zu werfen hatte. Scharfes Doping läßt Sicherungen platzen, die im Körper eingebaut sind, und unvermeidlich ist der Kollaps, wenn er über seine Leistungsfähigkeit hinausgeht.
Der alte Berthelin wußte, daß er ein hohes Spiel riskiert hatte. Nicht immer springt der Tod im Ring von der Faust des Gegners. Aber dann war ein Weltmeister aus dem Ring geklettert. Gewankt, um es besser zu sagen. Und wenn Marcillac mit dem alten Berthelin telefonierte, dann schwangen Töne der Hochachtung mit, die man nicht von ihm gewöhnt war.

»Dein Handschuhtrick war ein Meisterstück, ehrlich! Ohne ihn wäre er nicht mehr vom Hocker gekommen!« Und dazu ganze Bündel von Lob, die er immer wiederholte.
Berthelin tat es gut, und die Sache mit der Flasche behielt er für sich. Auch wenn sie in der bahamesischen Sonne milder ausgesehen und vielleicht noch ein Lob eingebracht hätte. Was bedeutet die Droge auf der Messerspitze für einen, der sie tonnenweise im Haus hat?
Und verrückterweise war der Boxkampf daran schuld.
Aber daran dachte Marcillac nicht mehr. Ganz andere Pläne eröffnete er seiner Frau.
»Wir sollten die ganze Bande rüberholen zu einer großen Feier, Pascale. Ich meine, Brix, Berthelin, Antoine und Pierre. Sie sind mein vierblättriges Kleeblatt, und jeder hat seinen Anteil am Erfolg. Außerdem brauchen sie Urlaub, wie ihn nicht jeder hat. Eine ganze Etage lasse ich ihnen herrichten.«
Die Spontaneität, mit der seine Frau zustimmte, machte ihn fröhlich.
»Da siehst du, was so eine Weltmeisterschaft im Schwergewicht fertigbringt! Hab ich dir nicht gesagt, daß Boxen etwas ganz anderes ist, als du gedacht hast?«
Pascale Marcillac nickte lächelnd. Aber es war ein Lächeln, das er nicht zu deuten vermochte.

An diesem Tag platzte die Bombe, die die Tochter des Bürgermeisters eines kleinen Dorfes in der Normandie gelegt hatte. Charles Marcillac erhielt den Brief, den Désirée kurz vor dem Kampf aus Paris auf den Weg nach Grand Bahama gebracht hatte.
Ein gütiger Zufall wollte es, daß Dr. Lawrence zum Tee kam und Marcillac zu Bett bringen konnte, nachdem er ihm eine Spritze verabreicht hatte.

»Es ist nichts Schlimmes«, beruhigte er Pascale. »In seinem Fall kann auch ein Zuviel an Freude Problemchen machen. Aber das kriegen wir schon wieder hin.«

Als sich der Doktor verabschiedete, wußte er so wenig von dem Brief wie Pascale Marcillac.

Es wäre besser gewesen, wenn Charles Marcillac gesprochen hätte. Er tat es nicht. Lag im Bett seines klimatisierten Zimmers, dessen breite Fenster den Blick freigaben zum Horizont, wo sich Himmel und Ozean vereinigten. Ab und zu zog er unter dem Kopfkissen den Brief hervor.

Geschrieben war er mit zierlicher, regelmäßiger Schrift auf liniertem Papier, dessen linker Längsseite man ansah, daß es aus einem Schulheft gerissen war.

Und jedesmal, wenn Marcillac nach dem Brief griff, fingen die Buchstaben vor seinen Augen zu tanzen an. Zu Unfaßbarem fügten sie sich zusammen. Es konnte nicht sein, daß ihn die Hand eines jungen Mädchens herunterriß von einer Plattform, die er erklommen hatte, als ihm kein Mensch mehr einen Schritt zugetraut hatte. Er war Weltmeister auf seine Weise geworden.

Entthront werden Weltmeister im allgemeinen durch Niederlagen im Ring. Aber es gibt auch die Disqualifikation, und sie drohte ihm von der Hand eines Mädchens.

»Monsieur,

ich lebe in dem Normandie-Dorf, bei dem Ihr Haus steht, und ich bin die Tochter des Bürgermeisters. Aber ich bin entführt worden, und man wird mich nie mehr dort sehen. Das ist nicht nur in meinem Interesse, sondern auch in Ihrem. Entführt hat mich Ihr Freund Antoine, weil ich zuviel weiß. Aber ich werde es für mich behalten, wenn Sie meine Bedingungen erfüllen.

Sie werden mir auf einem Weg, den ich Ihnen noch

bekanntgeben werde, fünf Millionen Dollar in gebrauchten Scheinen zukommen lassen. Das ist nicht viel, wenn man bedenkt, was für Sie auf dem Spiel steht. Gleich werden Sie sehen, daß ich viel mehr verlangen könnte.
Ich weiß nicht nur, daß Sie den Kampf mit Kokain gekauft haben, sondern ich kenne auch die exakte Menge von Kokain, die im Keller Ihres Landhauses lagerte. Aber noch mehr wird Sie interessieren, daß Ihre Frau mit Thomas Brixner geschlafen hat. Ich kann Ihnen sogar alle Einzelheiten schildern, weil ich es gesehen habe.
Natürlich ist mir klar, daß Sie mich für eine verlogene Erpresserin halten können. Ich empfehle Ihnen jedoch, dies nicht zu tun. Fragen Sie Ihren Freund Antoine. Er kann alles bestätigen.
Wenn Sie diesen Brief erhalten, werde ich mich allerdings in einem sichereren Versteck befinden als in dem, das Ihr Freund Antoine ausgesucht hat. Und es ist zwecklos, mich zu suchen. Ich verspreche Ihnen aber, Frankreich zu verlassen und mit keinem Menschen über die Sache zu reden, wenn Sie meine Bedingungen erfüllen.
Mehr hören Sie von mir auf dem gleichen Wege, und ich halte Sie für so klug, daß Sie alles für sich behalten. Mit Ausnahme der fünf Millionen Dollar natürlich.
Ich grüße Sie mit dem Ausdruck des Bedauerns und aufrichtiger Hochachtung,

Désirée Gosselin.«

Aufgegeben war der Brief in einem Pariser Postamt.

Charles Marcillac lieferte am nächsten Morgen wie immer sein Blut in der Klinik von Dr. Lawrence ab, aber der Arzt fand ihn nach der Euphorie der Vortage so negativ verändert, daß er von der Routine abging und ihn ausgiebig untersuchte.

Und er war unzufriedener, als er sich anmerken ließ. »Du mußt wieder ins Bett, Charles, und zwar sofort!«
»Blödsinn! Ich fühle mich so gut wie vorher!«
»Und dein Blutdruck? Du kannst leider nicht pfeifen auf ihn wie früher, und ich gebe dir die richtigen Mittel mit, aber du versprichst mir, dich hinzulegen. Wenn nicht, behalte ich dich hier.«
Daß er mit einem Mann sprach, der so von extremen Emotionen geschüttelt war, daß ihm seine Gesundheit nichts mehr bedeutete, konnte Lawrence nicht ahnen.
Charles Marcillac versprach ihm, sich hinzulegen. Er versprach es mit tonloser Stimme, die nicht der Logik und schon gar nicht seinen Gefühlen gehorchte. Reine Mechanik war es. Aber in den Augen glühte ein Haß, der dem Arzt entging.
Der Erfolg ist zu groß gewesen, dachte Dr. Lawrence. Und er war froh, ihm die Reise nach Paris verboten zu haben.
Im Xanadu aber suchte Marcillac nicht sein Bett, sondern seine Frau auf. »Wir werden das Fest sofort feiern, Pascale.«
Sie sah ihn mit großen Augen an. »Was soll das heißen? Wir beide allein?«
»Unsinn! Sie sollen morgen fliegen, Brix, Antoine, Berthelin und Pierre!«
»Es ist nichts hergerichtet.«
»Dann wird es hergerichtet! Es sind schon Häuser gebaut worden innerhalb von vierundzwanzig Stunden.«
»Und warum diese Eile?«
Er zerbiß die Antwort, die ihm auf der Zunge lag, und zuckte mit den Schultern. »Ich hab's mir überlegt, basta! Muß ich dir über alles Rechenschaft ablegen?«
Pascale Marcillac hatte eine feine Antenne für dro-

hende Untertöne. Und auch Augen, die die graue Fahlheit unter den geröteten Backenknochen sahen.
»Was ist los mit dir, Charles? Du warst sehr lange in der Klinik.«
»So, war ich? Brauch ich eine Voranmeldung dazu?«
Es klang streitsüchtig, aber da war noch etwas. Klang es nicht wie die Hilflosigkeit eines Kindes?
Sie konnte nicht ahnen, wie nahe sie der Wahrheit war. Charles Marcillac, der wie kaum ein anderer über Geld verfügte und über die Macht, die im Geld steckt, brauchte Klarheit. Klarheit über das, was dieser unglaubliche Brief behauptete, der alles zerstören konnte.
Und es war unmöglich, diese Klarheit telefonisch einzuholen. Sie mußten sofort her, ohne jede Vorbereitung und ohne zu ahnen, in welche Falle sie liefen. Nur das Mädchen war nicht herbeizuschaffen. Wenigstens im Augenblick nicht. Wenn etwas in ihrem Brief stimmte, dann der Hinweis auf ein vergleichsweise sicheres Versteck. Vom Präsentierteller aus schreibt man keine solchen Erpresserbriefe.
Zuerst mußte er wissen, ob Antoine sie tatsächlich aus dem Verkehr gezogen hatte. Aber Antoine durfte nicht wissen, daß er ihretwegen auf die Bahamas zitiert wurde.
Marcillac fühlte sich so elend wie damals, als er auf der Insel angekommen war, und das Aufbäumen seines Willens war von einer ohnmächtigen, eunuchenhaften Art. Er legte sich ins Bett, wie es der Doktor empfohlen hatte. Aber der Kopf arbeitete. Die Gedanken wurden klar, weil er ihre Hitze mit der eisigen Kälte bekämpfte, die er immer eingesetzt hatte, wenn es um große Entscheidungen ging.
Eine halbe Stunde lag er bewegungslos und mit geschlossenen Augen, die nichts von der schnell hereinfallenden tropischen Dämmerung bemerkten, und spielte ein Spiel durch, das neu für ihn war

und gnadenlos sein würde, wenn der Brief unter dem Kopfkissen mehr war als die Ausgeburt der Phantasie einer verrückten Göre.
Dann griff er zum Telefon auf dem Nachttisch und wählte, wie er es so oft getan hatte, das Bauernhaus in der Normandie an.
Alle vier waren dort, denn er hatte befohlen, daß sich Brix nach seinem Aufenthalt in der Klinik dort wenigstens acht Tage erholen solle, ehe er seine strapaziöse Tournee durch Deutschland antrat, das ihn erwartete wie keinen anderen Sportler zuvor. Ein Weltmeister aller Klassen zerschlägt jede andere Popularität.
Aber die Deutschen konnten warten. Er, Charles Marcillac, nicht. Gewißheit brauchte er. Und er verfluchte einen Körper, der drohte, seine Zeit knapp zu machen, und zugleich bettelte er ihn um Kraft an für die Rache, die im Hirn kochte.
Doch ruhig und normal fast klang seine Stimme, als er den alten Berthelin an den Apparat bekam.
Der hatte gar nichts gegen die Bahamas, wohl aber gegen die Blitzartigkeit des Befehls.
»Laß uns wenigstens zwei Tage Zeit, Charles!«
Aber Marcillac ließ nicht mit sich reden. »Meine Maschine landet morgen in Paris. Den genauen Zeitpunkt erfahrt ihr in einer Stunde. Ihr habt alle Zeit der Welt, um ein paar Klamotten einzupacken. Hier braucht ihr sowieso nur die Badehose, und es wird gut für euch alle sein!«
Das Wort ›uns‹ verkniff er sich. Und der alte Berthelin verkniff es sich, zu insistieren. War es nicht verständlich, daß der kranke Mann den Triumph auskosten wollte, den er sich auf seine Weise verschafft hatte?
Gewiß, geboxt hatte ein anderer. Aber Berthelin kannte sich aus. Er wußte, daß Marcillac Brix als einen verlängerten Arm betrachtete und bei dieser

Weltmeisterschaft auf seine Art mitgeboxt hatte. Marcillac hatte seinen letzten Kampf gemacht.
Deshalb überzeugte Berthelin die drei anderen im normannischen Bauernhaus, daß der Aufforderung Folge zu leisten sei.
Pierre, der Boxer mit der kaputten Oberlippe, verstand es am besten. Er freute sich schon auf Kreuzfahrten mit der Yacht, als die beiden anderen noch an der irren Plötzlichkeit der Sache herumnagten.
Aber keiner von ihnen ahnte, daß Charles Marcillac nur seinen vorletzten Kampf gemacht hatte.

Im kleinen Landhaus hinter Golfe Juan, das sich an die Ausläufer der Seealpen schmiegte und von dem man mit dem Auto in weniger als einer halben Stunde Juan-les-Pins, Cannes oder Antibes erreichte, sprachen zur gleichen Stunde Désirée und Loulou über die Lage.
Die Tochter des normannischen Bürgermeisters hatte, nachdem Thomas Brixner Weltmeister aller Klassen geworden war, die Wärterin ihres nicht unkomfortablen, aber gleichwohl lästigen Gefängnisses zur Komplizin gemacht.
Schwer war das nicht gewesen. Sie hatte Loulou einfach die notwendigen Details geschildert und dazu den Inhalt des Briefes, den sie an Charles Marcillac geschrieben hatte.
Und Loulou, die alte Vettel, von der sie sagten, sie sei ins Reich der frommen Biederkeit übergewechselt, hatte ihr süßes und verführerisches Rendezvous mit dem Rückfall gehabt.
»Du bist ein kluges Kind«, hatte sie gesagt und Désirée über das lange blonde Haar gestreichelt. »Fünf Millionen Dollar verändern alles. Auch wenn wir teilen, bleibt für jede mehr, als sie verbrauchen kann.« Und sie hatte gar nicht hinzufügen müssen, daß die Teilung notwendig sei, weil man erstens ein

sicheres Versteck brauchte und zweitens an das Geld herankommen mußte. Viel zu unerfahren war Désirée dafür, und sie begriff es.
Sie begriff auch, daß das Versteck sicher war. Das aus grobem Naturstein gebaute Häuschen hatte keine direkte Nachbarschaft, war weit vom nächsten Dorf entfernt. Loulou hatte es in ihren guten Zeiten auf dem Montmartre von einem Pariser Geschäftsmann, der längst das Zeitliche gesegnet hatte, geschenkt bekommen. Aber es war ihr zu einsam gewesen, und sie war so selten hergekommen, daß kein Mensch sie hier kannte. Und es gab niemanden in Paris, mit dem sie über das Haus gesprochen hätte.

## 20

Die vier Männer landeten in der Abenddämmerung. Noch lastete die Hitze wie kochendes Blei auf dem Flughafen von Freeport, Grand Bahama, und trieb Schweiß unter ihre dünnen Freizeithemden. Ihr Gepäck trugen sie selbst zur klimatisierten Limousine von Marcillac und wunderten sich, daß er nur den schwarzen Chauffeur geschickt hatte.

»Sehr gut scheint es ihm nicht zu gehen«, sagte der alte Berthelin.

Besorgnis schwang mit, aber es war eine ganz andere als die, an der Antoine herumnagte. Er hatte vor der überstürzten Abreise versucht, Loulou anzurufen und keine Verbindung bekommen. Das bewies zwar noch nichts, aber es machte ihn unruhig. Wenn das Mädchen frei herumlief, hatte er die gefährlichste Reise seines Lebens gemacht.

Brix, der Weltmeister, den außer den Rippen nichts mehr schmerzte, dachte an Pascale Marcillac, und sein Puls ging schneller als in dem Augenblick, in dem er durch die Seile geklettert war, um es mit Tiger Johnson aufzunehmen.

Nur Pierre, der Boxer, dachte nichts. Er ließ die Oberlippe zucken und freute sich schon auf die Fische, die zucken würden an seiner Angel, wenn die Yacht auf spiegelglatter See liegen würde, faul wie die Kuh auf der Weide. Also dachte er doch. Einspruriges, zufriedenes Denken war's, das Privileg des einfachen Geistes.

Mehr als alle zusammen aber dachte Charles Marcillac, als er sie im Xanadu begrüßte. Doch sie sahen nur ein eingefallenes graues Gesicht, in dem die Augen mit einer eigenartigen Mischung von Triumph und Irritation glühten.
Zum Abendessen gab es das zarte Filet eines jungen Haifischs, und Marcillac log, daß er ihn selbst gefangen habe.
»Seht euch den Champ an, Leute! Er hat gelitten, wie keiner von uns je gelitten hat, aber er sieht aus, als ob er vom Urlaub käme. Müde Flaschen seid ihr!«
Die starke Spritze, die ihm der Arzt gegeben hatte, wirkte. Aber das wußte nicht einmal Pascale. Sie wunderte sich nur und wich den Augen von Brix aus.
Nach dem Essen wurde Champagner serviert, und es ging schon auf Mitternacht, als Marcillac die Feier des Sieges auflöste.
Als Antoine sein Zimmer aufsuchen wollte, stoppte ihn der Hausherr. »Ich habe noch was mit dir zu besprechen. Gehn wir in die Bibliothek.«
Antoine stutzte. Die Stimme klang anders als zuvor. Hatte die laute Jovialität verloren. War sie nicht eine Nuance zu laut gewesen?
»Hat das nicht Zeit bis morgen? Ich bin so müde, Charles.«
Er blickte in die glimmenden Augen eines Gesichts, das plötzlich bedroht schien von Einsturzgefahr wie ein baufälliges altes Haus.
Wortlos folgte er ihm.

»Noch einen Drink?« Marcillacs Stimme klang hohl aus dem massigen Ledersessel, der den fragilen Körper aufzuschlucken schien.
Antoine schüttelte den Kopf. »Ich bin müde, und der Champagner war reichlich.«
»Auch gut. Aber vielleicht brauchst du doch noch einen. Und eines merk dir: Auf jede Frage, die ich dir

stelle, will ich die Wahrheit hören, und nichts als die Wahrheit, sonst gnade dir Gott!«

Antoines Hirn arbeitete mit alertem Begriffsvermögen und erfaßte die Brisanz der Situation. Entweder wußte Marcillac etwas von der für ihn kaum verkraftbaren Sache, oder es trieben ihn Ahnungen um. Bloß jetzt kein Fehler! Zeit gewinnen zuerst.

»Soll das ein Verhör sein?« Er angelte nach Zigaretten und mimte Verwunderung.

Der dünne Oberkörper schnellte aus dem Lederpolster, als ob er ihn anspringen wollte. Aber die Hände fingen ihn an der Tischplatte auf. Steif und gerade saß Marcillac vor ihm.

»Kennst du das Mädchen Désirée?«

Antoine war überrumpelt. So direkt hatte er die Attacke nicht erwartet. Und glasklar war die Erkenntnis, daß er nicht lügen durfte.

»Sie ist die Tochter des Bürgermeisters.«

»Weiß ich selber!« Marcillacs Knurren war von verächtlicher Kälte. »Und warum hast du sie verschwinden lassen?«

Antoine beneidete die Boxer, die in den Clinch gehen können, um Zeit zu gewinnen. »Jetzt brauch ich doch einen Whisky, Charles.«

Der andere deutete mit der dünnen Hand zur fahrbaren Hausbar. »Bedien dich. Aber dann spuckst du aus. Alles. Ich meine alles, hörst du!«

Antoine goß eines der faustgroßen Gläser halbvoll und trank es in zwei Zügen leer, und er sah, daß sich Genugtuung in den Haß der glimmenden Augen mischte.

»Aha, Monsieur muß sich Mut holen! Nur zu, sauf alles leer, aber leer dich auch aus, ehe ich dich ausquetsche wie eine verdammte Zitrone!«

Woher, dachte Antoine, kann er wissen, daß ich sie versteckt habe? Er füllte sein Glas nach, zog an der Zigarette und schwieg.

Doch Zeit war das letzte, was ihm der Alte zu gönnen bereit war. »Gut, dann werde ich dir das Maul auf andere Weise öffnen.« Er griff, immer noch aufrecht im Sessel sitzend, in die Gesäßtasche und zog den Brief heraus, der auf dem linierten Papier eines Schulhefts geschrieben war. »Lies das. Aber lies flott und such nebenher nicht nach verlogenen Antworten. Du verläßt diesen Raum nicht eher, bis alle Karten offen auf dem Tisch liegen!«
Antoine staunte über die fast professionellen Erpresser-Formulierungen. Und eine davon ließ ihn frieren: »Fragen Sie Ihren Freund Antoine. Er kann alles bestätigen.«
Marcillac, ungeduldig mit den Fingerknöcheln auf die Tischplatte klopfend, ließ ihm keine Zeit zum Überlegen. »Wird's bald? Liest du immer so langsam?«
Antoine saß aufrecht. Man liest solche Briefe nicht in lässiger Rücklage. Blanke Angst stieg in ihm auf. Klar, daß sich Désirée nach dieser haarsträubend frechen Forderung versteckt hatte. Und daß diese alte Hure Loulou, der er blind vertraut hatte, mitspielte. In einem Spiel, das sie besser beherrschte als Désirée. Marcillac würde zahlen müssen, wenn er seine Ruhe haben wollte.
Aber das war nicht alles. Da war Pascale, und da war Brix. Sie lagen ahnungslos in ihren Betten, und mit beiden hätte er jetzt reden sollen.
»Schluß jetzt!« Marcillac stand auf und streckte die Hand aus. »Gib das wieder her und rede!« Und als ob er Gedanken lesen könnte: »Die beiden, mit denen du dich jetzt gern beraten möchtest, schlafen. In getrennten Zimmern, versteht sich. Und sie wissen nicht einmal, daß sie eingeschlossen sind!«
Der alte Fallensteller hat gut gearbeitet, dachte Antoine.
Laut aber sagte er: »Es stimmt, was sie schreibt.«

Es gab keine andere Wahl. Er mochte es drehen und wenden, wie er wollte.

»Sprich weiter.« Die Stimme kam von weit her.

Und Antoine erzählte, was er wußte. Es gab keine Möglichkeit der Schonung. Weder bei der Bettgeschichte im Obergeschoß noch beim Kokain im Keller. Das Mädchen Désirée konnte mit jedem gewünschten Detail aufwarten.

»Wir müssen sie finden«, sagte Marcillac mit erstaunlicher Ruhe, als Antoine fertig war. »Alle anderen haben wir.« Er sprach wie ein Richter, und es war, als ob es kälter im Raum würde.

»Ich werde dich schonen«, hörte Antoine, »weil du nicht gelogen hast.«

Unterschwellig begriff er, daß das Verfahren eröffnet war. Offenbar wurden ihm mildernde Umstände eingeräumt. Nicht aber Pascale und Brix.

Und da er Marcillac kannte, kannte er auch seinen Preis.

»Es tut mir leid, Antoine, aber du mußt verschwinden. Heute nacht noch. Es ist deine Rettung. Vergiß das nicht, bei allem, was passiert.«

»Was? Was wird passieren?«

Marcillac richtete sich nicht auf, er blieb in der Tiefe seines Sessels.

»Dreh dich um.«

Geräuschlos mußte sich die Tür geöffnet haben, denn zwei Burschen, die die Ausmaße von Thomas Brixner hatten, standen mit ausdruckslosen Gesichtern im Raum. Sie hatten Pistolen in den Händen.

»Was soll das, Charles?«

»Oh, nichts Besonderes. Du brauchst Leibwächter, mein Lieber. Das große Spiel hat begonnen. Mein letztes, um es genauer zu sagen.«

Antoine versuchte, den wilden Strom der Gedanken zu bündeln. War der Mann vor ihm verrückt geworden, hatte ihn der Wahnsinn gepackt? Es war denk-

bar, aber Marcillac wurde zum Fighter, der seine Gedanken zerschlug. Die Deckung boxte er ihm weg.
»Du hättest mich warnen müssen, Antoine. Ich hatte ein Recht darauf. Habe ich dir nicht geholfen, als du hoffnungslos im Dreck lagst, als dich alle aufgegeben hatten?«
Antoine schenkte sich neuen Whisky ein, obwohl er schon spürte, daß die Zunge schwer wurde. »Ja, Charles, ich konnte dir nicht zurückgeben, was du mir gegeben hast. Aber ich habe es versucht. Wollte deinen Kampf retten. Deshalb habe ich dieses Miststück verschwinden lassen, das in seiner Verrücktheit alles kaputtmachen wollte.«
»Und trotzdem hat sie alles kaputtgemacht. Warum hast du mir kein Zeichen gegeben? Wir hätten sie umgebracht und unsere Ruhe gehabt.«
Er sagte es wie ein Geschäftsmann, der einen Konkurrenten austrickst. Antoine spürte kalten Schweiß auf der Stirn.
»Jetzt zu Berthelin und Pierre. Was wissen die?«
»Sie wissen nichts. Ich habe alles von ihnen fernhalten können.«
»Und das ist die Wahrheit, nichts als die Wahrheit?«
»Ich schwöre es.«
»Man wird sehen.« Marcillac blickte auf die Uhr, die mehr an seinem Handgelenk baumelte als saß. »Ein Uhr dreißig schon. Die Zeit wird knapp, und ich will morgen früh nur Pascale und Brix im Haus haben. Du kommst an einen sicheren Ort, und es passiert dir nichts, wenn du vernünftig bist. Zweierlei mußt du begreifen: Ich kann dir keine Gelegenheit geben, mit dem Herrn Weltmeister oder mit seiner Konkubine zu sprechen, und ich muß dich sozusagen für ein paar Stunden auf Eis legen.«
»Was soll das heißen?« Antoine warf einen Blick auf die beiden Gorillas, die immer noch an der Tür standen, aber ihre Waffen eingesteckt hatten.

Marcillac gab den beiden Hünen einen Wink, und zeitlupenhaft langsam kamen sie näher. »Was soll es sein? Chloroform oder Spritze«
»Chloroform«, sagte Antoine. »Ich hasse Spritzen.«
»Dachte ich mir. Die beiden Herren werden dich nebenan verarzten, und du wirst prächtig schlafen nach der langen Reise.«

Zehn Minuten später lag Antoine bewußtlos in einem schmalen Schiffsbauch. Es war das Innere einer ›Zigarette‹. Leicht schaukelte das Boot in der Brise, die von Westen wehte und angenehm kühl war für bahamesische Verhältnisse.
Oben in der Bibliothek des Xanadu aber gingen die Verhöre weiter, und bald war die Fracht im Bauch der ›Zigarette‹ komplett.
Es war noch dunkel, aber die Aktion hatte mehr Zeit beansprucht, als veranschlagt gewesen war. Selbst wenn die starken Motoren das schlafende Meer mit ihrer ganzen röhrenden Kraft peitschten, würde man die Insel Bimini kaum vor der Dämmerung erreichen.
Am Steuer stand einer der beiden Riesen, die Marcillac von Don Gianni angeheuert hatte. Der andere pflegte seinen Magen, den ihm der sich heftig wehrende Pierre lädiert hatte, von innen und außen mit hochprozentigem weißem Rum und sann auf Rache.
Mit mehr als hundert Stundenkilometer ließ der Mann am Steuer das schlanke Boot die See durchpflügen. Es erreichte mit seiner schlafenden Fracht die Anlegestelle vor Don Giannis Villa, als die Sonne im Osten aus dem Meer tauchte.
Unbemerkt konnte die Ladung gelöscht werden.

Die Nacht hatte die letzten seiner kümmerlichen Kraftreserven aufgefressen. Hohlwangig und mit leeren Augen lag Charles Marcillac im Bett, als die Sonne schon hoch stand, aber da seine Frau wegen der langen Nacht und der Reisestrapazen der Männer mit einem späten Frühstück rechnete, wurde es erst spät bemerkt. Eigentlich erst, als Dr. Lawrence erschien. Unruhe hatte ihn gepackt, weil sein Patient nicht zur Blutentnahme erschienen war. Lange, und ohne Pascale hinzuzuziehen, blieb er in Marcillacs Zimmer.

Als er es verließ, war sein Blick ernst. »Lassen Sie ihn auf keinen Fall aufstehen«, sagte er zu Pascale. »Er hat diese Siegesfeier nicht verkraftet, obwohl ich es ihm zugetraut hatte. Irgend etwas hat ihn umgeworfen, aber er will nicht reden. Jetzt muß er sich erst mal ausruhen, und ich habe ihm eine entsprechende Spritze gegeben.« Und nach einer Pause: »Ich soll Ihnen ausrichten, daß er Antoine, Berthelin und Pierre in der Nacht nach Bimini schicken mußte.«

Verständnislos starrte sie den Arzt an. »Und Brix?«

Der Arzt lächelte. »Der ist natürlich hier. Ein Weltmeister muß wohl nicht unbedingt dabei sein, wenn Don Gianni ein paar Männer für einen Sonderauftrag braucht.« Er spürte ihre Erleichterung, aber auch ihr Erstaunen.

»Sonderauftrag, und das mitten in der Nacht?«

»Nun, ja. Wie Sie wissen, ist die Nacht auf den Bahamas oft wichtiger als der Tag. Ich würde mir da keine Sorgen machen.«

»Und wann kommen sie zurück?«

»Das«, sagte Dr. Lawrence und griff nach seiner Tasche, »kann ein paar Tage dauern.« Und er fügte hinzu, daß man nicht allzu neugierig sein solle bei Geschäften, die über Bimini liefen.

Pascale ging, nachdem er sich verabschiedet hatte, zu ihrem Mann ins Zimmer, aber die Spritze wirkte schon, und im Halbschlaf knurrte er, sie möge sich um ihre eigenen Dinge kümmern oder seinetwegen auch um den Boxer.

Der kam gegen elf Uhr aus der tiefer gelegenen Etage

hoch, und die männliche Frische, die er ausstrahlte, ließ sie glauben, einer Gruft entstiegen zu sein.
Er wunderte sich, daß der Frühstückstisch nur für zwei Personen gedeckt war. »Sind die anderen schon im Meer?«
»Hm. Sagen wir, übers Meer.« Ein Schulterzucken begleitete das Lächeln, das sie versuchte. »Nach Bimini hat er sie geschickt. Heute nacht noch.«
Er stellte die Teetasse so brüsk weg, daß sie überschwappte. »Nach Bimini? Spinnt er?«
»Das mußt du ihn selber fragen. Aber ich fürchte, du wirst nicht mehr herausbekommen als ich.«
»Riecht nach Rauschgift, oder?«
Sie nickte. »Und es muß brisant sein. Charles liegt im Bett, als ob ihn ein Schock umgeworfen hätte. Ich habe ihn noch nie so erlebt, und es kann nicht die Krankheit sein.«
»Merkwürdig«, sagte Brix. »Ein bißchen anders hatte ich mir das hier schon vorgestellt. Mitten in der Nacht läßt er drei gerade eingeflogene Leute wegbringen, und dann schmeißt es ihn ins Bett.«
Wieder nickte sie. »Es liegt etwas in der Luft, Brix, und ich habe Angst.«

Charles Marcillac gab vom Bett aus Befehle. Das Hirn brachte einen unbändigen Willen auf, um den Körper zu zwingen durchzuhalten, und ungebrochen war die eiskalte Präzision, mit der er Pläne zu realisieren pflegte. Entfernungen waren kein Hindernis. Mühelos hatte er sich in Paris die Nummer der alten Kokotte Loulou verschafft, und nach drei vergeblichen Anrufen war ihm klar, daß die beiden Frauen tatsächlich verschwunden waren. Es machte die Sache nicht besser, daß die raffinierte Alte im Spiel war. Kein Heldenstück von Antoine, diesem Traumtänzer!
Aber sekundär. Im Vordergrund stand, unauf-

schiebbar, die Bestrafung von Pascale und Brix, und nie zuvor in seinem Leben, das jetzt nur noch an einem dünnen Faden hing, hatten Wut und Haß ein so loderndes Feuer entfacht.
Und es war keine ohnmächtige Wut. Ein Marcillac hatte Macht, solange er lebte. Das war es, was es zu beweisen galt.
Die Bahamas waren ein idealer Platz für das Unternehmen. Don Gianni konnte Hilfe leisten. Er mußte sogar, wenn man ihn unter Druck setzte. Wie du mir, so ich dir.
Marcillac rief ihn am späten Nachmittag an, als Pascale und Brix im warmen Meer badeten, ohne die schaukelnde Wellenfreude so zu genießen, wie sie es sich vorgestellt hatten. Undefinierbares, Irritierendes lag in der Luft.

Don Giannis schnittige ›Zigarette‹ legte am Xanadu an, als die Nacht hereinbrach.
Pascale wollte ihn einladen zum Essen, aber er schützte Eile vor und begab sich sofort in Marcillacs Schlafzimmer.
Und ohne Umschweife kam er zur Sache. »Erst lädst du mir drei verrückte Typen zum Hausarrest auf, und dann bestellst du mich mit einem SOS-Ruf hierher. Glaubst du, ich habe nichts anderes zu tun?«
»Es ging nicht anders«, sagte Marcillac, der sich im Bett aufgesetzt hatte. Drei dicke Kissen stützten ihm. »Das Telefon ist zu heiß für die Sache. Was machen die drei? Hast du Ärger?«
»Ärger? Das ist eine sanfte Untertreibung, mein Lieber! Ich wollte ihnen ein anständiges Zimmer mit diskreter Bewachung geben, aber der Spinner mit der Zucklippe hat alles zusammengeschlagen. Jetzt sitzen sie im Keller und können auf Beton trommeln, und das Essen fliegt durch die Tür wie im Knast. Länger als drei Tage behalte ich die nicht!«

»Ist auch nicht nötig. Die Sache läuft morgen.«
»Und welche Sache, bitteschön?« Don Gianni fuhr mit manikürten Fingerspitzen über sein Menjou-Bärtchen. Es war eine Geste der Ungeduld, aber der Mann, der aufrecht im Bett saß, als ob er beweisen wollte, daß er Kraft zurückgeholt habe, registrierte sie nicht.
Marcillacs Stimme, die erst so voll geklungen hatte, war beinahe tonlos: »Der Weltmeister treibt's mit meiner Frau.«
»Du bist verrückt!«
»Leider nicht. Ich habe Beweise.«
Und er erzählte Don Gianni in ein paar Sätzen, was nötig war. Der bekam große Augen und dünne Lippen, und seine Reaktion war sehr schnell und sehr sizilianisch.
»Du willst beide umbringen, stimmt's?« Marcillac nickte. »Sieh mal, Gianni, du müßtest mich begreifen, weil du ein Hai bist. Wir sind alle Haie.«
»Stimmt. Aber jeder auf seine Weise. Und wenn ich recht verstehe, soll ich dir behilflich sein.«
»Du verstehst richtig.« Marcillac schwieg einige Augenblicke und starrte in den violettschwarzen tropischen Himmel. Ganz hinten, wo er sich mit dem Meer vermählte, grollte ein Gewitter.
»Mach' schneller, Charles. Ich will nicht im Sturm zurückfahren.«
»Du kannst hierbleiben, und vielleicht wirst du's sogar tun.«
Es war etwas in der Stimme, das Don Gianni aufhorchen ließ. Immer noch beherrschte der kranke Mann die Strategie, mit der er sein Imperium aufgebaut hatte.
»Sie wollen verschwinden und glauben, ich kann nichts dagegen tun, weil sie wissen, auf welche Weise ich den Kampf durch dich bekommen habe.«
Es war eine Lüge, die Wirkung zeigte. Don Gianni

spürte eigene Interessen ins Spiel kommen und war bereit, mehr zu hören.
Und Marcillac sprach. Er sprach von der Droge und der mächtigen Organisation, die der andere mit bewundernswertem Geschick leitete, die aber das Licht nicht vertrug, das redselige Leute hineintragen konnten. Und daß es auf den Bekanntheitsgrad der Leute ankam. Natürlich, und gerne räumte er das ein, war es uninteressant für Don Gianni, wenn der neue Weltmeister aller Klassen, der nicht aufhörte, Schlagzeilen in der Weltpresse zu machen, mit Pascale ins Bett ging. Es war ein Fressen fürs Volk, so, wie es der Boxkampf gewesen war, ein Nachtisch, der den Leuten eingehen würde wie Honig. Außer ihm, Marcillac, versteht sich.
Aber da war die Sache mit der Droge. Und wenn die beiden redeten, würde auch er, Don Gianni, seine Probleme haben.
Don Gianni bat um die Erlaubnis, rauchen zu dürfen, und zum erstenmal, seit er an seinem Bett saß, huschte der Anflug eines Lächelns über Marcillacs Gesicht. Er wußte, daß er gewonnen hatte.
Und er konnte, ohne unterbrochen zu werden, seinen Plan entwickeln. Sie kamen überein, die Bestrafung seiner Frau und des Boxers unverzüglich einzuleiten. Ohne Rücksicht auf Marcillacs Gesundheitszustand.
»Der Doktor darf mich eben gar nicht sehen, basta! Wenn er morgen früh kommt, sind wir schon auf dem Meer.«
»Versuch wenigstens, dich etwas zu erholen«, sagte Don Gianni. »Ich fahr' jetzt nach Bimini zurück und schicke sofort die beiden Burschen los, die dein Trio entführt haben.«
Don Gianni hatte seine Prinzipien: Aktionen einleiten und lenken, aber nie selbst dabei sein.

## 21

Antoine, Berthelin und Pierre spielten im karg möblierten Keller von Don Giannis stattlicher Villa Karten. Es ging auf Mitternacht, aber keiner dachte ans Schlafen, und noch wußte keiner, was dieser Hausarrest, der wegen Pierres Zerstörungswut in Kerker verwandelt worden war, bedeuten sollte.
Immerhin, Antoine hatte Ahnungen, und sie waren aufregend trüb. Aber er sprach nicht darüber. Spürte nur, daß der schwerkranke und tief in seiner Eigenliebe getroffene Marcillac sich an seiner Frau rächen wollte und natürlich auch an dem Weltmeister, den er auf seine Weise gemacht hatte. Deshalb war er hier eingesperrt mit den beiden anderen. Marcillac war nicht mehr normal und deshalb mit keinen normalen Maßstäben zu messen. Und er hatte nichts mehr zu verlieren.
Die Betonwände erinnerten Antoine an die Luftschutzbunker des Kriegs. Keine Geräusche ließen sie durch, aber wenigstens war die Tür aus Holz, und wenn man das Ohr an sie preßte, konnte man die Wächter reden hören, wenn sie sich ablösten.
So hatten sie am Nachmittag aufgeschnappt, daß Don Gianni ganz allein mit seiner ›Zigarette‹ nach Freeport gefahren war.
Zu Marcillac natürlich. Antoine hatte sich den Kopf darüber zermartert, was es bedeuten könnte.
Draußen wechselte die Wache, und mit einem Satz war er an der Tür. Das Ohr war überwach, aber es

mußte sich nicht anstrengen. Der neue Mann sprach laut und tat sich wichtig wie einer, der Unerwartetes auftischen kann.

»Don Gianni ist gerade zurückgekommen und hat Bill und Johnnie geweckt. Sie müssen wieder nach Freeport, und zwar sofort!«

Es waren die Namen der beiden Gorillas, die sie entführt hatten.

Antoine ging zum Tisch zurück und wischte die Spielkarten von der Platte.

Berthelin blickte ihn fast so verständnislos an wie Pierre.

»Hat dich der Koller gepackt?«

»Nein, aber die Angst! Ein Riesending ist im Gang, wenn ihr mich fragt.« Und nach einer Pause, in der er mit nervösen Fingern nach Zigaretten angelte: »Ich muß nach Freeport. Sofort!«

»Und wie, bitte?« Berthelin griff auch nach der Zigarettenpackung und gab ihm Feuer. »Mit dem Kopf durch die Wand?«

»Quatsch!« Antoines Stimme wurde zum Flüstern. »Wir locken den Wächter herein, aber es muß alles geräuschlos gehen. Du hast nur einen Schlag Pierre, und der muß sitzen. Okay?«

»Auf so was«, sagte Pierre, »hab ich schon lange gewartet.«

Antoine klopfte mit der Faust gegen die Tür. Es dauerte ziemlich lange, ehe der Posten reagierte. Vermutlich war er eingeschlafen.

»Was ist? Schlaft ihr noch nicht?«

»Ich muß mal raus, und den beiden anderen ist es schlecht. Wahrscheinlich habt ihr uns vergiften wollen, ihr Piraten!« schimpfte Antoine.

Schlüssel rasselten, und dann ging die Tür auf.

Zur Toilette waren es fünf Schritte. Mit einem Blick erkannte Antoine, daß der Wärter, ein Mulatte, allein war. Er stürmte aufs Klo, und als er den Riegel

vorschob, hörte er, daß der Mulatte die improvisierte Zelle betrat und daß die Tür ins Schloß fiel.
Pierre und Berthelin verloren keine Zeit. Die rechte Hand, mit der sich Pierre wimmernd den Bauch gehalten hatte, ballte sich zur Faust, und mit enormer Wucht schoß die Gerade gegen die Kinnspitze des Mannes; Berthelin, fachmännisch die Entwicklung ahnend, fing ihn von hinten auf.
Antoine riß die Tür auf, erkannte, daß die Arbeit gut war und die Wirkung von tauglicher Dauer sein würde.
Die Treppe war leicht zu nehmen, und er war froh, daß er Turnschuhe mit weichen Gummisohlen trug. Darüber Jeans und ein T-Shirt, wie fast alle.
Er gelangte nicht in die Eingangshalle, die er kannte, sondern in einen Flur, der erleuchtet war. Am Ende eine Tür. Wenn sie geschlossen war, würde es kritisch werden, denn von links, wo er die Halle vermutete, hörte er Stimmen.
Mit ein paar Sätzen war er am Ende des Ganges, drehte am Messingknopf – und die Tür ging auf. Keine zehn Meter von ihm entfernt lag das Meer, und der volle Mond ließ die Wellen, die schläfrig an den Strand plätscherten, silbern reflektieren. Rechts ein Stück Garten. Buschwerk mit großen roten Blüten. Er schlich hinüber, kauerte sich für ein paar Sekunden hinein, um zu lauschen, und wandte sich dann dem Zaun zu, der leichter zu überwinden war, als er gedacht hatte.
Plötzlich dachte er an Fallen. Von Alarmanlagen hatte man gehört, die der Auslösende gar nicht bemerkte. Leute wie Don Gianni hatten allen Grund, sich abzusichern. War es ein wunderbarer Zufall oder raffinierte Berechnung, daß er aus der Villa spaziert war wie aus einem Wirtshaus?
Aber er kam vorwärts, ohne daß sich hinter ihm etwas geregt hätte, und der Lärm einer niedrig fliegen-

den zweimotorigen Maschine schluckte die Geräusche seiner Schritte. Es war ein Kokain-Bomber, der nichts abwarf, sondern Kurs auf den Ozean nahm.

Im Xanadu war die Nacht schon um fünf Uhr zu Ende. Charles Marcillac, erstaunlich gut erholt nach einem Tag großer körperlicher Schwäche, weckte die dicke schwarze Köchin und befahl Frühstück für drei Personen. Dann klopfte er an die Türen der Zimmer von Pascale und Brix.
Das aschfahle Grau war aus seinem Gesicht verschwunden, und man konnte ihm tatsächlich abnehmen, daß er scharf war auf den großen Hai.
Deshalb verdrängten seine Frau und Brix ihre Verwunderung. Man mußte ihm die Jagdlust, die aus seinen Augen sprang, gönnen, denn die Tage, an denen er den großen Hai jagen konnte, waren gezählt.
Sie frühstückten in der angenehmen Brise, die durch das hauchdünne Drahtgeflecht der Bahama-Terrasse wehte.
»Es ist die schönste Stunde des Tages«, sagte Brix. »Man sollte sie öfter genießen.«
Marcillac nickte. »Aber nicht heute. Wir haben einen weiten Weg und müssen früh raus. In der Nähe der Insel sind die Haie zu klein und nur gut für die Küche. Habt ihr schon mal den großen Hai gesehen?«
Sie kannten ihn nur von Bildern.
»Er ist ein gewaltiges Urtier aus der großen schwarzen Tiefe. Der Kampf mit ihm ist der größte und faszinierendste, den es gibt. Wir werden ein Erlebnis haben, das mit nichts zu vergleichen ist.«
In seinen Augen brannte ein Feuer, das Brix im Ring bei Tiger Johnson gesehen hatte.
Aber er dachte nicht weiter darüber nach und bemühte sich, der Eile des Alten Rechnung zu tragen, auch wenn er Milch und Toast als schwache Grundlage für die Jagd auf den großen Hai ansah.

»Es ist genug zu essen auf dem Schiff«, sagte Marcillac. »Und genug Zeit bis der Hai kommt.«
»Wenn er kommt.«
»Wir finden ihn!«
Die Überzeugung, mit der er das sagte, hatte etwas Grimmiges, das Pascale aufblicken ließ.
»Hast du nicht gesagt, wie oft es vergeblich ist?«
Er machte eine unwirsche Handbewegung, mäßigte aber den Ton. »Wir haben zwei Spezialisten dabei, und ich garantiere euch einen guten Tag.« Wieder wunderte sie sich. Mitten in der Nacht konnte er die Männer nicht angeheuert haben. Also war die Fahrt nicht so unvorbereitet, wie es aussah. Aber sie sagte nichts, und Brix schien eher vom Jagdfieber als von solchen Gedanken gepackt zu sein.

Antoine hatte nach wenigen Minuten die von Schlaglöchern übersäte schäbige Hauptstraße von Bimini unter den Füßen. Aus Spelunken und Nightclubs, die keinen besseren Eindruck machten, drangen Musikfetzen und girrendes Mädchenlachen. Weiter ging er, vorbei am Post Office, das im fahlgelben Mondlicht aussah wie eine vergammelte Western-Kulisse von Hollywood, und überholte einen auf dünnen Beinen dahintorkelnden Neger, der ihm die Hand auf die Schulter legen wollte. Als er ihn abschüttelte, schrie der Schwarze ihm häßliche Flüche nach.
Nirgendwo auf der Welt ist Kokain billiger und leichter zu haben als auf Bimini. Aber auch anderes ist käuflich. Fünftausend Dollar hatte Antoine im Brustbeutel, seine eiserne Reserve.
Wo die Kneipen aufhörten, kamen die windschiefen Holzhäuser mit den zu ebener Erde vorgebauten Terrassen, und hier mußten die Leute zu finden sein, die ihm helfen konnten. Es mußte schnell gehen.
Der erste Versuch mißglückte. Ein weißbärtiger alter Neger jagte ihn fluchend zum Teufel, als er sich

uninteressiert an Stoff zeigte. Aber zwei Häuser weiter, wo drei junge Burschen im Schein des Mondes auf der Terrasse Karten spielten, wurde er fündig.
»Nach Freeport muß ich. Und zwar sofort. Ich zahle Cash. Dreitausend Dollar.« Eine Reserve mußte bleiben.
Die drei Neger tauschten kurze Blicke, aber das Kartenspiel ging weiter. Immerhin deutete einer auf einen freien Platz. »Setzen Sie sich.«
Auf dem Tisch stand eine Flasche Rum, und mit Erleichterung registrierte Antoine, daß sie noch fast voll war. Daneben lag ein gutes Dutzend Zehn-Dollar-Scheine. Die großen Dealer, dachte Antoine, spielen höher, und auch das beruhigte ihn.
Sie pokerten noch eine Runde, und er hatte das Gefühl, daß es auch ein Pokern mit ihm war. Einer von ihnen pfiff ›Yellow Submarine‹.
Dann blieben die Karten auf dem Tisch.
»Also, was gibt's?«
»Ich sagte es. Nach Freeport muß ich.«
Yellow Submarine hörte auf.
»Sofort?«
»Ja.«
»Dann sind dreitausend zu wenig. Wir sind nicht unterwegs heute nacht. Machen Feierabend, wie Sie sehen.«
»Aber ihr habt ein Boot?«
»Sicher, Mann.«
Offenbar sprach der Chef. Man sah an den interessierten Augen der beiden anderen, daß er das Sagen hatte.
»Sagen wir fünf.«
»Die habe ich nicht.«
Der andere blickte auf die Uhr. »Es ist die gefährliche Zeit, Mann. Wir haben ein Risiko, und unser Boot ist keine Zigarette.«
»Wieviel läuft es?«

»Sagen wir, vierzig Meilen.«
Antoine dachte kurz nach. Es war ungefähr das Tempo der Polizeiboote. »Viertausend, mehr habe ich nicht.«
»Okay, viertausend.« Eine schwarze Hand, deren Innenseite seltsam weiß im Mondlicht glänzte, kam über den Tisch.
»Nein, erst wenn ich im Boot sitze.« Antoines Stimme klang fest, trotz des lausigen Gefühls, daß sie ihm draußen auf dem Meer den Brustbeutel abnehmen und ihn ersäufen könnten. Es geschieht in den bahamesischen Nächten vieles, das niemand rekonstruieren kann.
Die drei jungen Männer standen auf. »Warte hier und nimm dir einen Rum, wenn du Lust hast. In einer halben Stunde geht's los. Wir müssen erst auftanken.«
Aber Antoine rührte die Flasche, obwohl es ihn reizte, nicht an. Dem Brustbeutel entnahm er viertausend Dollar und steckte sie in die Tasche der Jeans. Er vertraute der Ehrlichkeit von Schmugglern, die der mittleren Kategorie angehören mochten und nicht konkurrieren konnten mit der mächtigen Organisation eines Don Gianni, der möglicherweise schon jetzt seine Flucht entdeckt hatte.

Die drei nächtlichen Seemannsgenossen erwiesen sich, nachdem er bezahlt hatte, als Kumpels. Der Anführer, den sie Jimmy nannten, nahm das Steuer, und es zeigte sich, daß er Routen wußte, die in sicherer Entfernung vorbeiführten an kritischen Stellen, an denen Polizeiboote ihre Alibi-Arbeit verrichteten. Gleichwohl war die Gefahr, daß sie große Fische laufen ließen und ein paar kleine ins Netz nahmen, nicht auszuschließen.
Nicht nur Sprit, sondern auch Proviant hatten sie geladen, und Antoine war dankbar dafür. Erst

jetzt merkte er, daß er in der letzten Mahlzeit von Don Giannis Gefängnis nur herumgestochert hatte. Mit Genuß biß er in weiches Weißbrot, das Käse und Hartwurst umschloß, und das Bier aus der Kühltruhe schmeckte besser als Marcillacs Champagner.

Leistungsfähiger waren auch Sender und Empfänger als auf der ›Pourquoipas‹ von Marcillac. Man merkte nicht nur an der Größe des Laderaums und an der Beschränkung des Komforts, daß dies kein Vergnügungsschiff war.

Eigenartig genug klangen die Funksprüche, weil es eigentlich niemanden gibt, der morgens um halb drei seiner Großmutter gute Besserung über den Äther wünscht. Aber Leute, die auf See Kokain von Fliegern aufnehmen, lieben diese Sprache.

Sie kamen gut durch, doch es dämmerte schon merklich, als sie Grand Bahama aus südlicher Richtung ansteuerten und den Hafen von Freeport in gebührendem Abstand umkurvten.

Im mächtigen Block des Xanadu, der aus der Entfernung aussah wie eine auf die Schmalseite gestellte Zigarrenkiste, sah Antoine zu seinem Erstaunen Licht auf den oberen Etagen. Es kam aus verschiedenen Zimmern, und eines davon war das Marcillacs. Das konnte er genau orten, aber unklar blieb, was es bedeutete. Deshalb beschloß er, seinen Plan zu ändern und sich nicht einzuschleichen ins Haus.

Die ›Pourquoipas‹, Marcillacs elegante weiße Yacht, zog ihn an. Dicht am Haus ankerte sie, aber sie lag zu den erleuchteten Fenstern in einem toten Winkel. Blitzartig kam Antoine die Idee, sich zunächst einmal auf dem Schiff zu verstecken und abzuwarten. Seine Schiffer hatten nichts dagegen und stellten auch keine Fragen.

»Fahrt nicht näher als fünfzig Meter heran«, sagte er. »Es muß aussehen, als ob ihr zufällig hier vorbeikämt, und ich schwimme einfach rüber. Es ist noch nicht so hell, daß man mich sehen könnte.«

Das Meer war wärmer als die Luft, und er behielt Hemd und Hose an. Schnell würde das Zeug trocknen. Am Heck zog er sich neben der großen Schraube hoch, und die Yacht schaukelte sanft. Gebückt schlich er über die hölzernen Planken, um dann mit Erleichterung festzustellen, daß die Tür zum Salon nicht verschlossen war. Es gab am anderen Ende des Raums eine Art von Abstellkammer, in der Matratzen für Notlager und anderer Kram lagerten. Der Schlüssel steckte von außen, und er sah, daß es noch Platz für ihn gab, wenn er ein bißchen aufräumte.

Das Schiff war mit dicken Tauen an einer kleinen Mole festgemacht, die zum Strand führte. Um ihn und das Haus zu beobachten, schlich er wieder zum Heck. Gerade noch rechtzeitig zog er den Kopf ein. Zwei Männer, die eine offenbar schwere Kiste trugen, kamen aus dem Haus. Und sie gingen direkt auf die Mole zu. Auf allen vieren rutschte Antoine zum Salon zurück, schloß die Tür und riß die zur Rumpelkammer auf. Er zog den Schlüssel außen ab und drehte ihn von innen um. In dem dunklen Verschlag roch es nach brackigem Wasser und faulem Gummi, und erst jetzt merkte Antoine, daß seine Kleider dampften vom salzigen Wasser. Bis auf den Slip zog er alles aus.

Dann vernahm er die Stimmen der Männer, und am Schwanken der Yacht merkte er, daß sie die Kiste an Bord hievten.

Die Stimmen wurden deutlicher, und sie kamen ihm bekannt vor. Es mußten die beiden Riesen sein, die ihn zusammen mit Pierre und Berthelin nach Bimini entführt hatten.

Als einer von ihnen die Salontür öffnete, konnte ihn Antoine durch die Ritzen des Verschlags erkennen. Er hielt den Atem an. Aber der Bursche verstaute nur Proviant und Getränke im Kühlschrank. Nach zwei Minuten war er fertig, und die Salontür ging wieder zu. Es wurde still auf dem Schiff, und dann hörte er, wie sich ihre Schritte auf der Mole entfernten.

Es gab nicht viel zu rätseln, was passieren würde. Die Yacht würde auslaufen und, Antoine war sicher, mit den Marcillacs und mit Brix auf die Reise gehen. Und er brauchte sich auch nicht den Kopf darüber zu zerbrechen, was das bedeutete.

Nicht einmal eine Waffe hatte er dabei. Ja, wenn er Pierre mitgenommen hätte. Seine Fäuste wären ein Kapital gewesen.

Doch er hatte ja selbst kaum Platz in diesem muffigen Verschlag, in dem er, nachdem sich die Augen ans Dunkel gewöhnt hatten, mehr wahrnehmen konnte. Neben den Matratzen sah er rostige Angelhaken, eine Werkzeugkiste, einen zerbeulten Eimer, der nach Fisch stank, und anderen Plunder. Es war unwahrscheinlich, daß sie etwas davon brauchen würden, aber es gab keine Garantie dafür.

Er stellte eine der Matratzen so auf, daß sie zum Schild wurde, hinter dem er sich verstecken konnte. So würde er, wenn die Tür geöffnet wurde, auf Anhieb nicht gesehen werden.

Erst dann fiel ihm ein, daß die Reise lang werden konnte. Hunger, aber vor allem der Durst würden kommen, und es mußte etwas geschehen, solange er noch allein auf dem Schiff war.

Er schob die Matratze wieder beiseite, schloß die Tür auf und schlich in den Salon.

Als er den Kühlschrank öffnete, hörte er vom Strand her Stimmen. Sie kamen: Marcillac, Pascale, Brix und die beiden Gorillas. Durchs Salonfenster sah er, daß sie Eimer trugen, in denen er Fischköder vermutete.

Schnell nahm er zwei Flaschen Bier und zwei Cola-

Büchsen, dazu zwei eingepackte Sandwiches. Sie hatten den Kühlschrank gut gefüllt.
Er hörte ihre Schritte auf der Mole, als er den Schlüssel seines Verschlags von innen umdrehte.
Laut drang Marcillacs Stimme herein. Polternd fast wie früher, als sie ihre nächtlichen Streifzüge durch Paris gemacht hatten mit dem Gefühl, daß ihnen niemand auf der Welt widerstehen könne. Doch keiner kam in den Salon. Die Sonne mußte schon Kraft haben, aber wenn die Morgenbrise mit ihr kämpfte, das wußte Antoine, vertrug Marcillac sie leicht. Kein Grund für ihn, auf dem Sonnendeck oder gar im Salon Schatten zu suchen.
Seine Stimme wurde jetzt leiser, weil sie vom Bug her kam, und die Yacht war lang. Nur noch Wortfetzen schnappte Antoine auf, aber er bekam mit, wie der Alte vom Hai sprach.
Als dann die starken Motoren röhrten und den Schiffsleib zittern ließen, kam eine natürliche Reaktion, die er nicht eingeplant hatte. Bleierne Schwere fuhr ihm in die Glieder, und es war, als ob das Dunkel des kistenartigen Verschlags ins Hirn dringe, das bisher, überwach fast, mit präziser Logik funktioniert hatte. Kein Auge hatte er in der Nacht zugemacht, und der Schlaf ging ihn an mit einer Macht, der er nichts entgegenzusetzen hatte.

## 22

Die Sonne stieg höher, und ein paar flockige weiße Wölkchen, die wie Tupfer auf dem tiefblauen Himmel saßen, sagten ihr keinen Kampf an. Aber es war, als ob ein koboldhafter Spieltrieb den Wind packte, denn überraschenderweise verstärkte sich die Brise des Morgens und ließ das Boot schlingern und rollen in einer See, deren Wasser heller und grüner wurde. Es war nicht das gefährliche Grün, das die Untiefen der Riffe anzeigte. Die hatten sie längst hinter sich gelassen. Die ›Pourquoipas‹ schwamm auf dem offenen Meer, das keine Fallen mehr für sie bereithielt.
Marcillac wußte, daß noch einige Stunden vor ihnen lagen, weil dies noch nicht die Jagdgründe des großen Hais waren. Und es war der Große, den er brauchte.
Was er nicht wußte, war, wie groß die eigene Belastbarkeit war. Außer den üblichen Spritzen hatte ihm der Doktor noch andere für akute Notfälle gegeben, und er beschloß, als die Sonne immer unerbittlicher brannte, sich eine davon zu verpassen.
Das Mittagessen nahmen sie, um vom Wind zu profitieren, unter dem überdachten Teil des Sonnendecks. Ohne die beiden Gorillas. Der eine bediente, bei verlangsamter Fahrt, das Steuer; der andere verrichtete die Vorarbeit, die der Fang des großen Hais erfordert.
Zuerst trennte er einem Barracuda mit der Axt den Kopf ab und ließ das Blut durch die Kiemen ins Was-

ser rieseln. Der Barracuda ist ein gefräßiger kleiner Vetter des Hais. Auf den Bahamas wird er nur von armen Eingeborenen gegessen, weil er zwar nahrhaft, aber nicht schmackhaft ist. Aber der Hai ist scharf auf sein Blut, und in tausend Litern Wasser riecht er einen einzigen Tropfen davon.

»Der Geruchssinn des Hais ist phänomenal«, sagte Marcillac, als er Pascale und Brix beim Essen die Vorbereitungen erklärte. »Der beste Polizeihund hat eine stumpfe Nase dagegen.«

»Und was macht er jetzt?« Brix deutete hinüber zu dem Mann, der auf einem breiten groben Klotz auf einem riesigen Barracuda herumhackte. Dann ließ er durch einen Trichter winzige Fleischstücke ins Meer tröpfeln.

»Das intensiviert die Spur, die wir legen.«

»Wollen wir Anker werfen?« rief der Mann von der Brücke herunter. »Nur hundert Fuß Tiefe und viele kleine Fische.«

Der andere hob den Kopf von seiner Schlachtbank und deutete nach links. »Fahr zu den Möwen rüber!«

Tief und mit weit hörbaren schrillen Schreien kreiste in ein paar hundert Metern Entfernung ein Schwarm Möwen über der See.

»Warum zu den Möwen?« fragte Brix.

»Mehr Fische und noch weniger Tiefe«, sagte Marcillac mit Kennermiene. »Das weiß auch der Hai.«

Keifend umkreisten die Möwen das nahende Boot, ehe sie mit heftigen Flügelschlägen neue Jagdgründe suchten.

Sie warfen den Anker.

Der Mann am Hackklotz schlug den Barracuda jetzt in faustgroße blutige Stücke und warf sie ins Meer.

»Das ist der ›berley‹«, sagte Marcillac. »Er holt den Hai an die Oberfläche.«

»Ich denke, wir angeln«, sagte Pascale.

»Klar, aber Köder und Angel kommen erst, wenn wir den Fisch sehen.«
Brix mischte sich ein: »Mit so einer Gerte willst du einen Riesen aus dem Meer ziehen?«
»Das«, sagte Marcillac mit einem Lächeln der Jagdlust, »ist wie beim Boxen. Stärker als die Kraft ist die Finte – das solltest du wissen!«
Aber wie um seinen Worten die Doppelzüngigkeit zu nehmen fuhr er fort: »Ich brauche dir nicht zu sagen, was die Zeitungen über deine Boxkunst schreiben. Du kämpfst nicht mit schwerem Säbel, das Florett sei deine Waffe. Und die Rute ist das Florett des Anglers. Wenn er sie einzusetzen versteht, notabene! Sie ist sein Sensor, wenn du das verstehst.«
Brix schüttelte den Kopf, und in Marcillacs Lächeln stieg Überheblichkeit, die ihn ärgerte. Du bist der Boxer und ich das Gehirn, sagte sie.
»Also paß auf. Das Ding sieht zerbrechlich aus. Einfach zu schwächlich meine ich, so, wie du gegen Tiger Johnson ausgesehen hast. Aber du bist ja gar nicht schwächlich, und das Ding ist es auch nicht. Unzerstörbar. Wenigstens beinahe.«
Marcillacs Augen lösten sich von denen des Boxers, blinzelten in die Sonne und wechselten hinüber zu dem Mann, der blutige Fischfetzen ins Meer warf. Dann deutete er auf den Kampfstuhl, der, fest in den Boden verschraubt, am Heck stand. »Du siehst die Halterung für den Rutenfuß am Boden?«
»Klar.«
»Also hier steckst du das Ding ein und nimmst es zwischen die Schenkel. Dünn genug sieht es aus, wenn du an den Hai denkst. Aber du kannst ihm vertrauen. Fiberglas ist das. Das Zeug ist total unempfindlich gegen Sonne und Salzwasser. Und genauso kannst du der Nylonschnur vertrauen. Kein Hai, auch wenn er das Gewicht eines Büffels hat, kann sie zerreißen.«

Immer noch saßen sie am Tisch und schauten dem Mann zu, der den ›berley‹ ausstreute. Gegen die Sonne, die so hoch stand, daß sie fast keine Schatten mehr warf, hatten sie rote Schildmützen aufgesetzt, wie sie die amerikanischen Baseballspieler tragen.
Brix nahm einen Schluck Mineralwasser und sagte: »Aber mit diesem Stengel ziehst du doch keinen schweren Hai aus dem Meer!«
Marcillacs Lächeln war so dünn wie die Nylonschnur. »Der Kampf besteht darin, daß du den Fisch ja nur mit der Leine heranholst. Wenn er längsseits auftaucht, ist der Kampf vorbei. Er ist dann so erschöpft, daß wir ihn einholen können. Aber das dauert Stunden.«
Pascale räumte den Tisch ab, und der Mann am Heck warf immer noch zerstückelten Fisch ins Meer. Barracudas schnappten mit spitzen Zähnen danach, und einmal kam auch ein kleiner, weiß blinkender Hai. Aber er war nicht länger als einen Meter. Die Ruten waren ausgerichtet und mit Ködern versehen, und in kaum mehr als dreißig Metern Tiefe ließ das smaragdgrüne Meer seinen Grund ahnen.
Doch der große Hai kam nicht.
»Es ist seine Zeit nicht«, rief der Mann von der Brükke. »Er schwimmt tiefer, und wir sollten langsam trawlen und eine Spur legen.«
Marcillac nickte und stand schwerfällig auf. Die Zeit wurde ihm lang, und der schlaff werdende Körper drängte zur Eile.
»Holt den Anker ein und macht's so. Langsam fahren und zwei Ruten in die Halterungen. Ich lege mich ein halbes Stündchen hin, aber weckt mich sofort, wenn ein Großer anbeißt!«
Wie ein sehr alter Mann wankte er zur Tür des Salons, obwohl das Schiff fast bewegungslos auf der glatten See lag.

Antoine erwachte aus einem Schlaf, dessen bleierne Schwere ihm das Gefühl für Geräusche nahm. Hatten ihn die starken Motoren der ›Pourquoipas‹ geweckt oder Marcillac, der im Salon einen Stuhl umstieß, ehe er sich auf die Couch warf?
Eine halbe Minute brauchte er, um seine Situation zu erfassen. Dann tastete er sich, die Matratze vorsichtig beiseite schiebend, ans Guckloch. Er sah den alten Mann regungslos auf der Couch liegen, und er hörte ein Stöhnen, das ihn hellwach machte.
Zuerst war es unartikuliert, hilfloses Gestammel, dem kein verständlicher Sinn zu entnehmen war.
Antoine sah, wie Charles Marcillac mit zitternden Händen nach einer am Boden stehenden Tasche griff, die er vorher nicht wahrgenommen hatte. Und dann sah er in der Sonne, die durch die Scheiben stach, Glas blitzen. Es ging über in eine spitze Nadel. Marcillac präparierte eine Spritze.
Es ging mühsam, und das Stöhnen wurde lauter. Antoine nahm das Auge vom Guckloch, bis er die Prozedur für beendet hielt.
Ein Blick auf die Uhr zeigte ihm, daß der Nachmittag begonnen hatte. Ein Uhr fünfundvierzig. Er hatte lange geschlafen. War alles schon vorbei? Hatte er die Entscheidung, die nur fürchterlich sein konnte, verschlafen?
Nach einer halben Minute hörte das Stöhnen auf und auch die Ungewißheit. Der Mann auf der Couch sprach, und die Worte wurden verständlich.
»Der Hai wird kommen, und er wird beide vernichten. Ich hasse sie, wie ich noch niemanden in meinem verdammten Leben gehaßt habe. Sie haben mich betrogen, aber sie haben mich nicht vernichten können. Viel Zeit bleibt mir nicht, aber sie wird reichen, um es zu vollbringen. O meine Kraft, ich spüre dich zurückkehren, und ich weiß, daß du mich nicht verlassen wirst, ehe es vollbracht ist.«

Die Eifersucht, durchzuckte es Antoine, hat ihn verrückt gemacht. Aber auch Erleichterung spürte er. Noch war nichts geschehen, noch war ein Eingreifen möglich, von dem er nicht wußte, wie es aussehen sollte.
Der Alte war jetzt still. Wenn er das Ohr an die Tür preßte, hörte Antoine seinen Atem. Sonst nichts. Die Spritze mußte ihn beruhigt haben.
Und auf einmal spürte er elende Trockenheit in der Kehle. Die Maschinen der ›Pourquoipas‹ liefen laut genug, um das Öffnen einer Cola-Büchse mit dem fingergroßen Ring zu übertönen. Es ging fast lautlos, und mit drei Zügen leerte er die Büchse. Dann aß er ein Sandwich mit Schinken und Käse und öffnete auch die Bierdose. Marcillac schien eingeschlafen, aber darauf war kein Verlaß. Sicher war nur, daß er eine Erholungspause für den elenden Coup brauchte, den er plante.
Was war draußen an Deck los? Es nützte Antoine wenig, daß es still geworden war im Salon, weil die Maschine, obwohl nur mit halber Kraft laufend, alle anderen Geräusche erstickte.
Die langsame Fahrt mußte Trawling bedeuten. Vermutlich fuhren sie mit ausgelegten Ruten und weit draußen in tiefen Gewässern. Die Küste mußte weit weg sein für das, was Marcillac im Sinn hatte.

Und plötzlich begannen die Ereignisse sich zu überstürzen. Jemand riß die Tür des Salons auf, und sofort klebte Antoines Auge am Guckloch. Es war der Gorilla, dem Pierre in den Magen geschlagen hatte, ehe sie ihn entführt hatten.
»Wir haben einen Großen an der Schnur, Monsieur Marcillac!«
»Einen Hai?«
Antoine sah, wie der andere mit den Schultern zuckte und die breiten Handflächen öffnete. »Vielleicht.

Kann aber auch ein Schwertfisch sein. Riesengewicht auf alle Fälle!«
»Wer hält ihn?«
»Mein Freund natürlich. Aber er muß zurück ans Steuer. Ich werde sofort wieder übernehmen. Wollte Ihnen nur Meldung machen.«
Marcillac sprang von der Couch, auf die er sich stöhnend geworfen hatte, mit einer kaum faßlichen Elastizität hoch. Für den Bruchteil einer Sekunde sah Antoine ein fanatisches Glimmen in Augen, die aus dunklen Höhlen zu springen schienen. Mit beinahe federnden Schritten ging Marcillac zur Salontür und riß sie auf. Lautes Stimmengewirr drang herein, aber ehe Antoine etwas verstehen konnte, fiel die Tür wieder ins Schloß.
Marcillac, das war klar, hatte den Verstand verloren. Überdimensional war die Eifersucht eines kranken Mannes gewachsen, dem sein Geld nichts mehr nützte und dessen junge Frau ihn ausgerechnet betrog mit dem jungen Mann, der Schlagzeilen in der Weltpresse machte, dank ihm, Charles Marcillac!
Mit kristallener Klarheit begriff es Antoine in seinem dunklen Versteck. Marcillac übersah freilich, daß Thomas Brixner auch mit einem anderen Veranstalter Weltmeister geworden wäre.
Gewiß, da war der alte Berthelin. Es war immerhin Marcillacs Verdienst, diesen unvergleichlichen Tüftler des Boxens ausgegraben zu haben. Aber das berechtigte ihn nicht, den Hai zu spielen. Das perfekte Verbrechen zu planen. Teuflisch und mit aller akribischen Logik, derer er fähig war, hatte es Marcillac ausgedacht. Weitab von der Küste gab es keine Zeugen auf dem Meer, und die beiden Gorillas, die er verpflichtet hatte, waren professionelle Killer.
Perfekte Killer wie der Hai. Antoine hatte sich beschäftigt mit ihm und wußte, daß es keinen vollkommeneren und unerbittlicheren Räuber gibt. Unend-

lich viel älter als der Mensch, hat er sich in 150 Millionen Jahren dank seiner Aquadynamik überhaupt nicht verändern müssen. Tonnenschweren Druck können seine dreieckigen, messerscharfen Zähne ausüben, und wenn ihm starke Angelhaken tatsächlich welche ausbrechen, wachsen sie wieder nach. Haie haben schon Schiffsschrauben ins Maul genommen und sie angehalten. Ihre Schnelligkeit ist so unheimlich wie ihre Kraft. Und wie die Gier, in die sie verfallen, wenn sie Blut riechen.

Marcillac, der sich für sein Verbrechen des Hais bedienen wollte, war selbst zu einem geworden.

Oben an Deck herrschte die prickelnde Aufregung, die das Anbeißen eines starken und schweren Fischs allemal hervorruft. Die Yacht wurde automatisch gesteuert und lief mit kleiner Fahrt, und die beiden Riesen von Don Gianni waren dabei, die Plätze zu tauschen. Schon hielt der, der Marcillac geweckt hatte, die Rute, die in der Halterung des Kampfstuhls steckte, und der andere schnallte ihn fest, ehe er mit ein paar Sätzen die Treppe zur Brücke nahm, um wieder das Ruder zu übernehmen. Auf den ersten Blick sah Marcillac, daß der Mann ein geübter Sportfischer war. »Etwas Fahrt zulegen«, brüllte er zur Brücke hinauf, um dann bei vorsichtigem Anziehen der Bremse in der Schnurtrommel mit der Rute zu pumpen. Der Fisch mußte erschöpft werden, ohne daß das Boot aus seinem Kurs lief. Aber wenn es ein Hai war und wenn der seine volle Kraft explodieren ließ, konnte er im Nu die dreihundert Meter Nylonschnur von der Trommel reißen, wenn der Mann im Kampfstuhl nicht blitzartig nachgab. Nichts hielt dem vollen Zug des Hais stand.

War er es?

Marcillac legte die Hand wie einen Schirm über seine Augen, die wie in wäßrigem Fieber glänzten. Aber

sie wurden nicht klarer, weil das hellgrüne Meer die Sonne reflektierte. Es gab am Heck keinen Schutz vor ihr.
Nur Antoine hatte ihn, und als er seinen Verschlag öffnete und durch den Salon zum Fenster kroch, erkannte er, daß er sich diese Lauerstellung leisten konnte. Er sah alle von hinten, weil sie nur Augen für die Beute hatten.
Das Wasser mußte tief sein hier, und er wußte, daß der Fisch noch genug Chancen hatte, sich in die Tiefe zu retten. Wütend mußte ihn der Mann im Stuhl machen, weil ihn die Wut erschöpfte. Deshalb kurbelte und pumpte der Mann mit aller Kraft, wenn die Leine durchhing.
Und wenn es der kapitale Hai war, mußte die Blutspur, die sie gelegt hatten, wilde Gier in die Wut mischen.
Der Fisch zog stärker und die Rute neigte sich tiefer. »Ein Großer!« keuchte der Mann. »Er frißt Schnur wie der Teufel!«
An die dreihundert Meter waren schon abgespult. Aber noch immer wußten sie nicht, ob es ein Hai war.
Trotz des dumpfen Motorengeräuschs und des gischtigen Quirlens der Schraube hörte Antoine durchs Fenster das Stöhnen des Mannes, und er sah, wie sich Marcillacs Kopf an sein Ohr beugte. Unter den breiten Gurten war das völlig durchschwitzte T-Shirt über dem muskulösen Oberkörper verrutscht, und dunkelrote Striemen überzogen die Haut.
Der Mann nickte und arbeitete weiter. Marcillac aber wandte sich Brix und Pascale zu, die längst hochgesprungen waren von der Bank und gebannt vom Kampf in die Gischt blickten, die weit hinter dem Boot nach links und rechts ausschäumte und sich im endlosen Meer auflöste.
Dort kämpfte der Riese. Nach dem Zug auf der An-

gel zu schließen, konnte er Hunderte von Pfunden wiegen. Und der Kampf mochte Stunden dauern.
Aber welchen Kampf hatte Marcillac ausgeheckt?
Antoine sah, wie der Alte auf Brix einredete, aber er konnte nichts verstehen. Wie zwei Händler standen sie da, die sich über ein Geschäft nicht einigen können: der Boxer, der nur eine Badehose trug und Sandalen, um die Fußsohlen zu schützen vor der Hitze der Planken, und der alte Mann in Trikothemd und Leinenhosen, die gnädig seine Gebrechlichkeit verdeckten.
Er fuchtelte mit den dünnen Armen; der andere ließ die seinen mit den schwellenden Muskeln hängen und schüttelte den Kopf.
Pascale Marcillac stand mit großen Augen daneben, in denen Angst schimmerte.

## 23

Antoine hört nichts hinter Vorhang und Scheibe, aber er beginnt zu verstehen. Brix soll auf den Kampfstuhl, obwohl er noch nie auf einem gesessen hat. Vielleicht hat er überhaupt noch nie geangelt. Das ist die Falle, die sie ihm stellen wollen.

»Hast du den Fotoapparat dabei, Pascale?« fragt Marcillac.

Sie nickt und geht zu einer ledernen Tragtasche, die im Schatten des Sonnendachs steht, ganz dicht vor dem Salonfenster, durch das Antoine äugt. In der Sonne blitzen Chrom und Linse des Apparats, den sie aus der Tasche holt.

Er ist tatsächlich verrückt geworden, denkt Antoine. Ein Dokument will er von der letzten Stunde des Tom Brix.

Was er nicht hört, sind Marcillacs Worte, als er die Hand um die breite Schulter des Boxers legt: »Der stärkste Mann der Erde gegen den stärksten Räuber des Meeres! Das Bild wird um die Welt laufen, Brix!«

Und der stärkste Mann leistet keinen Widerstand mehr. Der Mann im Kampfstuhl hat seine Gurte schon gelöst und steht auf. Fest hält er die halb durchgebogene Rute und gibt Leine.

Brix läßt sich in den Stuhl fallen, der Antoine vorkommt wie der elektrische Stuhl der Hinrichtung. Und die Art, wie sie ihn fesseln, vermittelt das Gefühl des Unwiderruflichen. Eigentlich tut's nur

einer. Marcillac erteilt bloß die Befehle, als der Hüne zuerst den einen und dann den anderen Arm von Brix durch die Schultergurte schiebt.
Ihm hat dieser Schutz vorhin genügt. Aber es ist noch lange nicht die große Fessel. Zwei weitere Gurte schiebt er über Brust und Bauch, und dann zieht er ihm auch noch einen zwischen den Beinen durch, ehe er alle in einer Halterung am Bauch verankert. Und alles wird so fest verzurrt, daß der Mann im Stuhl nur noch Arme und Kopf frei bewegen kann.
»Zu straff«, sagt er.
Marcillac schüttelt den Kopf. »Safety first! In erster Linie brauchst du Sicherheit. Der stärkste Hai der Welt kann dich nicht von diesem Stuhl holen!«
Gulliver bei den Zwergen, schießt es Antoine durch den Kopf. Mit einem Riesenaufwand haben sie ihn so an den Boden genagelt. Als er schlief. Aber Brix ist wach. Ohne freilich zu erkennen, was Antoine klar ist.
Die Leine läuft ihm weg, weil der Fisch zieht und zieht. Aber sie hindert ihn auch am Verschwinden in der Tiefe. Weit biegt sich die Rute hinein in die schäumende Gischt.
Loslassen sollte er, denkt Antoine.
Doch Brix stemmt die Füße gegen die Bootswand und hält dem Zug stand. Aus den Muskeln der Arme quellen die Sehnen wie stahlblaue Seile, und aus den Wurzeln der Haare entspringen Bäche von Schweiß, die am Hals kitzeln, ehe sie weiterlaufen. Die Schultergurte röten die bloße Haut und drücken auf das Schlüsselbein, als ob sie es zermalmen wollten.
Es ist ein endloser Kampf ohne Rundenpause, den Brix auf sich zukommen sieht.
Doch Marcillac spielt den Sekundanten in der Ringecke. »Du hast phantastisch durchgehalten, Brix! Siehst du, er wird schneller, weil ihm das Maul wehtut.«

Tatsächlich hebt sich die Angelrute langsam aus der Gischt.
»Leine einholen!« schreit Marcillac. »Du hast fast nichts mehr übrig, aber wenn du langsam kurbelst, holst du's zurück. Er kämpft jetzt nicht, aber gleich wird ihn die Wut packen aufs Boot. Dann laß die Leine nicht durchhängen, sondern kurble wie verrückt!«
Der Mann, den Brix im Kampfstuhl abgelöst hat, wirft aus einem gelben Plastikeimer Fischbrocken ins Meer und läßt ihnen Blut nachtropfen. »So wird er Kurs halten«, sagt er.
Tatsächlich wird der Fisch schneller, und gewaltig muß Brix kurbeln, um die Leine nicht durchhängen zu lassen. Mehr als hundert Meter holt er ein, und die sengende Sonne läßt die Lungen keuchen. Wie Drahtseile schneiden die Gurte in die bloße Haut der Schultern.
»Lockert das Zeug«, stöhnt Brix. »Ich brauch Luft!«
Marcillac und der Mann, der die Blutspur gelegt hat, stecken die Köpfe zusammen, und ganz klein macht sich Antoine hinter seinem Fenster. Ist das die Entscheidung? Lassen sie ihn über Bord gehen? Doch es geschieht nichts, weil sich der Fisch in diesem Augenblick zum erstenmal zeigt. Hoch bäumt er sich, knapp zweihundert Meter entfernt, aus dem Wasser. Und Marcillacs schrille Stimme überschlägt sich. »Es ist der Hai, Leute! Ein Pointer mit gut sechshundert Pfund! Kurbeln, Brix! Er ist wütend, aber er verliert Kraft!«
»Ich auch!« Der Mann im Kampfstuhl stößt es heraus zwischen zusammengebissenen Lippen, die aufgesprungen sind von der Sonne. »Lockert die Gurte, verdammt noch mal!«
Aber Marcillac schaut nur gebannt auf den silbrigschwarz glänzenden Riesenleib des Pointers, der noch einmal aus dem Wasser schießt, als ob er auf der

gewaltigen Schwanzflosse stehen wolle, um seine Peiniger zu sehen. Und als ob er schwanke zwischen Flucht und Angriff.

Dann schlagen die Wellen über ihm zusammen. Ein Ausreißversuch. In seine dunkle kalte Tiefe will er fliehen, und Brix muß neu kämpfen, kann sich die Gurte nicht lockern lassen. Und es hört auch keiner auf ihn. Rasselnd läuft die Trommel heiß unter der immensen Kraft des Zugs, und im Nu ist die gewonnene Leine wieder abgespult.

Der Mann auf der Brücke macht die Fahrt der ›Pourquoipas‹ noch langsamer, und Meter um Meter zieht Brix die Beute wieder auf ihren Kurs.

Aber der Hai weckt, wenn du glaubst, daß er erschöpft sei, Urkräfte von mörderischer Gewalt. Dreimal noch versucht er die Flucht in die schwarze Tiefe, ehe er dem Zug der Angel folgt, die ihn näher und näher ans Boot heranbringt.

»Keine hundert Meter mehr«, schreit Marcillac. »Du schaffst es, Brix!«

»Bindet mich ab.« Die Antwort kommt aus verquollenen, aufgesprungenen Lippen und aus einem Hals, der trockener nie gewesen ist. »Es muß einer übernehmen. Ich kann nicht mehr.«

Marcillac schüttelt den Kopf. »Ein Weltmeister kann immer!«

»Du kannst mich mal mit deinem Hai! Siehst du nicht, wie mir die Haut an Schultern und Schenkeln wegplatzt?«

Und dann erschrickt der Alte, weil der Mann im Kampfstuhl die blanke Wahrheit herausschreit.

»Wollt ihr mich umbringen?«

Marcillac fängt sich schnell und wechselt einen Blick mit Don Giannis Gorilla. Und der nickt.

Hinter dem Salonfenster weiß Antoine, daß dies die Entscheidung ist. Bloß, er weiß immer noch nicht, wie er sie verhindern soll.

»Du bleibst im Stuhl«, sagt Marcillac. »Wir können dich nicht ersetzen, und einen solchen Pointer hat man nur einmal im Leben an der Angel. Es ist wie mit dir, als ich dich als Boxer erkannt habe.« Er fügt nicht hinzu: und als Liebhaber meiner Frau. Das hebt er sich auf.

An der Angel hat er ihn. Und der verdammte Dreckskerl weiß nichts davon. Es ist eine echte Marcillac-Rache, und er goutiert sie wie ein Elixier, das die körperliche Schwäche aufhebt.

»Du bleibst im Stuhl, weil nur du den Pointer holen kannst. Keiner von uns hat deine Kraft, aber wir werden dir helfen!«

»Helfen?« Brix' Augen sprühen Verachtung und Wut. »Macht mich los, wenn ihr mir helfen wollt, ihr Idioten!«

Seine rechte Hand spielt mit der Kurbel. Nach den gewaltigen Kraftproben tut es gut, einen folgsamen Fisch an der Leine zu haben.

Marcillac nützt es. Er kennt den Hai, und die Gelegenheit kann von kurzer Dauer sein.

»Er kämpft nicht mehr, Brix. Du kannst ihn herholen wie eine lahme Ente. Hemd und Hose kriegst du. Einen Pullover sogar. Und wir werden die Gurte lockern.«

»Raus will ich!«

»Es ist dein Fisch, Brix! Niemand gibt bei einer solchen Beute auf!«

Brix blickt in die Dünung, schätzt die Entfernung zum Hai ab, der widerstandslos folgt, und wickelt Schnur auf. Er wird schneller als das Boot, und auch der Mann am Steuer erkennt es. Sanft schiebt er den Hebel, der die Fahrt erhöht, nach vorn, und die Schnur an der Rute spannt sich wieder. Das Teamwork funktioniert.

Immer noch. Am Heck stecken Marcillac und der Gorilla wieder die Köpfe zusammen.

»Am Ende des Salons ist ein Verschlag, in dem du alte Klamotten findest.« Er deutet zum Fenster, hinter dem Antoine den Kopf wegduckt.
Nichts hat der verstanden, aber blitzartig ist seine Reaktion. Mit drei Sätzen ist er am Verschlag und reißt die Tür auf. Den Schlüssel dreht er nicht um von innen. Aber er stülpt die Matratze hoch, die ihn erst eimal verdecken wird, wenn die Tür aufgeht. Dann greift er sich aus dem Gerümpel ein Beil, und der Daumen, der über die Schlagkante fährt, spürt den Schliff eisiger Schärfe.
Er hat Marcillacs Geste richtig verstanden. Schnell muß er das Auge vom Guckloch ziehen, denn der Mann, dem ein verschwitztes T-Shirt aus der Badehose hängt, geht ohne Umstände auf den Verschlag zu.
Zuerst wird ihn die hochgestellte Matratze decken. Aber dann? Klamotten hätte er zum Eingang werfen sollen. Es liegen genug herum, Hemden, Pullover, Hosen. Doch es ist zu spät. Mit angehaltenem Atem kauert Antoine hinter seiner Matratze, als die Tür aufgeht. Sie öffnet sich nach außen, und das ist gut, weil sie sonst gleich an die Matratze gestoßen wäre, hinter der Antoine liegt. Eine Wolldecke hat er noch über sich ziehen können, die nach Teer und Benzin stinkt. Obwohl er auf dem Bauch liegt und den Kopf an den Boden preßt, bemerkt er, daß Helligkeit den Luftzug begleitet.
Aber für den Mann, dem seit Stunden die vom Meer reflektierte Sonne in den Augen brennt, bleibt es dunkel, und das ist ein Glücksfall, mit dem er nicht gerechnet hat. Es muß etwas Ähnliches sein wie Schneeblindheit.
Er hört tastende Hände, die offenbar einen Lichtschalter suchen, und dann flucht der Mann. Scheppernd fällt eine Blechbüchse um, und es sind tatsächlich die Hände eines Blinden, die zu wühlen anfan-

gen. Einmal streifen sie seine Füße. Und dann erwischen sie was. Antoine merkt es an einem Grunzen, das zufrieden klingt.
Und dann wird die Tür wieder zugeschlagen.
Antoine nimmt die Hand vom Stiel des Beils und merkt nicht, wie feucht sie ist. Das Herz klopft oben am Hals, aber der Kopf arbeitet.
Abschnallen werden sie Brix vom Kampfstuhl, unter dem Vorwand, ihm Klamotten zu geben. Und dann werden sie ihn dem Hai hinschmeißen, der ganz nahe ist. Auch eine Kugel können sie ihm durch den Kopf jagen. Und Pascale dazu.
Raus aus dem Loch muß er. Und das Beil kann er drin lassen. Es ist wie beim Boxen: Viel wichtiger als der stärkste Schlag ist die Finte. Er öffnet die Tür und schleicht durch den Salon zum Fenster.
Planmäßig kann nicht sein, was sich draußen abspielt. Die Aktion mit den Klamotten hat Zeit verschlungen, und der Hai ist nicht so ruhig geblieben, wie sie es sich erhofft haben. Brix mag gearbeitet haben wie ein Profi, aber die Kräfte und Urinstinkte des Hais sind nicht kalkulierbar.
Er ist sehr nah jetzt. Doch an der Schnur hängt keine willenlose, amorphe Masse mehr, sondern ein violettschwarzer, mit schmutzigem Weiß durchfetteter Torpedo, der das Boot mit der Kraft seines Schwanzes zertrümmern und mit der Gier seiner messerscharfen Zähne zerfetzen kann. Herrliche Yachten können Menschen bauen, aber sie werden zur fragilen Nußschale, wenn ein König aus den Meerestiefen auftaucht zum Kampf mit ihnen.
Und der Pointer scheut trotz seiner gewaltigen Masse den Kampf an der Oberfläche nicht. Es ist unmöglich, den Mann im Kampfstuhl jetzt zu befreien. Mit einem Blick erfaßt Antoine die Lage. An der Bootswand liegen die alten Klamotten, und die Männer reden auf Brix ein, der verhindern muß, daß der Hai

sich in die Leine verwickelt. Gelingt ihm das, genügt ein Aufbäumen, um sie zu zerfetzen. Sie brauchen Brix zu ihrem eigenen Schutz, ehe sie ihn abschlachten.

Noch zweimal versucht der Hai auszubrechen. Aber mit einer Kraft, von der er nicht weiß, woher er sie nimmt, pumpt und kurbelt ihn Brix zurück, ohne ihm eine Chance zu geben, sich in der Leine zu verfangen.

Nach einer halben Stunde treibt er wie eine entschärfte Mine neben der Yacht, aber man darf ihm keine Gelegenheit geben, neue Kräfte zu sammeln. Das ist der Augenblick, in dem man ihm den Gaff, einen an einer langen Stange befestigten riesigen Fleischerhaken, in den Nacken schlägt. Damit wird er nach achtern gezogen und dann an der Schwanzflosse gefesselt. Denn den großen Hai hievt man nicht an Deck. Nach Stunden kann er noch zu toben anfangen und alles zertrümmern. Gefesselt wird er abgeschleppt in seinem Element, das ihn dann elend ersaufen läßt. Von hinten dringt ihm das Wasser in die Kiemen und verweigert ihm das Herausfiltern des Sauerstoffs.

Doch Antoine weiß, daß ein ganz anderer Ablauf geplant ist. Der Hai ist begnadigt. Er soll nicht nur seine Pause, sondern auch seinen Lohn haben. Niemand greift nach der Stange mit dem großen Fleischerhaken.

Marcillac ist wieder von seiner Bank aufgestanden, und der Mann, der die Klamotten geholt hat, winkt seinen Kumpanen von der Brücke herunter. Sie müssen zu zweit sein bei diesem Vorhaben.

Der Motor ist gedrosselt, und kaum merklich pflügt die ›Pourquoipas‹ noch die Wellen. Neben ihr, wie ein williger Begleiter, der weiß schimmernde und geschundene Riesenleib des Pointers.

Das ist der richtige Augenblick. Mit einem satanischen Feuer des Triumphs steht Marcillac neben den beiden Männern, die sich daran machen, Brix von seinem Kampfstuhl zu befreien. Marcillac spielt den dritten Mann und übernimmt die Angel. Sie hat keinen Zug, und es ist praktisch eine Formsache.

Neben dem Stuhl liegen eine alte Trainingshose und ein grauer Wollpullover mit Rollkragen. Sie streifen Brix die Schultergurte ab und nehmen graue Hautfetzen mit. Aber es sind fünf Gurte, und solange er sitzt, passiert nichts.

Ganz nahe kommt Marcillac an das Trio heran, und er hält die Angel wie eine Zigarre in der Hand, obwohl er auf den Hai aufpassen sollte.

Eine Reling hat das Heck nicht. Kaum mehr als fünfzig Zentimeter hebt sich der Bootsrand über die Füße der Männer, die Antoine den Rücken zukehren. Er muß sie von hinten über Bord rammen, und auf Brix kann er nicht zählen. Der wird kaum stehen können, wenn sie ihn losgebunden haben.

Marcillac kann er aus dem Boot blasen. Oder soll er ihn schonen?

Er denkt nicht weiter, weil sie schon den letzten Gurt lösen, den breiten, den sie Brix zwischen den Beinen durchgezogen haben. Alles kommt auf das Überraschungsmoment an. Drei oder vier Sätze muß er hinter ihrem Rücken machen, und Pascale, die auf der Bank sitzt, darf nicht schreien.

Die linke Hand greift zur Türklinke, aber das Auge bleibt ans Fenster gepreßt. Einer der beiden Riesen kauert noch in der Hocke, macht sich unten am Stuhl zu schaffen. Beide müssen stehen, wenn er sie in einem Anlauf umrennen will. Den zweiten Anlauf gibt es nicht.

Und dann stehen sie. Warten, bis Brix hochkommt aus dem Stuhl. Und sie werden ihm keine Zeit geben, Fuß zu fassen.

Marcillac tritt zwei Schritte zur Seite, und Antoine sieht, wie sich seine Arme anwinkeln.
Jetzt!
Er reißt die Tür auf und schießt heraus wie aus einem Startloch. Genau drei Sätze sind es, ehe seine Fäuste tief unten, fast wo die Badehosen sitzen, gegen zwei Rücken krachen. Es sind kräftige, muskulöse Rükken, aber ohne Vorwarnung ist ihre Stärke nutzlos, und auf dem schwankenden Schiffsboden verlieren die Beine den Halt. Ganz nahe ist die Bordwand, über die beide Körper wie Säcke fliegen.
Marcillac, nur von einem Schubser erfaßt, geht nicht über Bord. Er wird gegen die Bootswand geschleudert, und seine Frau stößt einen gellenden Schrei aus. Brix hält sich am Kampfstuhl fest, weil ihn die Beine nicht tragen wollen.
Aber die von Antoine wirbeln die Stufen hoch zum Steuersitz. So schnell schiebt er den Hebel nach vorn, daß die ›Pourquoipas‹ einen Satz macht, der Brix von den Beinen reißt und gegen die Heckwand wirft. Und Marcillacs Körper schlittert auf ihn zu. Nur Pascale kann sich festklammern auf der Bank.
Antoine aber blickt aufs Meer. Es ist, als ob die röhrenden Motoren das Wasser zum Kochen bringen würden, und in der schäumenden Gischt ist kein Hai mehr zu sehen.
Erst als er das Steuer scharf nach rechts reißt, so daß das Schiff nach Backbord kippt, entdeckt er ihn. Losgerissen hat er sich, einfach die Angel eingeholt, die keiner mehr im Griff hatte.
Aber er ist nicht in der schwarzen Tiefe verschwunden, sondern er hat Rache genommen. Mit einer Deutlichkeit, die ihn schaudern läßt, sieht Antoine Menschenfleisch und weiße Hemdenfetzen im riesigen Maul mit den rassiermesserscharfen Zähnen, und es muß wohl auch Schnur dabei sein, weil er den Haken nicht ausspucken kann.

Er zieht eine neue, sanftere Kurve, um wegzukommen vom schrecklichen Schauplatz und die Gedanken zu ordnen. Es ist mühsam genug, weil sich ein Erfolgsgefühl einmischt, das er nie gekannt hat.
Am dünnsten aller Fäden hat alles gehangen. Ein Fehltritt, und die beiden Killer hätten den Sieg der eiskalten Logik ihres Auftraggebers gefeiert.
Aber Marcillac, hilflos am Boden liegend, hat verloren. Wie wird es weitergehen? Der Tag ist fortgeschritten, Wind frischt auf, und die Sonne wirft längere, schrägere Schatten.

## 24

Brix erholte sich als erster von der Überraschung. Er bettete den reglosen Marcillac auf die Couch im Salon. Und mit staksigen Beinen nahm er die Stufen zu Antoine. Über die brennende Haut hatte er den schmutzigen grauen Pullover gezogen. Wütende Verständnislosigkeit sprang aus den grauen Augen, die die Sonne hell gemacht hatte.
Antoine bremste die sausende Fahrt nicht, und Brix mußte mit zerschundenen Händen Halt suchen auf der Brücke, weil sich der Bug wie ein riesiges Haifischmaul über die Dünung hob, um dann hart hinunterzuklatschen. Mit ausgestrecktem Arm hielt Antoine den Hebel in vorderster Position und schien Brix überhaupt nicht zu bemerken.
Bis der den Hebel zurückriß. Faust lag auf Faust, und Antoine hatte dieser Gewalt nichts entgegenzusetzen. Der Motor starb ab, und ruhig fast lag das Schiff nach dem peitschenden Jagen im Wasser.
»Jetzt aber Schluß! Hat dich der Wahnsinn gepackt?« Herausfordernd durchschnitt die Stimme des Boxers die Stille. »Ich will wissen, was los ist!«
Antoine lehnte sich in den ledernen Stuhl zurück und bat um eine Zigarette. Die erste des Tages. Im Versteck hatte er nicht zu rauchen gewagt.
»Gibt's jetzt nichts Wichtigeres?«
»Ich habe lange keine gehabt. Schau im Salon nach. Ich hab jetzt eine verdammt nötig, und eine Flasche kannst du auch mitbringen.«

»Besoffen kannst du nicht steuern, und einer muß ja zurückfahren nach diesem Irrsinn!«
»Tu, was ich dir sage, und dann wirst du erfahren, daß du ohne diesen Irrsinn im Bauch des Hais wärst.«
Es war etwas in Antoines Stimme, das jeden Widerspruch erstickte, und langsam schob die rechte Hand den Hebel wieder auf Fahrt.
Kopfschüttelnd nahm Brix die Stufen und ging in den Salon. Auf der Couch lag Marcillac noch so, wie er ihn zurückgelassen hatte. Neben ihm saß Pascale, die ihm mit Eiswürfeln gefüllte Handtücher auf Stirn und Brust gelegt hatte. Marcillacs Gesicht war grau, und die Lider waren geschlossen über den tiefen Höhlen der Augen. Eingefallen das graue Fleisch auch über den hervorstehenden Rippen.
Brix spürte Brechreiz hochsteigen. Er hatte Marcillac nie ohne Hemd gesehen.
»Ist ... ist ... ich meine, lebt er?«
Sie nickte. »Aber er ist bewußtlos, und ich spüre den Puls kaum.«
»Ich komme gleich wieder«, sagte er und riß die gläserne Tür der Bar auf. Er entnahm ihr eine Flasche mit Whisky; Zigaretten fand er nicht, aber eine Zigarrenkiste und Streichhölzer. Es war gar nicht so leicht, solchermaßen bepackt auf die Brücke zu steigen, weil Antoine das Tempo erhöhte wie einer, der auf der Flucht ist.
Der Fahrtwind war so stark, daß sich Antoine auf den Boden legen mußte, um die Zigarre anzuzünden. Dann setzte er die Whiskyflasche an.
»He, he«, schnaubte Brix. »Da unten liegt Charles bewußtlos, und ich will die Wahrheit nicht von einem Besoffenen erfahren!«
Antoine verkorkte die Flasche und stellte sie auf den Boden. Er nahm so viel Fahrt weg, daß der Bug sich nicht mehr aus dem Wasser hob.

»Es ist Notwehr gewesen, Brix. Sie wollten dich und Pascale dem Hai vorwerfen.«
»Mich und Pascale? Entweder bist du wahnsinnig geworden, oder du bist stockbetrunken! Soll ja schon vorgekommen sein bei dir.« Alle Wut, die Brix mühsam zurückgehalten hatte, sprudelte aus ihm heraus.
»Ich bin nie nüchterner gewesen, du Idiot! Der Wahnsinnige heißt Marcillac, wenn du's wissen willst, aber du darfst ruhig auch wissen, daß ihr, seine Frau und du, ihn dazu getrieben habt!«
»Wie bitte?« Brix starrte ihn fassungslos an.
»Ein todkranker Gehörnter reagiert anders als ein normaler Betrogener. Vor allem, wenn er Marcillac heißt.«
»Gib mir auch einen Schluck«, sagte Brix, und seine Stimme klang hohl.
Er nahm fast so viel, wie Antoine genommen hatte, und als er die Flasche abstellte, schwieg er.
»Es ist Notwehr gewesen«, wiederholte Antoine. »Aber ich muß ein wenig ausholen.«
Und dann erzählte er ihm, was sich ereignet hatte, seit ihm Marcillac zu mitternächtlicher Stunde den Erpresserbrief von Désirée gezeigt hatte. Als er fertig war, fügte er nur noch hinzu, daß er seither nicht mehr geschlafen habe.
Thomas Brixner rang nach einer Antwort, aber es kam nichts über die Lippen, die von der karibischen Sonne beim Kampf mit dem Hai, der ihn fressen sollte, aufgesprungen waren.
Antoine deutete zum Horizont, wo sich die Sonne als roter Ball dem Meer näherte. »Wir müssen zurück, Brix.«
»Kannst du das?«
»Hm. Ich komme mit den Instrumenten halbwegs klar, aber bei den Riffen vor der Insel müssen wir aufpassen. Gute Scheinwerfer haben wir.«

Brix setzte die Flasche erneut an, ehe es heraussprudelte aus ihm: »Umbringen wollte er mich lassen. Ich kann's nicht fassen!«
»Und Pascale dazu. Auf jeden Fall hab ich's mit reinem Instinkt und Glück verhindern können, und ich wäre natürlich auch dran gewesen, wenn sie mich in meinem Loch entdeckt hätten. Marcillac hat den Verstand verloren, und wenn du dich in seine Lage versetzt, kannst du's sogar begreifen. Nur noch Blut wollte er sehen, wie der Hai.«
In diesem Augenblick hörten sie Pascale schreien. Ihre schrille Stimme überschlug sich.

Marcillac schien noch kleiner geworden zu sein. Ein ausgezehrtes, kümmerliches Häuflein Mensch lag vor ihnen, aber die tief in den Höhlen liegenden Augen, die jetzt offen waren, zeigten noch Leben. Und sie erkannten die beiden Männer. Konvulsivische Zuckungen liefen in kurzen Abständen durch das linke Bein, das seltsam abgewinkelt über den linken Rand der Couch hing.
»Man sollte ihn bequemer legen«, sagte Brix und machte Anstalten, das Bein zu heben.
»Nicht bewegen!« schrie Pascale. »Er muß innere Verletzungen vom Aufprall haben. Ich habe es auch probiert, aber er liegt so am besten.«
Marcillac versuchte zu nicken, und Antoine, der zuvor den Motor abgestellt hatte, zog zwei Stühle heran. Alle drei setzten sich nahe zu ihm, und es war ganz still auf der ›Pourquoipas‹.
Zwei oder drei Minuten, in denen keiner etwas sagte und die wie eine Ewigkeit schienen, gingen vorbei. Pascale legte ihrem Mann ein Handtuch mit frischen Eisbrocken auf die Stirn. Der leichte Abendwind ließ die Yacht schaukeln, und Marcillacs Kopf schaukelte mit, als ob ihm der dünne Hals keine Stütze mehr wäre.

»Auch bei voller Fahrt brauchen wir drei bis vier Stunden, ehe er in eine Klinik kommt«, flüsterte Antoine.
Aber der Alte hatte es verstanden, und plötzlich bewegten sich seine Lippen nicht mehr lautlos. Langsam und leise, aber verständlich kamen die Worte.
»Vergeßt die Klinik, Leute. Ich werde nie mehr an Land gehen.« Und nach einer Pause, in der er ächzend Luft holte: »Du hättest mich mit hineinschmeißen sollen, Antoine. Hast ja alles gewußt.«
Antoine wich seinem Blick aus und suchte nach Worten. Und Pascale, die ihn mit einer Betroffenheit anstarrte, die er sich sehr wohl erklären konnte, irritierte ihn noch mehr.
»Du ... du hast mir viel geholfen in meinem Leben, Charles.« Er fühlte, wie hölzern und linkisch es klang, und er war froh, daß ihm der Alte das Wort abschnitt.
»Wir haben nicht mehr viel Zeit, Antoine. Und du weißt, daß ich in den Bauch des Hais gehört hätte. Wäre besser gewesen, als jetzt so hundsbeschissen vor denen zu liegen, die ich umbringen wollte.« Wieder rang er nach Luft, und das Stöhnen wurde von der Grimasse eines Lächelns begleitet, das Pascale galt. »Ja, ich wollte dich umbringen und den da. Den Weltmeister, den ich gemacht habe. Dies ist ein Geständnis, und Antoine kann euch mehr darüber sagen.«
Sein Kopf fiel wieder ins Kissen zurück.
Pascale starrte ins Leere und mied auch den Blick des Boxers.
Nach einer Weile fuhr der Alte mit leiser werdender Stimme fort, die sich an niemanden mehr zu wenden schien: »Ich hatte mir eingebildet, als einziger dieses Dreiecksverhältnis zu überleben. Eine Runde wenigstens. Und eine Runde kann lang sein, stimmt's , Brix?«

Er bekam keine Antwort und schien auch keine zu erwarten.
Aus dem Schaukeln des Schiffes wurde ein unrhythmisches, hüpfendes Tanzen, aber Antoine dachte nicht daran, auf die Brücke zurückzukehren. Die Sache mußte ausgestanden werden. Von allen.
Und sehr schnell war sie es. Charles Marcillac hob noch einmal den Kopf, und als er wieder zurückfiel, war kein Leben mehr in ihm.
»Ich muß ans Steuer«, sagte Antoine. »Der Sturm ist schon da.«
Kommen wir überhaupt zurück? Pascale sprach die Frage nicht aus. Sie stand unübersehbar in ihren Augen.
Oben versuchte Antoine Ordnung in Instrumente und Gedanken zu bringen. Meterhohe Wellen peitschte der Sturm hoch, und viel zu gering war Antoines Erfahrung im Navigieren, als daß er sich weiter mit dem toten Marcillac und den Folgen hätte beschäftigen können.
Das Boot stampfte und schlingerte. Es stieg auf Wellenkämme, deren Gischt heraufspritzte bis zur Brücke und wärmer war als der heftige Wind, der sie aufbrausen ließ.
Antoine zog das klatschnasse T-Shirt aus und warf es auf den Boden. Und immer wieder schien die ›Pourquoipas‹ ins Bodenlose zu fallen. Und das knallharte Absacken ins Wellental ließ den Magen rebellieren, in dem der Whisky schaukelte.
Und dann kam der Regen.
Er kam mit fürchterlicher, tropischer Gewalt, und der Gedanke durchzuckte Antoine, daß er bestellt war von dem Mann, der tot im Salon lag. Als letzte Rache. Es hätte zu Marcillac gepaßt wie alles, was geschehen war. War einer wie der nicht imstande, selbst in seinem Untergang noch alle mitzureißen?

Grelle Blitze durchzuckten die schnell hereingebrochene Nacht, die schwärzer war als jede, die er je erlebt hatte.
Die Instrumente der Yacht waren keine taugliche Waffe gegen die tobende Natur. Er versuchte, die ganze Technik einzusetzen, um die entfesselten Elemente zu bändigen, aber Echolot, Wasserthermometer und Tiefenmesser wurden zum nutzlosen Spielzeug. Was blieb, war die nach seiner Meinung richtig eingestellte und elektronisch arbeitende Nadel, die den zu steuernden Kurs nach Grand Bahama anzeigte, aber sie machte so wilde Hüpfer, daß er einen Defekt befürchtete. In diesem Fall konnte nur Beten helfen.
Plötzlich stand Brix neben ihm. Er trug eine gelbe Regenhaut mit Kapuze, und jetzt erst merkte Antoine, daß er das Wechselbad mit nacktem Oberkörper nahm. Der Regen war von ekliger Kälte, die aber weggespült wurde von der lauen Wärme des Meerwassers, das ihn mit immer heftiger werdenden Brechern ansprang.
Brix wollte ihm einen Südwester reichen, aber er mußte sich mit beiden Händen festhalten, und Antoine drückte ihn auf den Boden.
»Idiot! Willst du hinausgeschleudert werden? Geh wieder runter, ich habe keine Hand frei!«
Aber dann fragte er doch noch nach Pascale.
»Sie ist im Schlafraum, ich habe ein Beruhigungsmittel für sie gefunden. Ich habe Marcillac im Verschlag auf eine Matratze gelegt und die Tür zugesperrt. Er ist von der Couch gefallen und durch den Salon geschlittert. Es war furchtbar.«
Der Verschlag. Ein Toter auf seiner Matratze. Wie der Blitz, der die Schwärze der Nacht mit gleißender Helle zerschlug, durchzuckte die Verrücktheit der Situation Antoines Hirn. Aber im nächsten Moment wischte ein gewaltiger Brecher, der ihn ohne schüt-

zenden Gurt aus dem Stuhl geworfen hätte, diese Gedanken weg.
»Laufen die Geräte? Hast du noch Orientierung?« Die Stimme von Brix kam vom Boden, auf dem er bäuchlings lag, die Hände um die verschraubten Stützen von Antoines Stuhl geklammert.
»Einen Dreck hab ich! Merkst du das nicht?«
»Aber du hast Funk!«
Ein neuer Brecher warf das Boot mit solcher Kraft nach Backbord, daß das offene Heck Wasser faßte wie ein riesiger Schöpflöffel.
»Soll ich nach dieser irren Geschichte und mit einem toten Mann an Bord SOS funken? Don Gianni hört mit, verlaß dich drauf!«
»Dann muß er raus!«
Nun war ausgesprochen, womit Antoine längst in Gedanken umging. Marcillac mußte weg. Und mit ihm jede Sentimentalität. Der Sturm hatte auch keine, und hatte der Alte nicht selbst gesagt, man hätte ihn dem Hai vorwerfen sollen? Er war hart gegen die Bordwand geprallt, mußte Verletzungen erlitten haben, die keiner Autopsie verborgen bleiben konnten. Mehr war nicht zu überlegen.
»Geh runter und schmeiß ihn raus«, sagte Antoine. Und wie zur Rechtfertigung: »Du wärst längst im Bauch des Hais, wenn's nach ihm gegangen wäre.«
Brix schaute zuerst im Schlafraum nach Pascale. Mit geschlossenen Augen lag sie auf dem schwankenden Bett, und ihr Gesicht war so weiß wie der Frotteemantel, den sie über den Bikini gezogen hatte.
»Ist was passiert? Sinken wir?«
Er legte ihr die Hand auf den Arm und schüttelte den Kopf. »Antoine hat das Schiff im Griff.«
Aber sie sah die Lüge in seinen Augen. »Bleib bei mir, Brix.«
»Ich muß ihm auf der Brücke helfen, Pascale. Bald wird der Sturm nachlassen.«

Er tastete sich auf dem hüpfenden Boden hinüber zum Salon, ohne zu sagen, was er vorhatte. Stühle und zwei Lampen lagen am Boden, und er kickte sie fluchend zur Seite. Wut, Verlegenheit und Angst fluchte er hinaus.
Marcillac war leichter, als er gedacht hatte. Nur zweimal mußte er absetzen, ehe er das ungedeckte Heck erreichte, in dem Wasser stand.
Dann verschwand das Bündel, das Charles Marcillac gewesen war, in den schwarzen Wellen, die Brix anspuckten mit ihrer schäumenden Gischt. Nichts war mehr rückgängig zu machen, und er fühlte sich elend und seltsam erleichtert zugleich.
Ob der Hai auch nachts kam, und im Sturm?
Er tastete sich nicht in den Schlafraum zurück, sondern zur Treppe. »Wir sind nur noch zu dritt«, sagte er zu Antoine.
»Gut so. Es war höchste Zeit. Ich habe ein Schiff entdeckt.«
»Wo?«
»Halbrechts voraus. Ein Kilometer vielleicht.«
Er deutete die Richtung mit dem Kopf an, ohne die Hände vom Steuer zu nehmen.
Aber Brix sah nur eine schwarze Wasserwand auf sich zurollen und warf sich auf den Boden. Die Lippen brannten von der salzigen Brühe.
Als das Boot aus dem Wellental hochsprang, sah er die Positionslichter des Schiffs. Es war größer als die ›Pourquoipas‹, aber wohl kaum ein Passagierdampfer oder ein Frachter. Ein Patrouillenboot?
Und dann gingen die Lichter auf der Yacht aus. Der Strom war ausgefallen, und auch kein Instrument funktionierte mehr.
»Irgendwo müssen Leuchtpistolen und Munition sein«, keuchte Antoine. »Geh suchen!«
Brix rutschte die Treppe hinunter, aber der Sturm beutelte die Yacht jetzt so gewaltig, daß die Beine

kaum Halt fanden und ein Suchen in der totalen Dunkelheit sinnlos war. Er wurde mit dem Hinterkopf gegen eine Schrankwand geschleudert und kämpfte mit aller Energie, die er noch aufbringen konnte, gegen die Ohnmacht.
Er kam wieder hoch. Es war wie der Kampf des Boxers gegen den Niederschlag. Aber der Boxer steht im Licht, und erst hinter den Tiefstrahlern kommt die Dunkelheit. Hier war alles schwarz. Und ohne Leuchtraketen konnte keine Hilfe für die Yacht kommen. Er riß Schränke auf, durchwühlte Schubladen, stolperte und lag wieder am Boden.
»Nichts zu finden«, keuchte er, als er sich wieder zur Brücke hochgehangelt hatte.
»Wir kommen näher«, schrie Antoine. »Aber wir müßten sie rammen, damit sie uns sehen!«
»Verdammt! Wo kriegen wir Feuer her?«
Feuer! Wie ein Blitz zuckte das Wort durch Antoines Kopf. »Wir zünden die Yacht an und gehen ins Schlauchboot!«
»Anzünden?«
»Klar, Mann! Aber erst, wenn wir ganz nah sind.«
»Aber das Schlauchboot kann kentern!«
Antoine schüttelte den Kopf. »Fast ausgeschlossen. Außerdem haben wir Schwimmwesten.«
»Das Schiff kann nicht brennen. Überall ist Wasser!«
»Wir schütten Benzin in den Motor und lassen den Tank hochgehen. Kanister sind genug da.«
»Wir könnten mit hochgehen.«
»Quatsch! Das Feuer leg ich, und du kümmerst dich jetzt zuerst um die Schwimmwesten und das Schlauchboot. Bring alles nach vorn, und dann holst du Pascale.« Antoine brüllte es in den Sturm und in einen Brecher hinein, der die Yacht mit furchtbarer Wucht nach unten schleuderte.
Als sie wieder hochkam, sahen sie für Sekunden wie hüpfende Irrlichter die Lampen des Schiffs.

»Höchstens dreihunder Meter«, schrie Brix.
»Ja, aber noch viel zu weit! Und wenn sie schneller werden, hängen sie uns ab. Tu jetzt, was ich gesagt habe!«
Er versuchte die Richtung zu korrigieren, aber der Bug tanzte so bockig wie ein Wildpferd beim Rodeo.

Sie mochten etwa zweihundert Meter an das Schiff herangekommen sein, als Schlauchboot und Schimmwesten unter der Brücke lagen und die ›Pourquoipas‹ vorbereitet war zu ihrer Vernichtung. Vielleicht hätte ihnen ein Blitz noch geholfen, entdeckt zu werden, aber das Gewitter hatte aufgehört, ohne die Wellen zu besänftigen.
Nur kriechend konnte Brix Pascale unter die Brücke zerren, aber sie hatte ihre Apathie überwunden und zeigte Mut. Und sie begriff, daß das Risiko der Vernichtung eingegangen werden mußte zur Rettung.
»Komm rauf!« schrie Antoine. »Du nimmst so lange das Steuer.«
»Wie lange?«
»Bis es knallt! Das Schiff ist lang, und eine Explosion am Heck macht keinen Schaden hier vorne. Aber dann muß es schnell gehen.«
Sie trugen alle die Schwimmwesten, und auf dem Weg zum Heck vergoß Antoine zwei Benzinkanister im Schlafraum und im Salon. Das Problem war, das Feuer im Motor zu entzünden, wenn er mit Benzin überschüttet war.
Er schaffte es mit einem Zigarren-Fidibus, den er leicht mit Benzin beträufelte. Die Flamme hielt dem schwächer gewordenen Regen stand, und es kam jetzt nur noch darauf an, daß die Explosion nicht augenblicklich erfolgte und er mit ein paar Sätzen Dekkung finden konnte.
Und das Glück, das ihm seit dem Morgengrauen gefolgt war, lief nicht davon. Er lag im Salon auf dem

Boden und wurde hochgeschleudert, als ein berstender Knall die ›Pourquoipas‹ zu zerfetzen schien. Aber als die hohe Stichflamme zusammengesunken war und am Heck breitflächiges helles Feuer zu züngeln begann, schwamm sie weiter. Sie mußten es sehen auf dem anderen Schiff, und auch den Knall mußten sie gehört haben.

Zuerst setzten sie Pascale ins Schlauchboot, und es war nicht einfach, es mit der Last der Frau am hüpfenden Bug ins Wasser zu lassen und aufzuspringen. Aber es glückte, und Brix bewegte die Ruder mit Armen, die auch jetzt noch die Kraft von drei Männern aufbringen konnten, obwohl ihnen der Tag mehr abverlangt hatte als ein 15-Runden-Kampf.

Und sie empfanden euphorische Erleichterung, als sie hinter sich nicht nur die wie Zunder brennende ›Pourquoipas‹ sahen, sondern erfaßt wurden vom grellen Lichtkegel eines Scheinwerfers.

»Wir haben's geschafft!« schrie Antoine. »Sie drehen bei!«

Und Brix packte die Ruder, ohne die Hände zu spüren, die zerschunden waren vom Kampf mit dem Hai.

## 25

Der Funkspruch erreichte Don Gianni um ein Uhr morgens. Er war noch wach und hatte befohlen, jede Meldung von einiger Bedeutung in sein Zimmer durchzustellen, vor allem aber jede Nachricht von der Yacht ›Pourquoipas‹. Es war unbegreiflich, daß sie sich noch nicht gemeldet hatte. Auch war sie stumm geblieben, als er seine Ungeduld nicht länger hatte zügeln können und die Verbindung mit ihr gesucht hatte. Seltsames mußte geschehen sein.
Nun kam die Bestätigung, und sie war aufregend genug. Eines der Boote seiner Organisation, die er Basisschiffe nannte, hatte drei Personen aus Seenot geborgen: Thomas Brixner, den Weltmeister im Schwergewicht, Madame Marcillac sowie einen Mann namens Antoine. Die Yacht war verbrannt und im Sturm untergegangen.
Don Giannis Basisschiffe hatten bedeutende Aufgaben zu erfüllen. Sie waren schwimmende Kokain-Empfänger, die die von Flugzeugen abgeworfenen Pakete auffischten. Es waren vergleichsweise große, aber ungemein wendige Schiffe, ausgestattet mit riesigen Fangnetzen und zwei kleinen Motorbooten, die im Nu alles, was nicht vom Himmel an Bord fiel, aus dem Meer holten. Dann wurde der Stoff an superschnelle ›Zigaretten‹, die per Funk herbeigerufen wurden, verteilt, und ab gingen die millionenschweren Ladungen nach Florida.
Aber in dieser stürmischen Nacht, in der die ›Pour-

quoipas‹ verbrannte, ruhten die Geschäfte. In Bimini startete kein Flugzeug, und keine ›Zigarette‹ lief aus. Man hatte auf dem soliden Basisschiff den Sturm erduldet, ohne dem tobenden Meer die übliche Aufmerksamkeit zu schenken. Sonst hätte man mit einiger Sicherheit die havarierende ›Pourquoipas‹ entdeckt, ehe sie brannte.
Drei Geborgene also. Don Gianni zermarterte sich, während er sich hastig ankleidete, den Kopf. Es waren die falschen drei – uns es fehlten ausgerechnet seine beiden Gorillas, und hinzugekommen war dieser Antoine, der aus dem Keller seines Hauses geflüchtet war.
Hier lag der Schlüssel. Aber wie war er auf die Yacht gekommen? Es war dringend nötig, die Sache mit den wichtigsten Männern der Organisation zu besprechen. Noch während er sich anzog, gab er Befehl, sie zusammenzutrommeln.

Zwar war Don Gianni der Pate, aber er war Primus inter pares und nicht berechtigt, bei großen Entscheidungen eigenmächtig zu handeln. Deshalb bedurfte es bei der nächtlichen Sondersitzung keiner langen Vorreden. Jeder wußte, daß die beiden Gorillas zur Beseitigung von Pascale Marcillac und Thomas Brixner mit der ›Pourquoipas‹ ausgelaufen waren. Und nun gab es keine ›Pourquoipas‹, keine Gorillas und keinen Marcillac mehr.
Die Gorillas galten als tüchtig, aber auch als der geringste Verlust. Man hakte sie ab wie viele vor ihnen. Das Geschäft war gefährlich für seine ausführenden Organe. Nur in den oberen Etagen saß man vergleichsweise ruhig.
Marcillacs Tod brachte Unruhe. Das Verschwinden eines so reichen und mächtigen Mannes mußte Wellen schlagen, die nicht geglättet werden konnten von der einheimischen Operettenpolizei.

Und da war Brix.
Mit dem Mann, der alle Rekorde der Popularität gebrochen hatte, mußte sich der Drogen-Clan aus der Affäre ziehen. Eines seiner Schiffe hatte ihn gerettet, und damit hieß es, die Medien so vollzupumpen, daß kein Platz mehr für Marcillac war.
Don Gianni verteidigte seine These mit Überzeugungskraft und Verve. Und er erzeugte auch Wirkung.
»Es gibt«, sagte er, »keine Spuren. Die Yacht ist ausgebrannt und gesunken, und das Meer ist tief dort draußen.«
»Und wenn sie Marcillac trotzdem herausfischen?«
Don Gianni schüttelte den Kopf. »Da hilft kein Suchen. Und es ist das Revier der Haie.«
Fünf Köpfe nickten Zustimmung.
»Wir sind uns also einig, daß die Sache, wenn wir sie richtig in die Hand nehmen, der Organisation nur nützlich sein kann?«
Diesmal nickten nur vier Köpfe. Ein jüngerer Mulatte mit alerten Augen und einer schweren Goldkette, die am Hals baumelte, als er den Kopf schüttelte, widersprach Don Gianni.
»Es ist nicht gut fürs Geschäft, wenn ihr geil darauf seid, weltberühmt zu werden! Ich würde die Sache herunterspielen, so weit es geht, und außerdem habe ich das verdammte Gefühl, daß man diesem Antoine auf den Zahn fühlen muß!«
»Das«, sagte Don Gianni einlenkend, »habe ich mir schon vorgenommen. Aber du bist dir hoffentlich klar darüber, daß jetzt nicht noch einer verschwinden kann. Oder wollt ihr euch Interpol auf den Hals hetzen? Er war ein großer Freund Marcillacs, und ich habe mir noch mehr Informationen besorgt.«
»Zum Beispiel?«
»Nun, der Alte hat ihn von der Droge losgebracht. In einem exklusiven französischen Sanatorium.«

»Dann verpassen wir sie ihm wieder und haben ihn in der Hand!« Der Mann mit der Goldkette sah fast triumphierend in die Runde, aber Don Gianni entzog ihm das Wort mit einer ärgerlichen Handbewegung.
»Hier zählt die Mehrheit, und es wäre nicht schlecht, wenn du dich daran erinnern würdest, daß uns deine Besserwisserei noch nie weitergebracht hat!«
Der andere schwieg in die murmelnde Zustimmung der anderen hinein, und er verzichtete auch auf Einwände, als Don Gianni vorschlug, die beiden Gefangenen im Keller freizulassen. Er nannte sie Schützlinge, die ihm Marcillac aufgedrängt hatte und deren Harmlosigkeit keine Probleme schaffen konnte: ein von der Boxkunst besessener alter Trainer und ein von Schlägen zerschundener alter Boxer.
Es war vier Uhr morgens, als Don Gianni seine Mafiosi entließ und für sich eine ›Zigarette‹ zur sofortigen Abfahrt nach Grand Bahama bestellte. Dann ließ er Berthelin und Pierre wecken. Auf der Überfahrt würde Zeit genug sein, sie auf eine Situation einzustellen, mit der niemand hatte rechnen können und die er von dem Augenblick an, an dem sein Basisschiff in Freeport anlegte, in den Griff kriegen mußte.
Draußen auf der See, die fast unbewegt war und grün in den ersten Sonnenstrahlen zu schimmern begann, erzählte er den beiden vom Untergang der ›Pourquoipas‹ und von Charles Marcillac. Und von der Rettung von Pascale und Brix. Den Abgang der beiden Gorillas verschwieg er. Sie kamen gar nicht vor.
Er jagte die ›Zigarette‹ in ein höllisches Tempo, das das Wasser wie eine wilde Säge zerschnitt, aber er kam nicht früh genug zum Xanadu. Nicht weil ihm sein Basisschiff mit den Geretteten zuvorgekommen wäre. Das dirigierte er per Funk auf langsamen Kurs. Erst eine halbe Stunde nach ihm durfte es eintreffen.

Aber das Fernsehen aus Miami war schon da mit einem großen Team. Und dazu Reporter aus Grand Bahama und Florida, mindestens zwei Dutzend. Die Funksprüche des Basisschiffs mit Bimini waren abgehört worden, und die Rettung des Weltmeisters aller Klassen war ein ebenso schwerer publizistischer Hammer wie der Tod eines der reichsten Männer dieser Erde. Es gelang Don Gianni, Berthelin und Pierre durch einen Hintereingang verschwinden zu lassen. Für die Reporter, die das Xanadu umzingelten, war die Ankunft eines Mafioso der Droge eine weitere Sensation. Alle kannten den Sizilianer, und auch der Einfältigste von ihnen hörte Gras wachsen.
Damit hatte Don Gianni nicht gerechnet. Aber er war ein schneller Kombinierer und ergriff blitzschnell die Chance, eine Pressekonferenz zu veranstalten, ehe die Schiffsbrüchigen eintreffen würden.
»Eines meiner Schiffe«, sagte er mit einer Stimme, die gesalbt war mit der selbstlosen Würde des Wohltäters, »eines meiner Schiffe hat den Weltmeister Tom Brix aus Seenot gerettet. Betrachten Sie das, bitte, nicht als Eigenlob, meine Herren, denn es verbindet sich damit der tragische Tod seines Gönners und Förderers Charles Marcillac. Möglicherweise lag die Ursache in seiner schweren Krankheit, von der Sie alle wissen, aber mehr werden wir erst erfahren, wenn mein Schiff mit den Geretteten eintrifft.«
Von den beiden Gorillas sagte er nichts.
»Verdammter Schmalzträger«, zischte ein Reporter aus Miami.
Don Gianni antwortete mit einem verbindlichen Lächeln. Gegen ihn mußte man schon andere Kanonen in Stellung bringen.
Er ließ für die Reporter ein kaltes Buffet mit Wein und Champagner improvisieren und verschwand,

nachdem er ihnen zugeprostet hatte. Keiner merkte, daß sie eingesperrt waren im Konferenzraum, während Don Gianni, einen weiten Bogen mit seiner ›Zigarette‹ schlagend, seinem Basisschiff entgegenraste, das Anweisung erhalten hatte, in einer Entfernung von drei, vier Meilen auf ihn zu warten.

Das Schiff war doppelt so groß wie die ›Pourquoi-pas‹. Don Gianni schloß sich mit Antoine, der ihn aus kleinen, übermüdeten Augen und ohne Überraschung anblinzelte, in einen der beiden Salons ein. Sein Instinkt sagte ihm, daß Brix und Pascale unwichtig waren.

»Es muß schnell gehen«, sagte er ohne Umschweife, »und ich muß alles wissen. Das Xanadu ist umlagert von Pressefritzen. Also, was ist passiert? Erzählen Sie keine Märchen, weil ich das verdammte Gefühl habe, daß Sie meine Hilfe brauchen.«

Der drohende Unterton war nur angedeutet, aber er entging Antoines müden Ohren nicht. Und er erzählte alles.

Don Gianni, ausgestattet mit einem feinen Gespür für Wahrheit und Lüge, nahm dem Mann, der ihn mit dumpfer Gleichgültigkeit angähnte, alles ab. Aber er protestierte, als ihm Antoine Schuld zuwies.

»Er hat von mir zwei Mann Besatzung bekommen, sonst nichts. Abgemacht war der Haifang, und von seinen dunklen Plänen hatte ich nicht die geringste Ahnung. Das müssen Sie mir glauben, so, wie ich auch Ihnen glaube.«

Sein Lächeln war aufmunternd und warb um ein Echo, aber es kam nur ein neues Gähnen. Antoines überreizte Nerven fingen an, Don Gianni zu beunruhigen.

»Nehmen Sie sich zusammen, Mann! Wenn die Meute, die auf uns lauert, nur den geringsten Verdacht schöpft, werden Sie durch die Mangel gedreht,

und dann ist der Teufel los! Seenot, Feuer, Rettung, das sind Ihre Stichworte. Und von meinen zwei Männern ist überhaupt keine Rede. Die gab's gar nicht. Marcillac ist bei der Rettungsaktion über Bord gegangen, weil er der Schwächste war, basta! Jeder Rettungsversuch war unmöglich bei diesem Seegang, ist das klar?«
Antoine nickte mit schwerem Kopf.
»Es ist die beste Lösung für alle, und Sie kommen als mutiger Kapitän groß heraus!«
»Ist mir scheißegal«, brummte Antoine.
»Aber mir nicht!« Don Gianni stand auf und blickte durchs Kajütenfenster. »Wir fahren nur mit halber Kraft, aber in einer Viertelstunde sind wir in Freeport. Wir müssen mit Pascale und Brix sprechen, und es darf keine abweichenden Antworten vor Fernsehen und Presse geben!«
»Okay. Aber sagen Sie, wie sind Sie überhaupt aufs Schiff gekommen?«
Don Gianni lächelte. »Mit einer ›Zigarette‹. Die schwimmt jetzt hinten im Schlepptau. Aber ich werde gleich wieder drinsitzen, weil ich vor euch im Xanadu eintreffen muß. Sie dürfen nicht wissen, daß ich bei euch war. Ich mache einen hübschen Bogen und lande so, daß mich keiner sieht.«

Es wurde ein stürmischer Empfang mit standing ovations und viel Champagner. Die Fernsehstation von Miami arbeitete nicht nur für die USA, sie bot ihre Bilder der ganzen Welt an, und man riß sich darum zwischen Nordkap und Feuerland. Der eigentliche Regisseur war Don Gianni, der seine Hilfsbereitschaft in den schillerndsten Farben leuchten ließ, und das unrasierte, vom Salzwasser geschundene und von der Sonne verbrannte Gesicht des Weltmeister im Schwergewicht sprang aus den Bildschirmen wie das eines Königs der Seeräuber.

Antoine wirkte bleich und ausgelaugt neben ihm. Die Arbeit des Redens nahm ihm Don Gianni ab. Den Arm um seine Schultern gelegt, pries er ihn als den unerschrockenen Kapitän, der in fürchterlicher Sturmnacht die Yacht bis zum bitteren Ende gelenkt habe. Das Feuer seiner sizilianischen Begeisterung packte die abgebrühtesten Fernsehleute und ließ die Kugelschreiber der Reporter fliegen. Es war eine Live-Reportage voll kochender Faszination und alle spürten, daß sie hier, am Ende der Welt, dabei waren für die Welt.

Antoine bemühte sich krampfhaft, nicht in die euphorische Begeisterung hineinzugähnen. Don Gianni mußte andere Gelüste unterdrücken. Seine Hände, die sich reiben wollten vor Begeisterung über die unschätzbaren Dienste, die er seiner Organisation erwies, breiteten sich aus wie die Flügel einer vor Hilfsbereitschaft zergehenden Glucke, und drüben auf Bimini ließen seine Geschäftspartner auch den Champagner fließen und rieben sich die Hände.

Nur Pascale Marcillac durfte keine Freude zeigen. Nach einem kurzen Auftritt vor den Kameras zog sie sich zurück, weil eine Witwe weder Freude noch Erleichterung bekunden darf.

Auch den Reportern entzog Don Gianni sie. »Sie braucht Ruhe«, sagte er. »Versteht den Schmerz einer Frau, Boys, die zwar auf wundersame Weise gerettet wurde, aber ihren Mann verloren hat!«

Sie verstanden es, und der Champagner half mit. Don Gianni ließ noch zwei Kisten aus dem Keller holen. Sie standen neben ordentlich abgewogenen Kokain-Paketen.

Als Antoine zu trinken anfing, verordnete ihm Don Gianni Sprudelwasser. »Zu gefährlich für Sie, mein Freund. Sie haben viel hinter sich!«

Beides war richtig. Aber mit Menschenfreundlichkeit hatte die Sache nichts zu tun. Ein unbedachtes

Wort von Antoine konnte auch benebelte Journalistenhirne wach machen. Er zog auch ihn aus dem Verkehr und überließ der Meute nur noch Brix, der Wasser trank, sich an die Anweisungen hielt und zusammen mit Don Gianni der einzige Nüchterne war, als die Reporter ihren beruflichen Hunger und ihren natürlichen Durst gestillt hatten.
Die Schiffskatastrophe verlor an Bedeutung. Marcillac wurde zur traurigen Nebenfigur, und es ging nur noch um die Pläne des Weltmeisters.
»Tiger Johnson bekommt seine Revanche, sobald er wieder in einen Ring steigen kann. Aber ich fürchte, er muß sich noch ein bißchen Zeit nehmen!«
»Sie nicht?« Die provozierende Fistelstimme eines Schwarzen schleuderte es in den rauchgeschwängerten Raum, und für ein paar Sekunden wurde es still, ehe Brix Lachsalven auslöste: »Ich habe heute nacht auf dem Boot ein bißchen mehr Arbeit gehabt als mit ihm!«
Ein echter Profi ist er geworden, dachte Don Gianni, der vom Boxen wenig verstand, aber einen Sinn für Schlagfertigkeit hatte. Dann beendete er die Konferenz, und den Reportern war es recht, weil sie viel Arbeit vor sich hatten.

Im obersten Stockwerk des Xanadu versammelten sich alle Beteiligten.
»Jedem von Ihnen muß klar sein«, sagte Don Gianni eindringlich, »daß es nie eine andere Version geben darf als die, die heute von hier aus um die Welt gegangen ist. Ein Unglück ist geschehen und eine glückliche Rettung, und auf der Yacht waren nur Sie.« Er deutete auf Brix, Pascale und Antoine, der gähnte und den Mund noch weiter aufriß als Pierre. »Und Sie«, fuhr er an Berthelin und Pierre gewandt fort, »waren auf einem Ausflug. Fischen, oder was Sie wollen. Ist das klar?«

Sie bestätigten es ihm, und er spürte, daß sie begriffen, was auf dem Spiel stand.
Als er die anderen zum Schlafen entließ, hielt Don Gianni Antoine zurück. »Wir haben noch unter vier Augen zu reden, Antoine.«
Antoine blieb sitzen, aber die Lider über den müden Augen hoben sich kaum. Nur die freundschaftliche Anrede ließ einen Rest von mißtrauischer Aufmerksamkeit aufkommen.
»Sehen Sie, Antoine, jedes Ding hat eine negative und eine positive Seite. Ich verliere mit dem Xanadu ein Haus, das, wie Sie wissen, sehr wertvoll für meine Organisation war.«
»Und warum verlieren Sie's?«
»Weil es nur interessant für uns war, als es Marcillac gehörte. Natürlich könnte ich es seiner Witwe abkaufen, und wahrscheinlich sogar sehr preiswert. Sie wird nie mehr nach Grand Bahama zurück wollen, aber bei dem Wirbel, der jetzt entstanden ist, kann uns das Xanadu nichts nützen. Nicht nur die bahamesische Polizei würde sich dafür interessieren, warum wir es gekauft haben.«
»Stimmt«, brummte Antoine. »Aber ich bin jetzt wirklich zu müde für Ihre geschäftlichen Probleme.«
»Was Sie betrifft«, sagte Don Gianni ungerührt, »so ist nur noch eines zu regeln. Marcillacs Tod – an dem Sie, sagen wir mal, nicht ganz unschuldig sind – werden Sie kompensieren, ohne einen Finger zu bewegen. Sie nehmen Kokain mit nach Paris, und Sie brauchen sich dabei nicht einmal Ihren gescheiten Kopf über die Art des Transports zu zerbrechen. Hab ich alles schon für Sie getan.«
»Das ist Erpressung!«
»Aber, aber, wer wird so häßliche Worte gebrauchen! Haben Sie noch nicht darüber nachgedacht, daß Sie zwei meiner wichtigsten Männer ins Meer gestoßen haben?«

»Was sind Sie nur für ein Schwein, Don Gianni!« Antoine ließ die Faust auf den Tisch fallen, aber es war eine kraftlose Gebärde der Ohnmacht. Tatsächlich hatte er zweimal gemordet, und wenn man es genau nahm, sogar dreimal.
Und jetzt sollte er den Mord nach Paris transportieren. Denn Kokain ist Mord. Niemand brauchte Antoine über die Droge aufzuklären.
Ungerührt, als ob kein hartes Wort gefallen wäre, fuhr Don Gianni fort: »Marcillac hat lange im Xanadu gewohnt. Es sind Kisten mit wertvollen Dingen nach Paris zu transportieren, und der Zoll wird seine Witwe nicht mit Prüfungen belästigen. Wir wollen natürlich nicht übertreiben. So denke ich nur an eine Ladung von etwa fünfhundert Millionen Dollar.«
»Fünfhundert Millionen?« Antoine riß die von der Erschöpfung verklebten Augen auf. »Soll das ein Witz sein?«
Don Gianni legte ihm die Hand auf den Arm wie einem Kind, das Beruhigung braucht. »Das nimmt gar nicht so viel Platz weg, wie Sie denken. Es verschwindet in der großen Maschine, und einige Möbel werden natürlich auch mitgenommen. Harmloser Transport, Antoine! Und dann geht alles wie gehabt. Das Zeug kommt ins Bauernhaus in der Normandie und wird dort wieder abgeholt. Niemals mehr werde ich den französischen und den europäischen Markt so günstig beliefern können, und Sie werden zugeben, daß Sie mir diesen kleinen Freundschaftsdienst schuldig sind! Wenn Sie klug sind, weihen Sie die anderen nicht ein. Auch Pascale nicht. Ich habe das Gefühl, daß wir uns verstanden haben.«

Am nächsten Morgen versammelten sich Fernsehen, Funk und Presse noch zahlreicher vor dem Xanadu. Don Gianni, der nicht nach Bimini zurückgefahren war, um die Lage im Griff zu behalten, bewies erneut

strategischen Weitblick. Im Brennpunkt mußte der Weltmeister stehen, und er charterte eine große Yacht, die die ganz Meute aufnahm, einschließlich Brix, Berthelin und Pierre, zu einer Fahrt, die er als »Fest der Rettung« bezeichnete. Dem Kapitän empfahl er, sich Zeit zu nehmen, und ein halbes Dutzend Stewards erhielt den Auftrag, die Gläser nicht leer werden zu lassen. Er selbst, Antoine und Pascale blieben im Xanadu. Der Ansturm war abgewehrt, und Antoine verweigerte Don Gianni nicht den Respekt für seine Flexibilität.
Er war allein mit ihm wie in der Nacht, denn Pascale verließ ihr Zimmer nicht. Erst um die Mittagszeit ließ sie sich ein Frühstück kommen. Die dicke schwarze Köchin brachte es weinend. Keinem schien Marcillacs Tod näherzugehen als ihr.
Marcillacs Pilot war schwimmen gegangen. Später sollte er alles klarmachen zum Abflug am nächsten Morgen.
Don Gianni brauchte die Nacht zum Verladen der Kisten. Noch einmal beschwor ihn Antoine, dem ein tiefer langer Schlaf Kraft und Mobilität zurückgebracht hatte, auf den Riesenschmuggel zu verzichten, aber barsch schnitt ihm der Mafioso das Wort ab, ohne sein übliches Lächeln auch nur anzudeuten.
»Und wenn ich nicht mitmache?« Es war ein letzter Versuch, in dem mehr Resignation als Aufbäumen steckte.
Und Don Gianni reagierte nur mit einem Blick, dessen Verächtlichkeit er unterstrich, indem er zur Tür ging, ohne ihm die Hand zu reichen.
»Gute Heimreise. Was Sie noch wissen müssen, erfahren Sie heute nacht von meinen Leuten.«

Im Xanadu zog, als der Abend nahte, eine unangenehm prickelnde Art von falscher Ruhe ein. Die mit

der Yacht zurückgekehrten Reporter waren in der feuchtfröhlichen Stimmung, die Don Gianni hatte erzeugen wollen, verschwunden, und die Männer, die Charles Marcillac hierher befohlen hatte, waren dabei, ihre Koffer zu packen.
Auch Pascale war endlich heraufgekommen ins riesige Wohnzimmer, das terrassenartig über dem Meer thronte, in das die Sonne wie ein feuerroter Ball hineinzutauchen schien.
Aber niemand schenkte dem Zauberspiel der Natur einen Blick. Dafür gab Pascale, die einen Brief in der Hand hielt, Antoine ein Zeichen. Er stand auf und folgte ihr in einen Nebenraum. Sie sah nicht mehr so erschöpft aus wie in der Nacht, aber ihm war klar, daß die Kosmetik mehr dazu beigetragen hatte als der Schlaf.
Und dann sah er den Brief. Den Umschlag nur, aber mehr war nicht nötig. Es war Désirées Schrift.
»Lesen Sie.«
Er nahm den Umschlag zur Hand, der oben auf der Rückseite zerfleddert war; sie mußte ihn mit dem Finger aufgerissen haben. Ein Absender war nicht vermerkt, und auf dem Stempel stand Marseille.
Marseille ist, was die Droge angeht, Frankreichs Bimini. Aber daran dachte Antoine nicht, als die Buchstaben vor seinen Augen zu tanzen begannen.
Der Brief war kürzer als der erste, von lapidarer Kürze sogar. Die fünf Millionen Dollar sollten in Marseille übergeben werden. Frist: zwei Wochen. Der Überbringer sollte seine Ankunft in Marseille schriftlich melden. Adresse: Claudine Meunier, hauptpostlagernd. Weitere Instruktionen würden an das Hotel gehen, das er angab.
Pascale Marcillac brauchte keine Erklärungen von Antoine. Sie wußte, wer Désirée war und daß sie ihretwegen hätte sterben sollen. »Ich werde das selbst in die Hand nehmen«, sagte sie.

Antoine schüttelte den Kopf. »Unsinn, Pascale! Sie wollen abrechnen und reagieren jetzt nur emotional. Wenn überhaupt jemand nach Marseille fährt, bin ich es. Aber es gibt natürlich kein Geld für die Göre. Ich werde sie zur Vernunft bringen.« Er schaute auf das Datum des Poststempels. »Drei Tage vor Charles' Tod aufgegeben. Inzwischen weiß sie, daß sie einen Schlag ins Wasser gemacht hat.«
»Sie kann mich immer noch kompromittieren.«
Und noch viel mehr, dachte Antoine. Wenn du wüßtest, was sie vom Kokain weiß, das im Bauernhaus gelagert hat! Und voller Angst dachte er an die noch größere Ladung, mit der er morgen unterwegs sein würde.
Er wunderte sich, wie ruhig er blieb: »Wir haben jetzt anderes zu tun, als uns von einer kleinen Erpresserin verrückt machen zu lassen.« Antoine blickte den Rauchkringeln seiner Zigarette nach. »Der Brief, den sie an Charles geschrieben hat, ist gegenstandslos. Tote empfangen keine Briefe. Sie wird zur Vernunft kommen, und ich bin es, der dafür sorgen wird.«

## 26

Obwohl es kein Linienflug war und sie alles versucht hatten, ihre Ankunft auf dem Flughafen Charles de Gaulle geheimzuhalten, wurden sie von einem Heer von Reportern erwartet. Feine Antennen haben die Pariser Medien aller Gattungen, und der Mann, der untergegangen war in der karibischen See, hatte sie mit der Verschärfung des Konkurrenzkampfs noch verfeinert. Alle, die das Gras wachsen hören, waren da.

Es gab nur die Flucht in eine Pressekonferenz, und sie gefiel Antoine. Sie alle waren präpariert auf sämtliche Fragen, die sich Antoine während des Flugs hatte ausdenken können, und außer ihm wußte keiner etwas von der Drogenladung. Die war in Möbelkisten versteckt, in denen tatsächlich auch Möbel steckten. Don Giannis Leute hatten in der Nacht harte und perfekte Arbeit geleistet. Und alles ging ohne Kontrolle in die beiden Lastwagen, die schon unterwegs waren in die Normandie, ehe die Pressekonferenz im Flughafen richtig begonnen hatte.

Es ging auf 22 Uhr, und zeitungstechnisch gesehen bedeutete das gewaltige Hektik. Aber die Rettung des Weltmeisters und der Tod Marcillacs waren Themen von jener Brisanz, die eine Verlegung der Andruckzeiten bis in die frühen Morgenstunden rechtfertigte.

Für Marcillac, dachte Antoine, wäre es eine Traumnacht gewesen.

Und er behielt die Übersicht. Immer wieder entwirrte er knifflige Fragen und ließ keinen ins Schwimmen geraten. Um Mitternacht war die Hauptarbeit geleistet, und nach seiner Berechnung mußten die Lastwagen im Bauernhaus in der Normandie sein.
Die größte Gefahr war überstanden, und die Erleichterung verschaffte ihm ein beinahe euphorisches Gefühl, während seine Reisegefährten anfingen, mit dem Schlaf zu kämpfen.
Pascale war die erste. Sie durfte in das Hotel fahren, in dem Antoine auch Zimmer für Brix, Berthelin und Pierre hatte reservieren lassen. Es war besser, wenn er im Bauernhaus allein auf Don Giannis Leute traf. Brix würde am frühen Morgen nach München weiterfliegen.
Viele der Reporter waren beim Telefonieren oder in ihre Redaktionen gefahren. Für den Rest ließ Antoine Champagner auffahren, selbstverständlich vom besten und auf Rechnung von Madame Marcillac. Das Gefühl, seine Pflicht getan zu haben, erfüllte ihn mit einem eigenartigen Stolz, den er nie gekannt hatte.
Dann wurde er ans Telefon gerufen, und schlagartig war er ernüchtert.
Désirée war am Apparat, und ihre helle Stimme überschlug sich vor Aufregung.
»Wo steckst du?«
»Im Dorf. Ich bin zu meinen Eltern heimgefahren, und vorhin habe ich eure ganze Sendung am Bildschirm gesehen.«
»Und was ist dabei?« Antoine gewann wieder Fassung.
»Ich habe zwanzig Minuten gebraucht, um dich an den Apparat zu kriegen, Antoine. Du mußt sofort kommen, ich muß dich sprechen!«
»Jetzt?«
»Ja, und komm allein. Ich bin am Bauernhaus gewe-

sen, und ich habe Kerle gesehen und die Lastwagen. Und ich habe sie miteinander reden gehört. Hast du ein Auto?«

»Ja.«

»Fahr sofort los!« Flehende Ungeduld sprang aus dem Hörer. »Ich komm dir mit dem Rad entgegen und warte an der kleinen Brücke.«

Dann legte sie auf.

Zum Glück hatte er maßvoll getrunken, und es war die Zeit, in der die Pariser Ausfallstraßen leer sind. Er kam mit dem schnellen, zum Marcillacschen Fuhrpark gehörenden Wagen ungehindert voran, im Radio hörte er dabei noch einmal eine Zusammenfassung der Ereignisse vom Flughafen. Sie stellten Brix in den Mittelpunkt, ganz, wie es in seinem Sinn gelegen hatte, und keine Andeutung gab Anlaß zur Beunruhigung.

Aber sie saß ihm im Genick. Die unverhüllte und fast hysterische Angst in Désirées Stimme hatte sie ausgelöst. Schon weit vor der kleinen Brücke sah er im hellen Licht der aufgeblendeten Scheinwerfer das Chrom von Felgen und Lenker ihres Fahrrads blitzen.

Er öffnete die rechte Tür und ließ sie ins Auto. Zu seiner Überraschung küßte sie ihn auf beide Wangen, und als sie sich, seinen Hals umklammernd, an ihn drängte, spürte er das Zittern von Händen und Körper. Das war nicht mehr das Mädchen, das freche und kalte Erpresserbriefe schrieb. Aber es war auch nicht der Augenblick, um tröstend über das lange blonde Haar zu streicheln.

»Also, was ist los? Warum jagst du mich mitten in der Nacht mit einem hysterischen Anruf los, ohne überhaupt Gründe anzugeben?«

»Ich konnte dir am Telefon nicht alles sagen. Es ist so schrecklich.« Sie schluchzte, und für einen Augen-

blick fühlte er sich doch versucht, das lange Haar zu streicheln.
Aber mit einer brüsken Bewegung riß er sich los und drückte sie mit beiden Händen in den Sitz. Kaleidoskopartig tanzten die Bilder vor seinen Augen: Pascale und Brix von ihr verraten, Marcillac erpreßt und zu einem Mordplan aufgestachelt, das tobende Meer, in das er zwei Männer stieß und Marcillac hinterherwarf.
Alles wegen ihr. Und jetzt Don Giannis Leute im Bauernhaus, mit Kokain für fünfhundert Millionen Dollar!
Sie hörte zu weinen auf. Steif saß sie neben ihm, und er warf ihr ein Taschentuch hin. Aber sie wollte eine Zigarette. Wortlos machte sie drei oder vier Züge, und der warme Wind trieb den Rauch durchs offene Fenster zu den Hecken hinüber.
»Sie wollen dich umbringen, Antoine.« Ihre Stimme klang jetzt tonlos und hohl, aber sie schlug einen Alarm, von dem er spürte, daß es kein falscher war. Wenn sie so etwas sagte, wußte sie, warum.
»Wer will mich umbringen?«
»Die Männer, die das Zeug mit den Lastwagen gebracht haben. Es sind vier, und sie warten auf dich.«
»Woher weißt du?«
»Ich habe gelauscht. Du weißt, daß ich es oft gemacht habe.«
»Das allerdings. Alles, was passiert ist, verdanken wir deiner verdammten Neugier!«
Sie schwieg, und er riß ihre Schulter so brüsk von der Lehne, daß sie fast gegen die Windschutzscheibe geprallt wäre.
»Spuck's aus, verdammt noch mal! Was haben diese Schweine vor?«
Starr wie der einer Puppe ging ihr Körper zur Lehne zurück. »Wenn du allein kommst, haben sie gesagt, wirst du umgebracht und mit der Ladung abtrans-

portiert, weil du zuviel weißt. Ein Don Gianni muß es angeordnet haben.«

»Dann hast du richtig gehört.« Die Hand, die zur Lehne hinüberglitt, stieß nicht zu, sondern blieb auf ihrer Schulter liegen. »Ohne dich wäre ich in die Falle gelaufen, Désirée. Aber was machen wir jetzt?«

»Da ist noch was«, sagte sie. »Sie wollen nicht die ganze Nacht warten. Bis drei Uhr höchstens, weil sie denken, daß du dann nicht mehr kommst.«

Er blickte auf die Uhr. »Zehn vor drei. Spätestens um vier werden sie schlafen. Aber was können wir tun?«

Désirées große Augen, in denen sich das Mondlicht spiegelte, waren wieder ganz klar. »Ich habe mehr Zeit gehabt zum Überlegen als du. Zwei Dinge sind es, die wir tun können.«

»Und die wären?«

»Wir können das Haus anzünden, richtig mit Benzin, meine ich, daß keine Maus rauskommt und nichts übrigbleibt. Aber wir können auch die Polizei holen.«

»Polizei, bist du wahnsinnig?«

»Nicht so sehr, Antoine. Du bist doch gezwungen worden zu dem Transport, oder?«

Er nickte und biß die Zähne grimmig zusammen. »Von diesem Don Gianni, der mich jetzt umbringen lassen will.«

»Dann kann dir bei der Polizei nicht viel passieren. Du bist Kronzeuge oder wie das heißt.«

Antoine schüttelte den Kopf. »Stoff für fünfhundert Millionen Dollar, Kind! Das macht einen riesigen Wirbel und bringt noch andere Dinge hoch, über die ich jetzt nicht reden will. Nein, die Polizei kommt nicht in Frage!«

»Dann müssen wir das Feuer legen. In der Garage stehen zehn große Benzinkanister.«

»Du weißt wohl alles!«

»Die Scheune ist nicht abgeschlossen. Ich war drin. Aber ins Haus kommt man nicht.«
»Doch«, sagte er, »ich habe den Schlüssel. Wenn der Brand von innen kommt, haben sie keine Chance.«
Er ließ den Motor an. »Es wird bald hell, und wir haben verdammt wenig Zeit!«
Langsam fuhr er über den holprigen Feldweg, ohne das Licht einzuschalten. Am östlichen Horizont war ein erster fahler Streifen der Dämmerung zu ahnen.
Mehr zu sich selbst als zu Désirée sagte er: »Das Kokain muß verbrennen. Sein Schmelzpunkt liegt bei achtundneunzig Grad, und die alte Hütte besteht zu drei Vierteln aus Holz. Wir werden ein richtiges Gelbglutfeuer bekommen, das eine Hitze zwischen achthundert und zwölfhundert Grad erreicht, und Kokain ist eine organische Verbindung. Das bedeutet, daß es bei solchen Temperaturen rückstandsfrei verbrennt.«
»Du meinst, man kann dann keine Spuren mehr finden?«
»Hm, ich bin kein Chemiker. Das ist eine Frage der Analytik. Wenn sehr sorgfältig geprüft wird, können vielleicht Spuren gefunden werden. Aber wer sollte auf die Idee kommen? Und es ist gut, daß das Zeug zusammen mit Möbeln in Kisten verpackt ist. Das brennt wie Zunder.«
Von den vier Männern sprach er nicht. Nach allem, was er hinter sich hatte, sah er in den Verbreitern der Droge nur schmutzige Ratten. Außerdem wollten sie ihn umbringen. Es gab nicht den geringsten Zweifel an Désirées Warnung.
Den letzten Kilometer legten sie zu Fuß zurück.

Breit und behäbig lag das alte Bauernhaus zwischen den ausladenden alten Apfelbäumen, und es war so still, daß sie, als sie herangeschlichen waren durchs nachtfeuchte Gras, Schnarchtöne aus dem oberen

Stockwerk hörten. Auch das Fachwerk wird brennen wie Zunder, dachte Antoine.
Zuerst schleppten sie die zehn Zwanzig-Liter-Kanister aus der offenen Scheune, die als Garage diente. Es war ein Gang von fünfzig Metern, der das Mädchen keuchen ließ, aber vier Hände waren wichtig jetzt, da die Wiese schon im Zwielicht der Dämmerung lag.
Ganz behutsam steckte Antoine den Schlüssel ins Schloß der schweren eichenen Haustür. Er drehte sich lautlos, und auch das Knarren, das er befürchtet hatte, blieb aus, als er vorsichtig am schmiedeeisernen Griff zog.
Erster Schritt, zweiter Schritt, auf Zehenspitzen. Dann sah er im Halbdunkel die großen Kisten. Waren es alle? Auf alle Fälle die meisten. Sie hatten sich gar nicht die Schwerarbeit gemacht, das Zeug in den Keller zu schleifen. Hier im holzverschalten Wohnzimmer mußte der Brand viel heftiger toben als im Keller mit den dicken steinernen Wänden.
Trotzdem schlich er hinunter. Auch hier drei Kisten, aber keine sehr großen. Offenbar hatten sie es für zu beschwerlich empfunden, alles hinunterzuschleppen.
Er schlich wieder nach oben und dann zur Tür hinaus, wo Désirée an der Hauswand neben den Kanistern kauerte. Er nahm zwei davon in die Hände, aber er schüttelte den Kopf, als sie es ihm nachtun wollte. »Du gehst hinter die Hecke«, flüsterte er, »und beobachtest das Haus. Sorg dich nicht um mich, ich komme klar.«
Sie griff nach dem Rücken seiner Hand, deren Finger den Griff des Kanisters umklammerten, und er empfand es wie einen Segen, der gleichzeitig aus Himmel und Hölle kommt.
Dann stand er mit beiden Kanistern im Wohnzim-

mer. Von einem Regal holte er ein dünnes Buch, das er zwischen Tür und Rahmen klemmte. Vielleicht würden zwei Kanister reichen, einer fürs Wohnzimmer, einer für den Keller. Den Rest würde er an die Hauswand schütten. Er verteilte das Benzin gleichmäßig zwischen den Kisten und den schweren Eichenmöbeln und behielt auch für die Holzverschalung etwas übrig. Die große, ungelüftete Bauernstube begann wie eine Tankstelle zu stinken. Im Keller ließ er die zwanzig Liter nur über die Kisten laufen. Es gab, außer ein paar Weinregalen, kein Holz hier, aber da mit dem Kokain auch Möbel in den Kisten lagerten, würde das Feuer seine Nahrung finden.

Und es mußte hier, im Gewölbe, zuerst gezündet werden. Natürlich würde er die schwere Eichentür, um dem Feuer Luft zu geben, weit offen lassen, und er riß auch die kleinen Fenster auf, hinter denen fast zwei Meter hohe Lichtschächte hinauf in den Garten stiegen. Die Brände in Keller und Wohnraum, dessen war er sicher, würden sich vereinigen. Viel schwerer war es gewesen, in der Karibik die Yacht anzuzünden.

Er löste das Feuer aus, indem er zerknüllte Zeitungen anzündete und im Keller an drei Stellen plazierte. Verdammt schnell mußte es gehen, weil gelbrote Flammen blitzartig aufloderten und sich im Handumdrehen zur Brunst vereinigten, die hinleckte zur steinernen Treppe, die er mit drei Sätzen nahm. Beißender, heißer Qualm strömte schon ins Wohnzimmer, als er dort auf gleiche Weise den Brand legte.

Jetzt erst sah er die leeren Flaschen und auch die Scherben eines Glases auf dem Tisch. Kräftig mußten sie das Unternehmen, das sie für geglückt hielten, gefeiert haben.

So schnell schossen die Flammen hoch, daß er es nicht wagte, noch einen Kanister zu holen. Das vergleichsweise dünne Holz der Kisten feuerte knisternd Salven in die unerträglich heiß werdende Luft, und als er die Haustür aufriß, hatten sich die Brände von Keller und Wohnstube schon vereinigt. Er schüttete noch zwei Kanister an die Hauswand und ließ die anderen stehen. Mit langen Sätzen durcheilte er den Park, ohne zu wissen, wo Désirée war.
Hinter einem alten Apfelbaum sah er sie hervortreten. »Hierher, Antoine!«
Die Dämmerung war schon dabei, in den Tag hinüberzufließen, und er fluchte, weil er den Wagen einen Kilometer vor dem Haus hatte stehen lassen. Immerhin, das Haus lag fünf Kilometer vom Dorf entfernt, und es war noch nicht einmal Melkzeit. Es war ausgeschlossen, um diese Zeit auf den Feldern einem Bauern zu begegnen, und die Landstraße war weit.
Trotzdem war keine Sekunde zu verlieren. Sie rannten über den holprigen Feldweg, und nach der Hälfte der Distanz wurde es ein Taumeln. Keuchend trieb er das Mädchen an, weil die Flammen nun schon hinausloderten über die ausladenden Kronen der Apfelbäume. Das Feuer mußte von der Landstraße aus zu sehen sein, und auf der fuhren auch zu dieser frühen Stunde Autos.
Als Antoine, schwer atmend, den Motor anließ, fiel ihm Désirées Fahrrad ein, das am Brücklein stand. Er fuhr hin, und zum Glück war es ein Sportrad. Er riß den Schnellspanner auf und zog das Vorderrad aus der Gabel. So konnte er es im Kofferraum verstauen.
»Wohin?« fragte sie.
»Nach Paris natürlich.«
Es war keine Zeit gewesen, über den Rückzug zu

sprechen. Aber die Logik gebot das Untertauchen da, wo sich Tausende aufhielten, die das Licht des Tages zu scheuen hatten, das nun über dem grünen Obstgarten der Normandie zu leuchten begann.
Er widerstand der Versuchung, den mächtigen Motor des schweren Wagens auf höchste Touren zu jagen. Zu groß war das Risiko, einem Landgendarmen aufzufallen, der seine Morgenrunde drehte, ganz abgesehen davon, daß Großalarm in der Luft lag, die warm wurde und einen heißen Tag ankündigte.
Er kannte die Gegend gut genug, um auf die Autobahn verzichten zu können. Vizinalsträßlein nahm er, die durch aufwachende Dörfer kurvten, und er konnte aufatmen, als er sich an der Bannmeile von Paris in den großen Berufsverkehr der Boulevards périphériques einschleuste.

Der Rundfunk nützte die Gelegenheit, dem Fernsehen vorauseilen zu können. Schon um sieben Uhr sendete er eine erste Meldung vom Brand, und stündlich wurden die Nachrichten inhaltsreicher. Um die Mittagszeit brachten die radelnden Austräger die ersten Extrablätter der großen Pariser Zeitungen an die Kioske.
Vier unidentifizierbare Leichen in Charles Marcillacs bis in den Keller hinein abgebranntem Landhaus! Man hatte zuerst den Schwergewichtsweltmeister Thomas Brixner und Marcillacs Frau Pascale unter ihnen vermutet, aber schon um acht hatte sich Pascale aus einem großen Pariser Hotel gemeldet, und eine Stunde später war dem Weltmeister ein stürmischer Empfang auf dem Münchner Flughafen bereitet worden.
Nicht einmal verschleiert hatten der oder die Täter ihre Absichten. Man hatte Reste von explodierten Benzinkanistern gefunden.
Antoine entnahm es am frühen Nachmittag den Ex-

trablättern und dem Rundfunk. Geschlafen hatte er sechs Stunden, weil die überreizten Nerven einfach abgeschaltet hatten, und er hatte nicht einmal bemerkt, daß Désirée im breiten Doppelbett neben ihm lag. Es war bei einem alten Freund auf dem Montparnasse, einem Lyriker, auf den man sich verlassen konnte, weil er die Umwelt nicht wahrnahm und völlig kontaktlos lebte. Genaugenommen lebte er von Rotwein, Brot und Camembert, den er jedoch nur reif liebte, weshalb das, was er sein ›Studio‹ nannte, stank wie ein Kuhstall, der nie ausgemistet wird. Wenn einer wie Antoine bei ihm um Zuflucht bat, mußte er seine Gründe haben.

Und ob er sie hatte! Die Nachrichten wurden von Stunde zu Stunde präziser. Brix, Pascale, Berthelin und Pierre waren wohlauf. Er, Antoine, war das fehlende Glied in der Kette. Und das Fressen der Medien.

»Eine Riesenwerbung für dich«, sagte Désirée. Es sollte keß und aufmunternd klingen, aber Antoine winkte ab.

»Sei nicht kindisch, Mädchen! Ich bin es, der den Brand gelegt hat, und sie schießen sich auf mich ein.«

»Aber vorhin hat es noch geheißen, du könntest unter den Toten sein.«

Er grinste und setzte eine halbvolle Rotweinflasche an. »Für einen Toten reagiere ich noch recht normal, oder? Willst du noch mehr Beweise? Es ist bequemer als damals auf dem Tigerfell vor dem Kamin.«

Sie zog die Bluse über den Kopf. »Komplizen sind aufeinander angewiesen, Antoine, und es wird Zeit, daß du es mir zeigst!«

Es ließ beide die Verrücktheit einer Situation vergessen, die ausweglos schien. Antoine fühlte sich gut. Nicht, daß ihn Liebe gepackt hätte wie ein gewaltiger Sturm. Aber es war gut gewesen, die Nervosität einfach auf diese Weise loszuwerden.

Am Tisch machte er die Rotweinflasche leer. Die Platte wies viele schwarzrote Ringe auf, beredte Zeichen von Juliens einsamen Saufereien, aus denen prächtige und auch undruckbare skurrile Verse entstanden waren.

Und es war, als ob Désirée seine Gedanken ahnte. »Du hast doch einen Roman angefangen, Antoine. Wann schreibst du weiter?«

»Nie, Kleine. Das Manuskript ist im Bauernhaus verbrannt. Ich habe vergessen, es aus der Schublade zu nehmen. Nur Vernichtung hab ich im Kopf gehabt.«

»Dann ist alles umsonst gewesen?« Sie schaute ihn mit großen Augen an, die feucht wurden.

»Ja, und ich kann nichts zurückholen davon, weil ich leer bin. Leer für diesen Stoff, meine ich.«

»Aber du schreibst weiter? Du fängst nicht wieder an mit Kokain?«

Er schüttelte den Kopf mit einem Lächeln, das ihn jünger machte. »Vielleicht habe ich mit dieser Geschichte, an der du so flott mitgemischt hast, den größten Stoff in der Hand, den es gibt. Aber jetzt will ich von dir eine Antwort.«

Wieder die großen Augen. Aber sie waren schon wieder trocken. Sie ist, dachte er, von einer frappierenden Wendigkeit.

»Hast du mit dem Kokain aufgehört?«

Sie nickte. »Ich weiß, daß ich in großer Gefahr war, dran hängenzubleiben, aber nach meinem ersten Erpresserbrief haben mir Scham und Angst geholfen. Ich habe mich gewehrt gegen Loulou, die geil auf den Zaster war und immer mit dem alten Hurenspruch kam, daß man kein Mitleid haben darf mit dem, der ihn hat. Sie hat mich so angekotzt, daß ich vernünftig wurde. Das Biest hat mir sogar in Marseille Stoff besorgt, um mich wieder umzuschmeißen, aber ich habe das Zeug in den Abguß geschüttet, und als die Nachricht von Marcillacs Tod und all dem anderen kam, habe ich gespürt, daß es noch etwas für mich zu tun gibt.«

»Dann«, sagte Antoine mit einem Lächeln, in dem ein Anflug väterlichen Stolzes blinkte, »war es gar nicht so schlecht, daß ich dich vor dem Boxkampf bei Loulou versteckt habe.«

## 27

Die Ankunft von Don Gianni in Paris änderte alles. Unverzüglich und ohne sich anzumelden fuhr er in das Hotel, in dem Pascale Marcillac wohnte, und er saß in ihrer Suite, ehe sie sich vor der Überraschung erholen konnte.

»Ich bin gewohnt, daß sich meine Besucher anmelden, Monsieur!«

»Es gibt Situationen, die Unhöflichkeit gestatten, Madame. Darf ich ich mich setzen?«

Sie zuckte mit den Schultern und deutete auf einen Sessel. »Leute wie Sie kann man wohl schlecht rauswerfen.«

Er nahm Platz mit einem strahlenden Lächeln, schlug das rechte Bein über das linke und rückte die messerscharfe Bügelfalte zurecht.

»Mein Besuch ist in der Tat dringend notwendig, Madame, und ich will mich nicht mit Vorreden aufhalten, so reizvoll sie wären bei einer schönen Frau, wie Sie es sind.«

Gespreizter Pfau, dachte Pascale und setzte sich ihm gegenüber. »Möchten Sie einen Drink?«

»Gerne. Ein Whisky mit viel Wasser und Eis würde mir guttun. Es ist nicht nur auf den Bahamas heiß.«

Sie ging zur Bar und füllte zwei hohe Gläser. »Sogar heißes Feuer haben wir gehabt.«

»Richtig. So heißes, daß sie nichts mehr gefunden haben.«

»Wie meinen Sie das?«

»Aber, aber, das wissen Sie doch ganz genau!«
Sie schaute ihn so verwundert an, daß er nicht an ihrer Unwissenheit zweifelte. Und ohne Umschweife fuhr er fort: »Ich bekomme fünfhundert Millionen Dollar für das Kokain von Ihnen.«
»Kokain? Sind Sie wahnsinnig?«
»Leider nicht. Sie sind selbst mit dem Stoff geflogen, Madame.«
»Ausgeschlossen! Es waren nur Möbelkisten an Bord.«
Er nahm einen großen Schluck, und sein Lächeln wurde hauchdünn. »Fragen Sie Ihren Antoine. Sie werden doch wohl wissen, wo er ist.«
»Leider nein, und es interessiert mich auch nicht.«
»Aber mich, Madame. Mich interessiert es sogar sehr. Schließlich hat er auch noch vier meiner Leute umgebracht.«
»Sie meinen, daß ... daß er ...?«
»Ich meine nicht nur, sondern ich weiß es. Und ich werde ihn auch finden. Ich habe noch jeden gefunden, den ich suchte.«
»Und was würden Sie dann tun?«
»Das«, sagte Don Gianni und betrachtete seine sorgfältig manikürten Fingernägel, »hängt mehr oder weniger von dem Geschäft ab, das ich mit Ihnen machen will. Er ist sozusagen mit eingeschlossen. Wenn er Ruhe gibt, und er hat allen Grund, den Mund zu halten, kann ich ihn laufen lassen. Unter der selbstverständlichen Voraussetzung, daß Sie zahlen.«
»Fünfhundert Millionen Dollar! Wissen Sie, wieviel Milliarden Francs das sind?«
Sein Lächeln wurde zum Ausdruck umwerfender Freundlichkeit. »Aber selbstverständlich, Madame. Und ich weiß auch, daß Sie es sich leisten können. Pardon, sich leisten müssen. Oder wollen Sie hineingezogen werden in einen Skandal, dessen Größe überhaupt nicht abzuschätzen ist?«

»Sie sind der gemeinste Erpresser, der mir je vorgekommen ist!«
Die Augen kamen von den Fingernägeln hoch und blickten sie kalt und bar jeder Gefühlsregung an. »Ich schlage Ihnen ein Geschäft vor, das Sie sich leisten können, um Sie aus einem Skandal herauszuhalten, den Sie sich nicht leisten können. Sie sollten mich einen Gentleman nennen.«
»Nichts beweist mir, daß Sie mir die Wahrheit sagen.«
»Fragen Sie Ihren Antoine. Er kennt sie.«
»Ich weiß wirklich nicht, wo er steckt.«
»Aber er weiß«, sagte er liebenswürdig lächelnd, »wo er Sie finden kann. Er wird Verbindung mit Ihnen aufnehmen, weil er im Dreck sitzt.«
Don Gianni leerte sein Glas und erhob sich, ehe er hinzufügte: »Und Sie auch.«

In der nach Käse, Rotwein und schwarzem Tabak riechenden Bude im schmalbrüstigen grauen Haus in der Rue Vercingetorix auf dem Montparnasse saßen Désirée, Antoine und Julien beim Abendessen. Das Mädchen hatte in der kleinen Kochnische Steaks gebraten, die Julien nebst viel Wein und Käse eingekauft hatte, und sie hatte sogar eine Decke gefunden und sie über die häßlichen schwarzroten Ringe auf der Tischplatte gebreitet.
»Wie an Weihnachten«, sagte Julien mit einer Stimme, die schwer war, weil ihm beim Einkaufen drei Bistros im Weg gestanden hatten.
»Bloß, daß mir nicht nach Feiern zumute ist«, brummte Antoine. »Wir müssen etwas unternehmen!«
Julien summte das alte Trinklied von den Chevaliers de la Table Ronde vor sich hin und entkorkte eine neue Flasche. »Wer bei solchem Wein Sorgen hat, ist selbst schuld.« Er sang weiter, ohne die beiden zu

beachten, und ließ beim Einschenken Wein aufs Tischtuch schwappen. »Lange halte ich das nicht mehr aus«, sagte Antoine leise zu Désirée. »Es ist gut, daß er nichts weiß und auch nichts wissen will, aber wir müssen wirklich etwas unternehmen.«
»Was?«
»Ich muß mit Pascale sprechen.«
»Wo wohnt sie?«
»Im Grillon.«
»Dann geh ich hin.«
Er kratzte sich an Bartstoppeln, die schon drei Tage alt waren. »Die Idee ist nicht schlecht. Es ist noch keine Rede von dir in Presse und Radio gewesen. Geh hin und erzähl ihr alles, aber nicht, wo wir uns verstecken. Ich fresse einen Besen, wenn dieser Don Gianni nicht schon seine langen Finger nach ihr ausgestreckt hat!«
Er gab ihr noch einige Anweisungen, ohne auf Julien zu achten, der mit glasigen Augen in ein langes Stück Weißbrot biß, über dessen Krusten goldgelber Camembert lief.

Désirée rief das Hotel von einer Zelle aus an, und Pascale war in ihrem Zimmer. Sie wußte, was ihr das Mädchen eingebrockt hatte, aber nach dem Besuch, den sie gehabt hatte, war es ihr wichtig, sofort mit ihr zu sprechen. Nicht im Hotel. Instinkt warnte sie vor Don Gianni und seiner Mafia. Sie verabredeten ein Rendezvous in einem kleinen Café an der Madeleine. Zur Essenszeit waren nur wenige der runden Tischchen besetzt, und sie fanden eine ruhige Ecke, in der sie nicht flüstern mußten. Désirée, nervös und fahrig, brauchte Zigaretten und Cognac, um reden zu können mit der Frau, die durch ihre Intrige beinahe ihr Leben hatte lassen müssen.
Aber Pascale Marcillac half ihr mit einem fast mütterlich wirkenden Verständnis über die ersten Minu-

ten hinweg und brachte das Gespräch in Gang. Alles erfuhr sie über die gewaltige Kokain-Ladung, die Antoine – und nur ihm – von Don Gianni aufgezwungen worden war, und dann über Désirées Rolle bei allem, was folgte. Es war ein langes Gespräch, und es endete bei Antoine und der höchst unkomfortablen Rolle, in die er nun hineinmanövriert war. Und sie waren sich einig darin, daß ihn jeder Tag, an dem er verschwunden blieb, mehr belastete.

So sehr waren sie in ihr Gespräch vertieft, daß sie Don Gianni erst sahen, als er, eine leichte Verbeugung andeutend, vor ihrem Tisch stand.

»Ich darf doch Platz nehmen.« Er deutete auf den freien Stuhl, der zwischen ihnen stand, und wartete gar nicht erst ihre Zustimmung ab. »Ich habe das sichere Gefühl, den beiden Damen helfen zu können, und das rechtfertigt einen guten Schluck, meinen Sie nicht?«

Wieder wartete er nicht auf eine Reaktion und hielt zwei Finger der rechten Hand hoch. »Garçon, Champagner, aber vom besten!«

Désirée wäre am liebsten unter den Tisch gekrochen, aber Pascale zischte aus schmalen Lippen hervor: »Ich erinnere mich nicht, Sie darum gebeten zu haben, mich zu verfolgen. Wir leben hier nicht in Ihrem bahamesischen Dschungel!«

»Aber Madame!« Don Giannis sizilianisches Gesicht strahlte blankes Wohlwollen aus. »Ich bin gekommen, Ihnen zu helfen, weil ich sicher bin, daß Sie sich Sorgen um diesen armen Antoine machen. Völlig unnötige Sorgen, ehrlich!«

Pascale Marcillacs große Augen wurden klein. »Sie lassen mich überwachen!«

»So«, sagte Don Gianni und zündete sich mit gespreizter Umständlichkeit eine Zigarette an, »sollten Sie das nicht sehen. Aber Sie haben recht, wenn Sie meinen, daß ich über eine zuverlässige und außergewöhnlich bewegliche Organisation verfüge.« Und nach zwei Zügen aus seiner Zigarette: »Auch wenn mir ein gewisser Antoine gelegentlich einige Leute beseitigt.«

Pascale wollte antworten, aber der Champagner kam, und im nächsten Augenblick wurde ihr auch bewußt, daß sie einen Fehler gemacht hätte. Der Garçon arbeitete mit feierlicher Umständlichkeit an der Dom-Perignon-Flasche herum, und das gab ihr Zeit, ihre Gedanken zu sammeln. Zuhören war wichtiger als argumentieren. Désirées Blick bestätigte es, als sie die Gläser hoben. Sie trafen sich mit einem dünnen hellen Klang.

»Auf die Gesundheit der Damen und auf unser Geschäft.«

Don Gianni sagte es mit einer Stimme, die plötzlich geölt schien. Dann wandte er sich an Pascale: »Ich darf wohl annehmen, daß Sie jetzt über die Rolle unterrichtet sind, die Antoine gespielt hat.«

Sie nippte an ihrem Glas und nickte.

»Ja, die junge Dame weiß Bescheid. Sie könnte mich durchaus zu Antoine führen, wenn's notwendig wäre, stimmt's?« Désirée wich seinem Blick aus und fühlte Blut in den Kopf steigen, aber sein Lächeln blieb von der gleichen Verbindlichkeit, als er fortfuhr: »Glücklicherweise ist das nicht notwendig. Sie lassen durch Ihre Anwälte meine Verluste wiedergutmachen, und ich fliege zurück. Alles ist erledigt, und Antoine kann wieder auftauchen.«

»Er hat mir das Leben gerettet«, sagte Pascale.

»Oh, ich weiß Madame.« Sein Lächeln blieb, aber es wurde kühler. »Bloß wenn ich die Rechnung aufmache, dann gingen dafür zwei meiner Männer über Bord, und vier sind verbrannt. Ein hoher Preis, finden Sie nicht? Und dabei habe ich Ihren Mann noch ausgeklammert.«

Sie trank ihr Glas aus und bat um eine Zigarette.

»Am besten bringen wir alles schnell hinter uns. Ich möchte meine Ruhe wieder.«
»Ganz meinerseits, Madame. Und seien Sie unbesorgt. Die Transaktion läuft sehr diskret über Grand Bahama. Da hängen sich keine neugierigen Augen hinein.«
Pascale sah ihn lange an. »Und Sie lassen Antoine in Ruhe?«
»Selbstverständlich. Aber um ein Alibi muß er sich schon selbst kümmern. Es wird nicht schwer sein, denke ich.«
»Ich sorge dafür«, sagte Désirée, die lange geschwiegen hatte.
Don Gianni schenkte Champagner nach, sah aber schon auf die Uhr. »Ein letztes Glas auf einen guten Tag, meine Damen. Und vergessen Sie nie, daß es eines meiner Schiffe war, das den Weltmeister aller Klassen gerettet hat. Mit Geld ist so etwas überhaupt nicht zu bezahlen, finden Sie nicht?«
Er legte zwei Fünfhundert-Franc-Noten auf den Tisch und unterstrich diese Geschmacklosigkeit mit einer höflichen Verbeugung.
»Er wird auch aus Brix noch Geld herausholen«, sagte Désirée, als er gegangen war.

In der Suite seines Hotels warteten drei Männer auf Don Gianni. Zwei von ihnen waren jung und kräftigen Wuchses, der dritte ein eher zierlicher älterer Herr mit markantem Römerkopf, der die vornehme Zuverlässigkeit des Aufsichtsratsvorsitzenden einer großen Bank ausstrahlte.
»Alles okay, Messieurs, sie hat keine Schwierigkeiten gemacht«, erklärte Don Gianni gleich beim Eintreten.
Der Graumelierte nickte anerkennend, war aber noch nicht zufrieden. »Und was ist mit Antoine?«
»Werden wir wohl in der nächsten Stunde wissen.«

Don Gianni zog die Jacke aus und ließ sich in einen Sessel fallen. »Die Marcillac ist zu Fuß ins Hotel gegangen, die Kleine hat ein Taxi genommen. Lucien natürlich hinterher.«
»Und wenn sie ihn auf eine falsche Spur führt?«
»Nicht anzunehmen, Carlo. Zugegeben, sie hat raffinierte Dinger gedreht, aber so ausgebufft ist sie nicht.«
»Wäre immerhin ganz brauchbar für die Organisation, oder?«
Don Gianni schüttelte den Kopf. »Jetzt leider nicht mehr. Ja, wenn wir sie uns früher geschnappt hätten.«
»Sie ist also, wie Antoine, zu gefährlich?«
»Genau. Beide wissen alles.«
»Und die Marcillac?«
»Da machen wir nichts. Außerdem können wir sie noch stramm melken. Wenn die Sache mit Antoine und Désirée erledigt ist, werde ich sie noch mal besuchen und auf Kurs bringen.«
»Morgen also?«
»Nun, warten wir erst mal ab, was Lucien bringt.«

Lucien kam kurz vor Mitternacht, und sein forsches Eintreten sagte ihnen, daß er fündig geworden war.
»Rue Vercingetorix auf dem Montparnasse bei einem Julien Lerond. Muß ein vergammelter Poet sein oder so was.«
»Concierge?«
»Nein. Und man kommt leicht ins Haus. Billiges Schloß. Ich habe keine Minute gebraucht.« Lucien langte in die Hosentasche und ließ Schlüssel klimpern.
»Und wie soll's gehen?« Don Gianni biß die Spitze einer Havanna ab, wartete aber mit dem Anzünden. Sein Gesicht, das so verbindlich lächeln konnte, bekam die Züge eines witternden Jagdhundes.

»Gas, denke ich. Es ist ein Anschluß da, und sie müssen alle drei in einem Zimmer schlafen.«
»Brauchst du Hilfe?« Don Gianni deutete auf die beiden Burschen, die rauchten und Mineralwasser tranken. Die elegante Suite war verqualmt wie die alten Bistros im Hallenviertel.
Lucien schüttelte den Kopf. »Kinderspiel. Julien und Antoine sind besoffen. Das hab ich durch die Tür gehört, und die mach ich in zehn Sekunden auf. Und in spätestens einer Stunde schläft auch das Mädchen. Die hat einen sehr müden Eindruck gemacht.«
»Klingt gut«, sagte Don Gianni.
»Dann fahr ich jetzt wieder los«, sagte Lucien.
Don Gianni blickte auf die Uhr. Es war kurz vor halb eins. Er nickte. In wenigen Stunden würde auch dieses Problem gelöst sein.

Désirée konnte nicht einschlafen. Sie lag mit geschlossenen Augen auf dem Rücken, hörte das Schnarchen der beiden Männer und dachte über Don Giannis Auftreten im Café an der Madeleine nach. Sie wußte vom Netz seiner Organisation, und sie war auch hineingelaufen. Wenn er ihr Taxi hatte verfolgen lassen, wußte er jetzt, wo sie zu finden war. Und auch Antoine.
Mit einem Satz war sie aus dem Bett. Sie machte Licht, packte ein paar Sachen zusammen, die überall im Zimmer verstreut waren, ohne daß sich einer der Männer gerührt hätte. Undefinierbarer Instinkt sagte ihr, daß keine Sekunde zu verlieren war.
Ein schweres Stück Arbeit war's, Antoine zu wekken. Doch wie ein Funke sprang Désirées Angst über. Der Instinkt des Vogelfreien war's, der die Gefahr spürte und den schmerzenden Kopf arbeiten ließ.
»Wir müssen sofort weg, Antoine. Sie haben unsere Spur gefunden!«

Daß sie von ihr gelegt war, verschwieg sie, und es war jetzt auch nicht der richtige Zeitpunkt für Erklärungen.
Nach drei Minuten war Antoine soweit. Seinen Koffer ließen sie bei dem schlafenden Julien zurück. Mit kleinem Gepäck hasteten sie die schmutzigen, ausgetretenen Stufen hinunter.
Erst auf der schmalen Straße, die zum Bahnhof Montparnasse führte, erzählte sie ihm, was vorgefallen war.
Wäre das schmale Trottoir der Rue Vercingétorix nicht von parkenden Autos verstellt gewesen, der Mann, der seinen Wagen mit abgeblendeten Lichtern durch die schmale Fahrrinne steuerte, hätte sie erkannt. Aber er war beschäftigt mit der Suche nach einer Parklücke in der Nähe des Hauses, das sie gerade verlassen hatten.
Als er die Lücke fand, kamen Antoine und Désirée gerade am Bahnhof Montparnasse-Bienvenue an.

Antoine trank am Bahnhof gerade sein zweites Bier, als Don Gianni in seiner Hotelsuite in einem sizilianischen Wutausbruch ein schönes Kristallglas an die Wand schleuderte, wo es in tausend Scherben zerstob. Lucien, der zu spät auf den Montparnasse gekommen war, blickte ihn mit den Augen eines geprügelten Hundes an.
»Wir haben uns wie Anfänger hereinlegen lassen!« tobte Don Gianni.
»Immerhin hast du dir das Geld zurückgeholt«, warf der distinguierte Herr mit dem edlen Römerkopf ein.
Aber das war nicht der richtige Augenblick, Don Gianni mit Geld zu beruhigen.
»Was nützt uns der Zaster, wenn er das Maul aufmacht? Wir müssen ihn kriegen, und das Mädchen dazu. Die hat schon genug Ärger gemacht!« Er ließ

die Faust so wuchtig auf den Tisch sausen, daß die Gläser tanzten.

Droben auf dem Montparnasse verweigerte das Mädchen ihrem Begleiter ein neues Glas Bier. »Genug, Antoine! Du sollst deinen Rausch nicht aufwärmen, sondern klare Gedanken fassen!«
Noch einmal überlegten sie, ob sie sich der Polizei stellen sollten. In so hohem Maße war Notwehr im Spiel gewesen, daß sie vielleicht sogar ohne eine Strafe davonkommen könnten.
Aber Antoine blieb skeptisch. Die Untersuchungshaft war unvermeidlich, und sie war gewiß kein Sanatorium. Und warum sollte er nicht zum Angriff übergehen?
Er erklärte ihr, was ihm durch den Kopf ging. »Wir könnten sie mit ihren eigenen Methoden schlagen. Warum sollen wir sie nicht erpressen? Sie gehen davon aus, daß wir uns von ihnen gejagt fühlen und folglich Angst haben. Also machen wir ihnen Angst. Logische Konsequenz, oder?«
»Und wie?«
»Zuerst sollte ich wissen, wo Don Gianni wohnt.«
»Ich glaube, ich weiß es. Aber willst du ihn umbringen?« Sie sah ihn mit gerunzelter Stirn an und nahm eine Zigarette aus der Packung, die vor ihm lag.
»Ich werd mich hüten! Wenn du Marcillac dazuzählst, den ich eigentlich retten wollte, hab ich sieben Männer auf dem Gewissen. Nein, so meine ich das nicht. Aber wie heißt nun das Hotel?«
»Es liegt an der Place Vendôme, aber es ist nicht das Ritz. Interconti oder so.«
»Wollen wir anrufen?«
Sie blickte auf die Uhr. »Ziemlich spät, oder?«
»Ich glaube kaum, daß sie schlafen. Und so ein Schock in der Morgenstunde wäre nicht schlecht.«
»Sag erst, was du willst.«

Er zog zweimal an seiner Zigarette, ehe er antwortete. »Also, paß auf. Ich werde ihnen sagen, daß ich bei meinem Anwalt ein Manuskript hinterlegt habe, in dem alles steht, was sich ereignet hat, seit Don Gianni seine Finger in die Sache hineingesteckt hat. Sollten wir beide, oder auch nur einer von uns, verschwinden, übergibt er es der Öffentlichkeit. Und dagegen können sie nichts unternehmen, verstehst du?«
Ihre Augen, die sich zusammengezogen hatten, wurden immer größer.
»Das klingt gut, Antoine – aber hast du denn einen Anwalt?«
Er grinste. »Wie soll er's kontrollieren? Komm, gehen wir telefonieren.«

Der Anruf schlug wie ein Hammer in die kleine Gruppe der immer noch diskutierenden Mafiosi ein. Und zum erstenmal erlebten Don Giannis Leute ihn gegenüber einem Fremden auf der Suche nach Worten und nach Contenance.
Don Gianni sagte seinen Rückzug an.
Und er meinte es ernst. Flugtickets nach Miami wurden bestellt, und auch der Mann mit dem Römerkopf erhob keine Einwände, nachdem Don Gianni das Gespräch mit Antoine wiedergegeben und seine Meinung dazu nachgeliefert hatte.
Es war zwecklos geworden, den Mann und das Mädchen auszuschalten, aber sie hatten als Gegenleistung zugesagt, daß sie nicht reden würden. Ihre eigene Lage empfahl es, dafür hatte er den Instinkt des Mafioso. Und ein neuer Griff nach dem Pärchen konnte unabsehbare Folgen für die Organisation haben.
Und auch die 500-Millionen-Dollar-Transaktion mußte eingeleitet werden, bevor Pascale anderen Sinnes wurde.

Außerdem mußte die weltweite Anerkennung gewahrt werden, die ihm die wundersame Rettung des Thomas Brixner durch eines seiner Schiffe eingebracht hatte. Wog man alles gegeneinander ab, dann durften sizilianische Rachegelüste an diesem verdammten Antoine und seiner Partnerin nicht gestillt werden.
Aber es war eine Niederlage, die einen Mann wie Don Gianni schwer traf. Zum erstenmal in seiner Laufbahn mußte er einen überhasteten Rückzug antreten.

Antoine und Désirée besaßen die Frechheit, ihn zu beobachten. Ihre Bewachung durch Don Giannis Organisation war aufgehoben, und es galt jetzt nur noch, der Polizei klarzumachen, daß sie sich drei Tage und Nächte nicht gerade bürgerlich, aber nachweisbar in Paris herumgetrieben hatten. Der Dichter Julien konnte es ohne Hemmungen und stolz erhobenen Hauptes beschwören.
Seine Ehrlichkeit, davon waren die beiden Kriminalbeamten, die sein geruchvolles Heim besuchten, überzeugt, war so echt wie der Käse, der stinkend vor sich hintrielte. Kein Wunder war es, daß Antoine und das Mädchen sich wieder nach Luft sehnten.
Freiheit wäre das bessere Wort gewesen. Antoine sehnte sich danach, sie in dem Bauernhaus zu genießen, das er niedergebrannt hatte und von dem alles ausgegangen war.
Nachdem der Abflug Don Giannis nach Miami Gewißheit geworden war, rief er Pascale an.
»Sie müssen sofort die Transaktion mit den Millionen stoppen, Pascale! Don Gianni ist abgehauen!«
»Wo ist er?« Erleichterung und Zweifel schwangen in ihrer Stimme.
»Ich habe ihn auf die Bahamas gejagt.«
»Das glauben Sie doch selbst nicht!«

Es wurde ein längeres Gespräch, das Pascale Marcillac überzeugte. Sie verständigte ihren Anwalt, und am Nachmittag trafen sie sich zu einer ausführlichen Besprechung der Lage.
Désirée war nicht dabei. Sie machte, wie Damen, die vom Land kommen, einen Einkaufsbummel in Paris, der von fröhlicher Unbeschwertheit war.
Antoine kam schließlich auf die 500 Millionen Dollar zu sprechen. »Ich habe Ihnen viel Geld gerettet, Pascale, aber ich brauch auch welches. Einen winzigen Bruchteil davon, und Sie können es auch wieder zurückbekommen.«
Sie machte eine ungeduldige Handbewegung. »Kommen Sie zur Sache!«
»Ich habe mich entschlossen, das Buch zu schreiben, das ich diesem schlimmsten aller Drogengangster angedroht habe. Ich muß in Ruhe arbeiten können, und es muß schnell gehen, weil ich überzeugt bin, daß sich der Kerl den Revanchekampf Brix – Johnson unter den Nagel reißt. Es ist der Kampf, nach dem die Welt schreit, und es ist ein Riesengeschäft, bei dem er sich als der Retter von Brix darstellen kann. Aber mein Buch wird alles platzen lassen.«
»Was soll ich tun?«
»Ich brauche ein Refugium, Pascale. In den Süden will ich, und bis Weihnachten muß die Sache fertig sein. Ich schätze, daß die Brüder den Revanchekampf für den Beginn des nächsten Jahres planen, und in die gewaltigste Propaganda, die der Sport je erlebt hat, muß das Buch platzen. Das bin ich nicht nur Ihnen und Charles Marcillac schuldig, sondern auch mir. Ich will mich wieder anschauen können im Spiegel.«
Sie schaute ihn an in einer Mischung von Verständnis und Irritation.
»Gut, Sie sollen Ihr Haus im Süden haben. Und sogar noch mehr. Aber ich weiß nicht, was Sie schrei-

ben werden. Auch ich muß mich noch im Spiegel anschauen können, Antoine.«
»Wenn wir sie besiegen wollen, Pascale, muß die ganze Wahrheit heraus. Nichts als die Wahrheit.«
»Aber sie kompromittiert mich!«
»Das«, sagte er und zuckte mit den Schultern, während sich seine Handflächen öffneten wie zum Abwägen eines schwierigen Geschäfts, »sollten Sie mit größerer Gelassenheit sehen. Was Sie mit Brix hatten, ist ein Intermezzo. Eines jener Dinge, die die Öffentlichkeit begreift und um so leichter verzeiht, als auch die Frau eines todkranken Mannes eine Frau bleibt. Sie sind einer dieser Versuchungen erlegen, von denen jede Frau träumt, und sie läßt sich nicht vertuschen, wenn es um die Glaubhaftigkeit von allem geht, was ich schreiben will.«
»Muß das sein?« begehrte sie auf.
»Ja. Anders können wir diesen Don Gianni und seine Organisation nicht zerschlagen. Es ist eine der übelsten dieser Welt, und nichts könnte ihr nützlicher sein, als auch noch den populärsten Mann der Welt vor ihren Karren zu spannen.«
Das wirkte. Pascale Marcillac begriff, daß sie bei der Rolle bleiben mußte, die sie gespielt hatte.
Aber sie hatte noch eine sehr frauliche Frage: »Geht diese Désirée mit an die Côte?« Es klang, wie wenn eine Schwiegermutter fragt, mit wem der Mann ihrer Tochter zu verreisen gedenke.
Antoine, zufrieden mit dem Erreichten, grinste. »Ich weiß es noch nicht, Pascale. Aber es sieht so aus, als ob sie nichts Besseres vorhätte.«

## 28

Das Haus lag zwischen dem Mittelmeer und dem Fuß der Seealpen. Außen dicker, unbehauener Naturstein, innen viel Holz und blanker Steinboden, eine Terrasse mit Sonne und Schatten und im Garten schlanke Pinien, die sich tiefbogen, wenn der Mistral pfiff und die hölzernen Fensterläden klappern ließ. Antoine liebte das mächtige Toben dieses Riviera-Winds, das freilich auch gefürchtet ist, weil es unten, wo sich die Wälder zwischen Seealpen und Küste schieben, die großen Feuersbrünste schürt.
Oktober war es geworden, aber es war ein ganz anderer Oktober als in der Normandie. Nicht grau und regenschwer waren die Wolken; sie blieben leicht und weiß, und für ein paar Stunden am Tag holte die Sonne die Kraft des Sommers zurück. Picasso hatte sie in dieser Gegend zum Schüren seiner Farben benützt, und es kam vor, daß Antoine die Schreibmaschine wegstellte und mit Désirée nach Ramatuelle fuhr, dessen mittelalterlicher Dorfplatz jetzt still war und frei von Urlaubern, die im Sommer wie Heuschrecken einfallen. Oft hatte Picasso hier flaniert, und Gérard Philippe, der so jung hatte sterben müssen, ist hier begraben. Wie ein Adlernest liegt Ramatuelle hoch über dem Meer, in dem man noch baden kann, bevor die Schatten lang werden.
Aber diese Ausflüge waren selten. Antoine, unrasiert meist und im Trainingsanzug, schrieb seine zehn Seiten am Tag, und manchmal wurden es mehr,

weil er sich im Zugzwang sah. Er mußte Don Gianni zuvorkommen, denn am 10. Januar sollte der Revanchekampf Brixner – Johnson in der Convention Hall von Miami steigen. Vor der Haustür des Mafioso. Ein Heimspiel wollte er sich machen, er, der sich rühmte, den Weltmeister aller Klassen gerettet zu haben.

Nie hatte Antoine in seinem Leben mit grimmigerer Intensität gearbeitet, und das Wachsen des Manuskripts bescherte ihm eine Genugtuung, die er nie gekannt hatte.

Und Désirée half ihm. Er hatte sein Essen und seine Ordnung, und im Bett belohnte sie ihn dafür, daß er sich zusammenriß und wenig trank. Ganz anders waren die Klausuren gewesen, die er sich früher zum Schreiben auferlegte, und nach allem, was hinter ihm lag, war es eine Wiedergeburt von solcher Intensität, daß sie ihn froh und ängstlich zugleich machte.

Aber im Mittelpunkt stand die Arbeit, die Don Gianni und seine Organisation zerschlagen mußte. Wie eine Droge hatte ihn die Aufgabe gepackt, den schmutzigen König der Droge zu vernichten.

Vergessen hatte er, daß ihn Don Gianni nicht vergessen hatte.

Auf der kleinen bahamesischen Insel Bimini hatte der Mafia-Boß die wichtigsten Männer seiner Organisation zusammengerufen. Es war keine Routineversammlung. Und es ging auch nicht nur um die fünfhundert Millionen, um die Antoine die Organisation geprellt hatte.

Don Gianni witterte die Gefahr. Der Mann war untergetaucht, obwohl er keine Veranlassung hatte, und auch das Mädchen war nicht aufzufinden. Er hatte alle Leute, über die er in Frankreich verfügte, auf die beiden angesetzt, aber keiner war bisher fündig geworden.

»Lauter Blindgänger!« fluchte Don Gianni, und die anderen nickten zustimmend, weil es nicht ratsam war, den Boß in solchen Situationen zu reizen. Aber auch Zustimmung, die nichts einbrachte, reizte ihn. »Und wo sind Ihre Vorschläge, meine Herren?« Es klang wie ein verhaltenes Knurren, und als kein Echo kam, wiederholte er es brüllend. Aber sie blieben stumm. »Gut, ich hätte es wissen müssen. Der Schlüssel, das wird auch der Dümmste von euch begreifen, liegt bei Pascale Marcillac.«
»Aber die soll doch geschont werden«, warf einer ein.
»Klar, soll sie. Schon wegen der fünfhundert Millionen, die ich mir noch abholen werde. Aber jetzt geht's um mehr. Dieser Antoine plant eine Schweinerei, und wenn jemand weiß, wo er zu finden ist, dann nur Pascale Marcillac. Morgen fliege ich hin, und ich schwöre euch, daß ich nicht mit leeren Händen zurückkomme!«

Pascale Marcillac hatte im herrschaftlichen Haus an der Rue de la Pompe einen ganz anderen Besucher erwartet als den, den das Dienstmädchen nun hereinbat.
»Kleiner Trick von mir, Madame«, sagte Don Gianni mit seinem verbindlichsten Lächeln, das nicht zu der Unhöflichkeit paßte, die er folgen ließ. Er saß, ehe sie ein Wort herausgebracht hatte.
»Was fällt Ihnen ein, sich hier einzuschleichen!«
»Aber, aber, warum so hektisch, Madame! Möglicherweise hätten Sie sich verleugnen lassen und ein enorm wichtiges Gespräch versäumt. Darf ich?« Er zog ein goldenes Zigarettenetui aus der Tasche und wartete keine Antwort ab.
»Kommen wir gleich zur Sache, und glauben Sie nicht, daß mich die fünfhundert Millionen, die Sie mir noch schulden, zu diesem Blitztrip veranlaßt ha-

ben. Die hole ich mir später. Jetzt geht's mir ausschließlich um den Ihnen so am Herzen liegenden Herrn Antoine.«
Er genoß die Überraschung, die ihre Nasenflügel zittern ließ, und blies zweimal Rauch ab, ehe er fortfuhr: »Ich weiß, daß er mit Ihrer Hilfe untergetaucht ist und an einer Riesengeschichte arbeitet.«
Das war gewaltig geblufft, aber sofort erkannte er, daß er den Finger auf dem richtigen Loch hatte.
»Wer hat Ihnen das gesagt?«
Don Gianni blickte an ihr vorbei und dem Rauch nach, als ob es nichts Interessanteres zu verfolgen gäbe.
»Sehen Sie, Madame, ich muß mich um viele Dinge kümmern, und ich habe überall Leute, die mir dabei helfen. Leider, und das sage ich Ihnen jetzt ganz offen, weil Offenheit zwischen Partnern, wie wir beide es sind, nötig ist, leider haben meine Leute noch nicht herausgefunden, wo sich Antoine und das Mädchen Désirée verstecken. Und deshalb bin ich hier. Sie werden es mir sagen.«
»Wie käme ich dazu?« Sie versuchte, ihrer Stimme Festigkeit zu geben, aber es war ein Aufbäumen, das ihn zu belustigen schien.
»Voyons. Sie geben zu, daß Sie es wissen, und das genügt mir.« Und wie um zu zeigen, daß eine Sache erledigt sei, zerdrückte er die Zigarette im Aschenbecher.
»Sie erfahren nichts von mir!«
»Nun, das werden wir sehen. Es gehört zu meinem Beruf, alles zu erfahren, was ich will. Glauben Sie, ich fliege um die halbe Welt, um mit Ihnen ein Glas zu trinken, das Sie mir nicht einmal anbieten? Ich habe weder nach Paris Sehnsucht gehabt noch nach Ihnen!«
Der drohende Unterton in seiner Stimme ließ sie aufstehen wie eine mechanisch reagierende Puppe.

»Was möchten Sie trinken?«
»Schon besser, Madame. Wie wär's mit einem Gläschen Champagner? Es gehört zu bedeutenden Anlässen, finden Sie nicht?«
»Ich muß ihn aus dem Eis holen.«
Sie hätte ihn auch der Hausbar entnehmen können, aber sie wollte Zeit gewinnen. In der Küche holte sie tief Luft und überlegte, ob es noch eine Chance gab, Antoine zu schützen. An das Mädchen dachte sie nicht, wohl aber daran, daß sie praktisch schon zugegeben hatte, seinen Aufenthaltsort zu kennen.
Er öffnete die Flasche mit der Grandezza eines Oberkellners, ohne ihr Zeit für weitere Überlegungen zu gönnen. »Trinken wir auf Ihre Gesundheit und Ihre Finanzen.«
»Wie soll ich das verstehen?« Sie ließ ihr Glas stehen, während er trank.
»Als ehrlichen Wunsch, Madame. Sie können es auch als Angebot betrachten.« Noch immer lächelte er, aber Augen und Mund wurden schmäler.
»Als Angebot?« Sie griff nun doch zum Glas, als ob sie einen Halt suche.
»Ihre Schönheit«, sagte er und ließ den Blick von seinen Fingerspitzen zu den Schuhspitzen gleiten, »ist mehr als bekannt. Berühmt, darf man ruhig sagen. Es wäre ein furchtbarer Gedanke, sie entstellt zu sehen.«
Die Drohung war unverhüllt und trieb fahle Blässe in ihr Gesicht.
Er hob bedauernd die Hände wie einer, der unabänderlichen Dingen seinen Lauf lassen muß. »Wenn Sie klug sind, kann Ihnen natürlich überhaupt nichts passieren, Madame. Dafür verbürge ich mich. Aber was kann ich tun, wenn Sie nicht reden wollen? Immer wieder kommt es vor, daß Gesichter von Leuten, die nicht reden wollen, verbrüht oder verbrannt werden, ganz abgesehen davon, daß man sie finan-

ziell ruiniert. Ein Jammer wär's, wenn ausgerechnet Ihnen das passieren würde, ehrlich!« Und mit kalter Geschäftsmäßigkeit fuhr er fort: »Die Spur führt eindeutig zu Ihnen. Wir haben uns mit Berthelin und diesem blödgeschlagenen Boxer Pierre befaßt, aber sie wissen nichts. Das ist gesicherte Erkenntnis. Und wenn nicht einmal seine Freunde etwas wissen, dann ist es klar, daß dieser Antoine untergetaucht ist, um eine Schweinerei auszuhecken.« Er machte eine Pause, schenkte Champagner nach, und dann kam die Frage wie ein Peitschenhieb: »Er will mit einem Buch alles aufdecken, stimmt's?«
Ohne zu antworten, schüttete sie Champagner in die trockene Kehle.
»Ich weiß, daß ich recht habe. Sie brauchen dazu gar nichts zu sagen. Aber Sie werden mir seinen Aufenthaltsort bekanntgeben, und zwar jetzt, in dieser Minute! Bedenkzeit gibt es nicht.«
»Ich ... ich kann nicht.«
Er kniff die Lippen zusammen, stemmte die Handflächen auf den Tisch und stand auf. »Schön, Madame, dann kann ich nichts mehr für Sie tun. Und Ihr Telefon werden nicht Sie benützen, sondern ich. Rechnen Sie also nicht mit der Polizei, sondern mit meinen Leuten. Dauert nur ein paar Minuten.«
»Bleiben Sie sitzen.« In ihrer Hand zersplitterte der dünne Stiel des Glases.
»Ich wußte, daß Sie vernünftig sind. Übrigens bringen Scherben Glück.«
Aber sie spürte seinen Sarkasmus nicht mehr. Es war, als ob ihn eine graue Wand von Watte aufsaugte. Nach der geistigen Ohnmacht fühlte sie die körperliche auf sich zukommen, aber die Angst, diesem Teufel noch hilfloser ausgeliefert zu sein, hielt sie aufrecht.
Sie nannte ihm die Adresse.

Die frühe Dämmerung des Herbsttages überflutete die Corniche mit rotgoldener Pracht, und sie zog die Wärme von der Terrasse, auf der Antoine mit freiem Oberkörper gearbeitet hatte. Ein guter Tag war's gewesen, und ein weiteres Dutzend seiner Sorte würde genügen, um den Rest zu schaffen. Er schlüpfte in ein kariertes Wollhemd und trug Maschine und Manuskript durch die breite Schiebetür ins Wohnzimmer, dessen Steinfliesen die nackten Füße empfindlich kühlten.

»Wie wär's mit einem Kaminfeuer?« fragte er Désirée. »Ich hab ein ganz eigenartiges Heimweh nach der Normandie.«

»Ich auch. Weißt du noch, wie alles beim Kamin anfing?«

»Und ob!«

»Aber wir haben kein Tigerfell.«

»Liebe braucht keine Unterlage. Sie geht auch auf Stein, wenn sie richtig ist.«

Sie war es, aber sie wußten nicht, daß es das letzte Mal war, daß der Kreis sich schloß mit den Männern, die das Haus schon eingekreist hatten. Und daß sie ihnen einen Gefallen taten mit ihrer Unersättlichkeit. Sie waren sehr müde, als sie schlafen gingen.

Hellwach und erfahren für Sonderaufgaben aber waren Don Giannis Männer. Mitternacht warteten sie ab, obwohl Zeitersparnis kein Risiko gewesen wäre, und es war ihnen ein leichtes, auf leisen Sohlen das einzige im Haus zu retten, was gerettet werden mußte.

Das Manuskript. Don Gianni wollte es à tout prix haben. Das Schicksal der ganzen Organisation lag in diesem Manuskript, und mit Sorgfalt brachten sie es in Sicherheit, ehe sie an das Werk gingen, das auch die beiden Schlafenden in der Normandie erfolgreich vollbracht hatten.

Das steinerne Haus des Südens konnte nicht brennen wie der alte Bauernhof im Norden. Aber es war auch nicht wertvolles Kokain zu vernichten. Zwei Menschen nur, die dem Stoff und denen, die er nährte, einen unfaßbar frechen Kampf angesagt hatten. Nach den Prinzipien der Organisation hatten sie nicht das geringste Recht auf Gnade.

Die Schlafenden wurden erdrosselt und dann mit Benzin übergossen. Und der Brand war von solcher Intensität, daß Pariser Spezialisten die Identität der Opfer erst nach Wochen feststellen konnten.

## 29

Niemand wußte von der Vergeltungsaktion, als Don Gianni ins oberbayerische Trainingscamp von Thomas Brixner fuhr. Der Weltmeister aller Klassen hatte sich von Berthelin getrennt, und es war der Wunsch des Alten gewesen.

»Wir haben erreicht, was wir wollten, Brix, und beibringen kann man dir nichts mehr. Jeder Trainer ist recht, aber nimm keinen Wichtigtuer, sondern einen, der dich versteht. Du bist Kopf und Fäuste in einem.«

Brix fand den Mann, und seine Form war eindrucksvoller denn je. Zwar trat er zu keinem Kampf an, weil die Veranstalter von Miami – Strohmänner, hinter denen Don Gianni stand – zum ersten eine Verletzung fürchteten, gegen die keiner gefeit ist, aber auch aus dem höchst einfachen Grund, weil es außer Tiger Johnson keinen auf der Welt gab, der ihm einigermaßen gewachsen gewesen wäre.

Aber war er es noch? Was Don Gianni beim Sparring im Trainingscamp sah, machte ihm klar, daß sich der alte Champ die Krone nur durch ein Wunder würde zurückholen können.

Brix hatte an Gewicht zugelegt, aber es war kein Gramm Fett dabei. Nicht nur die Promptheit seiner Reflexe, auch die Schlagkraft war eindrucksvoller geworden, und diesmal gab es, anders als in der Normandie, Spione am Ring. Open House war unvermeidlich geworden bei der gewaltigen Popularität,

die sich Brix erkämpft hatte. Nicht nur in Deutschland. Der weiße Champ hatte eine Legende zerstört, die unantastbar gewesen schien.
Und die Buchmacher reagierten. Als klarer Favorit wurde der Mann gewettet, der als Underdog in den ersten Kampf gegangen war, und wie weggewischt waren die Probleme, die er im Pariser Kampf gehabt hatte. Und gerade die Franzosen hielten es mit Napoleon: La victoire appelle la victoire – der Sieg zieht den Sieg nach sich.
Doch anders sah es die große graue Eminenz hinter den Kulissen. Anderes hatte Don Gianni mit dem Ruhm vor, der ihm als Retter Thomas Brixners aus karibischer Seenot zugefallen war.
Eines Abends lud er den Boxer zu einem Autoausflug in die Berge ein, aus dem, zu Brixners Überraschung, ein Waldspaziergang wurde. Was ihm Don Gianni zu sagen hatte, vertrug keine Zeugen.
»Du bist zu hoher Favorit, Brix.«
»Wirklich? Und was ist schlimm daran, wenn's so wäre?«
»Sehr viel«, sagte Don Gianni lächelnd. »Sieh mal, Junge, du bist der größte Boxer der Welt, aber im Geschäft bist du zu grün. Klar, die Weißen liegen dir zu Füßen, weil du ihnen etwas zurückgeholt hast, was die Nigger als ihr unantastbares Eigentum betrachtet haben. Das ist Rassismus, ob du willst oder nicht.«
»Von mir aus kann das jeder halten, wie er will.«
»Aber von mir aus nicht! Tausend Gründe sprechen dafür, daß du verlieren mußt.«
Brix blieb unter den hohen Fichten stehen. »Für wie blöd halten Sie mich eigentlich?« Trotz der kumpelhaften Anrede Don Giannis blieb er beim distanzierenden ›Sie‹.
»Du siehst das in deiner Unerfahrenheit viel zu eng. Überleg doch mal: Wenn du ihn umhaust, muß man

dir einen neuen Mann aufbauen, gegen den du dann wirklich nicht verlieren darfst. Legst du dich aber gegen Johnson hin, entsteht ein doppelter Effekt. Erstens sehen die Leute, daß du kein Halbgott bist, sondern einer von ihnen, was erfahrungsgemäß immer Sympathien einbringt, und zweitens ist der große dritte und entscheidende Kampf gesichert, den du dann gewinnst und mit dem du alle Plafonds der Popularität sprengst.«
Brix schüttelte den Kopf. »Ich mache keine Flaschenkämpfe, und ich verschenke auch kein Geld!«
»Aber wer redet denn davon? Ich garantiere dir zwanzig Millionen für die Niederlage. Dollar natürlich.«
»Zwanzig Millionen?«
»Ja, du hörst recht. Eine Hand wäscht die andere, und ich verdiene ja auch. Nicht nur durch die Einnahmen.«
»Sondern?«
Jetzt blieb der andere unter den Bäumen stehen. »Schon mal was von Wetten gehört?«
»Natürlich.«
»Gut. Sieben zu eins für dich stehen die Quoten im Moment. Wenn ich also hohe Summen auf Johnson setze, mache ich großes Geld. Ist doch klar, oder?«
»Aber nur, wenn ich mich hinlege.«
»Logisch. Und du wirst es tun.«
»Und wenn nicht?«
»Dann«, sagte Don Gianni und ging weiter, als ob schon genug Zeit vergeudet wäre, »könnte deine Karriere beendet sein. Ich mache nicht gern Geld kaputt wegen Dummköpfen.«
Wieder blieb Brix stehen, und der andere mußte zurückkommen. Als er ihn am Unterarm packte, sah er die sich ballende Faust, und im Wald konnte das sogar einen Don Gianni vorsichtig machen.
»Also paß auf, Brix. Das war natürlich keine Dro-

hung. Wenigstens keine persönliche. Nicht von mir, meine ich. Aber du bist wirklich noch ein Greenhorn und weißt nichts von der Organisation. Nichts von den Leuten, mit denen ich arbeite und die ich nicht alle kontrollieren kann. Auch sie werden Geld auf Johnson setzen und wollen nicht betrogen sein, verstehst du?«

»Aber von mir verlangt ihr Betrug!«

»Blödsinn, Brix! Im Berufssport heißt das Taktik, und nichts ist unverfänglicher als ein Niederschlag bei Kolossen von dem Format, das ihr beide in den Ring bringt. Und vergiß nicht, daß Johnsons Dynamit auch ganz von allein losgehen kann!«

»Gut, das gebe ich zu.«

»Siehst du.« Don Gianni wollte weitergehen, aber Brix packte sein Jackett mit einem Griff, dem nichts widerstand.

»Wie war das vorhin mit meiner Karriere, die beendet sein könnte?« Er zog den Mafia-Boß zu sich heran, daß sich ihre Köpfe fast berührten.

»Nun ja, es hat Boxer gegeben, die Krüppel geworden sind, ohne zu kämpfen. Oder blind. Eigentlich solltest du inzwischen wissen, daß dieses Milieu eigene und schwer kontrollierbare Gesetze hat.«

Brix lockerte den Griff, ließ den anderen aber nicht los. »Wenn ich recht verstehe, könnte mir etwas passieren, worauf du keinen Einfluß hast.«

Er wechselte bewußt auf das ›Du‹ über. Der Mafioso sollte begreifen, daß er keinen unterwürfigen Idioten vor sich hatte.

Er begriff es, und Brix ließ ihn los, als er es merkte.

»Erpressung ist die wichtigste Waffe in deinem Teufelsjob, stimmt's?«

Sie gingen weiter, und Don Gianni antwortete erst viele Schritte später.

»Hast du dich entschieden?«

»Nein. Ich brauche Zeit. Nie hätte ich gedacht, mit so etwas konfrontiert zu werden. Als ich mit dem Boxen anfing, hatte ich andere Vorstellungen.«
»Von diesem Antoine«, fragte Don Gianni, »weißt du nichts?«
Brix schüttelte den Kopf, und dann spürte er das Nachschwingen des provozierenden Untertons. »Was soll das?«
Der andere hob die Schultern. »Ich fürchte, er hat dafür bezahlt, daß er nichts begreifen wollte.«
Es klang so beiläufig, als ob er vom Wetter redete, aber die Drohung war nicht mehr versteckt. Don Gianni stand in seinem ureigenen Ring und ließ die Fäuste herunterfallen wie ein Unbesiegbarer, der sich alles leisten kann. Schlag ruhig zu, wenn du dich traust. Mich triffst du nicht, und der letzte Schlag gehört immer mir!
Und auf dem Rückweg fiel nur noch ein Satz, der Brix stumm machte: »Wie du weißt, habe ich zuverlässige Leute in Frankreich. Sie haben mir gemeldet, daß man in den nächsten Tagen etwas erfahren wird über Antoine und dieses Mädchen.«

Die Meldung kam drei Tage später, als Thomas Brixner am Fernseher saß, während Don Gianni auf seiner kleinen Bahama-Insel die wichtigsten Männer seiner großen Organisation zusammenrief. Seine Geschäfte duldeten keine Verschnaufpausen, und was die Arbeitsintensität anlangte, stellte er die smartesten Topmanager ebenso in den Schatten wie die reiselustigsten Politiker.
Von dem mysteriösen Doppelmord an der Côte d' Azur führte nicht die geringste Spur zu Don Gianni. Identifikation der Leichen nach langwierigen Laboratoriumsuntersuchungen war kein Thema auf der Tagesordnung in der angenehmen Kühle der Villa auf Bimini, in der Antoine teilgenommen hatte am

Zustandekommen eines Boxkampfs, der die Welt faszinierte.
Don Gianni versprach seinen Vertrauten nicht nur die Revanche, sondern den dritten, den ganz großen Kampf zwischen Brixner und Johnson, bei dem sie die eigentlichen Sieger sein würden. Und als er ihnen erklärte, wie er das eingefädelt hatte, durfte er in ungeteilter Bewunderung baden.
Thomas Brixner aber nahm teuflische Wechselbäder in seinem oberbayerischen Camp. Einen Flaschenkampf machen? Betrügen, weil es ein Betrüger wollte?
Betrüger war zu wenig für den König der Droge. Die Welt ist voll von Betrügern, und die meisten sind windig. Aber wenn dich ein König am Wickel hat, nützt es dir einen Dreck, Weltmeister aller Klassen zu sein. Ein Spielball bist du in seiner Hand, und sie zerdrückt dich, wenn du ihr nicht folgst. Brixner überlegte, ob er Hilfe suchen sollte bei den beiden alten Männern, die sein Talent erkannt und gefördert hatten. Aber der alte Zippel war schwerkrank. Brix hatte ihn ins beste Sanatorium einweisen lassen und bezahlte es, doch der Fall war hoffnungslos. Klare Gedanken konnte der Mann nicht mehr fassen.
Berthelin? Er konnte noch denken, aber vermutlich nicht fertig werden mit solchen Gewissensnöten. Brix fühlte sich allein wie der Mann, der durch die Seile klettert, um sich zu stellen. Wer im Vorfeld dieses ungeheuerlichen Coups fehlte, waren Marcillac und Antoine.
Marcillac, der Hai. Aber er war zerbrochen. Zuerst körperlich und dann an der Affäre zwischen ihm, Brix, und Pascale. Antoine? Er war der Schöngeist mit der Faust im Kopf, und Brix verdankte ihm sein Leben. Und dann hatte ihn Don Gianni, der größte aller Haie, vernichtet. Es gab keine Chance gegen ihn.

Als Thomas Brixner an diesem Punkt seiner Überlegungen angelangt war, ging er ans Telefon und wählte die Nummer, die ihm Don Gianni zurückgelassen hatte.

Bitte lesen Sie weiter . . .